Chinese Wisdom
and Modern Management

中华智慧
与现代管理

左飚 张月仲·著

复旦大学出版社

序 一

今日中国,正处盛世年华,百姓安居乐业。放眼世界,风云变幻,国际秩序深度调整,人类文明发展的不确定因素明显增多。百年未有之大变局,既是挑战,也是机遇。树立文化自觉与文化自信,增强文化软实力,实现民族复兴大业,已成为国家大战略。基于对世界大势的敏锐洞察,国家提倡弘扬经典国粹,发掘文化瑰宝,使东方智慧惠泽全球。21世纪是东方管理学崛起的时代,通过总结提炼中华古圣先贤的博大智慧,将中华智慧融合应用于现代管理,讲好中国故事,传播好中国声音,阐释好中国特色,展示好中国形象,是当代中国管理学界和企业界精英们应勇于担当的光荣使命。

"有使命感的生命是人类最伟大的作品",《中华智慧与现代管理》的两位著者,即是如此。左飚教授已届耄耋之年,而月仲正当壮年,两位有着近三十年的师生情。一位是多年从事国内外EMBA(高级工商管理硕士)项目教学的高校教授,以其贯通中西的理论素养及精于英汉双语的功底,致力于传播中华传统文化和现代管理的精髓,受到了广泛的欢迎。另一位是长期从事世界500强跨国企业涉外业务管理的高级管理人员,拥有全球六大洲的业务管理工作经历和驻外管理公司经验,师徒俩合心协力,顺应国家战略和时代需求,以向海内外传播博大精深的中华管理智慧为使命,著书立作,善莫大焉。

《中华智慧与现代管理》一书精心撷取了与治国理政有关、并适用于当今各级各类组织管理的经典论述,重点研讨被誉为人类轴心时代的春秋战国时期出现的儒家、道家、法家和兵家四大思想流派,集中借鉴其核心人物孔子、老子、韩非子、孙子的代表作《论语》《道德经》《韩非子》和《孙子兵法》中的核心观点,辅以四大思想流派中其他哲人的相应论述,并探究中华传统管理思想与西方现代管理思想的交叉重合之处,努力做到古今中外管理理念的对接和融通。

《中华智慧与现代管理》是一部具有自身特色的管理类著作,该书选目精当,阐释清晰而又深刻,评论中肯而有创见,文字简练典雅,叙述流畅隽永,若非学深养到、含英咀华,对中华经典有深入的研究,是不可能完成这部有价值的著述的。左、张师徒二人都出身于语言专业,转而对管理学的研究产生兴趣,因而能自如地穿行于古今,游走于中外,娴熟地用现代白话和地道英语诠释古代经典。全书行文清新豪放,纵横恣肆,旁征博引多国管理学家、哲学家、法学家、历史学家、心理学家、文学家等的妙言隽语,用于呼应、映衬、凸显中华经典的精湛论述,使中华智慧熠熠生辉。

听说左飚教授是从古稀之年开始从事这一课题研究的,至今讲学不停,笔耕不辍,实为精神可嘉。我与月仲的因缘已逾二十载,1997年我在上海主办首届"世界管理论坛暨东方管理论坛"时,月仲作为工作人员参与大会会务工作,其热心与用心备受称赞,是有情义、有担当、有智慧的后生才俊。师徒二人共同著作《中华智慧与现代管理》,诚邀我为书稿作序,我欣然允之,并作上序,以资支持!

苏东水

2020年9月

序 二

古为今用著新篇

  中华优秀的传统文化核心体系在先秦时期已经形成,而且集中体现在儒、道、法、墨、兵诸家学说以及《易经》《黄帝内经》等哲学与医学等煌煌文献之中。它们共同构成一座宏大的人文与科学富矿,其中无数的智慧宝藏更令这座富矿闪耀出恒久不灭的光芒,犹如灯塔照亮一代又一代中国人的生活与社会实践道路。借此,中华民族灿烂的物质文明与精神文明两千年来得以不断赓续与提升。今天,当迈入小康社会的中国人民要合力与世界各国共同推进人类文明之时,这座富矿中的宝藏仍然显得魅力四射,可用之、可借鉴之、可分享之的思想元素可谓探之无穷,取之不尽。

  中华传统文化的核心体系博大精深,且极富吸引力,历代志士仁人或对其要义进行探赜而穷经皓首,或将其中的学说付诸实践而以身作则,死而后已,盖因其对人生、对社会均有普世的巨大价值而值得追求。这些煌煌典册有时或会让现代人感觉深奥莫测,然而它们在一定程度上可以说都是在告诉我们"如何做人,如何做事",其中最为典型的一句话就是"修身、齐家、治国、平天下"。

  人类社会无论具体呈现何种形态,作为其中的每个人,不可避免地都要面对如何做人和如何做事这两个问题。"修身"与"齐家"涉及的基本是个人及家庭范围内的事,后者在当今社会或可做一定范围的延伸,把亲朋乃至下属等包括进来。"治国"则涉及一个人对社会、对国家应做的具有积极意义的事。"治国"在古代并非特指当皇帝或做宰辅,只要进入各层官阶,如州官、县令等都属治国者群。而用于当今的社会图景,"治国"者的涵盖面应当更宽泛,除了各级地方官员外,企事业单位、科研团体及其他机构的负责人均可视为治国人士。"平天下"与"治国"既有联系又有区别,它是治国有效的结果,即国家太平、老百姓安居乐业。同时它也有协和万邦、达到天下大同之意。将它移用到今天的语境,可以说与我们提倡的构建人类命运共同体在意韵上基本是一致的。

  左飚先生与他的高足张月仲先生所著《中华智慧与现代管理》一书,聚焦于我上面所说的"治国"之范围。治国当然包括管理,甚至可以说,治国就是管理好国家的各级各类机构的事务。此书是在左飚先生为一百多所高校、企业及相关团体机构讲授中华传统管理智慧的基础上写成的。这些讲座的受益者不仅是中国的学者、管理人员、教师与学生,而且还有众多的国际相关人士。

左飚先生的此类讲座有的还是他受邀远涉重洋,在异国讲堂里展开的。据我所知,左飚先生的每场讲座都 bring down the house(博得满堂喝彩),而且在结束之后亦常常是 the aftertaste lingers on(余音绕梁)。大获成功的讲座,加上这本精彩的著作,充分展示左飚先生以自己的学养、激情与风格积极有效地践行弘扬中华优秀传统文化的使命,他同时也为我们树立了一个讲好中国故事的楷模。因而,这本书的价值无论对于中国读者还是对于外国读者来说,都是不言而喻的,在此不再赘述。

浏览这本书稿后,我倒是觉得此书有两个特别之处值得一提。其一,尽管此书的内容以挖掘、阐述中华传统智慧中的管理理念与实践为主,但同时它还引用了众多人物与案例,包括大量的外来故事及其背后的理念,并给予它们高度的评价。这让本书的中国读者在重温国故之时,也学习、欣赏其他文化中种种有价值的东西。换言之,在两位作者看来,东西方的智慧从古至今都是相通的,提示我们在宣介中华文化的同时,也应时刻不忘向别国取经,更何况,见贤思齐本身就是中华文化的一个好传统。其二,这本书实际以"三种语言"汇成:古汉语、现代汉语与英语。古汉语部分基本是古籍文本的精选与摘录,拿今天的时髦话说,就是相关的"金句"集汇;现代汉语部分是本书作者的论述,是本书的主干;而英语则是作者对"金句"的解读与翻译,针对的主要是国内涉外机构的管理人员、大专院校中与管理和外语相关的专业师生,以及外国特别是英语国家的读者。

左飚先生是英语语言文学的资深教授,从事翻译教学与研究几十载,成就非凡,名播东南。他的文学修养、翻译底蕴、教学才艺配上他的杏坛激情、表演天赋、博闻强记与圆浑嗓音,使他毫无疑问地成为当代中国为数不多的最具吸引力的英语与翻译教授之一。据说他的高足张月仲先生当年也是从外语专业转入国际经济管理专业,语言功底深厚。正是基于这样的条件与气质,此书的汉英翻译才处理得格外成功。众所周知,中国典籍的英译版本众多,其中不乏国内外翻译大家(包括国际驰名的汉学家)的手笔。也许是考虑到此书的性质,左先生对书中的汉英翻译做了富有创意的处理。简言之,就是为读者计,不搞学究式、学术型、"以古译古"式的翻译(此类翻译当然有其价值,但适用的范围颇小),而尽量以明快、通俗然而又不失为地道的现代英文来传递所有"金句"的意涵。书中一段段简明的英文其实都是在大量比较各种权威翻译文本译例的基础上,以"择善而从加适当改写"的手法呈现出来的。我觉得这种翻译手法是值得推广的,它极有助于读者讲好中国故事。这本著作既可用作高校教材,又可作为普及管理知识的普通读物。从效果的角度考虑,面向学生和海内外普通读者,文化经典的翻译,一定要力戒繁琐、力戒翻译的"愚忠"才行。

左飚先生虽然退休已经多年,但退而不休一直是其生活的常态。《中华智慧与现代管理》这本著作付梓值得庆贺,同时也只应视为他的学术第二春暂告一段落。我在此断言,凭借左飚先生仍在不断扩增的学识储备、永无止境的学问追求以及他硬朗矍铄的身体条件(左飚教授直到几年前还频频现身篮球场与年轻一辈一起夺球灌篮呢),接下来他将开始其学术第三春。这令人期待!是为序。

写于2020年9月

左飚先生在中国科学院上海生命科学研究院演讲

张月仲先生在第二十七届世界管理论坛暨东方管理论坛演讲

左飚先生在复旦大学为苏黎世大学 EMBA 访华团讲课

张月仲先生在上海海事大学讲课

前　言

我与月仲有着近三十年的师生情,虽然职业不同,但都与"管理"有着不同形式的关联,我从事国内外 EMBA(高级工商管理硕士)项目教学多年,月仲是长期从事世界 500 强跨国企业涉外业务管理的高级管理人员。退休后,我应邀向国内外一百多所高校以及大型企业、科研机构、政府部门和外国访华团体等做有关中华传统文化与现代管理的讲座,致力于传播中华传统文化和现代管理的精髓。月仲自幼爱好国学,拥有全球六大洲的业务管理工作经历和驻外管理公司经验,在我们的多次交流中,月仲建议我将多年的讲座内容加以整理,编写一套教材类读物,既有利于学生掌握有关文化与管理方面的基础知识,也有助于学生增强文化自信和民族自信,并为各类企事业单位的各级管理人员提供一本可随时翻阅参考的智慧管理类基础读物。我们二人达成共识,决定利用各自的优势进行合作。在采纳多方意见之后,我们于 2019 年 5 月开始,着手编写这套既可作教材、又可作一般读物的书稿,由我主笔,月仲配合,力求达到理论与实践相结合、科学性与思想性相结合、传统性与时代性相结合,并把书名定为《中华智慧与现代管理》。

一、定名的由来

1. 为何选定"中华"而非"中国"?

"中国"这一名称起初只是一般地域概念,意为"居天下中央之地",指黄河流域一带,与"中或""中土""中原""中夏""九州""神州"含义相同或相近。"中或"一词早在西周文物上已有记载("余其宅兹中或"),距今三千多年,而"中国"一词则最早出现在 2 600 多年前的《诗经》,如《大雅·民劳》中"惠此中国"。战国时代诸子百家书中所说的"中国"依然是一般地域的概念,如《孟子·滕文公上》云:"陈良产地,悦周公仲尼之道,北学于中国。"秦始皇统一中国后,史书上的"中国"开始有模糊的国家疆域概念,但仍没有政体的含义,如《史记·天官书》称:"其后秦遂以兵灭六国,并中国。"我国古代各个朝代都没有把"中国"作为正式国名,直到辛亥革命以后,才把"中国"作为"中华民国"的简称。1949 年开始,"中国"也成了"中华人民共和国"的简称。今天,"中国"这一名称是国家、政体、地域的综合概念。

"中华"这个名称源自"华夏",兼具民族和国家二义。"华夏"一词最早见于周朝《尚书·周书·武成》,"华夏蛮貊,罔不率俾"句中的"华夏"显然是民族的意思,以区别"蛮貊"四夷(东夷、南蛮、西戎、北狄)。近代在用于指国家概念时,"中华"与"中国"几乎可以通用。1902年,梁启超第一次提出"中华民族"的说法,并指出"中华民族自始本非一族,实由多民族混合而成"。从此,"中华"的外延逐步扩大,不仅把汉满蒙回藏等融为一体,而且把侨居世界各地的炎黄子孙也都包含其中,成了大中华的民族概念。

英国学者巴克认为,种族是一种血统的、体质上的现象;而民族却是一种传袭的、文化上的现象。哲学家罗素初至中国演说时曾有惊人之语"中国实为一文化体而非国家",凸显了中华文化的强大亲和力。经过长期的历史积淀所形成的"中华智慧"在很多方面具有稳定性和极强的生命力,表现中华民族的成员(不管居住在什么国度或地域)相类的思想观念和行为方式。本书用"中华"而非"中国"这一术语,正是为了取"中华"二字包容性的大民族概念,突破地域性的界限,表现中华文化本身有容乃大的包容性特征。

2. 为何选定"智慧"而非"文化"?

先看看二者的定义。《韦氏第三版新国际大辞典》把"文化"界定为"人类行为及其产品的总和,表现为思想、言论、行动及制成物品……是某一群体所特有的典型行为或规范化的社会特征的综合"(Culture is the total pattern of human behavior and its products embodied in thought, speech, action and artifacts ... a complex of typical behaviour or standardized social characteristics peculiar to a specific group.)。《现代汉语词典》关于"文化"的定义是"人类在社会历史发展过程中所创造的物质财富和精神财富的总和,特指精神财富,如文学、艺术、教育、科学等"。

《新牛津英语大词典》把"智慧"界定为"具有经验、知识和良好判断力的品质以及行动和决策的明智"(the quality of having experience, knowledge and good judgment, and the soundness of an action or decision)。《辞海》关于"智慧"的定义是"对事物能认识、辨析、判断处理和发明创造的能力"。

从二者的定义可看出,"文化"是一个极其宽泛的概念,是人类某一群体的一切观念、行为及制成品的"总和"或"综合"。"文化"如此宽泛,因而必然包含优劣、真伪、精粗等正反两个方面,有精华也有糟粕。而"智慧"是经过去劣保优、去伪存真、去粗取精的认识辨析后所留下的精华。选定"智慧"一语,正是表明我们尽可能把中华文化的精华部分呈献给读者的意愿。一个民族的个人及集体智慧是在这个民族特定的文化土壤中生成的,中华民族的智慧源自延续几千年的中华文化的积淀。文化是智慧的源泉,智慧是文化的结晶。如果把中华文化比喻为广袤的"黄土地",中华智慧则是黄土地下埋藏的灿烂瑰宝。智慧与文化密不可分,因此标题虽定为"智慧",而内容却离不开"文化"。

3. 为何选定"现代管理"而非"现代企业管理"?

这一选择源自一段对话的启发。上海市某知名大学邀请笔者为研究生做一个讲座,以下是邀请者与应邀者关于讲题的对话:

"讲座题目请您自定,只要内容覆盖面广就行。"

"最近我刚做过题为'中华传统文化与现代企业管理'的讲座,反应还不错,您看是否适合贵校听众?"

"这个主题太好了!传统与现代对接,文化与管理交融,可让我们的研究生开拓视野,但我们是高校而不是企业啊。"

"哦,那也是。让我想想,换一个讲题吧。"

"其实您不必换讲题,只要在原来的题目里去掉两个字不就行了?"

"去掉哪两个字?"

"'企业'二字。任何单位都需要管理,高校也不例外啊。"

"哇,您真聪明!减少两个字,覆盖面却大大拓宽啦!"

在现实社会中,人们生活在各种不同的组织之中,如公司、学校、工厂、医院、军队、政府机关,等等。组织是人类存在和活动的基本形式,是人类获得一切成就的主要因素。然而,任何组织的有效运行都依赖于管理,管理是组织中协调各部门的活动,并使之与环境相适应而实现某种目标的必要手段。管理确保组织发挥正常功能,组织只有通过管理,才能实现团体及其成员的目标。有组织,就有管理,即便一个小小的家庭也是如此。尽管就具体的管理过程与方式而言,企业管理与其他社会团体的管理有所不同,但管理的基本理念、原则和功能却适用于一切组织。本书选定"现代管理"而非"现代企业管理"正是受到关于"覆盖面"的启发,旨在尽力探讨管理的共性特征,使之适合各类组织,能运用于各行各业的各个层次。

二、编撰此书的初衷

除了本文开头所说的编写意图外,本书还有以下编撰初衷。

1. 有感于中华文化在海外的深远影响

近年来,笔者应邀为30多个国家的访华学者、企业高管或高校师生作题为"中华传统文化与现代管理"的讲座,获得外国听众的欢迎和肯定,很多人对中华传统文化中关于管理的理念表示认同、欣赏,甚至喜爱、崇拜。有的人把自己所在企业的经济业绩和所在国的经济成就归结为对某些中华智慧的合理运用。令笔者惊讶的是,当向不同国家的听众提出"Do you know Confucius?"这个问题时,竟然有很多国家的听众回答"Everybody knows him."。有的人甚至能随口引用不少孔子的名言,笔者深深地感叹中华传统文化在海外学界和经济界的广泛影响。作为提供"此岸"世界各种问题解决途径的非宗教性入世文化,中华传统文化很容易被不同国家、不同民族、不同社会群体所接受和吸纳,在推动吸纳国或地区的经济和社会发展上发挥巨大作用。回顾一下历史,更感觉这种影响源远流长。

20世纪70和80年代,正当欧美经济滞胀之时,亚洲的韩国、新加坡、中国香港和中国台湾迅速崛起,经济突飞猛进,当时被誉为创造经济奇迹的亚洲"四小龙"。国际学术界基本认同,儒家文化所倡导的信念、价值观和行为方式促成了"四小龙"的经济增长。

20世纪90年代,马来西亚、泰国、印度尼西亚和菲律宾四国紧追"四小龙",经济发展一度辉煌耀目,被誉为"亚洲四小虎"。尽管后来受亚洲金融风暴的打击遭受挫折,但以中华传统文化为精神支柱和管理理念的华商始终在"四小虎"的经济复苏中起着关键作用,华商被称为促进经济发展的"永不知疲的发动机"。

日本文化受中华传统文化的影响在唐朝时期最为深刻,几乎覆盖了政治、经济、社会等各个领域。日本明治维新以后逐渐西化,中华文化的影响相对减弱,但很多日本企业家依然对儒家文化情有独钟,始终自觉以儒家文化中的信条来管理企业。"日本企业之父"涩泽荣一将自己一生的经营之道归结为"论语加算盘",认为是儒家文化造就了日本的现代企业,促进了日本近现代经济的快速发展。

中华传统文化对欧洲及整个西方世界的影响可谓积厚流光。我们暂且不谈中国丝绸、瓷器、茶叶等商品通过古丝绸之路的大量输入引发了欧洲长达百年的"中国热",以及纸和印刷术的传入直接加速了欧洲近代化的进程,成为促进欧洲文艺复兴的两把利剑;也不谈儒家哲学通过传教士的翻译传入欧洲,成了欧洲启蒙运动的理论依据之一和强大的推动力,对欧洲的近代转型产生了重大作用;我们光从管理学的角度看,中华传统文化中关于治国理政的智慧与欧洲启蒙思想相融合,对整个西方及世界其他地区的近代转型和经济发展产生了不可估量的影响。欧洲启蒙运动的先驱伏尔泰认为,中国是"举世最优美、最古老、最广大、人口最多和治理最好的国家"。德国哲学大师莱布尼茨说:"虽然在思考的缜密和理性的思辨方面,我们要略胜一筹,但在人类实际生活的伦理以及治国学说方面,我们实在是相形见绌。"魁奈的重农经济学说以及亚当·斯密的《国富论》一书,都用了很多有关中华传统文化的原始材料,对西方乃至全球经济的发展,发挥了强有力的推动作用。西方世界不仅对儒家思想推崇备至,对道家思想和兵家思想也赞誉有加。被德国哲学家尼采誉为"满载宝藏永不枯竭的井泉"的道家思想成为众多现代化企业运用 Laissez-faire Management(自由放手管理)的指导原则。美国作家詹姆斯·克拉维尔对于兵家思想在国家治理及各类组织的管理中所起的重大作用予以高度肯定,他说:"《孙子兵法》这本书对首相、官员、大学教授、军官都有所启迪,它可以给我们的事业带来和平,应成为所有的政治家和政府工作人员、所有的高中和大学学生的必读材料。"中华传统文化在海外的影响如此广泛而深远,必然具有管理"智慧"的结晶,值得在本书编撰过程中加以梳理、总结和推介。

2. 对中华传统文化一度"外香内臭"现实的反思

俗话说"墙内开花墙外香",中华传统文化在现代相当长一段时期的境遇恰恰应了这句话。

从上文的探讨中,我们可以看到中华传统文化,尤其是儒家文化,对亚洲"四小龙"曾经创造的经济奇迹,对亚洲"四小虎"的华商经济,对日本近现代的经济成就,对欧洲的近代转型以及世界其他地区的经济发展,无不产生广泛而又深刻的影响。海外的成功企业家把自己的成功管理和企业的昌盛归于儒家思想的影响和儒家理念的运用者不在少数,扬名于世的思想家、哲学家、经济学家等,从哲学、社会学、历史学或经济学理论的高度颂扬中华智慧的也大有人在。美国著名汉学家德克·卜德在他的《中国物品西传考》一文中说:"中国对西方世界作出了很多贡献,这些贡献极大地影响了西方文明的发展。"他甚至认为,中华传统文化的西传,"完全改变了我们的生活方式,成了我们整个现代文明的基础"。即使在当今21世纪,关于中华传统文化的赞词颂语依然不绝于耳。英国著名历史学家阿诺德·约瑟夫·汤因比在他与日本学者池田大作的对话录《选择生命》中说:"要解决21世纪的社会问题,我们必须依仗孔子、孟子及大乘佛教的教诲。"澳大利亚资深外交官莱格·利特尔在2012年于澳大利亚昆士兰国会大厦举办的"儒学与海外华人"论坛上说:"西方高调夸实力,东方低调言成功。亚洲政界和商界的儒家精英正在定义21世纪。"诚然,我们切不可在他人的赞扬声中迷失自我,也不能躺在先人成就的历史怀抱中沾沾自喜,但中华传统文化在"墙"外万里飘香却是一个不容否认的事实。

在我国历史上,儒家思想受到批判的现象早已有之,从它产生的春秋时代起始断断续续直至当今。但批判有两种性质,一种属学术争论,另一种则是贬斥打击。前者虽有批判,但并不排斥异"香",甚至择"香"吸纳;后者则一味狠批猛打,意在彻底搞臭甚至铲除。前者有利于中华文化中"智慧"的沉淀结晶,后者则构成了动摇中华文化根基的危险。我们所说的造成"内臭"局面的批判即指后者。现把两种不同性质的批判稍加梳理如下。

最早批判儒家思想的学术流派当属春秋时代与儒家同为显学的墨家,但墨家对儒家并不全盘否定。儒道分歧在老子的论述中已见端倪,直接批判儒家思想的道家学者是庄子,但儒道两家有互补互借、相得益彰之处,双方的后期学者也确实不乏彼此吸收借鉴之例。战国后期出现的法家对儒家思想的批判主要见于其代表人物韩非子的论述之中,其实儒法两家的为政理念互补短长,缺一不可,法家思想是对儒家思想的极其重要的补充。魏晋玄学也曾对儒家思想展开过批判,但它实际上调和了儒道两家的思想,用老庄哲学弥补了汉代儒学的不足。佛教在进入中国之后,虽有一些高僧对儒家思想提出批评,但基本上采取以调和与妥协为主的态度,有时甚至积极迎合。明清之际的经世实学思潮对儒家思想的批判主要针对儒学发展的第二阶段即宋明理学的"空疏"之弊,并不反对修己治人的儒家原典。我们从以上的分析可看出,从春秋战国到明清之际各种思想流派对儒家思想的批判多属学术争论之类,有的出于质疑,有的意在补充,有的包容调和,有的去空重实,它们并不彻底否定儒学精要,甚至取其精华丰富自身,或者力倡回归儒家原典。儒家思想在批判中依然余香缭绕,成为深刻影响海内外世代华人的主流思想。

真正使儒家思想在国内由香变臭的是近现代几场大规模批判运动。太平天国最先以暴力形式公开冲击儒家思想,太平军四处捣孔庙、砸孔像、焚烧儒家经典和其他古籍,开了无需理论指导而单纯以极端方式反孔反儒的先河。20世纪初由反对袁世凯复辟帝制活动所引发的新文化运动,以及后继的"五四"爱国运动,把批儒反孔提到理论与实践并举的高度。这两场运动是带有启蒙性质和历史转折意义的思想运动,具有反帝反封建、发扬科学民主、推动国人观念更新、促进马克思主义传播等多重进步意义,对于儒家思想"别尊卑,重阶级,主张人治"等理念的批判也有相当的合理性。但是,由于当时"打倒孔家店"的口号声势浩大,理论与行动都带有全盘否定儒家思想的偏激情绪,传统文化中的精华与糟粕被同时清扫,这为此后传统文化的式微,并逐渐在国内变臭产生了深层次的影响。新中国成立以后,虽然传统文化在很长一段时期内处于边缘地位,但流淌在血液中的传统理念依然在很大程度上规范着人们的言行。把传统文化彻底否定的大规模运动是发生在20世纪中叶长达十年的"文化大革命"。这场运动以"破四旧"的名义横扫传统文化,红卫兵破坏寺院古迹,捣毁牌坊石碑,焚烧藏书字画,砸毁文物,几乎没有受保护的文化遗产。他们任意抓人、抄家,践踏人身自由,把与研究传统文化沾边的学者,都当作"牛鬼蛇神"进行无情揪斗和羞辱。这场浩劫给传统文化带来了摧毁性的打击,在人们心中留下了挥之不去的阴影。"文化大革命"结束以后,随着改革开放的深入,传统文化呈现缓慢回暖的迹象,但终究未能成为"香饽饽",传统文化依然是广大青少年遥不可及的陌生事物。出国留学的中国学生被问及有关中华传统文化的知识时茫然无知的窘态,往往使崇尚中华文化的外国人感到失望且难以理解。编撰此书意在使我国青年学生能品闻中华文化的异香,领略中华智慧的精彩,并能对外弘扬中华智慧,为扭转外香内臭的趋势尽绵薄之力。

3. 关于近现代我国"文化入超"或"文化赤字"现象的思考

"入超"是国际贸易术语,又称贸易逆差,指一个时期内一个国家的进口总值大于出口总值。"赤字"是财政术语,意为亏本,指财政年度内财政支出大于收入的差额,因会计报表习惯用红字表示而得名。套用到文化交流方面,如果一个国家"进口"的文化远比"出口"的文化多,并因此而造成文化交流方面的财政支出大于财政收入,也可称该国为"文化赤字"或"文化入超"。红色,是警示的符号,"文化赤字"是应该引起警惕、值得反思的文化现象。纵观历史,环顾五洲,我们不得不承认,自晚清以来我国"文化入超"的境况,一直未有大的改观。浏览国内外书店或高校图书馆便可发现,中国书架上外国(尤其是西方国家)著作的译本或原著多如牛毛,而外国书架上的中国著作的译本或原著则寥若晨星。从经济角度看,国家新闻出版总署提供的数据表明,我国多年以来的图书版权贸易逆差现象十分严重,长期徘徊在 4∶1 到 8∶1 之间,其中有技术原因,但更重要的是我国知识界对外传播中华文化的意识尚显不足、汉译外人才缺乏等原因。"文化入超"问题的凸显,说明在中国经济取得快速发展的同时,提高国家文化软实力势在必行。要消除"文化赤字",更好地推动中华文化走向世界,也必须热情欢迎世界各国优秀文化在中国传播,积极借鉴和吸收外来文化中的优秀成分,既要反对一味推崇外来文化的民族虚无主义,也要反对拒绝接受外来文化的封闭主义。鉴于这样的考虑,本书在"现代管理"部分,努力寻求"中华智慧"与西方现代管理思想的融合贯通,并打算在中文版完成以后推出英文版或英译版,"输出"中华智慧。

三、本书的取材原则、编写体例与特色

中华传统文化博大精深,内容涉及政治、经济、军事、社会、教育、人生等方方面面,本书仅撷取与治国理政有关、并适用于当今各级各类组织管理方面的内容。对中华传统文化的形成与发展产生重大影响的思想流派多达九流百家,本书只限于研讨被誉为人类轴心时代的春秋战国时期出现的四大思想流派:儒家、道家、法家和兵家。四大思想流派的代表人物灿若繁星,学术著作浩如烟海,本书集中借鉴四大流派的核心人物孔子、老子、韩非子、孙子的代表作《论语》《道德经》《韩非子》和《孙子兵法》中的核心观点,偶尔配以其他学者的支撑性论述。本书也努力探究中华传统管理思想与西方现代管理思想的交叉重合之处,寻求二者交流碰撞所产生的智慧火花。

本书的编写体例纵向按四大思想流派的顺序铺排,章名即流派名(如儒家思想、法家思想、道家思想、兵家思想),目名即某一管理理念的简称(如德治、民本、选贤、勤政等),小节名则选用原作论述中的典型用语,并加上本书作者的概括语。小节名下的内容,按下列顺序横向展开:主要概念、原作论述、白话释义、英语译文、解读与应用、复习思考与讨论题。

与其他管理类书籍比较,本书有如下两大特色:一、每项经典论述都有古文原文、白话文释义和英语译文三相对照,不仅有利于读者准确地理解原作的内涵,而且便于读者(尤其是懂英语的管理人员及高校管理专业学生)学习原作如何用英语表达,以便

他们在各种国际交流的场合,如国际学术论坛、国际会议、商务谈判、经济和文化交流活动等,能熟练地用英语讲述体现中国管理理念的经典论述,提升我们的话语权,使我们国家能占据国际舆论的制高点,准确而又理直气壮地传播中国声音。二、关于体现中国理念的管理性质、原则、策略、艺术、具体方法以及管理者的素质、能力、选拔标准等,并不按顺序进行系统阐发,而是分散在四大思想流派各项经典论述的"解读与应用"栏目中,这样做的优点是能使有关管理理念的阐述始终紧扣经典原作,有利于读者加深对经典的理解、欣赏,进而熟记,在增长管理知识的同时,反复领会中华智慧,从而增强文化自信,为日后对外弘扬中华文化中有关管理的精髓打下扎实的思想理论及语言表达基础。

左　飚

2020 年 8 月于上海

目 录

序一	1
序二	3
前言	1

第一章 儒家思想与现代管理 ·· 1
一、综述 ··· 1
二、德治理念 ··· 3
　　（一）儒家的德治原则：德主刑辅　以德树德 ······························· 3
　　（二）从政的条件：尊美屏恶　德先才弼 ····································· 7
　　（三）为政者的德行：正直　包容　庄重　孝慈　自律 ··················· 11
　　（四）儒家的义利观：义利相济义为上 ·· 16
三、民本理念 ··· 21
　　（一）为政的民意基础：水能载舟　民信为先 ······························ 21
　　（二）为政的治民原则：养民也惠　使民也义 ······························ 26
　　（三）为政的使民艺术：刚柔结合　宽猛相济 ······························ 31
　　（四）为政的安民目标：修己安人　推己及人 ······························ 35
四、选贤任能理念 ·· 39
　　（一）贤人治政的重要性：人存政举　人亡政息 ··························· 39
　　（二）选贤的条件和标准：取人以身　修身以道 ··························· 44
　　（三）举贤的必要和责任：举直民服　举尔所知 ··························· 49
　　（四）对贤人政绩的评价：众恶之必察　众好之必察 ····················· 53
五、勤政、善政、廉政、理想之政 ··· 58
　　（一）勤政理念：敬事而信　先之劳之 ·· 58
　　（二）善政理念：正名　行简　无欲速　无见小利 ························ 62
　　（三）廉政理念：戒之在得　见得思义　廉平 ······························ 67
　　（四）理想之政与崇高伟人：大道　大同　其生也荣　其死也哀 ······ 71

六、章后语 ·· 77

第二章　法家思想与现代管理 ·· 78
　　一、综述 ·· 78
　　二、"法"的理念 ··· 79
　　　（一）法的至高地位：百体从心　政之所期 ··································· 79
　　　（二）法的公开透明原则：布之百姓　必于民心 ···························· 83
　　　（三）法的不变与变原则：法禁变易　法与时转 ···························· 86
　　　（四）法的社会功能：兴功惧暴　定分止争 ··································· 89
　　　（五）法的执行原则：法不阿贵　诛必去私 ··································· 92
　　三、"势"的理念 ··· 96
　　　（一）权威的效应：处势则治　令行禁止 ······································ 96
　　　（二）权威的树立：积于信　听忠言　行事施予　包而畜之 ··········· 99
　　四、术的理念 ··· 104
　　　（一）选人用人：分权问责　智术能法 ······································· 104
　　　（二）分级管理：治吏不治民　不躬小事 ···································· 108
　　　（三）及时除恶：禁奸于未萌　赏告奸不生 ································· 114
　　五、赏罚理念 ··· 118
　　　（一）理论基础与实践理据：掌好恶以御民力　日不足　力不给 ···· 118
　　　（二）法定原则与功效原则：赏慎法　罚奸令　功当其事　事当其言 ······ 123
　　　（三）信用原则与审察原则：信赏　必罚　执其契　操其符 ··········· 126
　　　（四）平等原则与适度原则：不避大臣　不遗匹夫　赏过失民　刑过民不畏 ··· 130
　　六、章后语 ··· 134

第三章　道家思想与现代管理 ·· 136
　　一、综述 ·· 136
　　二、道与无为而治 ·· 137
　　　（一）"无为而治"的理据：道法自然　民自化 ····························· 137
　　　（二）"无为而治"的目标：无为无不为　上无为下有为 ················· 141
　　　（三）"无为而治"的要领：见素抱朴　少私寡欲 ························· 147
　　三、尚水理念 ··· 151
　　　（一）至容至谦：海纳百川　善下为王 ······································· 151
　　　（二）至善至柔：善利万物　守柔曰强 ······································· 155

（三）至能至朴：善能善时　复归于朴 …… 160
　四、崇德理念 …… 166
　　（一）德与道：孔德之容　惟道是从 …… 166
　　（二）上德与下德：上德有德　下德无德 …… 170
　　（三）德与修：含德之厚　成和之修 …… 174
　五、辩证理念 …… 181
　　（一）相反相成：美之为美　斯恶矣 …… 181
　　（二）运动转化：反者道之动　弱者道之用 …… 187
　　（三）量变质变：物壮则老　不如守中 …… 191
　六、章后语 …… 196

第四章　兵家思想与现代管理 …… 198

　一、综述 …… 198
　二、关于管理者素质的理念 …… 200
　　（一）智信仁：智者善战　信者兵之足　仁者兵之腹 …… 200
　　（二）义勇严：义者兵之首　临敌不怀生　不严则不威 …… 206
　　（三）管理者应避免的弊端：五危　廿败 …… 212
　三、战略目标理念 …… 218
　　（一）必胜：不战而胜　战之能胜　力求速胜 …… 219
　　（二）利全：合利而动　因利制权 …… 225
　四、德法兼治理念 …… 230
　　（一）修道（德治）：上下同欲　仁爱素行 …… 230
　　（二）保法（法治）：曲制　官道　主用 …… 236
　五、奇正治理理念 …… 240
　　（一）奇正：以正合　以奇胜 …… 241
　　（二）虚实迂直：避实击虚　后发先至 …… 245
　　（三）无常：兵无常势　水无常形 …… 251
　六、借助策略与风险/危机应对理念 …… 254
　　（一）借助外力：并气积力　务食于敌 …… 255
　　（二）应对风险/危机：围则御　不得已则斗　过则从 …… 259

后记 …… 267

第一章

儒家思想与现代管理

一、综述

儒家思想,是先秦诸子百家学说之一,由孔子创立。儒家思想在孔子学说的基础上不断发展演变,经历了先秦儒家、两汉经学、宋明理学、清代朴学、现代新儒学,其间吸收、融合了道家、佛教及部分西方哲学的精华,逐渐形成了完整的儒家思想体系,成为中华传统文化的主流意识形态,在中国、东亚乃至世界,产生了深远的影响。以和而不同、开放包容为特征的儒家思想,具有极强的生命力和独特的优势与价值,是中华文明形成并延续发展的重要支撑,是中华民族生生不息、发展壮大的重要滋养。儒家思想关怀人的生命和生活,关注社会教化和国家治理,与其他思想流派既相互竞争又相互借鉴,并在交融中实现新的发展,有着超强的自我更新、自我超越的能力,能够为治国理政、道德建设和人们认识世界与改造世界,以及解决当代人类面临的共同难题提供有益的启迪。本书所探讨的是狭义的、源头上的儒家思想,即以孔子学说为核心的先秦儒家思想。源头上的儒家思想,正统、纯粹、地道、"原汁原味",其本身也博大精深,涉及政治学、伦理哲学、社会学、教育学等多个学术领域。本书再度将其细化,集中研讨先秦儒家思想中有关治国理政、并对各类现代组织的管理有所启示的部分论述,以孔子的论述为主,辅以孟子和荀子的论述。书中"原作论述"所引录的言论,主要选自《论语》《孟子》和《荀子》三部论著,也少量选录了《礼记》《左传》《说苑》等书中的内容。

孔子、孟子、荀子三位儒家学者的简要介绍如下。孔子(公元前551—公元前479年),生于春秋时期末年,是儒家思想的奠基人和主要代表人物,是古代中国影响最大的思想家、哲学家和教育家之一。尽管在20世纪时孔子曾遭到严厉的批判,但孔子非但屡批不倒,反而备受尊崇,其思想远播全世界。孔子在世时被誉为"天纵之圣""天之木铎""千古圣人",后世尊其为至圣先师、万世师表、无冕之王等。孔子影响所及不仅是亚洲的韩国、日本、越南等儒家文化圈,还有西方各国。18世纪法国文坛极力推崇孔子,伏尔泰更是尊孔子为完人。美国哲学家爱默生认为"孔子是全世界各民族的光荣"，今天欧美很多政界、工商界的精英，都把孔子的《论语》视为"必读的经典"。孟子（约公元前372—公元前289年）是战国时期儒家学派最重要的代表人物。孟子属孔子第四代传人，是曾子的再传弟子，他继承并发扬了孔子的思想，被视为先秦儒家继承孔子"道统"的人物。孔子被奉为"大成至圣"，孟子被称为"亚圣"，孔子与孟子的学说被合称为"孔孟之道"。孟子对孔子备极尊崇，他曾说"自生民以来，未有盛于孔子也……乃所愿，则学孔子也"。孟子与其弟子的言论汇编于《孟子》一书，是儒家学说的经典著作之一。孟子的文章说理畅达，逻辑严密，尖锐机智，代表着传统散文写作的最高峰。荀子（约公元前313—公元前238年），是战国末期的儒家代表人物。荀子对儒家思想有所发展，在人性问题上，提倡性恶论，强调后天环境和教育对人的影响，后人常将其学说与孟子的性善论做比较。与孔、孟相比，荀子的思想具有更多的现实主义倾向，他在重视礼义道德教育的同时，也强调法制的惩罚作用，是带有法家思想倾向的儒家学者，荀子的弟子韩非和李斯都是法家的重要代表人物。荀子对儒学经典的整理和传授也有很大贡献，荀子的学说具备兼容并包的特点，体现了战国时期由百家争鸣走向学术交融的历史趋势。

儒家思想是积极入世的哲学思想，展现了中华民族原创性的治政处世智慧。儒家思想起源于礼崩乐坏的春秋战国时期，当时"世衰道微，邪说暴行有作，臣弑其君者有之，子弑其父者有之"，社会秩序空前混乱；统治者为了满足自己的欲望而不惜"争地以战，杀人盈野；争城以战，杀人盈城"，以致尸横遍野、民不聊生。孔子与其他儒家代表人物都是怀着救世爱民的情怀直接投身于乱世之中，企图通过传播并践行自己的理念，实现他们"齐家、治国、平天下"的宏愿。曾子说的"士不可以不弘毅，任重而道远"，是整个儒家学派的共识。孟子甚至慷慨激昂地发出"如欲平天下，当今之世，舍我其谁也"的豪言。孔子与孟子都曾不顾战乱的危险，不辞千辛万苦，带领弟子周游列国十多年，推行他们有关治国安邦的主张。不少正在理政的国君和大臣（包括即将受聘从政的弟子），纷纷向他们求教如何处理政事，他们都根据各人的特点做出不同的回答。儒家思想中所蕴藏的丰富的治理智慧，是推动当今国家治理体制和各类组织管理体系现代化的重要思想资源。我们要向孔子、孟子、荀子等儒家学者"借智慧"，把他们的治理智慧同现代管理理念密切结合起来，使之转化为当代治国理政和各类组织管理实践的重要精神指引。

"仁政"，是儒家思想关于治国理政的最重要的遗产之一。"仁政"，与"暴政"相对应，是以人为核心，以关心人、爱护人、依靠人、信任人为准则的治政理念。孟子是明确提出"仁政"二字的儒家学者。他在《孟子·公孙丑上》中说："当今之时，万乘之国，行仁政，民之悦之，如解倒悬也。"又在《孟子·梁惠王上》中说："王如施仁政于民，省刑罚，薄税敛，深耕易耨，壮者以暇日修其孝悌忠信，入以事其父兄，出以事其长上。可使制梃以挞秦楚之坚甲利兵矣。"但是，孔子是最早具有"仁政"思想，并提出"仁学"理念的儒家鼻祖,孔子的"仁学"理论,是"仁政"的依据和出发点。孟子的"仁政"学说就是在孔子"仁学"的基础上逐步发展起来的。本书所探讨的正是源头上的"仁政"思想,也就是孔孟等关于"仁政"的一系列理念。先秦儒家的"仁政"思想已相当深刻和全面,包括德治、民本、选贤任能,以及勤政、善政、廉政和理想之政等理念,已经初步形成了一个完整的理论体系。本章即从这四个方面探讨以孔子为主的先秦儒家代表人物的论述中所蕴含的"仁政"思想及其对于现代组织管理的启迪。

二、德治理念

德治是先秦儒家代表人物(尤其是孔子和孟子)大力提倡的政治主张,后来的儒家学者把这种德治思想进行了发挥与弘扬,对传统政治影响巨大。儒家并不排斥法治(古代主要体现为刑治),但在德法兼治中始终坚持德主刑辅的理念。儒家的"德治",是指以礼乐教化来提高人民的道德素质,将遵守社会秩序及行为规范变为一种自觉,从而达到国泰民安的目的。其中心思想便是对人民施行道德教化,令人心悦诚服地拥护执政者的"仁政",而不是靠严刑峻法来迫使人民服从执政者的统治。

(一) 儒家的德治原则:德主刑辅　以德树德

【主要概念】道之以德,有耻且格;帅以正,孰敢不正;修其身而天下平。

【原作论述】

① 道之以政,齐之以刑,民免而无耻;道之以德,齐之以礼,有耻且格。

《论语·为政》

② 政者,正也。子帅以正,孰敢不正?　《论语·颜渊》

③ 君子之守,修其身而天下平。　《孟子·尽心下》

④ 以不忍人之心,行不忍人之政,治天下可运之掌上。　《孟子·公孙丑上》

【白话释义】

① 用法纪政令管理人民,用刑罚整治他们的行为,人们会避免刑罚(而不敢为非作歹),但他们不会产生羞耻心;用道德教化引导人民,用礼仪规范他们的行为,人们就会产生羞耻心,并自觉修正自己的行为。

② 治政贵在恪守正义,如果你率先恪守正义,谁还敢邪行不正?

③ 君子的道德操守,从修养自身开始,进而使天下太平。

④ 以怜悯体恤他人的心理,施行怜悯体恤百姓的政事,治理天下就可以像在掌心运转东西一样容易了。

【英语译文】

① Govern the people with rules and keep order by punishment, and they will behave themselves to avoid punishment, but develop no sense of shame; govern the people by moral force and keep order by propriety, and they will develop a sense of shame and modify their behaviour.

② Governance means upholding justice. If you take the lead in upholding justice, who dares to commit injustice?

③ The virtue of the gentleman (referring to the qualified ruler) starts from cultivating himself to pacifying all under heaven.

④ Governing a country would be as easy as moving something in the hand if the ruler could exercise compassionate governance, proceeding from his own compassionate mindset.

【解读与应用】

这一小节的孔孟论述阐明了儒家德治的两条基本原则：德刑兼用，德主刑辅；帅以正，以德树德。首先，儒家主张德法兼治，但坚持以德治为主，法治为辅。其次，儒家所说的"德"有两重意义，即治政者的"德"和百姓的"德"，治政者必须首先有"德"，才能在百姓中树德、崇德、弘德以致循德，实行"德治"。

孔子关于"道之以政"与"道之以德"的论述，承袭了西周"明德慎罚"（《尚书·康诰》）的治政指导思想，体现了"德刑兼用、德主刑辅"的治政方略，堪称现代"德法兼治"管理模式的雏形。所谓"雏形"，是指某种事物的最初的、奠基的、尚不够完备的形式。我们在全面理解这一论述之前，先来弄清法治与人治这对概念。顾名思义，法治即依照法律进行治理的治政方式，真正的法治必须做到科学立法、严格执法、公正司法、全民守法的全面推进。人治即依靠为政者个人的贤明以及道德规范的制定来约束人们行为进行治理的治政方式。法治与人治的主要区别在于，法治强调"权自法出"，法高于权，法律的地位高于一切，为政者自己必须守法；人治强调"法自权出"，权高于法，为政者的个人意志高于法律。法治以民主作为政治基础；人治以集权作为政治基础。在我国古代君主政体中，立法权、司法权、行政权由君主（最高统治者）一人掌握，治政方式不可能脱离人治的色彩。古代法治（刑治）为少数统治者的利益服务，所谓"朕即法"实际上也是人治的一种方式，与现代法治有着根本的区别。尽管孔子关于"道之以政"与"道之以德"的论述离不开人治的色彩，但他的主张对古代各级治政者起着很大的引导和制约作用，对于规范人们行为、维护社会秩序有着促进的功效，对于现代组织管理也具有借鉴意义。

孔子的这一条论述共两句，讲清了德法兼治、德治为主的道理。上句说明了法治的必要性和局限性，下句凸显了德治的威力。法治可以产生强制性的良好行为，但不能从根本上解决人们的行为问题;德治可以产生自觉性的良好行为,从而从根本上解决人们的行为问题。两句中的关键词"耻",区分了法治的局限和德治的威力。"耻",即羞耻心,也就是守住道德底线的良心。一个人做了坏事良心受到谴责而寝食不安,就表明他有羞耻心,即"有耻";相反,一个人做了坏事却心安理得若无其事,则表明他没有羞耻心,即"无耻"。法治的结果是"民免而无耻",人们行为的收敛只是为了避免刑罚,而非因为有羞耻心。德治的结果是"有耻且格"。格,意为"守规矩"(如"言有物而行有格")和"纠正"(如"格君心之非")。"有耻且格",意思是人们有了羞耻心,而且能自觉约束并修正自己的行为。显然,在解决人们行为问题的力度上,"有耻且格"比"民免而无耻"强大得多。

这一德法兼治的理念不仅适用于国家层面的治国方略,而且也适用于一切组织机构的日常管理。国家运用行政手段和法律机制强力反腐,确实起到了很大的威慑作用,但"无耻"之徒一旦拥有权力依然会以身试法,重走腐败之路,这一现象并不鲜见。只有加强德治,变"无耻"为"有耻",才能铲除滋生腐败的土壤。同样,任何组织机构在严格执行规章制度的同时,要重视创建机构文化,以美德引领员工的行为,培养健康向上的价值观,倡导员工以好逸恶劳、骄奢淫逸为耻,以见利忘义、损人利己为耻,凡是违背良心、不合社会规范的事情,绝对不做。唯有做到人人知耻,维护法律和道德底线,方能凝聚人心,实现组织目标。如果管理人员与员工不能"有耻且格",连诚信、善良等道德底线都守不住,岂能奢望组织机构持续发展?

儒家学者关于"耻"的论述很多。孔子对其弟子子贡说"行己有耻"(《论语·子路》),劝诫人们行事要用羞耻心来约束自己的行为。他还说"知耻近乎勇"(《礼记·中庸》),指出知道羞耻并勇于改过是一种值得推崇的品德。孟子强调"人不可以无耻"(《孟子·尽心上》),"无羞恶之心,非人也"(《孟子·公孙丑上》),告诫的言辞可谓激烈。宋代理学家朱熹认为"人有耻,则能有所不为"(《朱子语类》卷十三),阐明了"有耻"与"自律"的关系。被誉为现代管理学之父的彼特·德鲁克在《管理实践》一书中指出:"正义而非强权的治理将激发被治理者主动承担组织目标的实现,培养自律精神,创造最佳业绩。"(The rule of right over might would inspire the ruled to active commitment to organizational goals and instill the self-discipline that would produce peak performance.)"正义而非强权的治理"即"德治","自律精神"与"有耻且格"意义相近,现代西方管理学家的这一管理理念与两千多年前孔子的管理理念何其相似尔!

本小节的第一条论述阐明了"德主刑辅"的德治原则,其他三条论述则说明了"以德树德"的德治原则。孔子和孟子都强调治政者首先必须具备美德,才有可能感化、教化民众,在社会上树立崇德、弘德、立德的风气,真正地实行德治。孔子曾在鲁国重臣季康子问政时回答说,"政者,正也。子帅以正,孰敢不正?"他认为治政贵在恪守正义,如果治政者率先恪守正义，谁还敢邪行不正？孔子强调了上行下效、以正压邪的德治效果。孟子说，"君子之守，修其身而天下平。"他认为君子的道德操守，从修养自身开始，进而使天下太平。"天下平"实际上指的是入仕为政，受到百姓的拥戴，因而他所说的"君子"指的是合格的治政者。孟子还说，"以不忍人之心，行不忍人之政，治天下可运之掌上"，更强调了施行德治，会产生良好的治政效果。所谓"不忍人之政"，即以怜悯体恤百姓为特征的"仁政"，而实施"不忍人之政"的基础是治政者的"不忍人之心"，即怜悯体恤百姓的道德操守。孟子相信，具备美德的治政者"治天下可运之掌上"，治理国家如同在掌心运转东西那样容易，用今天的话来说，即"易如反掌"。为什么治政会变得那么容易？那是因为治政者"以德树德"，产生了道德感化的巨大威力，赢得了民众由衷的拥护和支持。

现代组织的管理纷繁复杂，对内涉及人事管理、财务管理、技术开发、信息管理、风险和危机管理、日常事务管理，等等；对外要履行对投资者、客户、供应方、政府部门、环境和社会大众的责任，还要应对瞬息万变的市场变化，这些我们将在以后的章节中逐步探讨。应该说，对于现代组织管理者而言，管理要做到孟子所说的"可运之掌上"，有相当大的难度。但是，在面对千头万绪的管理责任和事务面前，管理者只要保持清醒的头脑，运用儒家思想关于"德主刑辅"和"以德树德"的德治原则，牢记孔子的"帅以正"和孟子的"修其身"教诲，注重自身的道德修养，便是抓住了问题的关键，就能做到"以一持万"，得心应手地管理了。管理，是一种协调他人的活动，是使别人同自己一起实现既定目标的活动过程。"帅以正"和"修其身"的巨大威力在于：其一，"孰敢不正"，别人都敬畏你，仿效你，不敢不跟着你干；其二，"天下平"，别人都拥护你，支持你，自觉地跟着你干。有了这两条，事事有人干，千头万绪的现代管理便可迎刃而解，就能逐步做到"可运之掌上"那么容易了。

【复习思考与讨论题】

1."道之以政"与"道之以德"的结果有什么不同？

2.为什么说"法治"和"德治"在现代管理中缺一不可，"德法兼治"才是有效的管理方式？

3."耻"在《论语》中是什么意思？请举例说明"无耻"的后果及"有耻""知耻"在管理中的作用。

4."子帅以正，孰敢不正"及"修其身而天下平"是什么意思？二者的内涵有什么共同点？

5.现代组织管理的复杂性表现在哪里？千头万绪的现代管理如何能做到"可运之掌上"那么容易？

6.孔子和孟子的哪几条论述说明了"以德树德"的德治原则？请举例说明。

7.请用现代白话或英语解释本小节的主要概念。

（二）从政的条件：尊美屏恶　德先才弱

【主要概念】惠而不费；劳而不怨；欲而不贪；泰而不骄；威而不猛；与民由之；独行其道。

【原作论述】

① 子张问于孔子曰："何如斯可以从政矣？"子曰："尊五美，屏四恶，斯可以从政矣。"子张曰："何谓五美？"子曰："君子惠而不费，劳而不怨，欲而不贪，泰而不骄，威而不猛。"子张曰："何谓惠而不费？"子曰："因民之所利而利之，斯不亦惠而不费乎？择可劳而劳之，又谁怨？欲仁而得仁，又焉贪？君子无众寡，无小大，无敢慢，斯不亦泰而不骄乎？君子正其衣冠，尊其瞻视，俨然人望而畏之，斯不亦威而不猛乎？"子张曰："何谓四恶？"子曰："不教而杀谓之虐，不戒视成谓之暴，慢令致期谓之贼，犹之与人也，出纳之吝谓之有司。"

《论语·尧曰》

② 居天下之广居，立天下之正位，行天下之大道；得志，与民由之；不得志，独行其道。富贵不能淫，贫贱不能移，威武不能屈，此之谓大丈夫。

《孟子·滕文公下》

【白话释义】

① 子张问孔子道："怎样才可以从政呀？"孔子说："尊崇五美，摒弃四恶，这样便可以从政了。"子张说："什么叫五美呢？"孔子说："从政者要懂得惠而不费，劳而不怨，欲而不贪，泰而不骄，威而不猛这五项。"子张说："怎样称作惠而不费呢？"孔子说："让人们获得他们能够通过努力而顺利得到的利益，岂不是施了恩惠而无须大的耗费吗？选择让人们从事力所能及的劳役，谁又会怨恨呢？你欲求仁德而且达到仁德境界，哪里还有贪求？无论人多人少或地位高低，君子都不怠慢任何人，这岂不是泰然自若而不骄矜吗？君子衣冠整齐，神情尊严，让人见了油然而生敬畏之心，这不就是威而不猛吗？"子张又问："什么叫四恶呢？"孔子说："不加教育便滥行杀戮，那叫虐。不事先告诫而到时强令完成，那叫暴。发令迟缓却突然限期执行，那叫贼（欺诈、暗害）。给人财物而出手吝啬，那叫有司（刻板、小气）。"

② 居住在天下最宽敞的住宅里（喻指"仁"），站立在天下最正确的位置上（喻指"礼"），行走在天下最光明的大道上（喻指"义"）；顺境中与人民一起实现理想，逆境中独自坚守正道。金钱地位不能使自己迷惑腐化，贫穷卑贱不能改变自己的志向，权势武力不能让自己屈服变节，这才叫大丈夫。

【英语译文】

① Zizhang asked Confucius, "How does one qualify for conducting governance?" Confucius said, "One who possesses five virtues and abandons four evils may qualify for conducting governance." Zizhang said, "May I know what the five virtues are?"

Confucius said, "An administrator dispenses favors without great expenditure, makes people work without causing resentment, has desires without greed, remains self-possessed without arrogance, and inspires awe without fierceness." Zizhang asked, "What do you mean by dispensing favors without great expenditure?" Confucius answered, "If the man lets people benefit from what they are skilled at, isn't it dispensing favors without great expenditure? If he allows people to choose to work on what they are capable of, who will bear resentment? If he desires only benevolent virtues and attains them, how could he be greedy? If he treats people equally whether they are majority or minority, in high position or in low position, isn't it being self-possessed without arrogance? If the man dresses himself properly and looks dignified, and people naturally hold him in awe, isn't it inspiring awe without fierceness?" Zizhang said, "Could you explain what the four evils mean?" Confucius said, "Tyranny means putting people to death without having first educated them. Ruthlessness means demanding opportune completion of tasks without previous warning. Fraud means suddenly imposing a deadline without having issued orders in good time. Stinginess means rewarding people in an ungenerous way."

② The real man is the one who lives in the most spacious residence of the world, stands in the most appropriate position of the world and walks on the brightest road of the world, who shares his successes with the people in favorable circumstances and adheres to his own principles in adversity, and who can never be corrupted by riches or positions, changed by poverty or humbleness, or subdued by threats or forces.

【解读与应用】

本小节将探讨儒家关于从政条件的论述及其对现代组织管理的启示意义。

本小节所引的第一个语段是孔子与他的弟子子张的对话,其中孔子在回答子张问题时所作的论述,从"美""恶"正反两个方面阐明了从政者必须具备的素质、风度以及必须掌握的治理策略与具体方法,实际上讲的是从政者的条件。孔子所列的从政者条件中蕴含着德才兼备、以德为主的理念。"德"的本义是恪守某种思想和行为规范的操守、品行,它植根于内心的素养,既是外化为习惯行为的内在品质,也是内化为稳定人格的外部表现,是内外一致的良好观念和行为。"五美"中,"欲而不贪"指的是外化为习惯行为的内在品质,具备了爱人怜物的仁爱之心,必能戒私拒腐,做到一心为公而"不贪"。"泰而不骄"和"威而不猛"指综合了品质、知识、经验感悟和行为习惯所形成的从政者应有的气质和风度,是内化为稳定人格的外部表现,即处事泰然,待人宽厚而

"不骄";威武端庄,态度温和而"不猛"。"惠而不费"和"劳而不怨"则指治理中必须掌握的策略与具体方法,是有关"才"的要求。用今天的话来说,就是要懂得知人善任,安排民众做自己喜欢做且有能力做的事情,以充分发挥民众各自的长处和优势,这样既能节省资源力争"不费",又能调动积极性,创造"不怨"的和谐局面。

"四恶"指从政者工作中的忌讳和容易发生的失误,从反面论述了立德应防止的趋恶倾向。孔子特别强调,从政者的工作重点是事先对人们的教育、告诫和警示,而非事后的严厉惩罚。不经教育而处以极刑,不加告诫而强令完成任务,不发警示而突然限期,被称为"虐""暴""贼",这些都是治政的大忌,属"暴政"而非"仁政",是"霸道"而非"王道",是造成人心涣散、治理混乱的重大失误,是从政者缺乏道德修养的外部表现。

孔子关于德才兼备、以德为主的选人和用人理念,对于现代组织的管理依然有着借鉴意义。"欲而不贪"是内在品质,是选人和用人的最高标准,要经过相当长时间的考察才能确定候选人是否符合。"泰而不骄"和"威而不猛"是外部表现,较短时间就能了解,甚至一次面试便可发觉端倪。"惠而不费"和"劳而不怨"是管理的策略和方法,被任用者可在试用期通过向有经验的管理者请教及自己的管理实践而逐渐感悟并掌握。在关于"屏四恶"的阐释中孔子所特别强调的事先教育、告诫和警示,在现代管理中显得尤其重要。现代组织的管理者只有重视员工的教育培训,提高他们的能力,在管理过程中发现问题并及时给予告诫和警示,把潜在祸害扼杀在萌芽状态,才能实施高效的管理。

德国行为学家舍默霍恩指出:"在组织机构内,员工需要学习和实践富有成效的工作行为,管理者的目标是提供在环境中学习的机会,以促成员工培养出组织机构所期望的工作行为。"(引自赫尔雷格尔《组织行为》)这与孔子重视教育、告诫、警示的观念不谋而合。组织机构所期望的良好工作行为,通过对员工的教育而养成,要比通过事后对员工的严厉惩罚更富成效。美国管理学家斯蒂芬·罗宾斯在《管理学》中把员工通过培训获得的技能分为技术技能、人际关系技能、解决问题技能三种。员工培训方法有在职培训和脱产培训两种,前者包括预备实习(针对新员工)和职务轮换(使老员工增强对不同工作间相互依赖关系的认识);后者包括课堂讲座、电视录像、仿真(模拟)练习等。在信息海量增长、技术高度发达的现代社会,员工的知识更新显得尤其重要。一个组织机构的佳绩只有通过员工不断的自我提升、自我超越才能创造出来,没有员工的知识更新和能力提升,组织机构就不可能不断超越。企业家任正非说:"华为没有背景,也没有资源,除了人的脑袋之外一无所有。我们就是把一批中国人和一些外国人的脑袋集合起来,达到今天的成就,就证明教育是伟大的。"孔子关于教育在先的理念在当今信息时代有着重大的现实意义,但当今的教育培训应把重点放在提供终身学习、自主学习的平台和方式上。不断地自主学习,使员工有能力应对当今世界的各种挑战和复杂局面,从寡闻到睿智,从迷茫到清醒,从自卑到自信,从懒散到勤奋,从目光短浅到志存高远,可以鼓舞和帮助员工释放出他们的能量与激情,达到他们原以为不可能达到的境界,从而实现甚至超越个人和组织机构的双重目标。

"有司"本来是中性词,表示各具分管职责的官吏,如《论语·子路》中的"先有司,赦小过,举贤才",但在本小节所引论述中则明显带有贬义,意为像处理具体事务的小吏那般刻板、琐细。孔子把"有司"列为四恶之一,说明他强烈反对在酬劳、奖励等经济待遇上对民众的悭吝作风。俗话说,财聚则人散,财散则人聚。孔老夫子的格局可见一斑。当今比较成功的管理者,确实都在员工的报酬和奖励上出手大方。

综上所述,孔子提出的"五美"和"四恶",既可看作管理者的择人标准,也可看作管理者的治理原则;既有内在素质的要求,也有外显行为的规范;既指明了宏观的战略目标,也提供了微观的战术细则,值得借鉴。

本小节的第二条引语是孟子的论述,是他就景春(战国时代的纵横家)关于公孙衍、张仪(均为战国时代的纵横家)两人是否称得上大丈夫这一问题的回复。虽然这是关于"大丈夫"的讨论,但这段论述实际上表达了孟子关于从政为官的人应具备何种品质的观点,是对孔子关于"五美"论述的重要补充,闪耀着思想和人格力量的光辉。孟子否定了景春关于公孙衍和张仪是大丈夫的断言,他厌恶这两人不讲原则,一味顺从迎合君主的行为。孟子所提倡的从政之道是"居天下之广居,立天下之正位,行天下之大道"。这三个分句中"居""立""行"是坚持、站立、践行的意思,"广居""正位""大道"是隐喻,按朱熹的理解,分别指仁、礼、义三条原则。古人从政为官有两种境遇,一种是顺境,称为"得志",即受到赏识,能实现自己的理想;另一种是逆境,称为"不得志",即受到排挤,无法实现自己的理想。孟子认为,对于这两种境遇应该抱有"得志,与民由之;不得志,独行其道"的态度,即在顺境中就与人民一起实现理想,在逆境中就独守正道。他在《孟子·尽心上》中也表达了类似的观点,"穷则独善其身,达则兼善天下",与孔子的论述"用之则行,舍之则藏"(《论语·述而》)有异曲同工之妙。"富贵不能淫,贫贱不能移,威武不能屈",是孟子最精彩的论述之一,几千年来,它不仅是为官者检验自己言行的从政原则,而且成为一般志士仁人不畏强暴、坚持正义的座右铭,可谓发人深思的箴言。

如果我们用一句话来概括孟子的这段论述,那就是"护持自己的道德操守"。无论顺境逆境、富贵贫贱、权势高低,从政者与一般的志士仁人都应在自己的内心中稳住"道义之锚",都能守护自己的道德操守,坚持"仁、义、礼"的原则。这一条也应该成为现代组织管理者必须具备的素质条件,用今天的话来说,就是在任何情况下都能坚持原则。现代组织管理者坚持原则,应体现为严格自律,带头遵守组织内部各项规章制度,"立正位","行大道",在工作、生活和学习方面高标准、严要求,强化自我约束,成为员工的表率。现代组织管理者坚持原则,也应体现为合理运用职务所赋予自己的权力,始终保持与员工的密切联系,清正廉洁,勤政为民,做到"与民由之",与员工同心协力,实现组织目标。现代组织管理者坚持原则,还应体现为"富贵不能淫",在利益诱惑面前稳得住,不该做的坚决不做,不该拿的坚决不拿,坚守底线,不失操守,以德树德,使整个组织充满正气,保持良好的精神风貌。

【复习思考与讨论题】
1. 请列出孔子所说的"五美"和"四恶",并用现代汉语解释它们的含义。
2. 请举例说明事先学习良好行为比事后惩罚不良行为更有利于组织管理。
3. 如何理解孟子"居天下之广居,立天下之正位,行天下之大道。得志,与民由之;不得志,独行其道"这句话?
4. "富贵不能淫,贫贱不能移,威武不能屈",表现了古代仁人志士怎样的道德风貌?对于现代组织管理有何启示?
5. 现代组织管理者坚持原则应体现在哪些方面?
6. 请用现代白话或英语解释本小节的主要概念。

(三)为政者的德行:正直　包容　庄重　孝慈　自律

【主要概念】众星共之;身正;反求诸己;周而不比;临之以庄;孝慈则忠。

【原作论述】
① 为政以德,譬如北辰,居其所而众星共之。　　《论语·为政》
② 其身正,不令而行;其身不正,虽令不从。　　《论语·子路》
③ 仁者如射:射者正己而后发;发而不中,不怨胜己者,反求诸己而已矣。
　　《孟子·公孙丑上》
④ 君者仪也,民者景也,仪正而景正。君者盘也,民者水也,盘圆而水圆。
　　《荀子·君道》
⑤ 君子周而不比,小人比而不周。　　《论语·为政》
⑥ 季康子问:"使民敬忠以劝,如之何?"子曰:"临之以庄,则敬;孝慈,则忠;举善而教不能,则劝。"
　　《论语·为政》

【白话释义】
① 以美德治政者,就会像北极星那样居于一方,而众星环绕着它运行。
② (为政者)如果自身行为端正,不用发布命令,政事也能推行;如果自身行为不正,即使发布了命令,百姓也不会听从。
③ 有仁德的人犹如射箭者,射箭首先要端正自身才有可能射中靶心。如果射不中,也不应归咎于他人,要在自己身上找原因。
④ 君主就像测定时刻的标杆,民众就像这标杆的影子,标杆正直,那么影子也正直。君主就像盘子,民众就像盘里的水,盘子是圆形的,那么盘里的水也成圆形。
⑤ 君子珍视团结协作,不搞拉帮结派;小人长于拉帮结派,不搞团结协作。

⑥ 季康子问道:"要使百姓对当政者尊敬、尽忠、勤勉向上,该怎样去做呢?"孔子说:"你用庄重的态度对待百姓,百姓就会尊敬你;你孝顺父母、慈爱幼小,百姓就会对你尽忠;你选用贤良去教导弱者,百姓就会互相勉励,积极向上了。"

【英语译文】

① The man who conducts governance by virtue is like the pole star, which keeps its place with all other stars rotating around it.

② If a ruler is righteous himself, he will be supported without giving orders. If he is not righteous himself, people will not obey him even though he issues orders.

③ The benevolent person behaves like a shooter. The shooter must stand straight before he can possibly hit the target. If he fails to hit the target, he should examine himself for the failure rather than lay the blame on others.

④ The ruler is like the pole for measuring time, and the people like its shadow. If the pole is straight, the shadow will be straight, too. The ruler is like the dish, and the people like the water in it. If the dish is round, the water in it will be round as well.

⑤ A true gentleman values unity and never forms cliques. A petty man is cliquish and does not care for unity.

⑥ Answering the question raised by Ji Kangzi about what could be done to make people respectful and faithful to the ruler and make them encourage each other to be deligent themselves, Confucius said, "Keep your dignity and people will respect you. Be dutiful to your parents and kind to all, and they will be faithful to you. Promote the virtuous and let them instruct the incompetent, and people will encourage each other to be diligent."

【解读与应用】

本小节与上一小节所探讨的内容都与从政者(管理者)的素质有关,有着自然的内在联系。上一小节探讨了从政者的从政条件,本小节探讨从政者的德行,而从政者的德行本身也是从政条件之一,因而内容有所重叠。为避免重复,两小节的区别在于,上一小节所述的从政条件范围较广,除了德行以外,还包括气质、能力和策略等,而本小节则相对集中地探讨从政者的德行这一项。德治,是儒家思想的核心主题之一,在《论语》和《孟子》等论著的很多章节中都有论述,本书的以下章节中还会从不同角度提及。

古人认为北极星是静止不动的,而其他星球则围绕着它转动。《论语·为政》开宗明义,用比喻手法阐明了德治的重要性和上佳效果:"为政以德,譬如北辰,居其所而众星共之。"以德治政的人将受到民众的衷心拥护和热烈爱戴,犹如北极星那样居于一方,而满天星斗环绕着它运行。孔子认为,所谓德治,首先应从为政者做起,为政者自己有德,继而民众"有耻且格",以德树德、弘德、立德,才能形成德治的局面。那么,为政者的"德"体现在哪里呢?本节所引的几段论述重点说明了为政者"德"的以下六点体现:(1)"正",即品行端正,主持正义,说正话,走正路,办正事;(2)"周",即胸怀宽广,包容大度,注重团结协作,杜绝拉帮结派;(3)"庄",即庄重稳健,庄严谨慎,不轻浮,不随便;(4)"孝",即孝顺父母,懂得感恩,有责任担当;(5)"慈",即慈爱、慈善、慈和,有爱心,行善事,对人态度和蔼;(6)"举善",即视野宽,魄力大,有远见,有眼光,善于发现并举荐人才。由此可见,孔子对为政者"德"的要求很高、很严,有如此德行的人施行政事,能获得"众星共之"那样广泛而又热烈的拥戴就不足为怪了。

关于"德"的六点体现在现代管理中的应用,我们重点探讨正、周、孝、慈、庄五点,至于第六点"举善",我们将在第一章"举贤的必要和责任"小节中专门探讨。

"正",即品行端正。孔子、孟子和荀子关于"正"的论述,阐明了"正"在治政及管理中的作用。孔子说:"其身正,不令而行;其身不正,虽令不从。"他认为为政者如果自身行为端正,不用发布命令,政事也能推行;如果自身行为不正,即使发布了命令,百姓也不会听从。所谓"正",意为正直、正派、正义、正气,讲正话,做正事,走正路。治政者"身正",可形成至高的威信,如同无声的命令,是治政的基础。孟子和荀子也都强调"正"是为政者的首要品质,他们都运用比喻来推出同样的论断。孟子用的是动态的射箭形象,"射者正己而后发",射箭的人首先要端正自身才有可能射中靶心,喻指为政者必须先正己,而后才能实现治政的目标。荀子用的是静态的形象,"君者仪也,民者景也……君者盘也,民者水也",把为政者比作杆子和盘子,民众比作影子和水,并用"仪正而景正……盘圆而水圆"(杆正影也正,盘圆水亦圆)的道理来阐明为政者的表率作用。孟子还主张"发而不中,不怨胜己者,反求诸己",如果射不中,也不应归咎于他人,要在自己身上找原因。他强调为政者要严于律己,一旦治理失败,应反躬自问,自找原因,而不应推诿责任。对于现代组织管理者而言,"身正"和"律己"是管理之本,威信之源,"身正"方能带人,"律己"才可服人。它们又是共生并存的,"身正"必先"律己","律己"必然"身正"。

"正"(正义),是相对于"邪"(邪恶)的一个概念。正义,是人们为了战胜邪恶,维护人类幸福和谐的行为。是否追求、主持、维护、伸张正义,是衡量一个现代组织是否具有存在和发展理由的基本条件和必要标准。诺贝尔奖得主阿纳托尔·法朗士(Anatole France)在《红百合花》中说:"正义是对业已确立的非正义的制裁。"任何组织违背了正义这一标准,就可判定为危害社会、危害人类的组织,应该予以取缔,如那些专门制造并推销有毒食品的企业、专门从事金融诈骗和电信诈骗的机构、跨国走私贩毒的团伙等,都必须毫不留情地铲除。一个现代组织能否追求、主持、维护、伸张正义,又在很大程度上取决于这个组织的管理者是否具备"正"的品质、行为与管理理念,儒家思想对为政者"正"的道德要求完全适用于现代管理者,尤其是现代组织机构管理层的第一把手。

"周",原义为圆周,即包罗万象、容纳一切的圆圈,引申义为合群、大度包容。"周",体现了中华文化的包容性。被誉为中华第一图、象征中华文明辩证思维核心要素的阴阳双鱼图,便是一个包含阴阳互体的大圆圈。"比",是相对于"周"而言的概念,其甲骨文字体很像两人前后紧随或比肩而行,引申义为结党营私,朋比为奸。孔子的论述"周而不比",主张讲团结,不搞勾结,对于现代组织的管理极其重要。讲团结,则一呼百应,员工齐心协力,能应对各种复杂的局面而完成组织目标;搞勾结,则一盘散沙,员工各谋私利,互相拆台,不仅难以完成组织目标,甚至会导致组织机构的最终解体。管理学中的"狼群效应"显示了"周"的巨大威力。狼群是极其遵循团结一致、配合行动的动物群体。头狼发号之前,群狼各就其位,欲行先止,嚎声起伏,互为呼应。攻击目标既定,头狼昂首一呼,群狼立即响应起而攻之,主攻者、佯攻者、助攻者、后备者各司其职,密切配合,有序而不乱。虽然论单打独斗,狼不敌虎、狮、豹,但群体协作却能让它们战而胜之。这就是很多管理学家推崇的狼群效应。让世界经济界为之震惊的"可怕的温州人",就是一个崇尚"周而不比"的狼性群体。温州人之所以能够将打火机、纽扣、拉链、针线等不起眼的小产品做成大产业,是因为他们通过团结协作形成了严密的融资、采购、生产、销售体系。当某一环节出现问题时,其他环节会及时提供帮助。比如采购方资金不足时,一些温州同乡会毫不犹豫地注入自己的资金。此外,一批领袖型企业成为温州企业的"头狼",更促进了温州产业的整合,这从遍布全球的温州商会及其分会等可见一斑。

"孝"与"慈",是孔子在回答季康子关于如何使百姓对当政者尽忠这一问题时所提出的两种美德。孔子说"孝慈,则忠",他认为为政者孝顺父母、对人慈善,百姓就会对他尽忠。"孝"与"忠",是在儒家思想体系中具有很强的逻辑相关性和一致性的一对概念。"孝"更是中华文明的一个显著标识。"孝"的基本内涵是"善事父母",属于家庭伦理的范畴;"忠"是一种下对上、民对国、私对公、臣对君的行事准则,属于政治伦理的范畴。在"家国同构"的观念下,忠孝一体,国由家组成,家是最小国,国是千万家,在家孝顺父母就为奉国尽忠打下了思想和行为基础,是所谓"移孝于忠"。因而孔子认为,为政者"孝",就能赢得民众的"忠",是民众效仿为政者的结果,是"移孝于忠"的第一种表现,即为政者的"孝",转移为民众的"忠"。

"移孝于忠"的第二种表现是为政者的"孝",转移为自己的"忠"。古今有很多"在家是孝子,报国是忠臣"的人。古语云:"孝者,百行之冠,众善之始也。""孝"是做好一切其他善事(包括为官治政)的基础。在物质生活极为丰富的今天,"孝"的意义依然不会过时。讲求"孝",管理者就不会辜负父母的期望,就能做出利国、利民、利组织的善事。"孝",不仅能赢得民众的"忠",而且是管理者自己"忠"于职守的动力。读了王春来的《孝子警官日记》,便能明白现代组织管理者照样能做到忠孝双全的道理。为了尽孝,王春来牢记父母的嘱咐,在做好本职管理工作的余暇,完成了100多万字的《监狱中队管理学》,填补了国内监狱基层管理理论专著的一项空白;为了尽孝,他听从母亲关于"积善之家,必有余庆"的教诲,任劳任怨、不计报酬地为组织、为同事、为邻里做了大量的善事;为了尽孝,他放弃了去司法部工作的机会,一面精心侍奉失去自理能力的父母双亲,一面尽心尽力地做好基层管理工作。王春来深深地感到"人身上的能量来自孝心",他在尽忠、尽孝的路上收获满满,从不感觉生活亏欠了自己。

相比之下,"慈"与"忠"之间不是"移孝于忠"的效仿关系,而是投桃报李的感恩回报关系。孔子认为,为政者对民众仁慈关爱,必能激发民众的感恩之心,获得他们的忠心。诺贝尔文学奖得主泰戈尔在《一个艺术家的宗教观》中说:"人与世界的真正联系是人格之爱,而不是机械的因果定律,这是他们来到世上最初接触到的伟大真理。"泰戈尔所说的"人格之爱"就是指慈爱。"慈"是一种推己及人的爱,管理者对员工的"慈",在多数情况下都能获得员工对组织机构"忠"的回报。关于这一点,我们将在第四章"兵家思想"中进一步探讨。

"庄",意为庄重、庄严,指一个人在风度、仪表、举止或谈吐上沉着稳重,不随便,不轻浮。孔子说"临之以庄,则敬",他认为为政者用庄重的态度对待百姓,百姓就会尊敬他。这里的"敬"是对于"庄"的回报,为政者以自己的"庄"可赢得百姓的"敬"。孔子也说过:"君子庄敬日强,安肆日偷。"这里他把"庄"和"敬"放在一起论述,是指君子自己对别人庄重而恭敬。他认为,主观上对人、对事、对物态度庄重恭敬,就会使自己壮大,如果对人、对事、对物态度傲慢、肆意妄为,就会使自己消亡。这句话后被朱熹、曾国藩引用,并写入他们告诫子孙的家书。对于现代组织管理者而言,庄重的态度和举止依然是赢得员工尊重的重要因素。"庄"应该是现代组织管理者最起码的素质要求之一。很难想象,一个说话随便、举止轻浮、对人傲慢、做事不严肃,甚至在重要的公众场合大声喧哗的管理者,会得到员工的尊重。

【复习思考与讨论题】

1. 关于从政者的德行,你记得孔子和孟子所推崇的那七个字吗?在本小节所重点探讨的六点中,你认为哪几点在现代组织实施以德治理的过程中能发挥明显的重要作用?

2. 孔子与孟子关于"正"的论述,阐明了什么道理?孟子说"反求诸己",强调的是什么?

3. "周而不比"是什么意思?为什么说它对于现代组织的管理极其重要?请用管理学中的"狼群效应"来说明。

4. 请分析"孝"与"忠"的关系。"移孝于忠"有哪两种表现?

5. "临之以庄,则敬"是什么意思?为什么说"庄"是现代组织管理者最起码的素质要求之一?

6. 现代管理者要获得员工"众星共之"的拥戴还应该注意哪些方面？

7. 请用现代白话或英语解释本小节的主要概念。

（四）儒家的义利观：义利相济义为上

【主要概念】义以为质；舍生取义；见利思义；义然后取；义以生利。

【原作论述】

① 君子义以为质，礼以行之，孙以出之，信以成之。君子哉！ 《论语·卫灵公》

② 君子喻于义，小人喻于利。 《论语·里仁》

③ 生亦我所欲也，义亦我所欲也。二者不可得兼，舍生而取义者也。

《孟子·告子上》

④ 见利思义，见危授命，久要不忘平生之言，亦可以为成人矣。 《论语·宪问》

⑤ 义然后取，人不厌其取。 《论语·宪问》

⑥ 义以生利，利以平民。 《左传·成公二年》

⑦ 子适卫，冉有仆。子曰："庶矣哉！"冉有曰："既庶矣，又何加焉？"曰："富之。"曰："既富矣，又何加焉？"曰："教之。" 《论语·子路》

⑧ 今也制民之产，仰不足以事父母，俯不足以畜妻子，乐岁终身苦，凶年不免于死亡。此惟救死而恐不赡，奚暇治礼义哉？ 《孟子·梁惠王上》

【白话释义】

① 把道义视为根本，用礼仪加以推行，用谦逊的言行表达，用诚信的态度完成。这就称得上君子了！

② 君子通晓道义，小人关注利益。

③ 生命是我所喜爱的，道义也是我所喜爱的，如果二者不能同时拥有的话，我将牺牲生命而维护道义。

④ 见到利益能想到道义，遇到危险愿献出生命，平日的诺言历久不忘，也可以算完美的人了。

⑤ 符合道义的才获取，人们就不会讨厌他获取。

⑥ 道义可以产生利益，利益可以安定百姓。

⑦ 孔子去卫国，冉有驾车。孔子说："（卫国）人丁好兴旺啊！"冉有说："人丁兴旺了，还要做什么？"孔子说："使他们富起来。"冉有说："富了之后还要做什么？"孔子说："对他们进行教化。"

⑧ 现在人民拥有的产业，上不足以赡养父母，下不足以抚养妻儿；好年成，艰难受苦，灾荒年，只有死路一条。在这种情况下，求个活命都做不到，哪有空学习礼义呢？

【英语译文】

① The gentleman regards righteousness as the guiding principle, promotes it by propriety, expresses it with modesty and accomplishes it in all sincerity. Thus, he is a true gentleman.

② The gentleman attaches importance to righteousness, and the petty man to gains.

③ I love life, and I love righteousness, too. If I cannot have both at the same time, I will maintain righteousness at the sacrifice of my life.

④ The man who thinks of righteousness when gains are at hand, is ready to give up his life in the face of danger, and never forgets his promises when living even in poverty for long, can be considered a perfect man.

⑤ He never takes anything unless the act conforms to righteousness, and so people do not detest his taking.

⑥ Righteousness can produce gains, and gains can bring peace to the people.

⑦ Confucius let Ranyou drive the carriage for him when he went to the State of Wei. He exclaimed, "What a large population here!" Ranyou said, "What should be done then for the large number of people here?" Confucius said, "Enrich them." Ranyou asked, "What should be done next when they get rich?" Confucius answered, "Educate them."

⑧ Now the land that people own is so scarce that they cannot support their parents or children. In the year of good harvest, they might scrape along, but during famines, they simply die of starvation. How can they possibly find time to learn rites or practice righteousness when they cannot even survive?

【解读与应用】

本小节的几条论述把孔子和孟子两位儒家代表人物的义利观及富民思想阐述得比较清楚而且完整。

所谓"义",是一种社会道德规范,"利"指人们对物质利益的追求,前者属精神范畴,后者属物质范畴。精神与物质,在人类生活中缺一不可。在义、利二者的关系上,把儒家的理念概括为"义利相济义为上",比概括为"重义轻利"更为准确,更为客观。说儒家"重义",言之有理;但认为儒家"轻利",是长期以来的一种误解,并不符合历史真实。孔子说"义以生利,利以平民",认为道义可以产生利益,利益可以安定百姓,百姓生活安定以后反过来更有利于进行道德教化,促进道义的推行,义、利二者是"相济"(互相作用,互相促进)的关系。孔子并不否定"利",是因为"富与贵,是人之所欲也"(《论语·里仁》),认为追求物质利益是人们的正常欲望;但他又强调"见利思义",要求人们在物质利益面前，首先应该考虑到道义，要"义然后取"，即只有符合道义的才能获取，"不以其道，得之不处也"，以不符合道义的手段获得的利益，就坚决不能接受。就他自己而言，"不义而富且贵，于我如浮云"（《论语·述而》）。在孔子心目中，道义是人生的至高价值，在贫富与道义发生矛盾时，他宁可受穷也不会放弃道义。但他的这一观念并不能简单地看作是只求维护道义而不求富贵，这从孔子关于富民的为政理念中也可看出。在孔子与他的弟子冉有的对话中，他指出，治国理政要做到让国家繁荣昌盛，需要三个条件：一要人口兴旺，二要人民富足，三要使人民有教养。教化虽然重要，但必须以富民为先。孔子主张先富后教，从中可看出他十分重视发展经济，让人民获得正当的物质利益。孟子把道义看得比生命更重要，"二者不可得兼，舍生而取义者也"，宁可牺牲生命，也不可丢弃道义。但在义、利二者的关系上，孟子与孔子一样，并不排斥"利"，而是非常关切百姓的切身利益。他在与梁惠王的对话中强调"制民之产"的重要，主张为政者必须为百姓提供足够的产业（主要指耕作的土地）。否则，"此惟救死而恐不赡，奚暇治礼义哉"，百姓连求个活命都做不到，哪有空学习礼义呢？

"君子"这个词语，在《论语》中出现了107次，在《孟子》中也频频出现，可见两位儒家代表人物的重视程度。"君子"与"小人"，常常被放在一起对照使用，以便鲜明地区分这两种人。但这两个概念的含义孔子本人并没有明确界定。后人根据上下文推测，有两种理解。一种理解以道德加以区分，认为"君子"是具有高尚道德情操的人，而"小人"是缺乏道德修养的人。另一种理解以身份加以区分，认为"君子"指贵族或为政者，"小人"指平民百姓。在"君子喻于义，小人喻于利"这一论述中的"君子"与"小人"，似乎两种理解都讲得通。汉代儒家代表人物董仲舒说，"明明求仁义常恐不能化民者，卿大夫之意也；明明求财利常恐困乏者，庶人之事也。"（《汉书·杨恽传》）可见他倾向于后一种理解。我们不妨把两种理解方式兼而用之：一方面作为普通人，要加强道德修养，通晓道义的重要性，努力使自己成为有高尚道德的"君子"，而不能沦为只会精明地盘算利益的"小人"；另一方面作为管理者（为政者），要在市场大潮中把握"义以为质""见利思义"和"义然后取"的经营原则，防止"见利忘义""利欲熏心"的倾向，讲求诚信，全面履行社会责任，但也要明白普通员工关注经济利益是正常现象，要努力提高经济效益，改善员工的福利待遇，并在"富民"的基础上对员工加强道德教育，使"义以为质""见利思义"和"义然后取"的原则为广大员工所接受、认同并进而践行，逐步形成上下一致的"义利相济义为上"的组织文化和行为准则，使本组织机构走上健康向上的发展道路。

关于如何构建"义利相济义为上"的组织文化，遵循"见利思义"和"义然后取"的组织运行原则，真正使员工把道义视为根本（"义以为质"），现代组织的管理者可借鉴孔子提出的"三部曲"解决方案：用礼仪加以推行（"礼以行之"），用谦逊的言行表达（"孙以出之"），用诚信的态度完成（"信以成之"）。所谓"礼以行之"，就是确立员工行为规范并加以严格推行,只有当"义利相济义为上"的理念转化为员工的日常行为习惯,才能算真正构建起这一组织文化。否则宏大的目标、美丽的口号、漂亮的言辞、精致的环境布置等只是停留在组织文化的表层,即符号层面,成为形式化的、浮在表面的、虚空的号召,而没有进入实质的行为层面。这一现象在现代组织机构内并不少见。所谓"孙以出之"(古语"孙"同"逊"),就是用谦虚的言语和行动把坚守道义的理念表现出来。孔子强调"谦虚",这对于现代组织管理者有两重意义:其一,对于自己,谦虚才能不断地接受新知识,不断地琢磨在新时代坚守道义的特点,研究在组织外部和内部环境中坚守道义的具体表现和方式方法,才能不断完善自身,避免错误,实现超越;其二,对于他人,管理者谦虚的言行和以身作则的表现,其本身就是一种道义的力量,容易使其理念获得员工、客户、供应商、投资者以及社会大众的理解、接受和欢迎。虚怀若谷的度量,总是能让人愿意亲近,也总是能赢得他人的尊重,这是一种人生的智慧。所谓"信以成之",用诚信的态度坚守道义原则,最终实现"义利相济义为上"的组织文化构建。

我们今天往往把"诚信"作为一个词语看待,但在孔子的时代,"诚"与"信"是互相关联的两个不同概念。"诚"更多地指"内诚于心"即内在道德品质;"信"则侧重于"外信于人",即讲求信用的外显言语行为。"诚",关注内在自觉,是内圣之道;"信",注重外在实践,是外王之道。"诚"与"信"的组合,就形成了一个以"诚"自律、以"信"相交的内外兼备的优良品格。诚信作为道德规范,合乎儒家"内圣外王"的理想的为政境界。孔子说"信以成之",用的是"信"字,说明在实现"义以为质"这一原则的问题上,他更注重实践,更强调"信"的实际言语和行为。《论语》中多次提到孔子关于"信"的教诲,比如"敬事而信""主忠信""谨而信""信则民任焉"等,都表明孔子极其重视在日常生活中的道德实践,而不是凭空言道。在现代社会,各类组织在签订合约时,都会期望对方信守合约。不讲信用,任何条约、合同、协议都将成为一纸空文。信用,是各种商业活动的基本保证和最佳竞争手段,是企业家的一张真正的"金质名片"。信用,是市场经济的灵魂,不讲信用,商业活动将无法正常进行,市场必然会变得萧条冷落。讲信用的企业会做大做强,不讲信用的企业将破产倒闭。在现代组织的内部管理中,"信"也是有效管理的基本条件。如果管理者不讲信用,则威信扫地,凝聚力和号召力逐渐丧失;赏罚不讲信用,则人心涣散,制度与规则无法实行;员工不讲信用,则工作效率和质量将急剧下降。可见"信"一旦失落,所谓"义以为质",只能是不切实际的空想。

孔子所说的"义以生利,利以平民",对于现代管理是否具有借鉴意义?我们不妨先看看"子贡赎人、子路受牛"的故事(出自《吕氏春秋·先识览·察微篇》)。鲁国有一条法律:如果鲁国人在外国见到同胞遭遇不幸,沦落为奴隶,只要能够把这些人赎回来帮助他们恢复自由,就可以从国家获得补偿和奖励。孔子的学生子贡,把一个鲁国人从外国赎回来,但拒绝了国家的补偿。孔子对子贡说:"你错了!向国家领取补偿金,不会损伤到你的品行;但不领取补偿金,鲁国就没有人再去赎回自己遇难的同胞了。"子路救起一名溺水者,那人出于感谢送了他一头牛,子路收下了。孔子高兴地说:"鲁国人从此一定会勇于救落水者了。"孔子认为,义举可以而且应该获得回馈的利益,这会起到鼓励义举的作用,有利于安定百姓,促进社会的和谐稳定。在现代社会的市场经济中,企业谋求利润是正当和必要的,是促进市场繁荣的行为,不营利的企业反而失去了存在的价值和理据。但是企业在营利的同时,必须履行遵纪守法、保护环境、诚信经营等最低限度的社会义务。"见利思义"的企业还会主动承担更多的社会责任,如救济灾民、慈善捐款、兴办义学、组织志愿者活动、帮助老弱病残,等等。虽然在短期内这些义举会增加企业的运营成本而导致利润的减少,但从长远看,义举将提高并扩大企业的良好声誉,使其赢得客户、供应商、投资者以及社会大众的信任,从而在发展壮大的过程中获得更大的利润。

上海建桥集团有限公司是一家以能源、矿产和房地产等多元投资为依托的跨地区、跨行业企业集团,该企业在取得良好的经济效益的同时,以"感恩、回报、爱心、责任"为价值导向,大兴义举以回馈社会,已在山东、云南、江西、四川、安徽、浙江等省捐建14所希望学校,资助上千名贫困学生。尤其引人注目的是,该企业以高投入、高起点、高标准、高质量兴建的学院,大获称赞。有人在采访该集团公司董事长时问道:"从经济角度看,公司创办学院、捐建希望学校是否吃亏了?"他说:"怎么会吃亏?我们是大大得益了!造福社会使企业赢得了广泛的社会认同和信任,获得'全国守合同、重信用企业'荣誉称号和其他众多荣誉,这为企业的发展壮大展现了广阔的前景。"在被问及财富与成功的关系时,他说:"如果为富不仁,钱再多也得不到别人的尊重。我认为成功就是做成有功德的事,而'功德'就是利他、利众的行为。"

西方现代管理学家并不使用"义"这个概念,但他们普遍认为各种组织机构都应该是道德机构,在它们努力为社会做贡献的过程中,必须分清正确的和错误的行为。斯蒂芬·罗宾斯在《管理学》一书中把组织机构的道德行为分为社会义务(social obligation)、社会响应(social responsiveness)和社会责任(social responsibility)三种。社会义务仅限于符合基本的经济和法律标准、达到法律的最低要求,社会响应指对变化着的社会状况的应变能力,社会责任指从事使社会变得更美好的事情。如果一家公司遵守法律规定,生产合理的安全产品,这说明它履行了社会义务;一旦发现产品不安全,立刻从市场上撤回,这说明它具有社会响应能力;如果这家公司广泛参与有益于社会的多项活动,这说明它积极承担了社会责任。大量研究表明,公司的社会参与和经济绩效之间存在着正相关关系,也就是我们所说的"义利相济"的关系。斯蒂芬·罗宾斯指出:"社会参与为公司提供了大量利益,足以补偿其付出的成本。这些利益包括一个积极的公司形象,一支目的更明确和更讲究奉献的员工队伍,以及政府当局更少的干预。"

【复习思考与讨论题】

1. 怎样完整地理解孔孟的义利观？哪句话比"重义轻利"更为准确地概括孔孟的义利观？

2. 请用现代白话解释"义以生利""义以为质""见利思义""义然后取"的意义,并分析它们之间的关系。

3. 孔子的富民理念和孟子对百姓切身利益的关切表现在哪里？

4. 如何理解《论语》中反复提到的"君子"和"小人"这两个概念？

5. 如何有效地在现代组织中构建"义利相济义为上"的组织文化？孔子提出的哪"三部曲"值得借鉴？请举例说明。

6. 请用现代白话或英语解释本小节的主要概念。

三、民本理念

(一) 为政的民意基础:水能载舟　民信为先

【主要概念】水则载舟,水则覆舟;民无信不立;民贵君轻;得其民,斯得天下;得其心,斯得民。

【原作论述】

① 孔子曰:"……君者舟也;庶人者水也。水则载舟,水则覆舟,君以此思危,则危将焉而不至矣?"
　　　　　　　　　　　　　　　　　　　　　　　　　《荀子·哀公》

② 子贡问政。子曰:"足食,足兵,民信之矣。"子贡曰:"必不得已而去,于斯三者何先?"曰:"去兵。"子贡曰:"必不得已而去。于斯二者何先?"曰:"去食。自古皆有死,民无信不立。"
　　　　　　　　　　　　　　　　　　　　　　　　　《论语·颜渊》

③ 民为贵,社稷次之,君为轻。
　　　　　　　　　　　　　　　　　　　　　　　　　《孟子·尽心下》

④ 孟子曰:"桀纣之失天下也,失其民也;失其民者,失其心也。得天下有道,得其民,斯得天下矣;得其民有道,得其心,斯得民矣……"
　　　　　　　　　　　　　　　　　　　　　　　　　《孟子·离娄上》

【白话释义】

① 君主是船,百姓是水;水能承载船只,也能倾覆船只。你由此想想危险,那么危险怎么会感受不到呢?

② 子贡问怎样治理国家。孔子说:"治国有三要素:充足的粮食、充足的军备、百姓的信任。"子贡说:"如果不得不去掉一项,那么在这三项中先去掉哪一项呢?"孔子说:"去掉军备。"子贡说:"如果不得不再去掉一项,那么剩下两项中去掉哪一项呢?"孔子说:"去掉粮食。自古以来人总是要死的,如果百姓对为政者不信任,国家就必然垮台。"

③ 人民应放在第一位,国家其次,君主在最后。

④ 孟子说:"桀纣之所以失去天下,是因为失去了人民的支持;失去人民的支持,是因为失去了民心。取得天下有方法,只要获得人民的支持就能取得天下;获得人民的支持有方法,只要赢得人民的信任就能获得人民的支持……"

【英语译文】

① Confucius said, "The ruler is a boat and people are water. Water can carry a boat; it can also overturn a boat. How can you have no sense of crisis if you think of this danger?"

② Zigong asked about governance. Confucius said, "Good governance requires sufficient food, sufficient arms and the trust of the people." Zigong said, "Which of the three could be dispensed with if necessary?" Confucius said, "Arms." Zigong said, "Which of the remaining two could be dispensed with if necessary?" Confucius said, "Food. Everyone dies, but without the trust of the people, a state cannot sustain itself."

③ The people should be of the first importance, the state the second, and the ruler the last.

④ Mencius said, "Jie and Zhou's loss of their reign is due to the loss of the people's support. The loss of the people's support is due to the loss of their trust. Therefore, the way to gain one's reign is to obtain the support of the people, and the way to obtain the support of the people is to win their trust …"

【解读与应用】

本小节所引录的孔子和孟子的论述分别选自《论语》《孟子》和《荀子》三本儒家著作。孔子的第一条论述选自《荀子》,这是他在回答鲁国君主鲁哀公的问题时所说,他运用形象的比喻,把君民比作舟水,劝诫鲁哀公要居安思危。孔子的第二条论述选自《论语》,这是他在回答他的弟子子贡的问题时的表态,他把治国三要素"足食"(充足的粮食,相当于现在的经济建设)、"足兵"(充足的军备,相当于现在的国防建设)、"民信"(百姓的信任)中的"民信"放在首位。孟子的第一条论述表达了他的"民贵君轻"思想,第二条论述从正反两个方面阐明了国家兴亡与民心向背的密切关系。本小节孔孟的四条论述集中说明了为政的民意基础,阐发了管理的民本理念。

孟子的"民为贵,社稷次之,君为轻"这一论述,强调在国家治理中人民的地位应高于君主。这一"民贵君轻"的思想,在君权至高无上的古代政治中,是一个石破天惊的观念。"民贵君轻"是孟子仁政学说的核心,具有强烈的民本主义色彩,如果用今天朴素的语言来形容,无异于"人民万岁"这一句响亮的口号。孟子指出:"得天下有道,得其民,斯得天下矣。得其民有道,得其心,斯得民矣。"他认为取得天下有方法,只要获得人民的支持就能取得天下。获得人民的支持有方法,只要赢得人民的信任就能获得人民的支持。孟子对君主的资格提出了很高的要求,对君主的权力也作了种种限制。根据孟子的理论,民意不仅是君主权力正当性的来源,它还是君主力量之所在。孟子的"民贵君轻"观念把民本思想升华到一个相当自觉的政治伦理境界,为现代组织管理的改革提供了有益的思想资源。我国很多组织机构所长期运行的垂直任命制的选拔机制,是强化"官本位"思想的体制性根源。这种机制容易造成管理者只对上负责,而不对下负责,谁发给"乌纱帽"就对谁忠诚的重"官"轻"民"现象。吴旭光教授在《人类命运共同体与全球抗疫》中指出:"不少官员认为,得罪了百姓,百姓无可奈何;得罪了上级,上级随时可以摘掉乌纱帽。因此这些官员想办法摆平群众,迎合上级。民间谚语称'为百姓着想的永远留在了百姓中间,善于摆平百姓的却步步高升'。基层干群不是鱼水关系,而成了'油水关系'。"因而,孟子的这一"民贵君轻"观念不仅对于现代组织管理者克服"官本位"陋习、树立"民本位"思想有着启示作用,而且对于现代组织选拔机制的改革具有借鉴意义。

孔子的两段论述把为政者与普通民众的舟水关系阐述得深刻而又清晰:民信国立,水载舟;民无信国亡,水覆舟。他们的论述既是对历朝历代为政者的警示,也是一则富有智慧的预言,为中国王朝兴亡更迭的历史所证实。政治腐败、横征暴敛、田园荒芜、民怨沸腾,往往是王朝更迭的主要原因。得民心者得天下,失民心者失天下,这是颠扑不破的历史真理。为政者应认识到这一点,敬畏民众,慎用民众所赋予的权力。孔子关于君民舟水关系的这一警示源自他对上古祖先训诫的思考和总结。《尚书·五子之歌》有载:"皇祖有训;民可近,不可下。民惟邦本,本固邦宁。"祖先早就传下训诫,为政者必须亲近人民,而不能轻视他们。人民才是国家的根基,根基牢固("本固"),国家才能安定("邦宁")。夏朝大禹之孙太康,因为没有德行,长期在外田猎不归,招致百姓怨恨,结果被后羿侵占了国都。他的母亲和五个弟弟被赶到洛河边,追述大禹的告诫而作《五子之歌》。孔子把对远古五子失国的叹息,用比喻手法总结了"水则载舟,水则覆舟"的道理。君上如同船,百姓如同水,水既能使船安稳地航行,也能使船倾覆淹没。为政者如果能这样想,则时时刻刻都会有危机感,就会严格自律,谨慎为政,即便遇到了危险也能平安渡过,不会造成严重后果,否则朝政倾覆在劫难逃。

孔子的学生子夏善于理解老师的教诲,用了另一种比喻,其寓意与孔子的比喻可谓殊途同归。根据战国时期一位思想家尸佼的著作《尸子》记载,孔子问学生子夏"君之为君"的问题,意即为政者应该怎么做才是正确的为政方式?子夏说:"鱼失水则死,水失鱼犹为水也。"在子夏看来,百姓如同水,为政者如同鱼,鱼离开水不能活,而水没有鱼却依然是水。子夏对为政问题的深刻认识,让老师感到非常欣慰。孔子感叹地说"汝知之矣",称赞子夏明白了为政在民的道理。这里的"鱼水之喻"与"舟水之喻"寓意一致,都强调民心向背对于治国理政的极端重要性,从而劝说为政者善修国政。孔子

"载舟覆舟"的警示为中国历史上许多开明的君臣所采纳,唐太宗与魏征便是典型一例。宰相魏征在屡次谏言中引用孔子的比喻:"水能载舟,亦能覆舟。陛下以为可畏,诚如圣旨……怨不在大,可畏惟人,载舟覆舟,所宜深慎。"唐太宗从隋朝覆亡的历史中汲取教训,深刻认识到君民关系的本质,也透彻理解"载舟覆舟"的辩证思想,愉悦地接受魏征谏言。君臣达成共识,居安思危审慎为政,轻徭薄赋关心民生,受到百姓的拥护,从而成就了著名的"贞观之治"。

孔子关于为政者与人民的舟水关系的理念同样适用于现代组织的管理者与各种利益相关群体(stakeholders),尤其是员工的关系。管理者之"舟"永远离不开员工及其他利益相关群体之"水",没有后者的信任、拥护和支持("载舟"),管理者将无法实施有效的管理,并将面临垮台("覆舟")的危险。现代组织管理者之"舟"要获得员工及其他群体之"水"的"载舟"认同,必须做到以下几点:

(1) 舟有舵

舟,依靠舵把握方向;没有舵,舟将误入迷途。作为舵手,管理者要有强烈的组织目标意识,坚持正确的组织发展方向,为员工作好表率,起好带头作用,才能使上下一致,怀有明确的方向感和使命感,坚定地实现组织目标。

(2) 舟有舱

舱,是指甲板以下的各种空间,包括船首舱、船尾舱、货舱、机器舱和锅炉舱等。舱的最大特点是容纳,既能住人,又能载物。管理者要像舱那样大度包容,容得下各种不同人才,听得进各种不同意见,承受得了各种挫折和失败,对下属不求全责备,而是善于做到人尽其才,物尽其用,从而最大限度地发挥各种资源(人才、资金、技术等)的效用。

(3) 舟有压舱石

压舱石,指的是空船时用以稳定重心的材料。早年船舶用石头压舱,现在的远洋货轮用铸铁制造压舱物,全世界通用。舟行水中,要保持平衡稳定,才能应对狂风激流而不至于翻船,置于最下层舱底的压舱石便起到了这样的作用。现代组织管理者要像压舱石那样,不管遇到何种艰难险阻,都能保持稳定的心态,以自律、自重、自警、自励的态度沉着应对。管理者还要注意重心向下,始终关心、团结、依靠底层员工,抓住薄弱环节,解决瓶颈问题,增强凝聚力和感召力。只有这样,才能与广大员工同舟共济,渡过难关。

(4) 舟有推进器

舟必须依靠推进器才能在水上航行,没有推进器,静止的舟在风浪中很容易倾覆。早期的小船用篙、桨、橹、纤和帆推进,现代船舶推进器,是指船舶推进装置中的能量变化器。它将发动机产生的动力转变成船舶行进的推力,以克服船舶在水中航行的阻力,推动船的行进。最常见的是螺旋桨,此外还有明轮、喷水推进器、喷气推进器、导管推进器和平旋推进器等。现代组织管理者要像推进器那样,始终保持蓬勃旺盛的不竭动力,化阻力为推力,以自身的人格魅力和行动影响力推动整个组织机构的各个部门、各个团队齐心协力,锲而不舍地努力实现组织目标。

华为技术有限公司是一家生产销售通信设备的民营通信科技公司,拥有近20万名员工,其产品和解决方案已经应用于全球170多个国家,服务30多亿人口,称得上是通信行业的一艘巨舟。在某些国家的莫名打压下,华为遇到了一般企业所难以承受的严重困难,但这艘巨舟并没有因此而沉没,反而以更威猛的雄姿劈风斩浪勇往直前,经营范围和销售额都有增无减,原因是承载巨舟的水变得愈发辽阔,华为获得了全体员工、世界各地供应商、全球几十亿客户与社会大众的热情支持。节假日有上万员工加班加点,数千保安、清洁工、服务人员也放弃休息热心服务,甚至受到阻挡的异国供应商也无视禁令,突击加班生产华为需要的零部件……这就是"民信"的威力,这就是水的"载舟"能量!华为缘何能赢得如此广泛而坚定的"民信"?我们从华为的创始人任正非的言行中可以获得启示。任正非无愧于巨舟舵手的身份,他执着地把握"华为以客户为中心,为客户创造价值"的总方向,无论在顺境还是逆境,从不偏离。他相信"从泥沼里爬出来的才是圣人,烧不死的鸟才是凤凰"。任正非胸怀宽广如巨"舱",有大格局、大视野,能容纳各色人才。华为拥有员工19.4万名,研发人员9.6万名,这些员工携手为华为创造了奇迹。任正非不愧为华为巨舟的"压舱石",面临遭受超级大国制裁的大困境、大考验而保持理性冷静,认为"当前市场困难的状况是最能锻炼人与提高人技能的历史时刻",他以超然的乐观心态稳定了华为的基本队伍。任正非也发挥了"推进器"的作用,在不同时期的不同环境下,采取不同的方式把华为推进到新的发展高度:在困难时刻,他鼓励员工坚信"冬天总会过去,春天一定会来到,华为定会迎来残雪消融、溪流淙淙的春天";在收获成果的时刻,他又告诫员工"华为没有成功,只是在成长……在这瞬息万变的信息社会,唯有惶者才能生存"。孔子说:"君以此思危,则危将焉而不至矣?"任正非就是这样一位经常"思危"的现代管理者。他说:"多年来我天天思考的都是失败,对成功视而不见。我也没有什么荣誉感、自豪感,有的只是危机感。"也许正是任正非的"危机感",才使华为稳扎稳打,历经磨难而不倒,真正成了"烧不死的凤凰"。

【复习思考与讨论题】

1. 孟子的哪一句名言表达了他的"民贵君轻"观念?孟子的这一观念对于现代组织管理有何启示作用和借鉴意义?

2. 孔子"水则载舟,水则覆舟"的道理是对远古什么故事的总结?孔子的弟子子夏是如何理解和描述君民关系的?

3. 请举例说明孔子"水则载舟,水则覆舟"的论述在现代管理中的应用。

4. 现代组织管理者应如何发挥舵、舱、压舱石和推进器的作用,才能避免"覆舟"

的命运?

5. 请说明"足食、足兵、民信"三要素在现代管理中的引申意义。你认为在现代管理中应按照怎样的顺序排列这三者的重要性?

6. 请用现代白话或英语解释本小节的主要概念。

(二) 为政的治民原则:养民也惠　使民也义

【主要概念】仁者爱人;博施济众;养民也惠;使民也义。

【原作论述】

① 樊迟问仁。子曰:"爱人。"　　　　　　　　　　　　　　　　《论语·颜渊》

② 仁者爱人,有礼者敬人。爱人者,人恒爱之;敬人者,人恒敬之。《孟子·离娄下》

③ 民之于仁也,甚于水火。水火,吾见蹈而死者矣,未见蹈仁而死者也。

《论语·卫灵公》

④ 子贡曰:"如有博施于民而能济众,何如? 可谓仁乎?"子曰:"何事于仁! 必也圣乎! 尧舜其犹病诸!"　　　　　　　　　　　　　　　《论语·雍也》

⑤ 子谓子产:"有君子之道四焉:其行己也恭,其事上也敬,其养民也惠,其使民也义。"　　　　　　　　　　　　　　　　　　　　　《论语·公冶长》

【白话释义】

① 樊迟问老师什么是仁。孔子说:"爱人就叫仁。"

② 仁慈的人爱人,有礼貌的人尊敬人。爱别人的人,别人也爱他;尊敬别人的人,别人也尊敬他。

③ 民众对仁的需求,胜过对水火的需求。我见过因涉水蹈火而死的人,却从没见过因践履仁而死的人。

④ 子贡说:"假若有一个人能给老百姓很多好处、周济大众,怎么样? 可以算是仁人了吗?"孔子说:"岂止是仁人,肯定可称为圣人了! 就连尧、舜恐怕还难以做到呢。"

⑤ 孔子评论子产说:"他有四种待人处事方式合于君子之道:自身行为谦恭,对待君上敬重,养育民众乐于施惠,使役百姓恪守正义。"

【英语译文】

① Fan Chi asked about the meaning of benevolence. Confucius said, "Benevolence means loving people."

② A benevolent person loves others. A courteous person respects others. A person who loves others is loved by them. A person who respects others is respected by them.

③ The people long for benevolence more than water or fire. I have seen people die in water or fire, but I have never seen people die by practicing benevolence.

④ Zigong said, "What do you think of one who gives great benefits to the people and is ready to aid everyone? Could he be considered as being benevolent?" Confucius said, "He is more than being benevolent. He could well be called a sage. Even Yao and Shun could not have acted like that."

⑤ Talking of Zichan, Confucius said, "He has four virtues typical of a gentleman: being modest in conducting himself, respectful towards the ruler, kind towards the people, and just in making them work."

【解读与应用】

孔子和孟子所使用的"人"与"民"这两个概念,在一般情况下可以通用,泛指人民、民众、苍生或百姓,如仁者爱"人"、博施于"民"等;但"人"有时被用来指官吏,尤其在把"人"与"民"这两个概念放在一起对照使用时,则往往"人"指官吏,而"民"指百姓,如"节用而爱人,使民以时"(节省费用,爱护官吏,在适当的时节征调民力)等。当对照中的这两个概念被应用于现代组织管理时,"民"可指组织内的普通员工或社会上的广大民众,"人"可指组织内一把手以外的高、中、基层干部,或企业内董事长或总经理以外的高、中、基层经理或冠以其他名称的管理人员。

上一小节的儒家论述阐明了为政者与民众的舟水关系,在舟水关系明确以后,为政者是否能取得"民信"就成了为政的关键,这将是本小节探讨的重点。"舟"与"水"、为政者与民众,是互动的两个方面;民众是否"信"为政者,在很大程度上取决于为政者是否"敬事而信"。儒家经典中经常使用的这两个"信"字,含有相对应的两个不同含义:前一个"信"指民众对为政者的态度,即信任、信赖、信托;后一个"信"指为政者对民众的行为和影响,即信用、信誉、信望。前一个"信"是为政者的执政基础,离开了民众的信任、信赖、信托,为政者将面临"覆舟"的危险;后一个"信"是为政者的执政手段,通过自身的信用、信誉、信望,为政者创造了"载舟"的条件。本小节的这几条论述蕴含着这两个"信"的互联互动,探讨了为政者应如何对待民众这一事关存亡的重大问题,并重点阐述了"养民"与"使民"两个方面。

"仁"字是在《论语》中使用频率最高的一个字眼,孔子在不同场合多次解释"仁"的含义,但其最基本的含义是孔子在回答樊迟提问时所说的"爱人",即爱所有的人,尤其要爱身处社会底层的平民百姓。提倡仁政,就是劝勉为政者爱民,这是孔子关于为政的核心理念。孔子崇尚尧舜文武时代的政治生态,尧的爱民思想对他影响很深。据《说苑·君道》所载:"尧存心于天下,加志于穷民,痛万姓之罹罪,忧众生之不遂也。有一民饥,则曰:'此我饥之也。'有一人寒,则曰:'此我寒之也。'一民有罪,则曰:'此我陷之也。'仁昭而义立,德博而化广。"孔子继承并发扬了尧的爱民思想,他在他所倡导的治国理政"九经"(九条原则)中就包含"子庶民也"(《礼记·中庸》)这一"经"。所谓"子庶民",意为要像父母爱子女那样爱平民百姓。爱民,不仅是为政者自身应该具备的一种胸怀、气度和品质,也是为政的一种有效手段。孔子的第二条论述"民之于仁也,甚于水火",说明民众对为政者仁爱的需求,胜过对水火的需求。他进而解释说"水火,吾见蹈而死者矣,未见蹈仁而死者也",他见过因涉水蹈火而死的人,却从没见过因践履仁而死的人。孟子进一步强化了孔子关于仁者爱人的理念,并突出了"爱人者,人恒爱之"的爱的交互性。他认为,为政者爱民众,民众就必然会对为政者以爱相回报,就将产生管理者与被管理者之间的良性互动。

那么,为政者应如何在具体为政过程中实现这一爱民原则呢?孔子的弟子子贡曾向他提过一个问题"如有博施于民而能济众",即假若有人能给百姓很多好处又能周济大众,能否算得上仁人。孔子对此做了"何事于仁,必也圣乎"的十分肯定的回答,认为能这样做,岂止是仁人,连圣人都称得上了。在本小节所引的第四条论述中,孔子提到春秋时期著名的政治家郑国的为政者子产,对他施政的四种"君子之道"予以高度评价,我们在本小节集中探讨其中的两种:"养民也惠"与"使民也义"。

为政者在处理如何对待民众这一问题上,"养民"和"使民"是相辅相成的两个方面。所谓"养民",就是养育民众,爱护民众,在经济上扶持民众,关心并改善民众的生活;所谓"使民",就是使唤民众,使令民众干活,特别是征调民众从事生产以外的劳役(如军事工程、大型水利工程、宫殿建筑等)。"养民"是"使民"的前提和基础,"使民"是"养民"的目标和结果。"养民"有方,为政者就会得人心,获得"使民"的权威;"使民"有度,为政者就不会失人心,进而完善"养民"的条件(如大型水利工程的建成等)。在"养民"问题上,孔子提倡"养民也惠""博施于民而能济众",鼓励为政者大度施惠,广济众生,要让民众获得实实在在的好处。孔子主张"富民",极其重视民众经济生活的改善,实际上也属于孔子"养民"理念的一部分,我们在上一节已经探讨过,不再赘述。在"使民"问题上,孔子力主"使民也义",强调为政者要恪守正义,公平待人,使用劳力要有理有节,避免劳民伤财。

"养民"与"使民"在现代组织管理中的应用要厘清以下几种认识:

(1)现代组织的"民"与孔子所说的"民"有何不同?"养民"与"使民",孰先孰后?

现代组织的"民"与孔子所说的"民"都指普通民众,但其性质有所不同。孔子所说的"民"是在生产力低下、战乱时代的诸侯国普通民众,而现代组织的"民"是在经济比较发达、社会比较稳定的现代组织中的从业民众;孔子所说的"民"是除了生老病死自然增减外的基本稳定的群体,而现代组织的"民"是一个因招聘、解聘、辞职、退休等行为而变化着的流动群体。因性质不同,"养民"与"使民"的内涵与方式也应有所变化。通常情况下,"养民"与"使民"同时发生,不分先后。员工是组织存在的基础,也是组织一切管理行为的出发点。一个组织成立伊始,就与员工建立了某种契约关系(如聘用合同等)。组织,或管理者以组织的名义,承担为受聘员工提供物质和精神方面各种待遇的责任,这就是"养民";与此同时,管理者获得了安排员工岗位和分配员工的工作等权力,这就是"使民"。"养民"与"使民"互相依存,互相作用,互相影响。

(2)"养民也惠"有何现代借鉴意义?

"惠"的基本含义是对人仁慈,给人以好处。孔子生活的春秋时代,是生产力低下、生活资料极度匮乏的时代,加上诸侯国之间战争不断,田园荒芜,民众的基本生存条件时常受到威胁,因而孔子所倡导的"养民也惠""博施于民""济众""富民"等,主要指给民众以经济方面的好处,满足民众物质层次的基本需求。现代社会经济发展迅速,绝大部分民众已经解决了温饱问题而步入小康甚至富裕阶段,人们的需求已经从单纯的物质层次上升到精神层次。因而,现代组织管理者的"施惠"内涵应该有所延伸,有所提升,否则很难稳定员工这个流动群体。根据著名心理学家马斯洛的人类激励理论(The Theory of Human Motivation)中关于"人类需求层次"(The Hierarchy of Human Needs)的论述,人类需求像阶梯一样从低到高按层次分为五种,分别是:生理需求(physiological needs)、安全需求(safety needs)、社交需求(love and belonging needs)、尊重需求(esteem needs)和自我实现需求(self-actualization needs)。按照这五个层次的需求,现代管理者的养民、惠民措施应包括:①提供与员工贡献大小及组织(尤其是企业)运营情况相称的物质待遇(如发放工资、代缴"三金"、提供住房津贴和福利待遇等),以满足员工的生活需求。②根据组织的运营性质,配备必要的劳动防护设置和物品,提供医疗保险待遇,举办不同类型的培训(如专业技术、社交能力、营销方式、电脑运用,等等),以满足员工关于防止危险、疾病、工作压力、下岗等方面的安全需求。③建立跨部门的团体,以满足员工的社交与归属需求。这种团体可分为两种类型,一种是基于兴趣和友情的团体,如俱乐部、兴趣小组、体育队、协会、中心等;另一种是为了完成某项任务或解决某种问题所建立的团体,通常被称为团队。④尊重需求包括自尊和他人的尊重。他人的尊重,尤其是管理者的尊重,会促进个人的自尊自信,有利于调动工作的积极性。管理者对员工的尊重不仅体现在日常的礼貌交往、虚心听取意见、平等而非居高临下的谈话风格等,还体现在以一定方式让员工参与重大事项的决策过程。应建立激励机制,对做出显著成绩的员工进行公开的奖励和表扬(包括发放奖金、设立光荣榜、发给荣誉证书等),帮助员工树立自尊自信,对工作产生满足感。⑤"自我实现"需求,被认为是人的最高层次需求。所谓"自我实现",是指一个人自身潜力的最大限度的发挥。世界上每一个人都是独一无二的,有着与他人不同的优势、长处和潜力;如果这种优势、长处和潜力得以发挥、延伸和发展,每一个人都可以释放很大的能量。为什么在前四项需求都得到很好满足的情况下,有些员工对自己所从事的工作依然不满意?问题就在于他觉得自己不在做适合自己的工作,他的优势、长处和潜力没有得到有效的发挥,因而产生不了成就感和满足感。马斯洛说:"一个人必须成为他有能力成为的那种人,这种需求可称为'自我实现'。"(What a man *can* be, he *must* be. This need we may call self-actualization.)现代组织管理者必须知人善任,善于发现不同员工的不同优势、长处和潜力,把他们安排在最适合他们的岗位上,其结果将产生惊人的员工业绩。被誉为20世纪全球最佳CEO的通用电气总裁杰克·韦尔奇,曾在北京记者问及他的领导艺术时说:"让合适的人做合适的工作(Let proper people do proper jobs.),这就是领导艺术。"

（3）"使民也义"有何现代借鉴意义?

"使民"与"养民"同时发生,同步进行,互相作用,甚至互相重叠,在"养民"问题上满足需求的理念同样适用于"使民"问题。孔子所述"使民也义",强调了一个"义"字。也就是说,在使唤民众、征调民力时要恪守正义,切忌不顾民意,不管时机是否适当而滥用民力。在现代管理的使用员工问题上,"义"可看作是原则性,即坚持用人的公正、公平、公道,管理者唯公是举,做到善则赏之、过则匡之、患则救之、失则革之,人前人后,经得起检验,当得起重托,仰不愧天,俯不愧地,内不愧心,从而能不矜自威,不"秀"自高。雇用员工也要注意灵活性,根据员工的不同专业、不同性格、不同兴趣、不同优势和潜力安排最适合其本人的工作,以求最大限度地发挥员工的积极性和能动性,使其紧张而又愉悦地创造最佳业绩。现代管理学家麦克莱兰提出了"三种需要理论"(Three Needs Theory)。与马斯洛的"人类需求层次"(针对所有人)不同的是,这种理论主要针对现代组织内员工的精神层次而非物质层次的需要。三种需要包括成就需要(need for achievement)、权力需要(need for power)和归属需要(need for affiliation)。麦克莱兰的研究表明,高成就需要者喜欢带有挑战性的工作,能从自身的奋斗中体验成功的喜悦和满足;高权力需要者愿意"承担责任",喜欢竞争性和地位取向的工作环境;高归属需要者渴望友谊,喜欢合作而不是竞争的环境,希望彼此相互沟通和理解。现代管理者如能敏锐地发现员工的不同需要而依事择人,做到人岗相适,无疑将提升员工的满意度和幸福感,从而大大提高整个组织的工作效率。对于这三种人中的第二种人即高权力需要者的处理,要格外注意把握得当。华为董事长任正非的一段话颇有启示意义:"怎么能够把这些人人想拥有权力的人凝聚在一块? 公司的价值评价和价值分配体系至关重要。当这种人的权力跟他的欲望、雄心、野心相称的时候,他自然愿意在这样一个平台去发挥自己的才能,发挥自己的智慧。组织说到底就是要张扬队伍中每个人的雄心,同时又要遏制过度的野心,张扬雄心、遏制野心是所有管理者每时每刻都要面对的问题。"

【复习思考与讨论题】

1. 孔子和孟子所使用的"人"与"民"这两个概念有何相同点和不同点?
2. 儒家经典中经常使用的"信"字含有哪两种相对应的不同含义?

3. "养民"与"使民"之间是什么关系？孔子所说的"养民也惠"和"使民也义"的基本含义是什么？请举例说明。

4. 现代组织的"民"与孔子当年所说的"民"有何不同？现代组织管理者在应用孔子的这一倡导时应注意什么？

5. "养民也惠"有何现代借鉴意义？现代组织管理者的"施惠"内涵应该有怎样的延伸或提升？

6. "使民也义"有何现代借鉴意义？现代组织管理者"使民"的"义"体现在哪里？

7. 以某一组织为例，探讨一下如何合理地安排高成就需要者、高权力需要者、高归属需要者这三种人的工作。把他们具体安排在什么岗位最合适？

8. 请用现代白话或英语解释本小节的主要概念。

（三）为政的使民艺术：刚柔结合　宽猛相济

【主要概念】宽猛相济；宽则得众；乐以天下；忧以天下。

【原作论述】

① 政宽则民慢，慢则纠之以猛；猛则民残，残则施之以宽。宽以济猛，猛以济宽，政是以和。

《左传·昭公二十年》

② 子张问仁于孔子。孔子曰："能行五者于天下为仁矣。""请问之。"曰："恭、宽、信、敏、惠。恭则不侮，宽则得众，信则人任焉，敏则有功，惠则足以使人。"《论语·阳货》

③ 乐民之乐者，民亦乐其乐；忧民之忧者，民亦忧其忧。乐以天下，忧以天下，然而不王者，未之有也。

《孟子·梁惠王下》

【白话释义】

① 施政宽和，百姓就会轻慢，百姓轻慢，就用严厉措施来纠正；施政严厉，百姓就会受到伤害，百姓受到伤害，就改用宽和的措施。宽和用来调节严厉，严厉用来调节宽和，政事因此而和谐。

② 子张向孔子问仁。孔子说："能够处处践行五种品德的人就是仁君了。"子张说："请问哪五种？"孔子说："谦恭、宽厚、诚信、勤敏、慈惠。谦恭就不致遭受侮辱，宽和就会赢得众人拥护，诚信就能得到他人信任，勤敏就会办事有成，慈惠就能使令民众。"

③ （国君）乐于做民众喜爱的事情，民众也会与其同乐；（国君）担忧民众担忧的事情，民众也会为其分忧。以天下人的快乐为快乐，以天下人的忧愁为忧愁，这样的人还不能使天下归服，是没有过的。

【英语译文】

① Lenient governance may lead to the people's irreverence. The people's irreverence must be rectified by taking severe measures. Severe governance may incur harm to the people, and then lenient measures are needed to avert harm to the people. Therefore, leniency and severity can be used alternately to regulate each other.

② Zizhang asked Confucius about benevolence. Confucius said, "He who practices five virtues everywhere is a benevolent ruler. Zizhang asked what the five virtues are. Confucius said, "They are courtesy, leniency, sincerity, diligence and kindness. Courtesy results in no insult. Leniency wins the support of the people. Sincerity earns the trust of others. Diligence leads to success. Kindness enables one to use the service of others."

③ The people will share their happiness with a ruler who is happy to do what makes the people happy, and will share his worries if he is worried about theirs. It is impossible that a ruler considers the people's happiness and worries as his own, and yet is unable to win their loyalty.

【解读与应用】

孔子关于"宽猛相济"的第一段论述源自对春秋时代一位杰出政治家子产的为政业绩的评价。春秋郑国(国都在今郑州新郑)的公孙侨,字子产,是当时一位有名的革新派政治家,被后世的政治家和历史学家誉为春秋时代执政者的楷模。郑国是夹在晋、楚两大国之间很小的一个诸侯国,可是在子产执政的数十年间,郑国政通人和,国力强盛,"善者服其化,恶者畏其禁,郑国以治,诸侯惮之"(《列子》),郑国内政外交成果累累,令各诸侯国刮目相看。子产去世,"国人皆叩心流涕,三月不闻竽琴之音"(《臧孙行猛政》),可见其受拥戴的程度。子产除了在限制贵族特权、整肃政纪、改革赋税制度、修改并公布成文法、择能用人、广开言路等方面都有卓著成就外,他的"宽猛相济"的治国理政理念受到后人的高度肯定和赞扬。子产在临终前对即将继承他执政的子太叔说:"唯有德者能以宽服民,其次莫如猛。夫火烈,民望而畏之,故鲜死焉;水懦弱,民狎而玩之,则多死焉,故宽难。"他以水、火比喻宽、猛,认为火的特点是猛烈,百姓一看见就害怕,所以很少有人死在火里;而水的特点是柔和,百姓轻视并嬉戏其中,很多人便淹死在水里,因此运用宽和的施政方法要把握好度。只有德行高的人,运用宽和的方法执政才能服众,差一等的执政者还不如用严厉的方法。子产的理念为后人所继承,但各有侧重,儒家主要继承和发展了"以宽服民"的理念,法家主要继承和发展了"以猛服民"的理念。

孔子称赞子产为"古之遗爱也",他对子产"宽猛相济"的执政理念予以充分肯定,并加以弘扬。孔子用高度概括的语言"宽以济猛,猛以济宽,政是以和"总结了子产的理念,继而引用《诗经》中的诗句进行阐释。"民亦劳止,汔可小康,惠此中国,以绥四方",意为民众劳作甚辛苦,企盼稍许得安康,中原若能施仁政,四方诸侯可安抚,这是

"施之以宽也",是宽和的施政;"毋从诡随,以谨无良;式遏寇虐,惨不畏明",意即不能放纵诡诈的人,要管束心存不良的人,制止抢夺残暴的人,以此震慑目无法纪的人,这是"纠之以猛也",是用严厉的手段来调节;最终结果是"不竞不絿,不刚不柔,布政优优,百禄是遒",意为既不急躁也不拖沓,既不太刚猛也不太柔弱,施政得心应手,民众受益良多,"和之至也",社会的和谐达到了至高境界。

从孔子引述《诗经》所做的阐释中可看出,我国古人早在三千多年前《诗经》时代已经认识到"宽猛相济"的辩证为政艺术的重要。所谓"宽",强调道德教化和怀柔手段,是为政中软的一手;所谓"猛",注重严刑峻法和强制手段,是为政中硬的一手。唯有软硬两手结合,并随时势而转化,在动态中寻求平衡,才能做到政事和谐。汉语成语中还有"恩威并重""软硬兼施""刚柔并济"等,表达了与"宽猛相济"相似的意义,由此可看出软硬两手的治理是被广泛认同的治政原则,成为中国历代统治者治国理政的根本手段。

儒家是竭力倡导"仁政"的思想流派,在肯定子产"宽猛相济"这一治政理念的同时,儒家重点关注的是"宽"而非"猛"。在本节所引用的孔子的第二段论述中,孔子所赞誉的五项治政美德"恭、宽、信、敏、惠"(谦恭、宽和、诚信、勤敏、慈惠)中,有"宽"字,而没有"猛"字,而且其他四个字"恭、信、敏、惠"的内涵都与"宽"有关。孔子特别强调了"宽则得众"的功效,认为治政宽和将会赢得民众的拥护和支持。在对待治政两手"宽"与"猛"的关系上,孟子更加强调"宽"的作用。他在与齐宣王的对话中说:"乐民之乐者,民亦乐其乐;忧民之忧者,民亦忧其忧。"他认为为政者如能体察民众的快乐与忧愁,民众也将投桃报李,与为政者同乐共忧。孟子甚至坚信,"乐以天下,忧以天下",始终关心天下百姓的苦乐寒暖,"然而不王者,未之有也"——如此宽仁、爱民的为政者还不能赢得百姓的顺服和忠诚是绝无可能的。综上所述,儒家倡导的治政艺术"宽猛相济、宽则得众"的实际含义是:以宽为主,以猛相济,实现宽猛的动态平衡。

现代组织管理者依然可以应用儒家"宽猛相济、宽则得众"的治理艺术,但要注意以下几点:

(1)"宽",宽和、宽厚,是柔性管理方式,应该成为现代管理的主要法则。

"宽",并不意味着软弱,它实际上既体现了管理者的胸襟和气度,也体现了管理者的涵养与明智,是管理者能凝聚人心、征服人心的一种品质,会产生无形的、强大的向心力。离开了管理者的"宽",现代组织即便表面上井然有序,也必将缺乏生气和活力,缺乏集聚人才的引力,缺乏持续发展的动力。"宽",总是与"容"联系在一起,表现于容得下有缺点的员工,容得下有人适度犯错,也容得下前进道路上的挫折与困难,是管理者自信的一种表现。一位优秀的管理者可以不了解下属的短处,但不能不了解下属的长处;可以提供下属试错、改错的机会,不可对下属吹毛求疵,求全责备。正如孔子所说,管理者的"宽",必将赢得员工由衷的拥护和支持。

(2)"猛",威猛、严厉,是刚性管理方式,应该成为现代管理的必要法则。

"猛",体现的是管理者的决心和管理力度,为的是以强硬手段迫使越轨者循规蹈矩,遵纪守法。"猛",表现于建立严密的规章制度、严格的考核机制和严厉的惩罚措施。"猛",对偏离组织目标、违反组织纪律的有害行为将产生威慑力,及时制止,不让其蔓延。人都有两面性,既有从善的良好愿望,也有趋恶的危险倾向。柔性管理旨在张扬善心,刚性管理则旨在抑制恶行。值得注意的是,管理者要善于把一个人的缺点和工作中的错误与他的恶行区分开来,前者属"宽"待的对象,后者是"猛"对的行为。例如,一名员工在做创新实验过程中,由于不够细心,损坏了一台仪器;另一名员工妒忌同事被重用,暗中伺机故意损坏了同事操作的仪器。行为结果同样是损坏了一台仪器,但前者是可以"宽"待的缺点和错误,而后者则是必须"猛"对的恶行。

(3)"宽猛相济"的目标是寻求动态的平衡。

动态平衡(dynamic equilibrium)是系统在不断运动和变化的情况下的宏观平衡。世界上没有绝对的、静止的平衡,平衡是一个动态的过程,系统中互相对立、又互相依存的两个方面总是在不平衡—平衡—不平衡的发展过程中进行互补和转化,推动自身的变化和发展。动态平衡与事物的量变到质变、否定之否定和阴阳二元此消彼长等规律相一致,是事物发展的普遍规律。动态平衡适用于物理、化学等自然现象,也适用于经济、管理、人口发展等社会现象。在管理系统中,如果"宽"与"猛"的程度把握得当,就会形成管理的相对平衡;如果把握失度,则容易走向极端,出现不平衡而此消彼长。过分的"宽"会显得管理软弱,容易导致组织纪律涣散,滋生不良行为;过分的"猛"显得管理粗暴,容易导致逆反、对抗心理,影响员工的忠诚度和积极性。"宽猛相济"的关键是一个"济"字,"济"即补救、调节。通过不断的"济","宽"与"猛"二元此消彼长或此长彼消,即可达到一个宏观的、总体的动态平衡,即和谐与有效的组织状态。所谓和谐,是指各种融洽协调的关系,包括组织内部管理者与员工关系、管理层的关系、员工之间的关系,以及组织与外部利益相关者(客户、投资方、供应方、政府、社会大众等)的关系;所谓有效,是指组织能富有成果地利用现有资源(资金、人力、技术、设备等),实现预期的目标。

(4)用"宽"、用"猛"要从实际出发。

判断一个组织在某一时期用"宽"还是用"猛",可从以下实际出发:其一,视组织的管理现状而定。组织创建初期,人员结构复杂,规章制度不健全,价值观比较混乱,此时宜多用"猛";随着规章制度的建立和健全及企业文化的构建,员工的观念渐趋一致,此时则宜多用"宽"。其二,视管理者的德行和能力而定。正如子产所说,"唯有德者能以宽服民,其次莫如猛",德高望重、能力较强的管理者用"宽"足以服众;道德力量不足、能力较弱的管理者莫如用"猛"。其三,视管理对象的素质而定。管理对象素质高,宜多用"宽";反之,则宜多用"猛"。

【复习思考与讨论题】

1. 孔子关于"宽猛相济"的论述出自对春秋时代哪一位政治家的评价?这位政治家有什么政绩?他用什么来比喻"宽"与"猛"?
2. 你知道哪些汉语成语表达与"宽猛相济"相似的意义?
3. 孔子在肯定"宽"与"猛"两方面都很重要的同时更强调哪一方面?孟子持什么观点?你是否同意他们的观点?
4. 现代组织管理者应用"宽"的管理艺术体现在哪些方面?
5. 现代组织管理者应用"猛"的管理艺术体现在哪些方面?管理者应如何区别对待员工的缺点和恶行?
6. 什么叫"动态平衡"?"宽"与"猛"的动态平衡表现在哪里?现代组织管理者应如何实现"宽猛相济"的动态平衡?
7. 如何从实际出发判断一个组织宜多用"宽"还是多用"猛"?
8. 请用现代白话或英语解释本小节的主要概念。

(四)为政的安民目标:修己安人　推己及人

【主要概念】修己安人;己欲立而立人;己欲达而达人;老吾老以及人之老;幼吾幼以及人之幼。

【原作论述】

① 子路问君子。子曰:"修己以敬。"曰:"如斯而已乎?"曰:"修己以安人。"曰:"如斯而已乎?"曰:"修己以安百姓。修己以安百姓,尧舜其犹病诸?"　　《论语·宪问》

② 己所不欲,勿施于人。　　《论语·颜渊》

③ 夫仁者,己欲立而立人,己欲达而达人。　　《论语·雍也》

④ 老吾老,以及人之老;幼吾幼,以及人之幼。　　《孟子·梁惠王上》

⑤ 诚如是也,民归之,由水之就下,沛然谁能御之?　　《孟子·梁惠王上》

【白话释义】

① 子路问具备怎样品性的人才算得上是君子。孔子说:"加强自身修养,对人认真恭敬。"子路说:"这样就够了吗?"孔子说:"加强自身修养,使周围的人们安乐。"子路说:"这样就够了吗?"孔子说:"加强自身修养,使所有百姓都安乐。加强自身修养以使所有百姓都安乐,尧舜恐怕还难以全部做到呢!"

② 自己不愿承受的事也不要强加在别人身上。

③ 仁爱的意思是,自己立身,也要让别人立身;自己通达,也要让别人通达。

④ 孝敬我的长辈,并把这种孝敬之心推及别人家的长辈身上;爱护我的孩子,并把这种爱护之心推及别人家的孩子身上。

⑤ 如果能做到这样，百姓就会归附他，如同水往低处流一样，这哗哗的汹涌势头，谁能阻挡得了呢？

【英语译文】

① Zilu asked about the qualities of a true gentleman. Confucius said, "He should cultivate himself to become earnest and respectful." Zilu said, "Is that all?" Confucius said, "He should cultivate himself so as to make others live in peace and comfort." Zilu said, "Is that all?" Confucius said, "He should cultivate himself so as to make all the people live in peace and comfort. Even Yao and Shun might find it a bit difficult to do so."

② Do not do unto others what you would not have them do unto you.

③ Benevolence means allowing others to establish themselves if you want to establish yourself and making others' aim attainable if you want your own attainable.

④ Respect my elders and extend the respect to other elders; care for my children and extend the care to other children.

⑤ If things are done like that, people will swarm over and show loyalty to him (the ruler) like water flowing tremendously downward. Whoever can stop such a surging current?

【解读与应用】

关于孔子为政的人本理念，前面三小节探讨了"民信载舟"（为政的民意基础）、"养民使民"（为政的治民原则）、"宽猛相济"（为政的使民艺术），本小节的三段孔子论述集中探讨了为政的主要目标——安人、立人、达人。第一段论述中的"君子"，实际上是指具备了为政者品质的人。孔子通过回答他的学生子路关于为政者品质的询问，层层递进，阐明了为政者的自身品质与其为政目标的关系。关于为政者的自身品质，孔子只是强调了"修己"二字，即加强自身的道德修养，这是为政最基本的前提条件。但如何修己，他没有具体展开（在《论语》的其他章节中有诸多阐述），而是重点说明了"修己"的出发点、结果和目标。第一层目标是"敬"，即敬事（做事认真严谨）和敬人（对人恭敬谦和）；第二层目标是"安人"，即让别人安乐；第三层目标是"安百姓"，让所有的人安乐，实际上是对"安人"的内涵与外延作了进一步解释。"百姓"是与"为政者"相对应的词语，"安百姓"只有为政者才能做到，非常人所能企及，至此孔子点明了为政的主要目标。孔子的另一位学生曾子深刻领会老师的教诲，并将之具体化为"八目"：格物、致知、诚意、正心、修身、齐家、治国、平天下（《礼记·大学》）。"八目"中，"修身"是承上启下的关键，"格物、致知、诚意、正心"是"修身"的方法；"齐家、治国、平天下"是"修身"的目的。曾子所说的"齐""治""平"，就是对孔子"安"字的阐释，是指为政、治政、理政、治理、管理的出发点和归宿。后世的儒家学者又借用道家代表人物庄子的话"内圣外王"(《庄子·天下篇》)来概括孔子的理念。通俗地讲,"内圣"即内心要修身养德,就是孔子所说的"修己",要求人做一个圣人般有德行的人;"外王"即对外实行王道治理,就是孔子所说的"安百姓",或曾子所说的"齐家、治国、平天下"。"内圣外王"的统一是后世儒家学者们追求的最高境界。冯友兰在他的《中国哲学简史》一书中说:"内圣,是说他的内心致力于心灵的修养,外王,是说他在社会活动中好似君王。这不是说他必须是一国的政府首脑,从实际看,圣人往往不可能成为政府首脑。'内圣外王'是说,政治领袖应当具有高尚的心灵,至于有这样的心灵的人是否就成为政治领袖,那无关紧要。"

为政者如何才能做到"修己以敬""修己以安人""修己以安百姓"?本小节所引录的第二条和第三条孔子论述从正反两方面给出了答案:推己及人,即"己欲立而立人,己欲达而达人",也即"己所不欲,勿施于人"。也就是说,为政者要学会换位思考,善于从民众的视角考虑问题,以自己对事物的感受推测民众的感受:自己立身,也要让民众立身;自己通达,也要让民众通达;自己不愿承受的事也不要强加在民众身上。也有后人从另一个角度理解孔子推己及人的思想:立人必先己立,达人必先己达。也就是说,要让民众立身,自己先得立身;要让民众通达,自己先得通达。只有自己强大了,才会有足够的底气和力量济世安民。孟子所说的"穷则独善其身,达则兼善天下"就含有这层意思,即只有在自己通达顺利的情况下,才有可能施惠于天下大众。孟子的"善天下"与孔子的"安百姓"意义基本相同。本小节所引录的孟子的两条论述同样表达了他的推己及人的理念及其治政效果。孟子所说"老吾老,以及人之老;幼吾幼,以及人之幼"中,两次提到"及人",即心理上要想到他人,行为上要顾及他人,孝敬自己的长辈、爱护自己的孩子,要同时想到并做到孝敬别人家的长辈、爱护别人家的孩子。孟子认为,如果一国国君具有推己及人的理念并在为政实践中实行,那么百姓就将争相归附他,并产生"由水之就下,沛然谁能御之"的效果,如同水往低处流一样,这哗哗的汹涌势头,谁能阻挡得了呢?显然,治政者推己及人的宽广胸怀将带来众望所归的良好局面。

这一小节的论述在现代管理中的应用可注重以下两个方面:管理者必先修己才配得上管理他人,管理者必须具备推己及人的胸怀。

(1) 管理者必先修己才配得上管理他人。

孔子关于"修己"的三个层次目标中的第三层次"安百姓",是针对最高统治者君王而言,普通管理者很难也无须达到。但第一层次"敬"(做事认真严谨,对人恭敬谦和)和第二层次"安人"(让别人安乐),却是管理者必须达到的目标。通俗地说,就是管理者要通过自身合适的管理方式(敬),使员工为实现组织目标而安定、快乐地工作(安人)。而要做到这一点,"修己"是前提条件。正如冯友兰所说,"内圣"未必能成为"外王",但"外王"却必须"内圣"。"内圣"可引申为有高尚道德情操的人;"外王"可引申为能实施以德治理的一切组织各个层次的管理者。管理者要成为"内圣","修己"(加强道德修养)是不可移易的唯一途径。常常听到有些员工发牢骚:"他配得上来管我?他不照照镜子,看看自己是什么模样!""照照镜子",就是员工对管理者发出的"修己"要求。"修己"的重要性是世界上众多有识之士的共识。德国著名哲学家康德在《纯粹理性批判》一书中说:"有两件事物我越认真思考,就越觉得震撼与敬畏,那便是我头上的星空和我心中的道德准则。"道德准则,在他的心目中与广阔无垠的星空有着同等的地位。康德还强调,"所谓自由,不是随心所欲,而是自我主宰""自律原则是唯一的道德原则"。他所说的"自我主宰"和"自律",与孔子的"修己"如出一辙。美国历史学家亚当斯在《亨利·亚当斯的教育》一书中说:"道德是一种私人的、昂贵的奢侈品。"所谓"私人的",是指靠个人修炼而成的,所谓"昂贵的奢侈品",隐含着这种自我修炼是一个艰苦努力、值得珍惜的过程的意思。

(2) 管理者必须具备推己及人的胸怀。

推己及人,既是一种胸怀、一种气度、一种善良,也是现代管理者成熟的表现。推己及人,是比感恩回报更良好的心态,更高尚的行为。感恩回报是被动的,先接受,后付出;推己及人是主动的,先付出,而并不刻意追求接受,这种付出是基于站在别人立场上思考后的利他行为。汉语中的将心比心、感同身受、设身处地、换位思考等成语表达了与"推己及人"相近的意义。英语中的 empathy 意为把自己放在别人位置上考虑问题的心态,是善于理解别人思想感情的能力,被翻译为移情、同感、共鸣等,也表达了与"推己及人"相似的意义。孔子推己及人的要求"己欲立而立人,己欲达而达人",重点放在"立"和"达"上,这对于现代组织管理者有着特别重大的借鉴意义,因为在信息海量增长、技术高度发达的现代社会中,要想做到"立"(立足社会)和"达"(办事通达),其难度要比孔子生活的春秋时代大得多,而且"立"和"达",对于管理者来说,就是立足组织,受到员工的拥护,办事通达,顺利履行自己的职责,正是一个管理者所追求的目标和成功的标志。当一位管理者首先考虑的不是自己的眼前利益,而是一心一意创造条件帮助员工"立"和"达"的责任担当,他就站到了精神的制高点,最终将赢得员工的拥护和支持,实现自己的"立"和"达"。曾经有一位少年夜间走路,发现一位盲人打着灯笼。少年好奇地问道:"您看不见光,为何还打着灯笼?"盲人回答道:"我打灯笼,是为了让怕黑的人看到光亮,而且方便别人看到我而不会相撞。"少年悟出了一个道理:方便他人,最终也方便了自己。

现代社会已进入人工智能、大数据时代,由于知识经济的迅猛发展与包罗万象的网络存在,在现代组织中,尤其是高科技行业的组织中,管理者的"推己及人"还表现在管理者与员工思维和行动模式的大换位:管理者变得更微观,员工变得更宏观;管理者在关注森林的同时要更关注树木(组织运营的具体环节、计划实施的具体细节、员工遇到的具体问题等),员工在关注树木的同时要更关注森林(市场的行情、科技发展的趋势、创新研究的方向等);管理者的角色从权威、发号施令者、最高发言权拥有者转变为组织者、帮助者、协调者、平台或工具提供者,员工的角色从响应者、被动接受号令者、单纯操作者转变为主动攻关者、科技创新方案的提出者等。

孔子指出推己及人的另一种表现"己所不欲,勿施于人",同样具有现实意义。管理者一般都不会喜欢员工的骄傲、怠慢、妒忌、抱怨、急躁、贪婪等负面情绪和勾心斗角、拉帮结派等不良行为。既然如此,管理者就必须抑制、克服、杜绝自己可能产生的类似情绪和行为,绝对不能把负面的东西强加在员工身上。管理者要身先士卒,发挥表率、引领作用,防止负面情绪和不良行为的滋生,或把已经出现的负面情绪和不良行为扼杀在萌芽状态。法国著名文学家莫里哀在《恨世者》一书中说:"在指责别人之前,要仔细查看查看自己。"这句话同样隐含了"推己及人"的处事原则。真正优秀的管理者,不一定自己能力有多强,但只要善于推己及人,懂信任、不寻弊索瑕,懂分权、不妒贤嫉能,虚怀若谷,大度宽容,就一定能团结一批比自己能力更强的人,组织起一个强大的团队。

【复习思考与讨论题】
1. 如何理解孔子提出的"修己以敬""修己以安人""修己以安百姓"这三个层次?
2. 孟子的论述"老吾老,以及人之老,幼吾幼,以及人之幼"是什么意思?实行推己及人理念的为政者将获得怎样的治政效果?
3. "推己及人"表现在哪两个方面?为什么说"推己及人"是一种良好的心态和高尚的行为?
4. "内圣外王"的基本含义是什么?"内圣"与"外王"之间是什么关系?
5. 如何在现代组织中,尤其是高科技行业的组织中,应用"推己及人"的管理理念?管理者与员工思维和行动模式的大换位表现在哪些方面?
6. 请用现代白话或英语解释本小节的主要概念。

四、选贤任能理念

(一) 贤人治政的重要性:人存政举　人亡政息

【主要概念】人存政举;人亡政息;贤者在位;能者在职。

【原作论述】
① 鲁哀公问政于孔子。子曰:"文武之政,布在方策。其人存,则其政举;其人亡,则其政息。"　　　　　　　　　　　　　　　　　　　　　　　《中庸》

② 桓公九合诸侯,不以兵车,管仲之力也!如其仁!如其仁!　　《论语·宪问》

③ 子路问于孔子曰:"治国何如?"孔子曰:"在于尊贤而贱不肖。"子路曰:"中行氏尊贤而贱不肖,其亡何也?"曰:"中行氏尊贤而不能用也,贱不肖而不能去也;贤者知其

不己用而怨之,不肖者知其贱己而仇之。贤者怨之,不肖者仇之;怨仇并前,中行氏虽欲无亡,得乎?"

《说苑·尊贤》

④ 贤者在位,能者在职。国家闲暇,及是时,明其政刑。虽大国,必畏之矣。

《孟子·公孙丑上》

【白话释义】

① 鲁哀公向孔子询问为政之道。孔子说:"周文王、周武王的政绩都记载在典籍上。他们在世,其为政之道就实施;他们去世,其为政之道也就废止了。"

② 齐桓公多次召集各诸侯国国君参加盟会,没用武力而制止了战争,这都是管仲的力量啊!这就是他的仁德!这就是他的仁德啊!

③ 子路问孔子说:"怎样治理国家?"孔子回答说:"(治理国家的根本)在于尊重贤能的人,轻视品行不端的人。"子路说:"晋国的中行氏尊重贤能的人,轻视品行不端的人,他的垮台是什么缘故?"孔子说:"中行氏尊重贤能的人但不能重用他们,轻视品行不端的人却不能罢免他们;贤能的人知道他不重用自己而埋怨他,品行不端的人知道他轻视自己而仇恨他;贤能的人埋怨他,品行不端的人仇恨他,面对埋怨和仇恨,中行氏即使想不垮台,能做得到吗?"

④ 贤德的人居于掌权的地位,有才干的人担当合适的职务。国家太平无事,趁这个时候修明政令法典,那么即使强大的邻国也一定会畏惧它了。

【英语译文】

① Duke Ai of the State of Lu asked about governance. Confucius said, "The achievements of the governance of King Wen and King Wu were all recorded in the official documents. Their governance was practiced when they were living and abolished when they passed away."

② As leader of the alliance, Duke Huan of the State of Qi assembled the heads of the allied states for several times and succeeded in stopping war without resorting to force. The success was due to the remarkable ability of Guan Zhong. This feat displayed his benevolence. It indeed displayed his benevolence!

③ Zilu asked Confucius, "How should a state be governed?" Confucius said, "Governance depends on respect for the virtuous and disdain for the wicked." Zilu said, "Duke Zhong Xing of the State of Jin did respect the virtuous and disdain the wicked. Why was that his rule collapsed?" Confucius said, "Duke Zhong Xing respected the virtuous, but he didn't put them in important positions. He disdained the wicked, but he didn't remove them from office. As a result, the virtuous complained about him because they were not used properly, and the wicked hated him because they knew that they were disdained. How could he avoid the collapse of his rule when he was drowned in complaints and hatred?"

④ Let the virtuous people be in power and the capable people in proper positions. If the state attains peace and stability, it should perfect its decrees and penal laws in this favorable situation. Thus it will be held in awe even by powerful states.

【解读与应用】

本小节前三条孔子的论述阐明了治政成败与贤人的关系：人存政举，人亡政息；离开了贤人，治政就不可能成功。孔子所说的贤人有两种：一是为政者本人（君王）；二是为政者任用的治政人才（相、辅政大臣等）。第一段论述中所说的"文武"，即西周的周文王和周武王。在孔子的心目中，这两代君王是为政者的典范，他们不仅本人就是贤人，而且极其重视任用贤人。孔子曾说"郁郁乎文哉，吾从周"（《论语·八佾》），可见周代的政治制度对他的影响之大。周文王的历史贡献包括完善了《易经》，使之规范化、条理化，被后人称之为《周易》；实行仁政，奉行德治，敬老爱幼，礼贤下士，经商不纳税，犯罪不连坐，改进了周的行政制度，后来经周公旦进一步完善，被后世称之为"周礼"；任用贤人，特别是重用了姜尚（姜子牙），为推翻商朝、建立西周王朝打下了坚实的基础。《周易》对中华传统文化有着深刻的影响，改变了古代文化的发展轨迹，影响了今天的文化基质，被誉为中华民族的文化之源。文王的治国成就和他所创立的一套制度，为孔子所高度赞颂。周武王是文王之子，继位之后，以姜尚为师，主要负责军事，以周公旦为辅，主要负责政务，召公与毕公为其左右助手，整顿内政和军队，最终完成了灭商的大业。灭商以后，武王继续推行仁政，把纣王的府库打开，将财物与粮食全数散发给民众，从而稳定了民心。文王和武王所推行的贤人政治，经孔子的弘扬，成了中国几千年来为政者常用不衰的治国之道。

第二条论述是孔子对春秋初期辅佐齐桓公的名相管仲的评价。管仲曾经为公子纠（桓公的哥哥，后被杀）与桓公两位君主效劳，孔子的两个学生子路和子贡对管仲这一行为的正当性表示质疑，并向孔子询问管仲的行为是否算得上"仁"。孔子从大处着眼，把管仲的辅政结果与民众所获得的利益相联系，从而高度肯定了管仲的品质和功绩。他认为，管仲以自己出众的才干辅佐齐桓公，使其成为春秋早期的一代霸主，能多次召集诸侯参加盟会，不动用武力而结束了战争，这就是管仲"仁"的表现。他还对子贡说："管仲相桓公，霸诸侯，一匡天下，民到于今受其赐。"（《论语·宪问》）孔子以民众在长期的和平和稳定中受益为依据，对管仲做了正面评价，也以管仲的实际政绩客观上说明了贤人治政的重要性。

在本小节的第三个语段中，孔子以晋国六卿之一中行氏的治国方式为例，通过与子路的对话，生动地阐明了尊贤与用贤的关系。尊贤是一种心理状态，用贤是一种实际行动，如果心理状态不转化为实际行动，终将一事无成。中行氏尊重贤人但不重用贤人,轻视小人却不罢免小人,其结果是前者抱怨,后者怀恨,中行氏两面树敌,不垮台才是怪事。孔子的这段论述说明,贤人光受到尊重还不够,必须放在治政的位置上才能发挥其作用。

本小节的第四个语段是孟子的论述。孟子在"贤者在位,能者在职。国家闲暇"中,阐明了贤人治政的直接效果是"国家闲暇",即国家太平无事,社会稳定。孟子进而说"及是时,明其政刑。虽大国,必畏之矣",趁这个太平无事的有利时机,国家修明政令法典,就将产生国家强盛、民众安逸的更大效果,即使强大的邻国也有所畏惧而不敢入侵了。

孔孟关于贤人治政的理念对后世的影响深远,直至当今。我国历史上延续几千年的宰相制就是出于贤人治政的初衷。齐桓公任用出身低贱的管仲主持政务后,春秋各国陆续设置相职,但各国相职的名称不一,齐国称"相",楚国称"令尹",宋国称"大尹",吴国称"太宰"。战国时,随着中央集权政体的逐步形成,各大国普遍建立宰相制。魏、韩、赵的相职均称"相邦",楚国仍称"令尹",秦国设"丞相"。由于相职协助君主宰制万端,故战国时"宰相"成为这类官职的通称。汉代以后直至鸦片战争前,宰相制度经历了错综复杂的变化过程,大致可以归纳为西汉初的丞相制,西汉中至东汉的三公制,隋至宋的三省长官制,金元的一省长官制,明代的内阁制和清代的内阁与军机处双轨辅政制。宰相是最高总管,通常由君主钦定,这说明历代君主都意识到贤人治政事关国家的兴亡。我国古代的宰相辅政制提高了政府的运行效率,同时对君主的权力形成一定程度的制衡,发挥了促进古代政治平衡的积极作用。

孔孟贤人治政的理念对后世的影响还体现在延续了1 300余年的科举制。科举制是中国古代通过考试选拔官吏的制度,始于隋文帝开皇七年(587年),终于清德宗光绪三十一年(1905年),成为世界上延续时间最长的选拔人才的办法。科举制改善了之前的用人制度,彻底打破血缘世袭关系和世族的垄断。"朝为田舍郎,暮登天子堂",部分社会中下层有德行、有能力的读书人获得进入社会上层、施展才智的机会。科举制有如下进步意义:(1)拓展了贤人治政的人才来源,产生了一大批善于治国理邦的名臣、名相和雄才大略的政治家,如韩愈、王安石、司马光、寇准、张居正、林则徐,等等;(2)体现了公平、公正的人才选拔原则,为现代组织的考核制度和当今的高考制度等提供了历史借鉴;(3)有利于传承中华文化传统,营造读书学习的风气,客观上推动了中华文明的发展和社会的进步。

我国目前尚无全国统一的干部选拔制度,但在现行的各种干部选拔机制中,依然可以看到孔孟贤人治政理念的影响,如双向考核测评与末尾淘汰制、推荐加考试的任职资格制、述职差额竞选加上级考察任命制等。这种干部选拔机制既考虑到基层民主推荐,又考虑到上级组织部门的严格考核,再加上平等的考试,自下而上再自上而下,反复多次,力图把贤人(德才兼备的优秀人才)推举到最合适的治政岗位上。

加拿大哲学家贝淡宁在《超越自由民主制：东亚语境下的政治思考》中把这种选拔机制称为"尚贤制"（meritocracy），并给予高度评价："中国的政治尚贤制不仅能选拔出能力超群的领导者，而且如此选拔出的领导者更具长远眼光和全局意识，能够做出更加具有说服力的政治决断。政治尚贤制比西方的民主制更适合像中国这样的大国，它能够有效规避民主选举制的主要缺陷。"关于西方民主选举制的缺陷，贝淡宁首先指出选民本身的问题："许多选民素质并不高，缺乏关于社会、政治、经济等基本问题的理解与最基本的政治判断力，左右选民投票的未必是候选人的方针政策。而且大部分选民都是站在自己的立场投票，产生的领导人仅代表投票人的利益，不对后人或者其他国家负责，难免会产生政策上的短视。"复旦大学张维为教授在《西方政治体制陷入六大困境》中则从竞选者的角度指出民主选举制的弊端："民主等同于竞选，竞选等同于政治营销，政治营销等同于拼金钱、拼资源、拼公关、拼表演等。这种没有选贤任能理念的游戏民主所产生的领导人往往是能说会道者居多，能干者极少。他们关心的公关是包装，是曝光度，是粉丝量，相反治国理政经验和能力是不重要的，人品道德也不重要，只要能忽悠到足够的粉丝，就可以稳操胜券了。"值得一提的是，我国的"尚贤制"还不够完善，尚须不断改进。人是会变的，经过层层把关选出的"贤人"在一定条件下（权力缺少制衡、法制不够健全、个人放松道德修养等）会蜕变为腐败分子。作为细致观察中国社会的外国学者，贝淡宁提出的建议值得借鉴："通过完善法制、更加独立的监督和进一步分离经济权力和政治权力等方式预防腐败。同时也需要儒家的道德教育，培养官员的慎独意识。"

"人存政举、人亡政息"的规律同样适用于各类现代组织。贤人从事管理，对于现代组织而言，同样具有生死存亡的重大意义。所谓"贤人"，必须是德才兼备的人才，德为先，才为辅。没有德行，才能越高，对社会的危害越大，组织消亡的可能性也越大。美国公司雷曼兄弟创建于1850年，是150多年的大企业，号称金融界的四大巨头之一。其管理者的"才"不可谓不高，但由于唯利是图，他们利用人们对老企业的信任，于2002年在新加坡、中国香港、中国台湾等国家和地区发行了一种带有欺骗性质的迷你债券，最终造成巨额负债，于2008年9月轰然垮台，由此形成的经济危机从金融领域蔓延到实体经济领域，导致美国经济衰退，整个世界都受到很大的影响。我国众多企业在市场大潮中升沉荣枯的现象也证明了贤人管理的重要性。三鹿公司的管理者不讲诚信，为了提高奶粉的蛋白质含量，往奶粉中加入成本极低的化工原料三聚氰胺，导致婴儿患上肾结石，这种企业不倒闭不足以平民愤。其他因管理者缺乏管理道德而导致企业濒临破产的现象包括：欺骗性的广告宣传（以保健品、化妆品、家用消费品等商品居多）；制售假冒他人商标或包装的伪劣产品，损害竞争对手的商业信誉；利用财务造假偷税漏税，欺骗政府部门；克扣员工工资、无视员工健康而导致员工伤亡；为追求利润而肆意排放废水、废气，造成严重的环境污染……这些企业急需贤能之士参与管理,以"挽狂澜于既倒,扶大厦之将倾"。

【复习思考与讨论题】

1. 孔子为什么高度评价周文王和周武王?周文王的哪些政绩有着重大的历史意义?

2. 孔子为什么对管仲作了正面评价?这一评价有何启示意义?

3. 孔子如何看待"尊贤"与"用贤"的关系?光"尊"不"用"有何后果?

4. 依孟子所见,"贤者在位,能者在职"的主张会产生怎样的治政效果?

5. 体现贤人治政的古代宰相制和科举制有何积极意义?

6. 请对比分析我国目前的政治尚贤制与西方的民主选举制。我国的尚贤制有哪些优势?还有哪些不够完善的地方尚须改进?

7. 请用生活中的实例说明"人存政举、人亡政息"的规律。

8. 请用现代白话或英语解释本小节的主要概念。

(二) 选贤的条件和标准:取人以身　修身以道

【主要概念】取人以身;修身以道;修道以仁;和而不同;成人之美;矜而不争;群而不党;博学于文;约之以礼。

【原作论述】

① 为政在人,取人以身,修身以道,修道以仁。　　　　　　　　《中庸》

② 君子不可小知,而可大受也;小人不可大受,而可小知也。　　《论语·卫灵公》

③ 君子怀德,小人怀土;君子怀刑,小人怀惠。　　　　　　　　《论语·里仁》

④ 君子求诸己,小人求诸人。　　　　　　　　　　　　　　　《论语·卫灵公》

⑤ 君子坦荡荡,小人长戚戚。　　　　　　　　　　　　　　　《论语·述而》

⑥ 君子和而不同,小人同而不和。　　　　　　　　　　　　　《论语·子路》

⑦ 君子成人之美,不成人之恶。小人反是。　　　　　　　　　《论语·颜渊》

⑧ 君子矜而不争,群而不党。　　　　　　　　　　　　　　　《论语·卫灵公》

⑨ 君子耻其言而过其行。　　　　　　　　　　　　　　　　　《论语·宪问》

⑩ 君子不以言举人,不以人废言。　　　　　　　　　　　　　《论语·卫灵公》

⑪ 君子博学于文,约之以礼,亦可以弗畔矣夫!　　　　　　　《论语·雍也》

【白话释义】

① 治理国家大事,首先要得到人才,选拔人才要考核他们的行为表现,行为表现取决于他们是否遵循正道,遵循正道要靠修行仁爱之心。

② 君子不可用小事来察知,却可委以重任;小人不可承担重任,却可用小事来察知。

③ 君子关注德行,小人关注田宅;君子关注刑律,小人关注利益。
④ 君子严格要求自己,小人严格要求别人。
⑤ 君子光明磊落,心胸坦荡;小人则斤斤计较、患得患失。
⑥ 君子追求和谐而包容异见;小人表面上迎合认同,实际上怀有异心损害和谐。
⑦ 君子成全别人的好事,而不助长别人的恶行;小人与此相反。
⑧ 君子矜持庄重而不与人争执,合群而不与人结成宗派。
⑨ 君子为多说少做而感到羞耻。
⑩ 君子不因一个人能说会道就推举他,也不因一个人的品行较差而排斥他的意见。
⑪ 君子广泛地学习文献,又以礼来约束自己,也就不会偏离正道了。

【英语译文】

① Governance depends on people. People are judged by their conduct. Their conduct must be guided by moral principles. Moral principles are based on benevolence.

② A gentleman cannot be judged by trivial matters, but can be entrusted with important tasks. A petty man cannot be entrusted with an important task, but can be judged by a trivial matter.

③ A gentleman values virtue while a petty man values property. A gentleman cares for observing laws while a petty man cares for reaping benefits.

④ A gentleman makes strict demands of himself while a patty man makes strict demands of others.

⑤ A gentleman is forthright and enjoys peace of mind while a petty man is constantly ill at ease.

⑥ A gentleman seeks harmony without uniformity while a petty man seeks uniformity without harmony.

⑦ A gentleman helps others do good and never abets anyone in doing evil; a petty man does the opposite.

⑧ A gentleman is restrained and does not get into a bitter dispute with others. He is sociable but not cliquish.

⑨ A gentleman feels ashamed if he says much but does little.

⑩ A gentleman does not promote a man simply because of his fine words, nor does he reject a man's sensible words simply because of his undesirable behavior.

⑪ A gentleman will not go astray if he learns extensively and keeps himself restrained by the rites.

【解读与应用】

上一小节的论述探讨了"人存政举、人亡政息"的问题,搞清了贤人与治政成败的密切关系,同时也阐明了为政者光尊贤而不用贤依然会导致垮台的道理。本小节的论述集中探讨了选贤、用贤问题。用贤之前必须选贤,选对人,政事一顺百顺;选错人,政事将一败涂地。历史上齐桓公的用人得失便是一大教训。上一小节我们曾说到"桓公得管仲,九合诸侯,以匡天下"(《论语·宪问》),因用人得当,齐桓公成了春秋时代的第一位霸主,显赫一时。但遗憾的是,管仲死后,齐桓公没有遵照管仲生前的建议,而是重用了佞臣,结果"失管仲,任竖刁、易牙,身死不葬,天下笑"(《论语·宪问》)。齐桓公死后,佞臣逆子只顾争权夺利,听任齐桓公的尸首在床上放了67天而无人问津,以至尸虫乱爬,臭气熏天。堂堂一代霸主,因用人失当而落得如此可悲的下场,为天下人所耻笑。选贤任能,不仅关乎国家大业,而且也关乎为政者的个人生死。

本小节所探讨的内容与前面"为政者的德行"小节有部分交叉,因为"德行"本身就是"选贤"的一项重要条件。但两小节探讨的角度不同,我们在选材时也注意避免重复。

本小节的第一条论述通过"身""道""仁"三个字,由表及里地阐明了选贤的条件和标准:"取人以身",首先看为政者外显的行为表现;"修身以道",进而观察为政者是否以正确的道德准则规范自己的行为;"修道以仁",最后落实到"仁",考察为政者的内心是否具有仁爱的品质。这由表及里的三项条件,是考察贤人的总原则,也可视为选贤的程序。如此严格的选贤条件和考察程序,目的是为了确保选到合格的贤人放到治政的重要位置上。

接下来有十条论述,其中六条都以"君子"与"小人"的对照而展开,另外四条单独论及"君子"。关于"君子"与"小人"含义的两种理解,我们在前面"儒家的义利观"小节中已探讨过。"君子"可以理解为治政者,也可理解为具有高尚道德情操的人;而"小人"可理解为平民百姓,也可理解为缺乏道德修养的人。在本小节所引的十条论述中,对"君子"的两种理解非但都说得通,而且可以合而为一,因为孔子始终认为,治政的贤人必须是具有高尚道德情操的人。论述中对"君子"的要求可看作为政者"身""道""仁"的具体表现,也可视为选贤(选拔为政者)的具体标准。《论语》中有大量关于"君子"的论述,本小节仅选取了其中一小部分。

第一条标准"不可小知,而可大受",即不可用小事来察知,却可委以重任。孔子认为,治政贤人"可大受"(堪受大任)的原因是"不可小知",他心胸开阔、志向远大、德行高尚、能力超群、心量很大以至不可能在一般小事中察知。选贤者必须独具慧眼,从大处着眼,方能识别精英良才而委以重任。三国时期的刘备三顾茅庐,请出村野文人诸葛亮,是因为他看出了诸葛亮未出茅庐而知天下三分那"可大受"的雄才大略。

第二条标准"怀德,怀刑",即关注德行,关注刑律。治政贤人应该坚持"德刑兼治"

的理念,以德治为主,辅之以刑治。一方面自己立德,并以德弘德,以自身的德行为百姓作出榜样;另一方面自己敬畏刑法,也让民众敬畏刑法,以形成人人遵纪守法的局面(详见前面"儒家的德治原则")。

第三条标准"求诸己",即对自己提出严格要求。治政贤人在遇到困难、挫折等问题时应先从自身找原因,严于责己,勇于担当,而不能像小人那样,出现麻烦总是"求诸人",从不反思自己,而是想方设法"甩锅",逃避责任,撇清自己,把过错推到别人身上。

第四条标准"坦荡荡",即胸襟开阔,光明磊落。治政贤人应该对人真诚,不抱仇怨,而不像小人那样"长戚戚",斤斤计较、患得患失。这样,他才能做到仰不愧于天,俯不怍于地,保持一身正气。

第五条标准"和而不同",即追求和谐而包容异见。治政贤人应该大度宽容,能接纳不同性格、不同背景的人,能容忍不同的意见和想法,尤其善于倾听"逆耳"之言,从而营造和谐、宽松、团结的氛围;而不能像小人那样"同而不和",为了追求"同",把自己的意见强加于人,造成不和谐的局面。

第六条标准"成人之美,不成人之恶",即成全别人的好事,而不助长别人的恶行。治政贤人应该恪守原则,明辨是非,爱憎分明,果断地成全各种好事,绝不助长任何恶行。

第七条标准"矜而不争,群而不党",即矜持庄重而不与人争执,合群而不与人结成宗派。治政贤人与人相处要庄敬稳健,但不争强好胜。他态度谦和,大事讲原则,小事肯忍让。"群而不党"中的"党"是拉帮结派的意思。治政贤人待人接物应平易近人,亲和合群,但不搞小团体,不搞结党营私的派别活动。

第八条标准"耻其言而过其行",即为自己说得多、做得少而感到羞耻。治政贤人应该表里一致,言行一致,凡事说到做到,切忌对自己的政绩夸大其词,哗众取宠,以骗取民众的信任。

第九条标准"不以言举人,不以人废言",意为不因一个人能说会道就推举他,也不因一个人的品行较差而排斥他的意见。治政贤人应该全面考察、衡量下属的言行,不可偏听偏信,应对任何人不怀成见,不抱歧视态度。

第十条标准"博学于文,约之以礼",意为广泛地学习典籍文献,并以礼仪规范来约束自己的行为。治政贤人应该做到"博学而笃志,切问而近思",以增长知识,拓展视野,并力求"非礼勿视,非礼勿听,非礼勿言,非礼勿动",严格以礼仪来约束自己,以免离经叛道走上邪路。

从以上列举的选贤任能的条件、考察程序和具体标准来看,孔子主张德才兼备,德主才辅的标准。虽然他也提到"才"的一面,如第一条"不可小知,而可大受"和第十条"博学于文,约之以礼"中都含有对"才"的要求,但他所关注的重点还是在"德"这一方面。应该说孔子在选贤问题上考虑得相当全面而严谨,对于现代组织的选人、用人,依然具有广泛而深刻的借鉴意义。当然，现代组织在选人、用人时，除了重视应聘者的"德"以外，也要关注"才"的一面，如专业知识、技术、创新能力等。然而，就选用管理者而言，首要条件或最高标准仍然应该是"德"。管理者在专业知识、技术、创新能力等方面可以是一般水平，但他必须具备凝聚人心的人格魅力。汉高祖在谈论他的成功时，对于辅佐他的"三杰"，曾经有过一段精彩的评论："夫运筹帷幄之中，决胜千里之外，吾不如子房；镇国家，抚百姓，给馈饷，不绝粮道，吾不如萧何；连百万之军，战必胜，攻必取，吾不如韩信。"（《史记·高祖本纪》）刘邦认为，在谋略上他不如张良，在理政上他不如萧何，在军事上他不如韩信。然而，能把"三杰"凝聚在一起赢得大汉天下的却唯有刘邦。核心人物的凝聚力能使团队的力量增长百倍，1+1+1（张、萧、韩）之和胜过对手楚霸王的百万大军。

珠海格力电器股份有限公司是一个多元化、科技型的全球工业集团。格力电器旗下的格力空调，全球市场占有率达20.6%，业务遍及全球200多个国家和地区。格力空调何以能成为世界名牌？其产销量何以能连续多年全球领先？公司董事长董明珠的一番话道出了真谛："没有人才，一切归零；没有道德，人才归零！对于人才，道德是第一位，如果没有道德，他就不是人才。尽管你懂技术，但我认为，你依然不是人才"。董明珠强调，人才是公司成功的关键，而"怀德"是识别人才的第一标准。

海尔集团的总裁张瑞敏曾于2012年获得瑞士IMD（国际管理发展商学院）颁发的"IMD管理思想领袖奖"，并于2016年在耶鲁CEO峰会上被授予"传奇领袖奖"，他也是走上哈佛讲坛的第一位中国企业家。张瑞敏认为，管理创新的重点应始终关注"人"的价值实现，让员工在为用户创造价值的同时实现自身价值。他在海尔的企业文化中竭力创造一种"人人是经理，人人是老板"的氛围，把每个人的潜能释放出来，做到"人人是人才，赛马不相马，给每一个愿意干事的人才以发挥才干的舞台"，体现了孔子关于管理者要"成人之美"的理念。作为管理者，张瑞敏注重实干，认为"领导者要有威信，必须言必信，行必果"。他还指出："最有价值的人，不一定是最能说的人。老天给我们两只耳朵一个嘴巴，本来就是让我们多听少说的。善于倾听，才是成熟的人最基本的素质"。他在管理中践行了孔子"耻其言而过其行"和"不以言举人，不以人废言"的主张。

孔子对君子的"博学于文，约之以礼"的要求，对于面临大数据、人工智能、量子技术等各种挑战的现代组织管理者，有着特别重要的现实意义。管理者必须坚持终身学习的理念，才能跟上时代前进的步伐；管理者也必须以社会规范和社会责任不断约束自己的行为，才能抵御令人眼花缭乱的各种物质诱惑，而不至于误入歧途。

跻身《财富》世界500强榜单的腾讯，是中国最大的互联网综合服务提供商之一，也是中国服务用户最多的互联网企业之一。腾讯将"以技术丰富互联网用户的生活"作为使命，公司的发展深刻地影响和改变了数以亿计网民的沟通方式和生活习惯。很多人说:"离开微信,我都不知道怎么生活了!"公司在全球互联网企业中专利申请和授权总量均位居前列。不断学习、不断研发,是腾讯生命力的源泉。

【复习思考与讨论题】

1. 齐桓公的用人得失说明了什么问题?

2. "为政在人,取人以身,修身以道,修道以仁"这句话应如何理解?孔子选贤的首要条件是什么?根据孔子的论述,选拔治政贤人有何考察程序?

3. 在孔子的论述中多次提到的"君子"和"小人"这两个概念应如何理解?孔子对可以从政的"君子"提出了十大要求,你能记住其中哪几个?

4. 孔子在选贤的标准上特别注重对"德"的要求,你同意他的观点吗?这些要求对于现代组织选用管理人才有哪些启示?请举例说明。

5. 孔子所列的选贤标准中哪两条含有对"才"的要求?请选择其中一条说明其对于现代组织管理者的借鉴意义。

6. 请用现代白话或英语解释本小节的主要概念。

(三) 举贤的必要和责任:举直民服 举尔所知

【主要概念】 举贤才;举尔所知;举直错诸枉;尊贤使能;俊杰在位。

【原作论述】

① 仲弓为季氏宰,问政。子曰:"先有司,赦小过,举贤才。"曰:"焉知贤才而举之?"曰:"举尔所知,尔所不知,人其舍诸?"　　　　　　　　　　　　《论语·子路》

② 哀公问曰:"何为则民服?"孔子对曰:"举直错诸枉,则民服;举枉错诸直,则民不服。"　　　　　　　　　　　　　　　　　　　　　　　　　　《论语·为政》

③ 樊迟问智。子曰:"知人。"樊迟未达。子曰:"举直错诸枉,能使枉者直。"
《论语·颜渊》

④ 见贤思齐焉,见不贤而内自省也。　　　　　　　　　　　　《论语·里仁》

⑤ 尊贤使能,俊杰在位,则天下之士皆悦,而愿立于其朝矣。　《孟子·公孙丑上》

【白话释义】

① 仲弓做了季氏的家臣,问怎样处理政务。孔子说:"先让管理具体事务的官吏各负其责,原谅他们小的过失,再推举贤能的人才。"仲弓又问:"怎样知道并推举贤能的人才呢?"孔子说:"推举你所了解的人,你不了解的贤才,其他人会埋没他们吗?"

② 哀公问道:"我该怎么做使百姓顺服?"孔子答道:"把正直的人置于邪恶的人之上,百姓就会顺服;把邪恶的人置于正直的人之上,百姓就不会顺服。"

③ 樊迟问什么是明智。孔子说:"懂得识别人。"樊迟不太明白。孔子又说:"把正直的人置于邪恶的人之上,能使邪恶的人改变为正直的人。"

④ 看到贤人就向他学习,希望能和他一样。看到不贤的人要从内心反省自己,看是否有跟他相似的毛病。

⑤ 尊重贤才,使用能人,杰出的人物都有职位,那么,天下有识之士都乐于为国效力了。

【英语译文】

① Serving as head in charge of the affairs of the Ji family, Zhonggong asked about governance. Confucius said, "Let all your subordinates perform their respective duties, pardon small offenses and promote men of virtue and ability." Zhonggong asked further, "How can I find out those men of virtue and ability so as to promote them?" Confucius said, "Promote those you know. As to those you do not know, will others neglect them?"

② Duke Ai asked, "What should I do so that people will obey me?" Confucius replied, "People will obey you if you place the upright over the crooked; they will not obey you if you place the crooked over the upright."

③ Fan Chi asked about wisdom. Confucius said, "Knowing how to judge people." Fan Chi didn't quite understand. Confucius explained, "Place the upright over the crooked, and that will make the crooked become upright."

④ When we see a man of great virtue, we should follow his example and try to equal him. When we see a man of a contrary character, we should reflect and examine our own behavior.

⑤ If the virtuous people are respected, the competent people used, and the outstanding people put in important positions, the wise people far and wide will be happy to work for the state.

【解读与应用】

上一小节讨论了选贤、用贤问题,即选用贤人的条件、程序及具体标准等,本小节则探讨举贤的必要和责任。"选"字和"举"字相对应:"选",选拔、挑拣、遴选、取舍,大都自上而下;"举",推举、举荐、推荐、推选,自下而上或自上而下。"选"和"举"的结合才能确保贤人治政的人才基础。推举贤人,对于治政至关重要,因为一旦推举成功,会产生滚雪球效应:用一贤人,则群贤毕至;见贤思齐,就蔚然成风。本小节的孔孟论述,尤其是孔子所说的三个含"举"字的词语"举贤才""举尔所知""举直错诸枉",涉及推举贤才的以下几个问题:如何发现贤才?谁来推举?如何推举?推举到什么岗位?

孔子第一条论述中的"先有司,赦小过,举贤才"九个字高度概括了治政管理的精髓。"先有司"讲的是分权分责,让官吏各有任务,各司其职。"赦小过"意为不追究官吏工作中的小过错,这就为官吏提供了"实践—试错—纠错"的弹性空间,大大激励了官吏的创造性和能动性。最后落实到"举贤才",阐明了必须在工作实践中发现人才、推举人才的道理。有了前面的"先有司,赦小过",各级官吏就将在各司其职和"试错—纠错"的过程中发挥才干,贤才也就有可能脱颖而出而被人发现。

孔子的第二条论述,通过回答他的学生仲弓的提问,指出人人都有责任,而且也都有条件推举贤才。孔子认为,每个人身边,都有着分管各项政事的官吏,因而就具备了观察、了解其中出类拔萃者的条件,也就有可能"举尔所知",即推举自己所了解并信得过的贤才。孔子让他的学生不用担心自己不了解其他的贤才,因为如果人人自觉履行了推举的责任,"尔所不知,人其舍诸?",你所不了解的,自有其他人会推举,贤才不会被漏选。孔子的论述蕴含着民主选举的成分。

孔子的第三条和第四条论述中的"举直错诸枉"一说,在《论语》中反复出现过几次,说明孔子相当重视。这句话是生动的比喻说法,所以樊迟起先没听懂,后来经同学子夏解释后方才明白。"直"(笔直)和"枉"(弯曲)用来比喻"正直的人"和"邪恶的人"。"错",通"措"字,表示"安排、放置"的意思。"举直错诸枉,能使枉者直"的本义是把平直的东西压在弯的东西之上,可以使弯的东西也变直,比如用铁锤压柳条,柳条就会变直。其喻义是强调要把正直的贤人推举上来,安置在邪恶的人之上,也就是安排在能管理邪恶者的领导岗位上。这样做有两层意义。其一,"则民服"。百姓就会顺服为政者,因为他们觉得为政者治政有方,一则有气度,不妒贤嫉能,愿意把贤才推举上来;二则有眼力,能识别正直的人和邪恶的人,而把前者置于后者之上。其二,"能使枉者直"。俗话说,"邪不压正,正可治邪",上"梁"正下"梁"不敢歪,贤才治政有可能使邪恶者改邪归正,进而使民风淳厚。

孔子的第四条论述"见贤思齐……"和孟子的论述"尊贤使能……",既说明了尊贤、举贤、用贤的重要性,也道出了举贤的连锁效果。"见贤思齐",看到贤人,人们就有了学习、仿效的榜样。"尊贤使能,俊杰在位,则天下之士皆悦,而愿立于其朝矣",贤才都被重用,那么天下有识之士都乐于为国效力,就有可能出现群贤毕至、良才云集的盛况。

自古以来,推举人才是为人们所称道的优秀品质,因为举荐需要慧眼、胆识和无私的胸襟。前面我们曾多次提到管仲是治政良才,但我们不能忘记推举管仲的人——鲍叔牙。齐桓公继位当政之初,鲍叔牙任相,身居要位,而管仲因站错队而沦为阶下囚。但鲍叔牙了解管仲之才,举荐管仲替代自己的职位,自己甘居其下。齐国因为管仲的治理而日渐强盛,鲍叔牙的举荐之功也传为美谈,被时人誉为"鲍子遗风",他与管仲的交往则被赞为"管鲍之交"。北宋的政治家欧阳修曾在朝廷中历任翰林学士、枢密副使、参知政事(副宰相)等要职。在40年的仕途中,欧阳修极其注重举荐人才,提拔后进。凡有才能者,哪怕是一技之长,不论相识与否,他都会提携和举荐。他曾在一份奏折中向皇帝举荐吕公著、司马光、王安石三人为相,而此三人都曾经是排斥他的政敌或轻视他的文人。然而欧阳修却能做到唯才是举,不计个人恩怨。

对于现代组织而言,推举人才是一种需要(need),甚或是一种必须(necessity)。现代组织之间的竞争归根到底是人才的竞争,哪个组织吸收并聚集了优秀人才,就获得了竞争的主动权,就会在激烈的科技和经济竞争中立于不败之地。核心人才,就是孔子所说的"贤",是组织的灵魂和骨干。组织无论大小,不管是何种所有制结构,都必须拥有一批核心人才。核心人才的数量和质量,决定着组织的核心竞争力,决定着组织的生存和发展。人才是组织的第一资源,是科技进步和社会经济发展最重要的资源。任何资源必须通过开发才能获得。人才资源的开发有招聘、培养、推举等方式,而推举是一种便捷而有效的方式。组织内部的"举贤才"有自上而下(由最高管理者推举)和自下而上(由员工和基层管理者推举)两种方式。孔子所说的"举贤才"是指自上而下的推举方式;"举尔所知"则主要指自下而上的推举方式。

"先有司,赦小过,举贤才",表现了一位管理者推举贤才的高超艺术、博大胸怀和高尚美德。高超艺术体现在"先有司",懂得人才的发现必须先提供"用武之地",给予一定的权力和责任,才能在实践中加以考察。博大胸怀体现在"赦小过",宽容人才的缺点和过错。金无足赤,人无完人,人才有所长,也必有所短,而且往往优点越突出,其缺点也越明显。身怀宏才或异才者通常不拘小节,甚至还有怪癖。管理者只有宽容小过,才能觅得真才。另外,任何人在履行某种职责的过程中,难免会有过失。尤其是从事某种创新改革的履职者,因没有前人的经验可循,更容易犯错,"摸着石头过河"难免会撞到石头。管理者唯有心怀"赦小过"的大度,才会使履职者有纠错的机会而继续大胆前行。高尚美德体现在最后的"举贤才"环节,真心实意地把人才推举到合适的岗位上。俗话说"武大郎开店——比我高的莫进",这是不少管理者嫉贤妒能的心态,不敢用水平比自己高的人,生怕抢了自己的饭碗。推举,确实是一种艺术、一种胸怀、一种美德。

"举尔所知",主要体现了自下而上的推举方式,也表达了人人具有推举条件和责任的理念。研究表明,同一组织的员工和基层管理人员的推举,是成效很高的一种推举方式。推举与选举不同,推举是候选人产生之前的行为,是公开的举动;而选举是候选人产生之后的行为,有可能是隐秘的举动(如无记名投票)。管理学家斯蒂芬·罗宾斯说:"员工推举被证明是最好的一种推荐方式,对这一发现的解释是合乎逻辑的。首先,由于员工对所推荐人选比较了解,他们自然倾向于推举更适合某一职务的人。其次,员工通常觉得他们在组织中的声望与推荐的人才质量不无关系,因而,只有当他们自信此项推荐不会影响自己的声望时,才会主动推举人。"美国苹果公司很重视通过员工举荐聘用人才,在应聘的面试中,员工推荐胜过任何其他因素,是通过面试的有力保障。如果最后录用了公司员工推荐的人,该员工还会得到一笔几千美元的奖金。苹果公司很相信自己的员工了解怎样的人适合他们的企业文化,有的员工甚至还有专门的引荐卡。

"举直错诸枉",其要义是把正直的"贤才"安排在能管理邪恶者的领导岗位上,以正压邪,促使"枉"者改邪归正。历史上众多的贤相、清官、善吏、廉正干部都起到了这样的作用。仅举北宋名臣包拯一例:拯立朝刚毅,贵戚宦官为之敛手,闻者皆惮之。人以包拯笑比黄河清。童稚妇女,亦知其名……旧制,凡讼诉不得径造庭下。拯开正门,使得至前陈曲直,吏不敢欺。(《宋史·包拯传》)在包拯刚正不阿的治理下,那些官场的"枉"者,纷纷"敛手""惮之""不敢欺",显示了"举直错诸枉,能使枉者直"的强大威力。

现代组织同样需要"举直",把清正廉洁的"贤才"安排在关键部门的领导岗位上。现代组织的"枉"者,不必都视为邪恶之人,可看作有各种各样缺点和过失的人。"举直"的意义不仅在于"直"者正直的品格,具有榜样的力量和凝聚人心的魅力,而且在于"直"者刚毅的胆略,使之善于运用"德刑兼治"的管理手段,敢于严格执行规章制度,及时根除组织内部可能出现的不正之风和不良行为。

【复习思考与讨论题】

1. "选"和"举"有何区别?为什么说"选贤"和"举贤"的结合至关重要?
2. 请分析"先有司,赦小过,举贤才"这句话的深层意义?为什么说"先有司,赦小过"为"举贤才"创造了条件?
3. "举尔所知"是什么意思?为什么孔子让他的学生不用担心贤才会被漏选?
4. 请分析"举直错诸枉"的本义和喻义。把正直的贤人安排在治政(管理)岗位上有哪两大效果?
5. 你从鲍叔牙和欧阳修的故事中悟出什么道理?贤才的推举者必须具备怎样的品格?
6. 为什么说推举贤才对于现代组织的管理意义重大而不可或缺?
7. 你是否觉得员工举荐是一种非常有效的推举方式?为什么?
8. 请用现代白话或英语解释本小节的主要概念。

(四)对贤人政绩的评价:众恶之必察 众好之必察

【主要概念】行不由径;众恶之必察;众好之必察;有不虞之誉;有求全之毁。

【原作论述】

① 齐景公有马千驷,死之日,民无德而称焉。伯夷、叔齐饿于首阳之下,民到于今称之。
《论语·季氏》

② 子游为武城宰。子曰:"女得人焉耳乎?"曰:"有澹台灭明者,行不由径,非公事,未尝至于偃之室也。"
《论语·雍也》

③ 子贡问曰:"乡人皆好之,何如?"子曰:"未可也。""乡人皆恶之,何如?"子曰:"未可也。不如乡人之善者好之,其不善者恶之。" 《论语·子路》

④ 有不虞之誉,有求全之毁。 《孟子·离娄上》

⑤ 众恶之,必察焉;众好之,必察焉。 《论语·卫灵公》

⑥ 唯仁者能好人,能恶人。 《论语·里仁》

【白话释义】

① 齐景公有一千辆战车(每车有四匹马同拉),去世之日,民众觉得他没有什么德行值得称颂。伯夷、叔齐饿死在首阳山下,民众至今还在称颂他们。

② 子游当上了武城县令。孔子问:"你在那儿发现人才了吗?"子游说:"有一个名叫澹台灭明的人,行路从不走隐秘小道,非公事从不来我家。"

③ 子贡问道:"满村人都喜欢一个人,您看这个人怎么样?"孔子说:"不行。"子贡又问:"满村人都讨厌一个人,您看这个人怎么样?"孔子说:"还是不行。倒不如村里的好人都喜欢他,坏人都讨厌他。"

④ (生活中)有意想不到的赞誉,也有求全严苛的诽谤。

⑤ 大家都讨厌一个人,就必须考察一下;大家都喜欢一个人,也必须考察一下。

⑥ 只有仁者才知道喜爱怎样的人,厌恶怎样的人。

【英语译文】

① Duke Jing of the State of Qi had a thousand chariots. When he died, the people could not think of anything to praise him for. Boyi and Shuqi died of hunger at the foot of the Shouyang Mountain. The people have been praising him up to now.

② When Ziyou became head of the town of Wu, Confucius asked him, "Have you found any men of virtue there?" Ziyou said, "There is one named Tantai Mieming. He never walks on hidden paths and never comes to my house except on official business."

③ Zigong asked, "What do you think of a man who is liked by everyone in his village?" Confucius said, "He is not good enough." Zigong asked again, "What do you think of a man who is disliked by everyone in his village?" Confucius said, "He is not necessarily bad. I would prefer a man who was liked by all the good people in his village and disliked by all the bad people there."

④ You may receive unexpected praises and undeserved censures in your life.

⑤ Investigation is necessary when everyone dislikes a man; investigation is also necessary when everyone likes a man.

⑥ Only a benevolent man knows whom to love and whom to hate.

【解读与应用】

推举贤才成功与否,对治政的业绩、延续性和生命力影响深远,事关重大;而对为政者(包括被推举上岗的贤才)政绩的评价和鉴定,则决定了未来治政的方向和目标,同样不可忽视。本小节孔孟的六条论述集中探讨了如何评价和鉴定为政者政绩的问题。

第一条论述说明,对为政者的评价在于人民的口碑。齐景公贵为君主,生前有战车千辆,权势与财富显赫一时,但死后他的孤坟寂寞冷清,"民无德而称焉",民众觉得他没有什么德行值得称颂。伯夷、叔齐兄弟二人出身商朝官宦之家,父亲去世后互相推让不肯继位,最后在首阳山下拒食"周粟",采薇度日,过着贫困的隐士生活,死后却以其抱节守志的精神流传人间,备受赞扬,"民到于今称之",民众至今还在称颂他们。可见一个人的价值不在于其外在的财富与地位,而在于其内在的高风亮节。

第二条论述通过孔子的学生子游之口,道出了为政者(子游/武城宰)对人才的评价标准。在子游看来,辅政人才必须道德高尚,清廉正派。他选用澹台灭明作为自己的辅政助手,正是看中了后者的德行。"行不由径"是比喻,行路从不走隐秘小道,隐示澹台灭明人格光明磊落,不走歪门邪道。"非公事,未尝至于偃之室也"(子游名言偃,"偃"用于自称),此句用澹台灭明的具体行动证明其人格光明磊落,他除了谈公事,从不暗中登主政之门,勾搭行贿。子游的评价一隐一明,简单而有说服力。

在第三条论述中,孔子通过与他的学生子贡的对话,阐明了一条重要而容易被人忽视的评价原则——"乡人皆好之,未可也",人人说好,未必真好;"乡人皆恶之,未可也",人人说坏,未必真坏。评价的真实性与效度取决于评价人的品质、视角和水准。"不如乡人之善者好之,其不善者恶之",意为被好人喜欢、坏人厌恶的人才算得上好人,孔子的话浅显、明白而富含哲理。

第四条孟子的论述"有不虞之誉,有求全之毁",指明了人们生活中常见的两种不切实际的评价。"不虞之誉",即过高的赞誉,甚至令被评价者意想不到;"求全之毁",即过于严苛的求全责备,甚而近乎诽谤和人身攻击。两种评价的表现形式截然相反,但其本质却是相同的,即违反事实。不切实际的评价通常出于两种情况:一种情况是由于评价者的片面了解或局部经验所致,是盲人摸象式的以点代面、以偏概全的评价;另一种情况是出于评价者的自私的、不纯的动机,甚或罪恶的、不可告人的目的。前一种虽失之偏颇,但却是无意的;后一种混淆视听,是故意的,甚至是恶意的。孟子所指出的两种评价正是后一种情况,无论恭维太过,还是责备太苛,都会产生恶果。如果用于对普通人言行的评价,都有失真诚与公正,如果用于对具有重大影响的贤人政绩的评价,遮人耳目颠倒黑白,则对治政者日后的决策产生严重的负面影响,危害更大。

第五、六条孔子的论述言简意赅,是结论性的文字。孔子重视调查研究,不轻信众口一词的评说。"众恶之,必察焉;众好之,必察焉",人人厌恶,或人人喜爱,都不可做定论,要实地考察鉴定,深入了解。孔子还认为,"唯仁者能好人,能恶人",只有评价者自己注重道德修养,才能做出对为政者喜爱或厌恶的正确判断。

推举是发生在为政者治政之前的行为,评价是发生在为政者治政过程或治政以后的行为。孔子生活的时代对为政者的评价是一种自发行为,或出于普通百姓的口碑(如对齐景公的评价),或出于学者、师生或同仁之间的讨论(如孔子与仲弓和子贡的对话),或出于为政者的主观判断(如子游的议论);而现代组织对管理者的评价则是有目的、有程序、有一定标准的组织行为。孔子时代的评价相对比较宏观笼统;而现代组织的评价则比较具体,各项指标都会加以细化甚至量化。尽管如此,孔子在两千多年前的论述依然闪烁着智慧的光芒,为现代组织对管理者的评价提供了有益的启示。

对任何人或事物进行评价,客观性和整体性是最重要的两条原则。所谓客观性,是指以事实为依据,尽量避免主观臆断或掺入个人恩怨的情感成分。所谓整体性,是指要进行多角度、全方位的考察,而不能以点代面,以偏概全。坚持客观性和整体性原则的最终目的是力求所作的评价公正、合理、准确。孔子关于评价的论述中蕴含着这两条原则。"民无德而称焉……民到于今称之",说明孔子对为政者的评价以广泛的民意为基础,以民众的口碑为依据。所谓"民意"和"口碑",实际上是大多数人的意见,而不可能是所有人的意见,其中已经包含了客观性和整体性原则的成分。"乡人皆好之……未可也。乡人皆恶之……未可也",孔子的两个"未可也",说明孔子认为众口一词的单一性评价不可信。"众恶之,必察焉;众好之,必察焉",孔子的两个"必察焉",又强调了调查研究、实地考察的必要性,表现了坚持客观性和整体性原则的精神。"不如乡人之善者好之,其不善者恶之",论述了评价者与评价对象的关系,说明孔子不仅关注评价对象,而且要关注评价者自身,并认为"唯仁者能好人,能恶人",只有评价者自身是注重道德修养的人,才能做出公正、合理、准确的评价。可以说,孔子把评价的客观性和整体性原则发挥到了极致。

现代组织对管理者的评价可以发挥以下三大功能:(1)鉴定功能,即认定、判断评价对象合格与否、优劣程度、水平高低等实际情况,作为资格审查与评选先进等活动的依据;(2)激励功能,即激发和维持评价对象的内在动力,调动评价对象的潜力,提高其工作的积极性和创造性,从而达到改善管理的目的;(3)诊断和监督功能,即发现、判断、指出评价对象工作中的问题和不足,找出原因,并针对评价对象与评价目标之间的差距,明确以后努力的方向和改进的途径,督促其朝着评价目标前进。激励功能与诊断和监督功能的实现,必须以鉴定功能为基础,唯有公正、合理、准确的鉴定,才能起到激励作用和监督作用,真正有利于管理水平的提高。而鉴定功能的发挥,又必须以坚持客观性和整体性原则为前提才能做到,孔子的教诲意义深远。为了使鉴定尽可能达到公正、合理、准确的高度,应该建立一套具体的、可操作的、行之有效的评价指标体系。对管理者的评价指标大体可以分为三部分:个人品质、管理素养和组织能力。具体细项如:(1)个人品质,可包括正直、坦诚、谦虚、责任心、包容心、主动性、承受力、奉献精神、探索精神等;(2)管理素养,可包括目标意识、质量意识、效率意识、团队意识、应变意识、关注细节意识等;(3)组织能力,可包括决策力、执行力、人际沟通力、协调力等。各个现代组织可根据本组织的具体情况而对上述细项有所取舍或增删。

我国的民营企业,要实现现代企业制度,其中重要的一项就是创建一套对管理者管理行为的评价机制。这一评价机制有如下作用:(1)可以为企业选择经营管理者提供决策依据;(2)有助于规范管理者的经营管理活动,使之逐步实现标准化、制度化和科学化;(3)形成一套完整的管理行为考核体系,提高我国企业管理人员的经营管理水平,从而提高企业的国际化竞争能力。管理学家威廉姆森在《治理机制》中指出:"为了有效配置资源,实现利润最大化目标,必须把现代企业制度建立在复杂的管理模式之上,要求形成包括对代理人行为进行评估的规范性制约和激励机制,以了解管理行为的合理性和科学性,以保证代理人行为与委托人目标的一致性,确保企业目标的实现。"威廉姆森所说的"委托人"即企业的投资方,往往以董事会的名义出现;"代理人"即企业的实际经营管理者。现代企业制度中,资本的所有权与经营权产生分离,资本的属性决定了投资方拥有经营管理者的选择权、收益分配权和企业重大事件的决策权,而在这三项权力中最核心的就是选择、考核、延聘或辞退企业的经营管理者。威廉姆森所说的"复杂的管理模式",就包含对管理者管理行为的评价体系。

亚当·斯密早在1776年出版的《国富论》中,首次发表从管理行为角度出发研究提高生产经济效果的论述,将经营管理活动与企业绩效联系在一起,并且指出管理行为对生产效果所产生的直接作用。此后,西方管理学出现了多种流派的多种研究范式,但都注意到管理者的管理行为对企业绩效所产生的重大影响,也就是孔子所说的"其人存,则其政举;其人亡,则其政息"的影响,如泰勒的"科学管理原理"(Scientific Management),法约尔的"一般行政管理理论"(General Administrative Theories),欧文、巴纳德等人的"人力资源方法"(Human Resources Approach),其中包括卡内基、马斯洛等人的"人际关系运动"(Human Relations Movement)。当代管理学家们都强调,要有效地实现现代企业制度,建立客观、公正、科学的管理行为评价机制则势在必行。孔子"未可也""必察焉"的客观、公正态度依然是必须遵循的准则。所不同的是,现代企业的评价机制应该更加具体化、规范化、条理化和科学化。

【复习思考与讨论题】

1."乡人皆好之,未可也"和"乡人皆恶之,未可也"是什么意思?你同意孔子的这一观点吗?为什么?

2.请用生活中的实例说明"有不虞之誉,有求全之毁"。这两种评价方式有何危害?

3.孔子的哪句话说明了调查研究对于客观评价的重要意义?

4. 现代组织对管理者的评价与孔子时代对为政者的评价有何共同和不同之处?

5. 为什么说孔子的论述把评价的客观性和整体性原则发挥到了极致?

6. 现代组织对管理者业绩的评价有哪些主要功能?你认为如何才能有效地实现这些功能?

7. 现代组织应该建立怎样的评价机制,才能确保对管理者管理行为的评价客观公正?

8. 请用现代白话或英语解释本小节的主要概念。

五、勤政、善政、廉政、理想之政

(一) 勤政理念:敬事而信　先之劳之

【主要概念】执事敬;敬事而信;先之劳之;居之无倦;敏于行;敏于事。

【原作论述】

① 居处恭,执事敬,与人忠。虽之夷狄,不可弃也。　　　　《论语·子路》

② 道千乘之国,敬事而信,节用而爱人,使民以时。　　　　《论语·学而》

③ 子路问政。子曰:"先之,劳之。"请益。子曰:"无倦。"　《论语·子路》

④ 子张问政。子曰:"居之无倦,行之以忠。"　　　　　　　《论语·颜渊》

⑤ 君子欲讷于言而敏于行。　　　　　　　　　　　　　　《论语·里仁》

⑥ 君子食无求饱,居无求安,敏于事而慎于言,就有道而正焉,可谓好学也已。

《论语·学而》

【白话释义】

① 处世要谦恭,办事要认真,待人要忠诚。即使到了边远落后地区,这几点也不可背弃。

② 治理拥有兵车千辆(实力较强)的国家,为政要认真敬业,取信于民,节省费用,爱护官吏,在适当的时节征调民力。

③ 子路询问为政之道。孔子说:"为民众树立榜样,与他们一起劳作。"子路请求再多说一点。孔子又说:"要不知疲倦地这样做。"

④ 子张询问为政之道。孔子说:"履职不可懈怠,行事要讲忠信。"

⑤ 君子要说话迟缓,做事敏捷。

⑥ 君子不以饱食、安居为追求的目标,做事敏捷而说话谨慎,接近有道德的人以完善自我,这就算得上好学的了。

【英语译文】

① Be courteous in daily life, dedicated to work and faithful to others. These qualities shouldn't be neglected even though you are living with backward tribes.

② To rule a state of a thousand chariots (a state of considerable size and strength), one should be dedicated, trustworthy and frugal, love virtuous officials and make the masses of people work at proper times.

③ Zilu asked about governance. Confucius said, "Set an example to the people and work hard with them." Zilu asked for more. Confucius said, "Be untiring in doing so."

④ Zizhang asked about governance. Confucius said, "Be untiring in performing your duties and trustworthy in doing things."

⑤ The gentleman prefers to be slow in speech and quick in action.

⑥ The gentleman does not seek comfort in food or housing. He is quick in action and cautious in speech, and strives for self-perfection by learning from virtuous people. Such a man can well be regarded as being fond of learning.

【解读与应用】

本小节所探讨的是勤政问题。孔子的六条论述集中阐明了他关于勤政的三点主张：敬、无倦、敏。"执事敬""敬事而信",孔子在这里所说的"敬",就是我们今天常说的敬业精神、奉献精神,是勤政的思想基础。孔子认为,无论是治理一个"千乘之国"(在春秋时代,"千乘之国"被视为强国,如齐、楚、晋等国),还是到"夷狄"边远落后地区任职,敬事原则都"不可弃",否则,议论政事就是误国的空谈。如果说"敬"是勤政的思想基础,那么"无倦"则是勤政的实际行动。在对子路、子张两位学生的问政回答中,孔子都提到了"无倦"二字,可见他对勤政实际行动的重视。"无倦",意为不知疲倦、兢兢业业地"先之劳之",脚踏实地、坚持不懈地与民众同甘共苦,一起劳作。"先之劳之"有两种解释都讲得通:如果"之"作代词(代民众),此句表示身先士卒为民众做出榜样,然后才能指挥民众劳作;如果"之"虚用无所指,则表示带头树立榜样,与民众一起劳作。由于孔子在后文中又补加了"无倦"二字,第二种解释更为可信。第三个"敏"字点明了勤政行动的效率。"敏于行""敏于事",孔子强调为政者无论推行政令,还是操办政事,都要果断、敏捷、快速,讲求效率,才能取得勤政的良好效果。六条论述构成了一个有关勤政的简明而完整的体系。

孔子本人就是敬业勤政的典范。年少时他曾在鲁国权臣季氏手下当差,职务是委吏,就是管理仓库的小吏。由于孔子勤奋认真,一年下来成绩显著,货物堆放整齐有序,账目清楚,毫无差错。不久,他被提拔到乘田的岗位,成了管理牧场的小吏。结果不到一年,牛羊长得特别肥壮,繁殖率比往年提高了好几倍,从此孔子办事认真的名声流传在外。孔子51岁时被鲁定公任命为中都宰,上任后,实行教化,鼓励农耕,政绩斐然,一年后升任司空,掌管工程,随之再升为大司寇,掌管全国的诉讼司法。当时的鲁国国君大权旁落,国家衰微,由三桓家族季孙氏、孟孙氏、叔孙氏联手把控朝政。为了恢复正常的国家秩序,孔子不计个人安危,辅助鲁定公"堕三都",拆毁了季孙氏、叔孙氏的城邑,结果因触动了贵族的利益而遭到强烈反对,致使"堕三都"的行动搁浅。与此同时,孔子内修政理,商人不敢哄抬物价,各国客商可在鲁国自由经商,市场日渐繁荣,国力逐渐增强。消息传到齐国,齐国统治者害怕鲁国强大,送给鲁定公80名美女和120匹好马,离间孔子与国君的关系。鲁定公中计,耽于享乐,不理政事。在三桓的压力和国君不作为的共同作用下,孔子不得不离开鲁国,开始了14年的流亡生涯。孔子不计利害,一心为公,最终为此付出了沉重的代价,但他那"知其不可为而为之"的博大胸襟,给后人留下了宝贵的精神财富。我们不妨用孔子自己的话来总结他敬业勤政的经历:"其为人也,发愤忘食,乐以忘忧,不知老之将至云尔。"(《论语·述而》)

勤政,是对任何一个时代的任何一位管理者(无论是治理国家的官员,还是管理各级各类组织的责任担当人)的最基本要求。国君不理朝政,轻则大权旁落,重则国家灭亡。组织管理者疏于管理不作为,轻则人心涣散,重则组织解体。"勤政"一词最早出现在成公绥的《贤明颂》,"王用勤政,万国以虔"。勤政,意为恪尽职守,勤于政事,认真负责地为国为民做事。勤政,不仅为各朝各代有所作为的统治者所信奉,同时也受到百姓的称赞。对于现代组织管理者而言,勤政的基本要求是依法行使职权,有效使用职权;以积极认真的态度对待工作,以无倦高效的方式履行职责;不消极懈怠,不推诿拖拉,尽最大可能调动员工的积极性,实现组织目标。马克思在《哥达纲领批判》中说:"一步实际行动胜过一打纲领。"没有实际行动,纲领只是一纸空文。"空谈误国,实干兴邦",这句话传递了相同的意思。现代组织管理者在其位,就必须谋其政,切切实实地任其职而尽其责。正如江曾培所说,要"面对矛盾敢于迎难而上,面对危机敢于挺身而出,面对大是大非敢于亮剑,面对失误敢于承担责任。不尸位素餐,不得过且过,不遇事避重就轻,不碰到问题绕道走,不逃避自身的责任。"(引自2019年8月24日《解放日报》)

孔子强调"执事敬""敬事而信",始终把"敬"字放在第一位,这在今天依然不失为一条普遍的指导原则。勤政必须以敬业为前提。敬业精神(professional dedication)是人们基于对一种职业的热爱而产生的全身心投入的自发追求,它的核心是无私奉献意识。对于管理者而言,敬业精神就是在自己的管理活动领域,树立主人翁的责任感和事业心,追求崇高的职业理想的工作态度。低层次的勤政带有功利目的,迫于压力或追求私利;高层次的勤政是发自内心的敬业,把职业当作事业来对待,因而能自觉做到认真踏实、恪尽职守、精益求精,"先之劳之"而"无倦",追求卓越而"敏于行"。

春秋集团董事长王正华的事迹可看作现代组织管理者勤政的一个范例。1981年春秋旅行社从2平方米的铁皮小亭子起步,到2019年已拥有10 000多名员工,年利润达到16亿元。根据中国民用航空局的评定,春秋航空的安全、准点、服务、执行率均达到全国A级标准,其票价却比整个航空业的平均票价低30%,单机年利润也是全国第一。春秋集团从无到有、从小到大,30多年的发展轨迹和耀眼成就,是王正华无私奉献、敬业勤政的结晶。他在第76届文化讲坛的演讲中,强调了四个要点:(1)不信天赋,只讲用心;(2)不能取巧,终生奋斗;(3)不改初心,奉献社会;(4)不贪天功,天时地利。王正华所讲的"用心""奋斗""奉献""天时地利",正是他几十年敬业勤政的写照。与孔子论述相对照,"奉献"讲的是"敬"字;"用心"和"奋斗"讲的是"无倦"二字;"天时地利"讲的是"敏"字,敏于观察,敏于抓住有利时机,敏于采取果断行动。

敬业勤政的对立面是庸、懒、散。"庸"字,与"中庸"无关,是指平庸、庸碌,意为业务不精、能力不强、不求上进、得过且过;"懒"字,指懒惰、懈怠,意为精神萎靡、好逸恶劳、无所事事,处理事务不作为或慢作为;"散"字,指散漫、松散,意为重权轻责、没有担当、不忠于职守、对自己的行为不加约束。管理者的庸、懒、散现象,是一个组织的病态,其腐蚀性、传染性很强,一旦出现,很容易蔓延,必须及时扼杀。要杜绝庸、懒、散现象,必须从铲除其根源做起,才能对症下药。庸、懒、散现象产生的根源大致有如下几点:(1)机构臃肿,人浮于事。"三个和尚没水吃",人多活少反而没人肯干活。这是组织的结构性问题。(2)职责不清,互相推诿。干多干少一个样,事情还不如推给别的部门了事。这是属于上一级管理者的管理问题。(3)监管不力,放任自流。既无上级的定期督查,也无制度性的群众监督。这是上一级管理者及组织的制度性问题。(4)缺乏理想,精神空虚。组织内没有形成积极向上的文化氛围,管理者缺乏理想信念和道德修养。这是管理者自身及组织的文化创建问题。要根除庸、懒、散现象,创建敬业勤政的氛围,就必须弘扬儒家的勤政思想,解决组织机构的结构性、制度性和文化构建等方面的问题,并加强对管理者的理想信念教育及其自身的道德修养。

【复习思考与讨论题】

1. 关于勤政,孔子提出了哪三点主张?它们之间有什么关系?

2. 哪些史实说明孔子本人称得上敬业勤政的典范?请你介绍一位敬业勤政的熟人的事迹。

3. 为什么说勤政是对任何一个时代的任何一位管理者的最基本要求?现代组织管理者的勤政具体表现在哪些方面?

4. 孔子把"敬"字放在勤政的首要地位有何现实意义?现代组织管理者的敬业精神体现在哪里?

5. 请解释"庸、懒、散"三个字的含义,并说明现代组织中庸、懒、散现象产生的根源。

6. 如何在现代组织中克服庸、懒、散现象,以弘扬敬业勤政的精神?

7. 请用现代白话或英语解释本小节的主要概念。

（二）善政理念：正名　行简　无欲速　无见小利

【主要概念】名不正则言不顺；居敬而行简；无欲速；无见小利。

【原作论述】

① 子路曰："卫君待子而为政，子将奚先？"子曰："必也正名乎。"子路曰："有是哉，子之迂也。奚其正？"子曰："野哉，由也。君子于其所不知，盖阙如也。名不正则言不顺，言不顺则事不成，事不成则礼乐不兴，礼乐不兴则刑罚不中，刑罚不中则民无所措手足。故君子名之必可言也，言之必可行也。君子于其言，无所苟而已矣。"

《论语·子路》

② 仲弓问子桑伯子，子曰："可也，简。"仲弓曰："居敬而行简，以临其民，不亦可乎？居简而行简，无乃大简乎？"子曰："雍之言然。"

《论语·雍也》

③ 子夏为莒父宰，问政。子曰："无欲速，无见小利，欲速则不达，见小利则大事不成。"

《论语·子路》

【白话释义】

① 子路说："如果卫国国君等待您来治理国政，您将先做什么呢？"孔子说："那一定是先辨正名分吧！"子路说："是这样吗？老师您有点迂腐了吧。那名分有什么可辨正的？"孔子说："太粗野了，仲由！君子对于他不了解的事情，从不乱发议论。名分不正，说话就不顺理；说话不顺理，事情就办不成；事情办不成，礼乐制度就不能兴起；礼乐制度不能兴起，刑罚就不会得当；刑罚不得当，老百姓就无所适从。所以，君子每定一个名分，就一定要说出道理来。说出来的道理就一定要切实可行。君子对于自己所说的话是一点都马虎不得的呀！"

② 仲弓问子桑伯子这个人怎么样，孔子说："这个人不错，他办事简单。"仲弓说："如果态度敬业认真，而办事简单，这样来治理百姓，不也可以吗？如果态度马虎只考虑简略，办起事来又追求简略，那不是太过简单了吗？"孔子说："你说得对。"

③ 子夏做了莒父的地方官，问孔子怎样理政。孔子说："不要求快，不要贪求小利。求快反而达不到目的，贪求小利就做不成大事。"

【英语译文】

① Zilu said, "If the duke of the State of Wei should ask you to administer his state, what would you consider the first thing to be done?" Confucius said, "Things should be justifiably named, I am sure." Zilu said, "Is that so? Aren't you a bit pedantic! Why should things be justifiably named?" Confucius said, "How rude you are, Ziyou! A gentleman would be cautious in offering an opinion about anything he does not know. If things are not properly named, what you say about them cannot stand to reason. If what you say cannot stand to reason, nothing can be accomplished. If nothing can be accomplished, rituals and music will not be properly performed. If rituals and music cannot be properly performed, punishment will not be properly meted out. If punishment cannot be properly meted out, the people will not know how to behave properly. Therefore, whenever a gentleman uses a name, there must be a reason for it, and what he says must be workable. A gentleman should never be indiscreet about his words."

② Zhonggong asked about Zisang Bozi. Confucius said, "He is quite alright. His working style is simple." Zhonggong said, "Isn't it a good way of governing the people if a man devotes himself to his work and yet carries it out in a simple style? But isn't he carrying simplicity too far if what he thinks and practices is merely a simple way of doing things?" Confucius said, "What you said is right."

③ Being magistrate of Jufu Town, Zixia asked about governance. Confucius said, "Do not make haste. Do not crave for small gains. Haste does not bring success. Great achievements will not be made if small gains are craved for."

【解读与应用】

本小节探讨善政问题。这里的"善政"不是以善治政的意思,而是善于治政的意思,与上一小节勤于治政相对应,也是对勤于治政的补充。"勤政",贵在乐于苦干;"善政",贵在擅长巧干。只有苦干加巧干,才会产生良好甚至突出的治政效果。孔子有很多善政的理念,本小节重点探讨"名正言顺""居敬行简""无欲速"和"无见小利"四个方面,也就是正名、行简、渐进、致远这四项善政技巧。

在第一条论述中,孔子通过与其学生子路的对话,指出了正名的重要。他运用反证法,罗列了"名不正"可能产生的连锁后果——言不顺、事不成、礼乐不兴、刑罚不中、民无所措手足,从反面论证了正名在治政之初的必要性。孔子所说的"正名"究竟是什么意思,历来多有争议。"正名"可以有两种理解,一种是指语言逻辑上的名副其实,即要使名称与其所指事物相符;另一种是指政治伦理上的辨正名分或名义。多数学者认为,孔子所言主要指后者。孔子对齐景公问政的回答"君君、臣臣、父父、子子"(《论语·颜渊》),也就是强调人人都要搞清自己的名分,安分守己,各司其职,才能稳定社会秩序。春秋时代是一个"礼崩乐坏"、社会极度动荡的时代。当时的社会规范、礼仪名分受到严重破坏,臣弑君、子弑父等违礼之事屡有发生,孔子认为这是治政失败、社会动乱的主要原因之一,所以他在回答子路问政时,发出为政之初"必也正名乎"的感慨。名正才能言顺,言顺才会事成,孔子所说的"正名"对于治政的意义,就在于为一切治政行为,包括确立目标、制定规划、发表政令、建立制度、实施规划,等等,找到合理的依据(名分)或正当的说法(名义)。而正是治政行为的合理性和正当性,才能确保政令畅通,赢得民心。这与新官上任三把火,盲目苦干,无视行动后果的"勤政"相比,显然多了一点"善政"的意识。

在第二条论述中,孔子通过与学生仲弓的对话,含蓄地肯定了第二种善政理念——"简"。孔子只说了一个"简"字,却留下了很大的解读空间。"简",可以表示简练、简要、简明、简朴、简便等含义,涉及说话、行文、办事、为人等方面的风格或方式,其核心意义是"简单"(simplicity),即单纯而不复杂,头绪少而容易理解、使用或处理。仲弓区分了两种"简",即"居敬而行简"(态度敬业认真,而办事简单)和"居简而行简"(态度马虎,办事只追求简略),孔子毫不犹豫地肯定了前者,否定了后者。前者把"简"视为手段,是服务于敬业勤政的巧干方式;后者把"简"看作目的,为"简"而简,是偷懒怕烦、无视效果的治政方式。

孔子在第三条论述中实际上提出了两种善政理念——"无欲速"(不要过分求快)和"无见小利"(不要贪求小利)。孔子的"欲速则不达"教诲,已经成了几千年来妇孺皆知的成语,其理念适用于包括治政理政在内的社会生活的各个领域。"无见小利"中的"小利",不仅指小的物质利益,而且指眼前的优势、长处、有利条件和所取得的初步业绩。"见小利而大事不成"可谓千真万确。"无见小利",不为眼前小利所动,就能做到宁静致远,实现成就大事的高远目标。孔子对其学生子夏的告诫语重心长,对后人的启示良多。

孔子关于"正名"的善政理念对后世的为政者及现代组织管理者有着广泛的影响。三国时代是群雄争斗的时代,曹操、刘备、孙权为了师出有名,纷纷运用智谋,自立"名分",以证明自己兴师征战及后来立国的行为正当合理。曹操是假借"汉天子"的"名分",他深知民心向汉的正统观念,在战乱中把汉献帝救到自己帐下,并将汉都迁到自己的势力中心许昌,"挟天子以令诸侯",后曹丕以"魏承汉统"的名义称帝。刘备打的是血统牌,自称是中山靖王之后,以"刘皇叔"的"名分"匡扶汉室。最缺乏正统"名分"的孙权,只好以"汉室已亡、汉德已衰"的名义与汉朝撇清关系,并煞费苦心地以"帝出乎震"("震"即八卦方位中的震位,处于东方,意思是皇帝当出现于东方)的天命论作为自己称帝的"名分"。可见古代为政者对"名分"非常看重,目的是显示自己的政治主张及治政行为的正当性。

现代组织管理者在做出某项管理决策或在执行决策时,也必须考虑"名分",这个"名分"实际上就是决策的舆论导向。管理者要找到这项决策的充足理由,以证明决策的正当性,才能获得上级组织及本组织员工的拥护和支持,也才能获得其他利益相关人及社会大众的认可。说得更直白一点,就是管理者每打出一个旗号,每出台一项举措,都必须说出合法、合理、合情的道理来。孔子最后告诫子路的话"名之必可言也,言之必可行也",值得现代组织管理者借鉴并记取。此话的意思是:每确定一个名分,一定要说出道理来,说出来的道理,一定要切实可行。孔子认为,"正名"是否有效,"可言"和"可行"是必要条件:名不可言,再好的名分也是白定;言不可行,再好的道理也是白说。在现代管理实践中,有些管理者以"正名"为由,滥用名分,故意歪曲孔子的教诲,混淆视听。有一位公司的总裁对员工说:"我是总裁,我的话就是绝对命令,你们人人都得服从!"这就是滥用名分、歪曲孔子教诲的实例。总裁有了最高管理者的名分,在多数情况下,员工是愿意也应该听从他的话的,但说他的话就是绝对命令,就越过了正常的"度",言之不顺了,这与古代被广泛质疑的"朕即法"如出一辙,同样荒谬。此例说明,名正并不一定言顺。孔子关于"正名"的论述,是用连环否定句式表达的,"名不正则言不顺,言不顺则事不成……",这句话千真万确。但如果改用肯定句式表达,"名正则言顺,言顺则事成",就有逻辑上的不周延之虞,这句话就不一定正确。只能说"名正未必都言顺,言顺未必都事成",要做到"名正而言顺,言顺而事成",还得牢记孔子的告诫:名之必可言也,言之必可行也。滥用名分,其结果往往与愿望相反,只能是威信的降低甚至丧失。有人说,"有名分做事,事半功倍,有名分做人,人心所向;没名分做事,举步维艰,没名分做人,人微言轻。"这句话粗听不无道理,但仔细推敲一下,后半句完全正确,前半句也许只说对了一半。

孔子在两千多年前就有关于"行简"的善政理念,令人敬佩。尽管人们都明白,"复杂的事情简单办"要比"简单的事情复杂办"好得多,但在现代组织的管理中,"简单的事情复杂办"的现象却司空见惯:机构庞杂、条文繁多、程序复杂、手续烦琐、规则冗杂……有些管理者认为,现代组织面临的挑战多,各种利害冲突大,出现的问题难,需要复杂的治理机构和复杂的治理方法来应对,但事实并非如此。"行简",历来是高效的治政方式和各个领域的办事方式,科学家把深奥的科学原理简化为公式,地理学家把复杂的地域分布简化为地图,各类机构把自身的运作特征简化为标识,交通管理部门把复杂的交通规则简化为红绿灯,教师爱深入浅出地讲授各种知识,等等。当年刘邦率军攻入秦都咸阳之时,为了争取民心,便以废除秦朝苛法为号召,与关中父老约法三章:"杀人者死,伤人及盗抵罪。"与秦朝数以万计的烦琐法律条文相比,刘邦的十字法令简单得不值一提。但是,正是由于如此简明,法令才极易为普通士兵和百姓所搞懂并执行。百姓们听了,都热烈拥护,纷纷取了牛羊酒食来慰劳刘邦的军队。由于坚决执行约法三章,刘邦得到了百姓的信任、拥护和支持,最后取得天下,建立了西汉王朝。约法三章的区区十字法令,却能稳定改朝换代期间混乱的社会秩序,足以说明"行简"治政的巨大威力。然而,偏偏有不少现代组织管理者却爱上了复杂,也许他们认为不复杂不足以显示自己的作用和能耐。他们把管理程序设计得尽可能的庞杂,把规则条款制定得尽可能的烦琐,当组织取得了一些发展和成就时,把业绩总结得尽可能的面面俱到而光彩炫目,似乎从复杂中找到了自己作为管理者的存在价值。有的人写报告洋洋洒洒,讲话滔滔不绝,安排事务层层叠叠,这固然也是一种令人羡慕的能力,但如果他们愿把时间和精力放在尽可能化繁为简的斟酌功夫上,也许会取得类似刘邦"约法三章"那样的惊人效果。孟子说,"道在迩而求诸远,事在易而求诸难"。意思是说,本来很近的路,却偏偏要跑老远去找;本来很容易的事,却偏偏要往难处去做。在孟子看来,无论是舍近求远,还是舍易求难,都没有必要,都是糊涂行为。事实证明,复杂的管理方式必然效率低下,是为员工所厌恶的、"吃力不讨好"的管理方式。当然,任何事物都有一个不可任意超越的"度",否则便会走向反面。"行简"固然好,但也不能太过简单。正如孔子的学生仲弓所说,"居简而行简",把"简"纯粹看作目的,为"简"而简,实施偷工减料、马虎塞责式的简政,也不可能获得理想的管理效果。

孔子对即将从政的学生子夏的劝勉"无欲速",强调的是治政要循序渐进、按部就班,不能迫不及待、急于求成。"欲速则不达"的告诫,对于现代组织管理者依然有警示作用。管理者决策办事,都需要经过详细周密的一番思考,将一切都部署妥当并形成计划后,才能付诸行动,这是办事的合理程序,也是成功的前提条件。管理不从实际出发,一味图快,忽视细节,反而达不到目的。一颗螺丝钉出问题,有可能导致宇宙飞船失灵;一块接线板短路,或许会酿成冲天大火。有些东西被省略或一带而过,很可能会留下后患及瑕疵,这些问题积少成多,就会导致全盘皆输的后果。当代社会经济、科技飞速发展,信息海量,管理者(尤其是研发部门的管理者)适当加快管理节奏以提高工作效率是必要的,但不能因此而心浮气躁、拔苗助长,仍然应该遵从规律,稳步前进。为避免"欲速而不达"的后果,不妨通过下面几点来监督:(1)做事之前要做好详细的考察和周密的准备,力求掌握大量与实现目标相关的资料;(2)在认真加工、处理已掌握的资料的基础上,分析并获取所需要的财力、人力及技术资源;(3)预想可能出现的突发情况或变故,并做好应急方案。

孔子对子夏的第二条劝勉"无见小利",同样值得现代管理者借鉴。两条劝勉互相关联,也互相补充:"无欲速"反对的是急于求成,"无见小利"反对的则是急功近利;"无欲速"强调的是循序渐进,"无见小利"强调的则是志存高远。法国学者拉罗什福科在《道德箴言录》中说:"那些太专注于小事的人通常会变得对大事无能。"任何企业如果稍有小利便志得意满,目光短浅,甚至"打一枪就走",不讲诚信,就永远不可能做大做强。一些超大型企业几乎都因为目标高远,放眼世界,立足于为全人类服务,才能成就大业。华为致力于"把数字世界带入每个人、每个家庭、每个组织,构建万物互联的智能世界",是志存高远的一个范例。

【复习思考与讨论题】

1."名不正则言不顺,言不顺则事不成"与"名正则言顺,言顺则事成",这两种判断都正确吗?为什么?请举例说明。

2."居敬而行简"与"居简而行简"有什么本质的不同?

3.刘邦的"约法三章"好在哪里?起到了什么作用?请用实例说明"行简"管理的

好处。

4. "无欲速"是什么意思？现代组织的管理中应如何在提高效率的同时避免"欲速而不达"的后果？

5. "无见小利"中的"小利"有哪两层意义？孔子的这条劝勉对现代组织的管理有什么启示？为什么说"无欲速"和"无见小利"是互补的？

6. 你觉得孔子关于善政的上述四条论述中哪一条最具有现实意义？说说你的理由。

7. 请用现代白话或英语解释本小节的主要概念。

（三）廉政理念：戒之在得　见得思义　廉平

【主要概念】戒之在得；见得思义；如不可求,从吾所好；吏不廉平,则治道衰。

【原作论述】

① 君子有三戒,少之时,血气未定,戒之在色;及其壮也,血气方刚,戒之在斗;及其老也,血气既衰,戒之在得。　　　　　　　　　　　　　　　　《论语·季氏》

② 君子有九思,视思明,听思聪,色思温,貌思恭,言思忠,事思敬,疑思问,忿思难,见得思义。　　　　　　　　　　　　　　　　　　　　　　　《论语·季氏》

③ 富与贵,是人之所欲也;不以其道得之,不处也。贫与贱,是人之所恶也;不以其道得之,不去也。君子去仁,恶乎成名？君子无终食之间违仁,造次必于是,颠沛必于是。　　　　　　　　　　　　　　　　　　　　　　　　　　　　《论语·里仁》

④ 富而可求也,虽执鞭之士,吾亦为之。如不可求,从吾所好。　　《论语·述而》

【白话释义】

① 君子要警戒三种事,年轻时血气尚未稳定,要警戒迷恋女色;壮年时血气正旺,要警戒争强好胜;老年时血气衰弱,要警戒贪得无厌。

② 君子要认真考虑九种事,看的时候要考虑是否看明白了,听的时候要考虑是否听清楚了,神情要考虑是否温和,容貌要考虑是否恭谨,言语要考虑是否诚实,处事要考虑是否谨慎,有疑难时要考虑是否向人求教,愤怒时要考虑是否有后患,看到有所得要考虑是否合乎道义。

③ 财富与尊荣,是人们所向往的;手段不合道义,即使得到也不应该接受。贫穷与卑贱,是人们所厌恶的;但一旦轮上,就不可用不合道义的手段摆脱。如果君子没有仁德,他怎么可能成名？君子片刻(即便一顿饭时间)都不能离开仁德,紧迫匆忙时如此,颠沛流离时也是如此。

④ 财富若能求得,即使是执鞭守卫这样(卑微)的差事,我也会去做。如果不能求得,还是做我喜好的事。

【英语译文】

① A gentleman should guard against three things. When his vigor is not robust enough in youth, he should guard against lust. When he is full of vigor in his prime, he should guard against contentiousness. When his vigor is on the decline, he should guard against greed.

② A gentleman should give careful consideration to nine things. Does he see clearly when looking at something? Does he hear distinctly when listening to something? Does he have an agreeable countenance? Does he look respectful in his demeanor? Does he perform his duties earnestly? Does he seek advice from others when in doubt? Does he think of the consequences when expressing anger? Does he think of righteousness in face of gain?

③ Wealth and honor are what men desire, but they should be rejected unless righteously obtained. Poverty and humbleness are what men detest, but they should be endured unless righteously removed. How can a true gentleman be worthy of his name if he discards moral integrity? He should never depart from it, not for a single moment, whether in haste or in peril.

④ If wealth can be attained, I wouldn't mind taking up the position as a whip-holding guard for the marketplace. But if wealth cannot be attained, I would do what I like.

【解读与应用】

本小节探讨"廉政"问题。实际上我们在本章"从政的条件"小节中所提到的"欲而不贪"美德，以及在"儒家的义利观"小节中所提到的"义利相济义为上"原则，都与"廉政"相关，但这一小节把"廉政"问题单独提出来集中探讨，是为了把"廉政"与"勤政""善政"相对照，并显示三者之间互相补充、互相依存的内在联系。"廉政"是"勤政"和"善政"的基础和前提，没有"廉政"，"勤政"和"善政"将失去其全部意义，甚至可以说，没有"廉政"，越是"勤政"和"善政"，则越是糟糕。中国历史上的著名贤君汉宣帝曾在他的诏书中写道，"吏不廉平，则治道衰"，官吏们如不能廉洁自律，国家就不能长治久安。意思是说，官吏廉政与否，直接影响到民心的向背、国家的治理和政权的巩固。

"廉"字，通常与廉洁、清廉、廉明、清白联系在一起。我国最早的一部百科词典《广雅》释义："廉，清也。""廉"字，作为动词，是收敛、自制、自我约束的意思；作为形容词，是自律的、正直的、清白的、不贪不奢的意思。"廉洁"，在《辞源》中解释为"公正，不贪污"，在《辞海》中解释为"清廉，清白"。因而，"廉政"，意即正直清白的治政行为，是与贪污腐败直接对立的治政现象。"廉政"一词，最早出现在《晏子春秋》："廉政而长久，其行何也？……其行水也。美哉水乎清清，其浊无雾途，其清无不洒除，是以长久也。"

其大意是：廉洁正直的人治政能长久，是因为他们的品行就像清清的流水那样美好。水污浊的时候可把什么都弄脏，而在清澈的时候却能洗净一切。

这一小节所列的孔子论述，几乎都是围绕"得"字而展开："戒之在得""见得思义"和"不以其道得之，不处也"等。最后一条"如不可求，从吾所好"，虽然用的是"求"（求得）字，实际也与"得"字相关。所谓"得"，是指取得、获得或求得名誉、地位、物质利益等，也即孔子所说的"富与贵"（财富与尊荣）。尽管孔子当年的论述未必都是直接针对为政者而言，但为政者却可从中获得有益的启示。治政清廉与否，取决于"得"的方式与渠道是否像《晏子春秋》所说的流水那样清澈或污浊。如果治政清澈如水而"无不洒除"，便可"长久也"。因而，有关"得"的阐述，与探讨廉政问题密切相关。

孔子有关"得"的阐述，出现在君子的"三戒"和"九思"之中，可见在孔子看来，"得"是值得人人（尤其是为政者）警惕和认真思考的事项。"戒之在得"，把"得"归入三戒之列，警戒人们不能贪得无厌，随心所欲地"得"利，要抗拒利的诱惑，保持清白。"见得思义"，把"得"归入九思之列，劝诫人们在面对利的诱惑时要认真思考，舍利取义，而不能见利忘义。这里的"义"，指"得"的正当性和合理性。"不以其道得之，不处也"，意为即使得到财富与尊荣，如果"得"的方式或途径不合道义，也不应该接受。这条论述劝导人们要把是否合乎道义视为判断"得"的正当性和合理性的唯一标准。孔子曾说，"不义而富且贵，于我如浮云"，他本人就是恪守这条标准的典范。"如不可求，从吾所好"，孔子强调，如果财富不可求得（暗指不义之财），则宁可洁身自好，做自己所爱好的正当之事，以保持自身的清白。

现代组织管理者要做到廉洁奉公，也必须牢记孔子的"义"和"道"二字，努力实践孔子的"戒"和"思"二字，严格管住一个"得"字。换句话说，现代组织管理者要始终以道义（正当与合理）为行动准则，在面对财富与尊荣等利益的诱惑时，时刻警戒自己要懂得缩手，认真而谨慎地思考自己为人处世的大原则及处理具体事务的可能后果，一丝不苟地严格把关，把不义之物拒之门外，永远保持自己清正廉洁的作风。新希望集团是中国农业产业化国家级重点龙头企业、中国最大的农牧企业之一，是中国农牧业企业的领军者。该企业坚持"客户为本，市场导向"的经营宗旨，取得了快速发展。企业管理者严格遵循廉政之道，将"智慧城乡的耕耘者，美好生活的创造者"作为公司愿景，为农村和城市的智慧化做贡献。集团董事长刘永好说："做商人应该合法合规，不要做不该做的事。守住廉洁底线，不光是时代赋予企业家的职责使命，也是实现企业健康发展的必然要求，是基业长青的可靠保证。"

现代组织，尤其是现代企业，要实现廉政，固然要靠管理者本人常"戒"勤"思"，坚守道义，通过自律自制的道德修炼守住清廉的底线。但是，任何人在一定的条件下都可能产生贪欲的倾向，一步不慎便有可能跌入腐败的深渊。现代组织，尤其是现代企业，要真正实现持久廉政，就必须构建不敢腐、不能腐、不想腐的组织机制。"制度好可以使坏人无法任意横行,制度不好可以使好人无法充分做好事,甚至会走向反面"(《邓小平文选》),实际上,当前的腐败主要是制度性腐败,腐败现象的产生主要根源于制度缺陷,即市场经济转型期的制度缺陷。要使管理者"不敢腐",严厉的惩罚制度必不可少。必须加大正风肃纪的力度,以"零容忍"的态度惩治腐败,使敢于违纪贪腐的人付出沉重代价,从而心生戒惧,不敢贪腐。要使管理者"不能腐",就必须健全组织内部的财务制度、监督制度、巡查制度、举报制度等制度体系,把篱笆扎紧,从而铲除腐败的土壤,使人无法贪腐。要使管理者"不想腐",除了上面提到的管理者的自律自制以外,必须加强组织文化建设,强化理想信念与"慎独""知耻"意识,创建以清廉、奉献为荣的氛围,牢固树立正确的世界观、人生观、价值观,最终形成无人想贪腐的局面。

显然,孔子的教诲"戒之在得""见得思义"和"不以其道得之,不处也"等,对于形成"不想腐"的局面具有重大意义。应该说,"不想腐",是上述"三不"机制中最具根本性的、也是最难做到的一条。真正解决了"不想腐"问题,"不敢腐"与"不能腐"的机制也就失去了存在的必要。这是孔子思想的伟大之处,而恰恰也是其局限性的一面。尽管孔子也提到了"戒"字,但他所强调的是当事人的自戒、警戒,或他人的劝诫、告诫,而不是惩戒、刑戒的意思,因而他所说的"戒"是一种主观努力,不具备客观的强制性和威慑性,没有法制的威力。正因为"不想腐"是"三不"机制中最具根本性的、但也是最难做到的一条,就需要有带强制性和威慑性的制度来保证"不敢腐"与"不能腐",从而真正实现现代组织的廉政管理。

孔子关于"得"字的阐述比较全面、深刻且清晰,但他没有提到其对应的一面,即"送"字。孔子在与其从政学生子游的对话中,曾经提到"有澹台灭明者,行不由径,非公事,未尝至于偃之室也",其中隐含着清正的为政者不屑于登门送礼类丑行的意思,但他没有明说,也没有深入阐发。现代组织管理者的腐败现象不仅体现在不该"得"上,而且也体现在不该"送"上,这也是社会转型期的一个特点,是不当的政商关系的一种表现。政商之间,在一定程度上存在"没有行贿,就没有受贿"的必然关系。有些企业管理者为了拿资金、拿项目,不惜通过一切资源找关系,甚至搞权钱交易。企业管理者的"送"与官员的"得"共同形成了新时期的腐败现象,危害着政府和各级各类组织的廉政建设。从总体上看,我国的行政管理体制还存在着与社会经济发展不相适应之处。政府对市场干预的适度性研究、权力制约及监督机制的完善等,都将有利于遏制腐败现象的泛滥。这是国家层面的制度改革问题,本书不作深入探讨。但就目前国家对腐败现象采取高压态势,并取得明显效果的情况下,探讨一下新时期的政商关系,对促进企业的廉政建设会有一定的作用。我们不妨采用习近平所说的"亲""清"二字来概括新型政商关系的特点。"亲",表示亲近、理解,互相熟悉,政府熟悉企业的特点与优势,企业熟悉政府的规划和政策;"清",表示清澈、透明、正当,不搞权钱交易。对于企业来说,"亲",应该亲近事务,而不是亲近某一特定的官员。企业要与政府建立密切关系但应保持适当距离,在"亲"的基础上选择当地迫切需求的产业项目,并在"清"的前提下争取政府的支持和政策倾斜。政商关系在市场经济和社会治理中长期存在,而构建合法的、清澈的政商关系,应成为企业的长远策略。在政商关系的转型期,企业管理者的选择,将会深远地影响企业的未来。以下几点可供企业管理者参考:(1)变企业个体行动为行业行动,重视商会作用,减少单个企业与政府对话的成本和风险;(2)变企业管理者个人与个体官员的私人关系为企业法人与政府之间的公共关系;(3)专注发展企业的核心竞争力,确立企业的成功要靠市场、科技、创新和管理,而不是靠关系的理念;(4)企业管理者根据自己对于社会现状、法律、风俗、道德等的综合判断,严格设定企业及个人的行为底线,绝不触碰纪律红线。总之,企业要做大做强,绝不能靠行贿,不行贿应该是企业必须守住的最基本的底线。

【复习思考与讨论题】
1. 请举例说明廉政与勤政、善政的关系。
2. 孔子所说的"得"是什么意思?他认为怎样的"得"才是正当合理的?你能记得孔子的哪几条关于"得"的论述?
3. 现代组织管理者要做到廉政,必须记住孔子教诲中的哪几个字?孔子的关于"得"的教诲对于现代组织的廉政建设有何借鉴意义?
4. 现代组织应如何构建不敢腐、不能腐、不想腐的组织机制?
5. 孔子的教诲"戒之在得""见得思义"和"不以其道得之,不处也"等有何伟大之处和局限性?如何弥补孔子教诲的局限性所造成的不足?
6. 我国的企业应如何在社会的转型期与政府建立健康的政商关系?
7. 请用现代白话或英语解释本小节的主要概念。

(四) 理想之政与崇高伟人:大道　大同　其生也荣　其死也哀

【主要概念】大道之行也,天下为公;其生也荣,其死也哀;仰之弥高,钻之弥坚。

【原作论述】

① 昔者仲尼与于蜡宾,事毕,出游于观之上,喟然而叹。仲尼之叹,盖叹鲁也。言偃在侧曰:"君子何叹?"孔子曰:"大道之行也,与三代之英,丘未之逮也,而有志焉。大道之行也,天下为公。选贤与能,讲信修睦,故人不独亲其亲,不独子其子,使老有所终,壮有所用,幼有所长,矜寡孤独废疾者,皆有所养,男有分,女有归。货,恶其弃于地也,不必藏于己;力,恶其不出于身也,不必为己。是故谋闭而不兴,盗窃乱贼而不作,故外户而不闭,是谓大同。"

《礼记·礼运》

② 叔孙武叔毁仲尼。子贡曰:"无以为也!仲尼不可毁也。他人之贤者,丘陵也,犹可逾也;仲尼,日月也,无得而逾焉。人虽欲自绝,其何伤于日月乎?多见其不知量

也。"

《论语·子张》

③陈子禽谓子贡曰:"子为恭也,仲尼岂贤于子乎?"子贡曰:"君子一言以为知,一言以为不知,言不可不慎也。夫子之不可及也,犹天之不可阶而升也。夫子之得邦家者,所谓立之斯立,道之斯行,绥之斯来,动之斯和。其生也荣,其死也哀,如之何其可及也。"

《论语·子张》

④颜渊喟然叹曰:"仰之弥高,钻之弥坚,瞻之在前,忽焉在后。夫子循循然善诱人,博我以文,约我以礼。欲罢不能。既竭吾才,如有所立卓尔,虽欲从之,末由也已。"

《论语·子罕》

【白话释义】

①以前孔子曾作为助祭者参加过鲁国的年终祭典,仪式结束后到宗庙外的楼上歇息,长长地叹了一口气。孔子之叹,是为鲁国而叹!言偃(即子游)在旁边问:"先生,您为何感叹呢?"孔子说:"大道实行的时代和夏、商、周三代英主当政的时代,我都没有赶上,可是我对那时的社会心生向往,并有志于此。大道实行的时代,天下是属于公众的。(那个时代)选拔道德高尚的人,推举有才能的人,讲求诚信,建立和睦的人际关系。因此人们不只是孝敬自己的父母,不只是疼爱自己的子女,而是使老年人得到善终,青壮年人充分施展其才能,少年儿童有成长的良好条件。鳏夫、寡妇、孤老、残疾者,都有供养他们的措施。男人有职分,女人有夫家。人们厌恶随便抛弃财物,但不一定把财物藏在自己家里。人们厌恶不肯出力,但出力不一定是为了自己。因此,奸诈之心不会产生,盗窃、捣乱和害人的事情不会出现,外出不必关门。这是高度和谐太平的局面。"

②叔孙武叔诋毁仲尼。子贡说:"这样做是徒劳!仲尼是诋毁不了的。别人的贤能,好像丘陵,还是可以超越的;仲尼,就像太阳和月亮,是无法超越的。一个人即使是要自绝于太阳和月亮,对太阳月亮又有什么损害呢?只不过显示他不自量力罢了。"

③陈子禽对子贡说:"您对仲尼太谦恭了吧,他难道真的比您更贤明?"子贡说:"君子说一句话,可以表现出他的有知,也可以由一句话表现出他的无知,所以说话不可不谨慎呀。先生的高不可及,犹如青天不可能用梯子爬上去一样。先生如果能掌握治理一国或一家的权力,那就会像人们说的那样,教导百姓自立,百姓就会自立;要引导百姓向哪走,百姓就会跟着走;要安抚百姓,四方人士就会前来投奔;动员百姓,百姓就会齐心协力。他活着,人们倍感荣耀;他逝世,人们不胜悲哀。这样的人怎么可能企及呢?"

④颜渊感叹道:"先生的学识,越抬头看,越觉得高;越用力钻研,越觉得深。看看似乎在前面,忽然又到后面去了。先生善于有步骤地诱导我,用各种知识来丰富我的心灵,又用礼仪来约束我的行为,使我想停止学习都不可能。我已竭尽全力,似有所

得，可仍然感到它高峻卓绝，要想继续向前迈进，又不知如何着手了。"

【英语译文】

① Once, Confucius took part in the annual sacrificial rites of the State of Lu. After the ceremony was finished, he went to the gate tower of the temple for a visit. There he gave a sigh, a deep sigh indeed for the State of Lu. Yan Yan, who accompanied him, asked, "Why do you sigh, Sir?" Confucius said, "I missed the times when the Great Principle prevailed and the outstanding rulers of the Xia, Shang and Zhou Dynasties ruled the country, but I yearn for the situation then and look forward to it. When the Great Principle prevailed, the world belonged to the public. The virtuous and talented people were selected and promoted to the positions of governance. Mutual trust and fraternity were cultivated. All elderly people and children were treated caringly as family members. The aged spent their remaining years in happiness. The adults had proper jobs. The young grow healthily. Widowers, widows, orphans, the childless, the sick and the handicapped were all well taken care of. Men and women all took their appropriate places. Natural resources were fully used not for selfish ends. People made great efforts not for the private gain. Thus evil scheming never arose, and crimes such as theft, robbery, riots and deception did not happen. So the doors did not have to be shut when the owners of the houses went out. This might be called 'the Realm of Great Harmony'."

② Shusun Wushu vilified Confucius. Zigong said, "It's done in vain. Confucius cannot possibly be vilified. Other virtuous men are like hills which can be surmounted. Confucius is like the sun and the moon, which can never be surmounted. Although someone might wish to cut himself off from the sun and the moon, that could not in the least detract from their loftiness. It would only serve to show that he did not know his own capacity."

③ Chen Ziqin said to Zigong, "You are being too modest. Do you really think that Confucius is superior to you?" Zigong said to him, "A gentleman can be judged to be knowledgeable or ignorant by his single utterance. That's why one must be careful about what he says. My master cannot be equaled just as the sky cannot be reached by climbing a ladder. If my master were in the position as head of a state or a noble family, he would be able, as described, to make the people stand up as he wished, follow him when he led the way, turn to him when he granted peace to them, and work in harmony when he motivated them. My master attained great honor when he lived and was bitterly lamented when he died. How can he be equaled?"

④ Yan Yuan said with a deep sigh, "The more I look up to my master's teachings, the more lofty they are. The more I delve into them, the more profound they become. They appear to be right before me, but suddenly they emerge behind. My master led me forward step by step, broadened my mind with learning and restrained me with the rites. I could not give up my studies even if I wanted to. Having exerted all my efforts, I seem to have made some progress. But to aim at a higher goal, I am quite at a loss what to do next."

【解读与应用】

本小节前半部分探讨孔子心目中的理想之政。这段对话选自《礼记·礼运》篇首，由于其中载有孔子关于大同世界和小康社会的感叹，引起世人的极大兴趣，被冠名为"礼运·大同篇"。有人推测是战国末年或秦汉之际儒家学者托名孔子答问的著作，也有人考证是孔子的学生子游所作。

从上下文看，孔子所说的"大道之行"的时代是指夏朝之前的上古时期，也就是从炎黄到尧舜的所谓"三皇五帝"时期，那时的社会属于氏族部落性质的原始公有制社会，孔子将其理想化地描述为"大同"社会。紧接着，孔子在下文中又描述了"小康"社会，并明确地指出"小康"是夏禹、商汤、周文王、周武王、周成王、周公"三代之英"为政时的社会。本小节只引录了孔子关于"大同"的论述，而省略了关于"小康"的部分，因为"大同"是孔子所向往、追求的理想之政，与本小节探讨的主题有关。

"大道"和"大同"，是孔子这段论述中最重要、也是最难翻译的两个概念。"道"，在儒家理论中大体兼有两种意思，一种表示法则、规律、道德、理性等抽象概念，另一种表示道路、途径、方法、策略等具体概念。因而，"大道"则兼有"重大法则"与"光明大道"两层意义。翻译成英语时很难找到对应词语，只能取其一义而舍其另一义。有人译为the Great Principle，也有人译为the Great Way，本书采用前者。"大同"，是孔子所描绘的理想境界，"大同世界"则被译为the Realm of Great Harmony/Unity、the World of Consummation、an Ideal World、a Perfect Society 等，本书采用 the Realm of Great Harmony 这一译名。

我们可从以下几个方面来理解作为理想之政的"大同"的内涵：(1)就社会制度而言，"大同"之政全面实行公有制，即所谓"天下为公"，而不是"一家之天下"，破除"各亲其亲、各子其子"的私有思想。(2)就施政原则而言，"大同"之政实行"选贤与能，讲信修睦"的原则，即选拔、推举道德高尚和才干超群的人从事管理，讲求诚信，建立和睦的人际关系。(3)就社会建设而言，"大同"之政强调各得其所，人人安居乐业，"使老有所终，壮有所用，幼有所长，矜寡孤独废疾者，皆有所养，男有分，女有归"。(4)就精神文明建设而言，"大同"之政重视培养团结友爱、克己奉公的精神，树立遵纪守法、路不拾遗的社会风气。"人不独亲其亲，不独子其子"，人们不只是孝敬自己的父母，不只是疼爱自己的子女，而是像家人一样对待所有的长者和孩子。"货，恶其弃于地也，不必藏于己；力，恶其不出于身也，不必为己"，人们珍惜财物，但不把财物藏在自己家里；人们肯出力流汗，但出力不是为了自己。"谋闭而不兴，盗窃乱贼而不作，故外户而不闭"，人们奸诈之心不会产生，盗窃、捣乱和害人的事情不会出现，外出不必关门，精神文明高度发达。

孔子生活在礼崩乐坏的春秋时代，那个时代战祸四起，田园荒芜，生灵涂炭，他的居住国鲁国内政腐朽，外患频仍。作为一位品行特别高尚、志向格外幽远的人，孔子内心充满着忧国救世的情怀。面对鲁国的衰败景象，他从亲身经历的体悟中生发出旷古的动人感叹。我们不必十分认真地以为孔子一心向往的"大同"社会是历史的真实，宁可把它看作是一种"桃花源"式的理想境界。孔子精心构思的"大同"理想之政，为后人描绘了一个民族理想中的社会图案，后世有所作为的为政者从中获得很多启迪。孙中山先生曾在题为《三民主义》的著名演说中，谈到"真正的三民主义就是孔子所希望之大同世界"，并将孔子名言"天下为公"作为自己一生的行事准则。孔子所说的"大同"，固然是一种宏观的境界，一种整体的社会形态，但其所表达的施政原则及治理理念，依然对现代组织管理者富有启示意义。如"选贤与能，讲信修睦"的施政原则，仍然可作为现代组织在选拔人才、诚信经营、内部人事管理等方面的指导原则；"货，恶其弃于地也，不必藏于己；力，恶其不出于身也，不必为己"所倡导的珍惜资源、克己奉公的精神，仍然能在现代组织的文化建设中发挥作用；"谋闭而不兴，盗窃乱贼而不作，故外户而不闭"，仍然是现代组织德法兼治的管理手段应努力实现的目标。

本小节的后半部分引录了孔子最优秀的两位学生对他的评价。这些评价既可作为本小节的总结，又可作为全书儒家思想部分的收尾。孔子所展示的以和平、安定、友爱、平等为特征的"大同"理想，使人读了无限向往。人们不禁惊叹，孔子何以有如此崇高的思想和博大的胸怀，竟能在两千多年前就为人类勾画出如此绚丽的社会图景？读一下孔子的学生对他的评价，也许能帮助人们找到问题的答案。

先了解一下两位学生的概况，再看他们对老师的评价，就更能理解为何孔子在人们心目中享有崇高的地位。其中一位学生名为端木赐，字子贡，孔门十哲之一，被孔子称为"瑚琏之器"（可以担当大任的栋梁之材）。子贡是孔子学生中不可多得的通才，而且各项才能都能发挥到极致：他是杰出的政治家，曾官拜鲁、卫两国之相（最高官职）；他是出色的外交家，每次出使，都能斩获硕果，所谓"子贡一出，存鲁、乱齐、破吴、强晋而霸越"；他善于经商，"富至千金"，为孔子弟子中首富，被后世商界誉为中国历史上第一位成功的儒商……子贡如此优秀，以至于被当时的人认为"贤于其师"（贤能超过他的老师)。鲁国重臣叔孙武叔甚至公开地说"子贡贤于仲尼"。面对世人对自己的赞扬,子贡有着清醒的自知之明,对心爱的老师抱着无限的崇敬之情。听到叔孙武叔贬损孔子,子贡非常气愤,斥责他不自量力,并说:"他人之贤者,丘陵也,犹可逾也。仲尼,日月也,无得而逾焉。"子贡认为,别人的贤能不过像丘陵,是可以超越的,而他的老师就像太阳和月亮,是无法超越的。当好友陈子禽也暗示自己的贤能超过孔子时,子贡耐心解释道,"夫子之不可及也,犹天之不可阶而升也",认为老师的高不可及,犹如青天不可能用梯子爬上去一样。子贡还做了假设,如果老师能被委以治国重任,则将受到百姓的真心拥戴,政事不令而行,民众齐心协力,"所谓立之斯立,道之斯行,绥之斯来,动之斯和"。子贡断言,老师"其生也荣,其死也哀",这样的人怎么可能企及呢?

另一位学生名为颜回,字子渊,也称颜渊,其为人谦逊好学,以德行著称,被列为孔门七十二贤之首。颜渊与子贡不同,一生贫苦,从未当官,而且不幸早逝(40岁去世),但却是孔子称赞得最多的学生,被后世尊为"先师""兖国公",并封为"复圣",陪祭于孔庙。孔子在《雍也》中所说"一箪食,一瓢饮,在陋巷,人不堪其忧,回也不改其乐",就是指颜渊。子贡也称赞"回也闻一以知十,赐也闻一以知二",认为颜渊比他高明。而颜渊对老师尊崇有加,认为老师的学识"仰之弥高,钻之弥坚,瞻之在前,忽焉在后",越抬头看,越觉得高,越用力钻研,越觉得深,看着似乎在前面,忽然又到后面去了。颜渊把自己获得的知识归因于"夫子循循然善诱人"与自己"竭吾才"的结果,但即便如此,仍然感到孔子的学识高峻卓绝,"遂欲从之,末由也已",要想继续向前迈进,又不知如何着手了。

子贡与颜渊,都是出类拔萃的高人,但他们对孔子的尊敬和仰慕达到了崇拜的程度,真可谓高人赞伟人,更见伟人高。难怪司马迁在《史记》中引用《诗经》语"高山仰止,景行行止"来赞美孔子,并说"天下君王至于贤人众矣,当时则荣,没则已焉。孔子布衣,传十余世,学者宗之。自天子王侯,中国言六艺者折中于夫子,可谓至圣矣"。其大意是:天底下的帝王以至于贤能的人很多,都是生前显赫一时,死后就渐渐被世人遗忘。唯独孔子,虽是个平民,传世十几代,学者却仍然尊崇他,从天子王侯,到全国研究六经的人,都以他的学说作为准则,孔子真算得上是"至圣"了。

【复习思考与讨论题】

1. "大道"与"大同"这两个概念如何理解?你觉得怎样译成英语更准确?
2. 作为理想之政的"大同"有哪些内涵?
3. 孔子的"大同"思想所蕴含的施政原则及治理理念对现代组织的管理有什么启示意义?
4. 子贡有哪些杰出之处?他如何回应他人说他"贤于其师"的高度赞扬?
5. 颜渊与子贡有什么不同?他是如何评价孔子的?

6. 通过本章的学习,你对孔子的印象如何?你是否认同司马迁对孔子的评价?
7. 请用现代白话或英语解释本小节的主要概念。

六、章后语

以上我们从德治、民本、选贤任能,以及勤政、善政、廉政和理想之政等四个方面重点探讨了孔子学说中有关"仁政"的论述及其对现代组织管理的启迪和借鉴意义。自从汉武帝实行了"罢黜百家,独尊儒术"的政策以后,儒家思想成为两千多年来中国传统文化的正统和主流思想流派,即便在儒家思想受到道家思想和佛教较大冲击的魏晋南北朝与隋唐时期,儒家思想,尤其是其源头的孔子学说,依然在国家政治及社会治理中占据主导地位,并在世界各地的华人群体中产生深远的影响。但遗憾的是,在孔子本人生活的春秋时代,他的这些富有智慧的治政理念却没有得到各诸侯国为政者的认同和接受。他周游列国14年,推行他的治政主张,却被描述为"颠簸流离,游说列国,惶惶如丧家之犬,不可终日",这是什么缘故呢?这是为他所生活的时代的特征所决定的。春秋时代,连同其后的战国时代,是中国历史上最黑暗的乱世。春秋时代一百多个诸侯国各霸一方,互相征战,各国君主所关心的是如何扩张疆土、搜刮财富,增强实力,防止内患外侮,对孔子所宣扬的德治、民本等观念只觉得是"空谈大道,贻误国政",根本不感兴趣。对于黎民百姓而言,当时最迫切的需求是在战乱中解决基本生存问题,当人们连吃饭穿衣的基本需求都无法满足,生存受到威胁之时,孔子所提倡的"修己安人""义以为质"等理念无疑是空中楼阁,美丽而不现实。"仓廪实而知礼节,衣食足而知荣辱",反之,贫穷导致人们荣辱廉耻的丧失,人性渐渐淡化,兽性开始出现,弱肉强食成为基本法则。贫穷往往与罪恶共生,在春秋时代,偷盗、抢掠、杀戮等现象十分普遍,社会乱象丛生,孔子本人也发出"礼崩乐坏"的感叹。在这样的时代背景下,法家思想应势而生。率先采用法家思想治政的诸侯国,如齐国、韩国、晋国、秦国等,均在短期内创造了富国强兵、社会稳定的局面,纷纷成为强国。法家思想成了先秦时期的主要思想流派,即使在汉朝以后儒家思想占主导地位的很多朝代的君主也都采用"外儒内法"的治政方略。法家思想为何能在短期内产生治政的明显效果?它对现代组织的管理有何借鉴意义?我们将在下一章重点探讨。

第二章

法家思想与现代管理

一、综述

孔子学说中也有法治理念,并主张德法兼治,这一点我们在第一章"德治理念"中已探讨过。但孔子学说更强调的是德治,并把有关德治的论述及与之相关的民本、选贤任能,以及勤政、善政、廉政等方面的论述相结合,形成了一个比较完整的"仁政"理论体系。然而,遗憾的是,正如我们在上一章的"章后语"中所说,在孔子本人生活的春秋时代,他的这些富有智慧的治政理念却没有得到各诸侯国为政者的认同和接受,也没有产生被广泛推广的民众基础。在长期战乱的时代,礼崩乐坏,盗贼蜂起,杀戮频现,民生凋敝,广大庶民百姓所急盼的是国富民强、社会稳定的局面。正是在这样的历史背景中,法家思想应势而生。以整治社会秩序、富国强兵为己任的法家人物纷纷登上历史舞台,他们所推行的主张产生了明显的治政效果。法家不是纯粹的理论家,而是积极入世的行动派,法家思想着眼于法律的实际效用,因而被称为是实用主义的思想流派(The Pragmatic School of Thought)。法家思想包括伦理、政治、经济、社会发展、行政管理及法治等理念,其中以其法治理念影响最为深广,也对各个时代的社会治理最具借鉴意义和实用价值。

法家思想最早可追溯到夏商时期的理官,成熟在战国时期。春秋时期它被称为"刑名法术之学",经过管仲、子产、士匄、李悝、吴起、商鞅、慎到、申不害、乐毅、剧辛等人的提倡和发展,逐渐形成为一个学派。战国末期韩非子对他们的学说加以总结、综合,集法家之大成,使法家思想趋于成熟。法家是战国时期新兴地主阶级的政治代言人,在政治上可谓"独步天下"。战国时期法家先贤李悝、吴起、商鞅等人相继在各国变法,废除贵族世袭特权,使平民通过开垦荒地、获得军功等渠道成为新的土地所有者,也让平民有了当官的机会,瓦解了周朝的等级制度,从根本上动摇了靠血缘纽带维系的贵族政体。法家对儒家有一些偏激的评论,认为"儒学"不过是一些"高言伪议",是不切实际的"浮学"或"贫国之教"。国家应该培养"耕战之士"和厉行"法治"的人才,才会兴旺发达。法家提倡"缘法而治""君臣上下贵贱皆从法""不别亲疏,不殊贵贱,一断于法""法不阿贵,绳不挠曲""刑过不避大臣,赏善不遗匹夫",高度重视法制建设,把法律视为一种有利于社会治理的强制性工具。这种体现法制建设的思想,一直为后世所沿用,成为中央集权统治者稳定社会秩序的主要政治手段。当代中国法律的诞生也在一定程度上受到法家思想的影响,吸取了法家论述中不少合理的真知灼见。

战国时期齐国的管仲和郑国的子产是法家思想的先驱人物,他们在任相主政期间大力推行法治的主张,使齐、郑两国迅速强大起来。遗憾的是,子产的论述已亡佚失传,管仲留下《管子》一书(其中有他人的托名之作)。此后法家人物在多国涌现,并逐渐形成了三个流派,分别强调"法""术""势"的作用。"法"派,以秦国的商鞅为代表人物,主张以严刑厚赏来推行法令;"术"派,以韩国的申不害为代表人物,高度重视为政者控制上下级关系的"心术",即手法;"势"派,以赵国的慎到为代表人物,强调执法者必须有威权。韩非子集三种流派之大成,把法、术、势(俗称法家思想的"三把刀")结合为一体,建构了一个完备的法家的政治理论体系。本章所引用的法家论述大部分选自韩非子的著作,少量采撷其他法家代表人物如管仲、商鞅、申不害、慎到等人的名言。

二、"法"的理念

(一) 法的至高地位:百体从心 政之所期

【主要概念】道法者治;令行禁止;百体从心;政之所期。

【原作论述】

① 道私者乱,道法者治。 《韩非子·诡使》
② 释规而任巧,释法而任智,惑乱之道也。 《韩非子·饰邪》
③ 凡将举事,令必先出。 《管子·立政》
④ 令则行,禁则止,宪之所及,俗之所被,如百体之从心,政之所期也。

《管子·立政》
⑤ 背法而治,此任重道远而无马、牛,济大川而无舡、楫也。 《商君书·弱民》
⑥ 言不中法者不听也,行不中法者不高也,事不中法者不为也。 《商君书·君臣》

【白话释义】

① 用个人意志治理国家,必然招致混乱;用法律规章治理国家,必定井然有序。
② 放弃法规、法令而靠一些所谓巧智之道,这是造成国家迷惑混乱的根源。
③ 凡是要办大事,必须先颁布法令。
④ 命令下达就得立即执行,下令禁止的就须即刻停止,国家大法的遵行和民间风俗的影响,如同四肢百骸服从于意志一样,应是为政的期望所在。
⑤ 违背法律来治理国家,如同负重远行而没有马牛载物,又好比想渡大河却没有

船只和划船的工具。

⑥ 言论不符合法律的,不听从;行动不符合法律的,不推崇;事情不符合法律的,不去做。

【英语译文】

① To rule a state by the ruler's personal will inevitably leads to confusion. To rule a state by law necessarily brings great order.

② To depend on so-called artful and clever means instead of regulations and decrees is the source of the state's disorder and turbulence.

③ Decrees must be issued before any state affair is to be conducted.

④ Whenever an order or a prohibition is issued, it must be enforced without fail. The observance of the state laws and the influence of the customs should be what the government expects, just as all parts of the human body are well controlled by the human mind.

⑤ To rule a state not by law is like making a long journey without a horse or a bull carrying the heavy load, or like crossing a river without a boat and an oar.

⑥ Never listen to any words inconsistent with the law; never praise any deeds inconsistent with the law; never do anything inconsistent with the law.

【解读与应用】

管仲是春秋时期法家的先驱,商鞅是战国时期法家三大流派中"法"派的代表人物,韩非子是法家思想的集大成者。法家的这三位显要人物都曾著书,强调法治的重要性。管仲和商鞅还身体力行,在任相主政期间推行各自的主张,取得彪炳史册的成功。管仲使齐国成为春秋时代的第一霸主,商鞅使秦孝公在位时的边陲小国秦国迅速成为战国后期最强大的国家。韩非子英年早逝,虽然没能亲自主政,但他的主张为秦王嬴政所崇尚、接纳并实施,为秦国在战国末年战胜群雄、统一中国打下了基础。秦王读了韩非子的《孤愤》《五蠹》二书,曾赞叹道,"嗟乎,寡人得见此人与之游,死不恨矣",可见其对韩非子仰慕的程度。本小节引用了三位法家人物关于"法"的论述,可看到他们高度重视"法"的相似观点。

韩非子坚称"道法者治",用法律规章治理国家,必定井然有序;管仲认为"宪之所及……政之所期",国家大法的遵行应是为政的期望所在;商鞅强调"言不中法者,不听也;行不中法者,不高也;事不中法者,不为也",一切以法律为准,不符合法律的任何言论、行为或事情都应一概不听不理。韩非子还从反面来论证法治的重要,指出"道私者乱""释规而任巧,释法而任智,惑乱之道也",放弃法规、法令而用个人意志,或靠一些所谓巧智之道来治理,都是造成国家迷惑混乱的根源。管仲和商鞅善用比喻手法形象地说明法治的不可或缺。管仲的"如百体之从心"比喻,把一切以大法为依据,喻为人体的四肢百骸服从于意志;商鞅的"任重道远而无马、牛,济大川而无舤、楫"比喻,说明违背法律来治理国家,如同远行而无载物工具,渡河而无舟船那样荒唐。梳理一下三位法家代表人物关于"法"的论述,可看出他们着重讲清了三点:(1)"法"在国家治理中是必不可少的,无"法"则乱,有"法"则治;(2)"法"的地位是至高无上的,犹如百体从心,任何不合"法"的言行,都应不听不理;(3)"法"是实现目标的工具,如同远行的马牛和过河的舟船。

德国哲学家康德在《道德形而上学》中强调法律的强制性和神圣性,"刑法是一种绝对命令""法律是如此神圣和不可违反,它自身就表明必须来自最高的、无可非议的立法者,以致哪怕对它有一丝怀疑,或对它的执行停止片刻,都是一种犯罪"。法国哲学家卢梭在《社会契约论》中也从反面来论述法律的重要性:"一旦法律丧失了力量,一切就都告绝望了;只要法律不再有力量,一切合法的东西就不再会有力量。"英国哲学家和法学家洛克在《政府论》中指出:"法律不是为了法律自身而制定的,而是通过法律的执行成为社会的约束,使国家的各部分各得其所,各尽其应尽的职能。"尽管三位外国哲学家和法学家与三位中国法家人物的论述角度及语言风格不同,但他们有一个共同点,即强调"法"在实现法治的诸多要素中的至高无上的地位。

马克斯·韦伯是一位百科全书式的学者,他在管理学界被誉为"组织理论之父",与泰勒、法约尔并列为西方古典管理理论的三位先驱。韦伯以哲学家式的冷峻和严密,创立了行政组织理论,对后世产生了深远的影响。韦伯突出强调法规对于组织管理的决定作用,认为规章制度是组织得以良性运作的基础和保证,堪称西方管理学界的"法家"人物。韦伯勾画出的理想的组织模式"Bureaucratic Type",被管理学界普遍翻译为"官僚型",这是一个误导性的译名。"官僚主义"一词在汉语中是贬义词,常与"高高在上""脱离群众""发号施令""繁文缛节""效率低下"等概念相联系,而韦伯所说的 bureaucratic 是一个中性词,没有任何贬义,相反还带有褒义。与其每次在提到韦伯的"官僚型"组织形式时都要解释这一术语"不带贬义",还不如干脆改变其译名,译为"层级型"或"规程型"更好。韦伯在《社会和经济组织理论》中所倡导的层级型组织模式具有以下的显著特征:组织中的人员应有固定和正式的职责并依法行使职权;组织根据合法程序所制定的法规制度应有其明确的目标;组织管理者靠着这一套完整的法规制度,组织与规范成员的行为,以期有效地追求与达到组织的目标。韦伯的组织管理理念与我国法家人物的国家治理理念高度吻合。

现代组织管理中所遵循的"契约精神",其实质也是维护"法"的神圣性和至高无上的地位,是现代组织生存和发展的基础,也是现代组织之间,尤其是现代企业之间,公平而又顺利交往的根本保证。

随着依法治理的观念深入人心,一种法治文化形态正在我国形成。法治,逐渐成为一种社会生活方式,成为各级各类现代组织管理的重要手段。人们开始培育"办事依法、遇事找法、解决问题用法、化解矛盾靠法"的思维方式,这种思维方式增强了全社会厉行法治的积极性和主动性,营造了守法光荣、违法可耻的社会氛围。那么,现代组织管理所依的"法"是什么呢?

现代组织管理所依据的"法"通常有两层意义。第一层意义指国家层面的法律:与各级各类组织相关的"法"主要有宪法(根本大法),民商法(包括物权法、债权法、知识产权法等),行政法(包括行政许可法、行政处罚法、行政强制法等),经济法(包括审计法、对外贸易法、反垄断法等),社会法(包括劳动法、就业促进法、安全生产法等),刑法,诉讼法(包括民事、行政、刑事诉讼等),环境保护法等。现代组织的一切管理活动,包括目标制定、融资规划、生产安全、员工管理、日常经营、产品开发、技术革新、市场营销、物流管理等,都必须在遵守国家法律的前提下进行。这不仅是现代组织生存和发展的基本保障,而且是现代组织规避风险、适应环境、确保可持续发展的自身需要。第二层意义是现代组织内部的"法",也就是组织维持正常运作的各项规章制度,包括招聘制度、晋升制度、奖惩制度、薪资制度、财务制度、作息制度、日常行为规范等。这些制度可以"打包"全部归入《员工手册》或《员工须知》,要求所有员工毫无例外地遵守。最高管理人员犯"法",与普通员工同"罪",应受到同样的惩罚。只有把"法"置于至高无上的地位,现代组织才会有高效的管理,也才可能凝聚人心,实现"做好、做大、做强"的组织目标。如果现代组织是涉外组织,如跨国企业、驻外机构、"一带一路"合作企业等,"法"还有一层意义,指外国的相关法律、法规以及国际组织(如 WTO 等)的规则。这类组织必须熟悉并严格遵守外国的相关法律和法规以及国际组织的规则,才能规避违反外国法律和国际规则的风险,适应复杂的环境,减少文化冲突,使组织在外国扎根、成长、壮大。

福耀集团自创立以来,矢志为中国人做一片属于自己的高质量汽车玻璃,其产品多次获"优秀质量奖"。集团在中国香港、美国都设立了子公司,并在日本、韩国、澳大利亚、俄罗斯及西欧、东欧等国家和地区设立了商务机构,真正做到全球布局。福耀集团在美国投资办厂的巨大成功,引起美国前总统奥巴马的注意。奥巴马夫妇投资的首部纪录片《美国工厂》就讲述了中国福耀集团在美国投资开厂后发生的种种故事。福耀集团的成功有很多因素,知法、懂法、守法是一个特别重要的因素。集团董事长曹德旺说,"我敬畏法,尊重天下人";他还充满自信地声称"我把自己置于全社会监督之下,尊重各种法律法规以及风俗习惯,因此我就不会犯规"。曹德旺的理念成了福耀集团的行事准则,是集团的海内外企业能站稳脚跟、发展壮大的有力保障。

【复习思考与讨论题】

1. 哪些人是战国时期最主要的法家代表人物?谁是其中集大成者?

2. 本小节所引录的韩非子、管仲和商鞅的论述,其核心理念是什么?这些论述讲清了哪三个要点?

3. 西方哪些哲学家和管理学家有着与中国法家相似的观点？你能大体记住哪些论述？

4. 为什么马克斯·韦伯所倡导的 Bureaucratic Type 组织模式不宜翻译为"官僚型"组织模式？怎样译更贴切一些？这一模式有哪些显著特征？

5. 契约精神的实质是什么？

6. 现代组织管理所依据的"法"通常有哪两层意义？

7. 请用现代白话或英语解释本小节的主要概念。

（二）法的公开透明原则：布之百姓　必于民心

【主要概念】设之官府，布之百姓；著于官府，必于民心；赏罚之数必先明之。

【原作论述】

① 法者，编著之图籍，设之于官府，而布之百姓者也。　　《韩非子·难三》

② 法者，宪令著于官府，刑罚必于民心。　　《韩非子·定法》

③ 圣人为民法，必使之明白易知，愚智遍在之。　　《商君书·定分》

④ 事将为，其赏罚之数必先明之。　　《管子·立政》

【白话释义】

① 所谓法律，是由官府制定并向百姓公布的插图文本。

② 所谓法治，法令由官府制定，刑罚条款一定要让民众了解清楚。

③ 圣人制定法令，一定使它明白易懂，愚人智者都能懂得。

④ 行事之前，一定要清楚明白地公布赏罚的条例。

【英语译文】

① The law is laid down by the government and made public in the written and diagrammatic form.

② Governing by law means that the decrees are issued by the government and the penal provisions are made well known to the people.

③ The law made by the ruler must be clear and understandable to all people, whether they are intelligent or unintelligent.

④ Before every task is to be carried out, the provisions of reward and punishment must be made public clearly.

【解读与应用】

本小节所引韩非子、管仲、商鞅三位法家代表人物的论述都阐明了法律的公开性和透明性原则。韩非子强调"布之百姓""必于民心"，由官府制定的法律文本必须向百姓公布，甚至要求配有插图，让民众了解清楚；商鞅力言"必使之明白易知"，一定要使法令明白易懂,以至愚人智者都能懂得;管仲看重"必先明之",一定要在行事之前清楚明白地公布赏罚的条例。三人的论述中都有一个"必"字,两人用了"明"(透明、明白)字,一人用了"布"(公开、公布)字,可见他们对法律的公开性和透明性的重视程度。

法国启蒙时期思想家、西方法学理论的奠基人孟德斯鸠在《论法的精神》中说,"法律的体裁要质朴平易,直接的说法总是要比深沉迂远的词句容易懂些。……重要的一点,就是法律的用语,对每一个人要能够唤起同样的观念。"比孟德斯鸠早生80年的思想家温斯坦莱在《温斯坦莱文选》中也指出:"无论是谁,要是他擅自解释法律或模糊法律的含义,使法律变得为人们难以理解,甚至给法律加入另外一层意义,他就把自己置于法律和全国人民之上。"孟德斯鸠和温斯坦莱关于法律公开性和透明性原则的理念与我国法家代表人物的理念高度吻合,只是他们提出的时间晚了将近两千年。

法律、制度、规则的公开、透明,无论对国家治理,还是对各级各类组织的管理,都至关重要。实施公开性和透明性原则有以下作用:

(1) 有利于充分发挥法律、制度、规则的威慑力量和治理功能。

法律、制度、规则一旦公布于众,人人皆知,个个都懂,再加上执法者(或组织管理者)的严格而公正的执法,就会形成巨大的震慑力量,使心怀恶念、行为不端者心生畏惧而缩手,也便于普通民众对照法律发现、检举违法者,做到"天网恢恢疏而不漏",也有助于国家(或各级各类组织)在奖善惩恶的氛围中优化社会(或组织)风气,稳定社会(或组织)秩序,最大限度地发挥法律、制度、规则的治理功能。

(2) 有利于百姓(或组织的员工)知法、懂法、守法,自觉控制自己的行为。

俗话"不知者不为罪",法律、制度、规则应尽可能让百姓(或组织的员工)知晓并理解。要真正做到商鞅所说的"愚智遍在之"(愚人智者都能懂得),才算得上公开透明;光知晓而不理解,只能算公开,而算不上透明。韩非子说"法者,编著之图籍",指出法律文本应清晰易懂,不妨加上插图说明,这是使法律透明的一个有效手段。知法、懂法,是守法的前提。坚持法律的公开透明原则,就能使百姓(或组织的员工)在知法、懂法的基础上自觉守法,有效地控制自己的偏离行为,从而促进社会(或组织内部)的和谐。

(3) 有利于执法者接受监督,公正执法。

法律、制度、规则的公开透明,客观上赋予了百姓(或组织的员工)对法律事务的知情权和参与权,有效地防止了"暗箱操作",把执法者(或组织管理者)置于被监督的地位,有利于执法者(或组织管理者)在民众的监督之下公开、公正、公平地执法,可在一定程度上防范执法者(或组织管理者)贪赃枉法、以权谋私等腐败现象的产生。

(4) 有利于立法者修订、完善法律、制度或规则。

实施公开性和透明性原则还有利于立法者从执法者与民众两方面获得关于法律公正性、有效性的反馈,便于使立法者在获取群众反馈意见的基础上不断修订法规,与时俱进，使法规尽可能顺应时势，切合实际，逐步趋于完善。

华为技术有限公司于1987年正式注册成立，创建伊始公司就重视规章制度的建设，其《员工手册》及《华为基本法》等规章，从起草、定稿到实施，完全公开透明，且不断修改，日臻完善。据华为公司高级顾问、中国人民大学公共管理学院教授吴春波说，他参与《华为基本法》的起草，历时三年八易其稿，最终于1997年3月27日，103条的《华为基本法》最后一次审稿。至此，改革开放以来，我国第一部企业宪章或者说企业管理大纲正式诞生，华为和任正非完成了一次自我超越。华为公司《员工手册》中的具体条款明白易懂，可操作性极强，人人可参与监督，人人(包括总经理)也被他人监督。仅举一例：

第三章　工作

……

第14条　部门经理级以下员工应亲自打卡计时，不可请人或代人打卡，否则双方均按旷工一日处理。

第15条　实行弹性工作制的，采取由各部门主管记录工作人员的工作时间(含加班时间)、本人确认、部门备案的考勤方法。

第16条　员工如有迟到、早退或旷工等情形，依下列规定处理：

一、迟到、早退

1. 员工均须按时上下班，工作时间开始后15分钟内到班者为迟到。

2. 工作时间终了前15分钟内下班者为早退。

3. 员工当月内迟到、早退合计每三次以旷工半日论。

4. 超过15分钟后才打卡者，以旷工半日论，因公外出或请假经主管在卡上签字或书面说明者除外。

5. 无故提前15分钟以上下班者，以旷工半日论，因公外出或请假者须经主管签字证明。

公开、透明的公司规章，既是员工规范自己行为的至高"法典"，也是管理者接受监督、公正而公平地执行规章的依据，成为公司正常、有序运营的有力保障。

规章制度是各级各类组织维护正常的工作、劳动、学习、生活的秩序，保证各项决策顺利执行和各项工作正常开展的具有指导性与约束力的文件，是各种行政法规、章程、规范、守则的总称。规章制度的使用范围极其广泛，大至国家机关、社会团体、各行业、各系统，小至单位、部门、团队、班组、车间。它是人们行动的准则和依据，对于组织的稳定和发展，组织目标的实现，有着十分重要的保障作用。商行企业、科研单位、政府部门、各类学校、军队机构以及其他现代组织都有各自的规章制度(各自的"法典")。它们各不相同，各具自身的行业和专业特征，但有一点是共同的，那就是公开、透明的原则。各类组织都应该用清晰、准确、浅显、明白、不会产生歧义的语言表述，并以"手册""须知""指南""细则""图解"等各种形式让所有的员工知晓并理解。谣言止于公开,信任来自透明。组织成员强烈的信息需求在正当渠道得不到满足时,小道消息就会乘虚而入。任何不真实的负面信息,都会对管理层的公信力和执行力造成损害。公开透明是抢占道义和舆论的制高点,现代组织管理者必须在制定、实施、修改规章制度的全过程中做到公开透明,才能给员工以稳定和理性的预期,也才能赢得员工的信任与支持。

【复习思考与讨论题】

1. 韩非子、管仲、商鞅三位法家代表人物,是怎样在他们的论述中强调法律的公开性和透明性原则的?

2. 孟德斯鸠对于法律的体裁和用语有何主张?

3. 实施法律、制度、规则的公开性和透明性原则,对国家治理和各级各类组织的管理有哪些作用?

4. 以你熟悉的社会组织(学校、公司、工厂、机关等)为例,说明公开透明的规章制度的重要性。

5. 各类现代组织可通过什么手段使其规章制度做到公开、透明?

6. 请用现代白话或英语解释本小节的主要概念。

(三) 法的不变与变原则:法禁变易　法与时转

【主要概念】法禁变易;法与时转;治法与时移,禁与能变;法宜其时。

【原作论述】

① 法禁变易,号令数下者,可亡也。　　　　　　　　　　　《韩非子·亡征》

② 法与时转则治,治与世宜则有功。　　　　　　　　　　《韩非子·五蠹》

③ 时移而法不易者乱,能众而禁不变者削。故圣人之治民,治法与时移,而禁与能变。　　　　　　　　　　　　　　　　　　　　《韩非子·五蠹》

④ 法宜其时则治,事适其务故有功。　　　　　　　　　　《商君书·君臣》

⑤ 立善法于天下,则天下治;立善法于一国,则一国治。　　王安石《周公》

【白话释义】

① 法规禁令不断改变,号令前后矛盾的(国家),将会灭亡。

② 法度应顺应时代的变化而变化,社会才能治理得好;治政与社会实际相适应,才能取得成效。

③ 时代发展了而法制却一成不变,社会必然危乱;狡猾智巧的人(指善于钻法律空子的人)多了,而禁令规定却一成不变,国家必被削弱。所以,圣人治理民众,法制会随着时代同步发展,禁令为对付智巧之徒而有所变更。

④ 法律与时势相宜,国家才能治理好;办事与任务相当,才会有效果。

⑤ 在天下(指大中原)制定好的法律,天下就会太平;在一国(指诸侯国)制定好的法律,该国就会安定。

【英语译文】

① A state where law is changed constantly and decrees issued inconsistently is heading for ruin.

② Law that evolves with the times leads to social order; governance that conforms to social reality will be effective.

③ Law that remains unchanged when the times have changed leads to social turbulence; injunctions that keep fixed when wily people have increased will weaken the state. Therefore, the wise ruler governs the people with the law keeping up with the times and the injunctions changing according to the status of the wily.

④ The state will be governed well if its laws fit the situation; things done in conformity with the tasks will produce good results.

⑤ The kingdom where good laws are made will be in good order; likewise, a state where good laws are made will enjoy stability.

【解读与应用】

本小节的五条论述阐明了法律的相对稳定性和适时性问题,也即法的不变与变原则。韩非子的第一条论述反对"法禁变易,号令数下",认为法度禁令多变、朝令夕改将导致国家灭亡;而他的第二、第三条论述又强调"法与时转则治""治法与时移,而禁与能变",认为法度应顺应时代的变化而变化,法制必须随着时代同步发展。前后论述似相矛盾,实际上韩非子把法律"不变"与"变"的辩证统一阐述得清晰而又深刻。商鞅的论述"法宜其时则治"也强调了"变"的重要,他的"宜其时"(适合时势)与韩非子的"与时转"和"与时移"意义基本相同,都表示法律要应时而变化。韩非子的第三条论述中的"能众而禁不变者削"和"禁与能变",都包含一个"能"字。这个"能"字并不表示通常的"智能"或"能力",而是指狡猾智巧、善于钻法律空子的歪能。他认为这种狡猾智巧的人多了,而禁令规定却一成不变,就会有漏洞可钻,国家必定被削弱,因而法制应随着时代而同步发展,禁令为对付智巧之徒而有所变更,必须修补潜在的、可能被人利用的漏洞。

古希腊哲学家亚里士多德在《政治学》中指出:"法律所以能见效,全靠民众的服从,而遵守法律的习性须经长期的培养。如果轻易地对这种或那种法制常常作这样或那样的废改,民众守法的习性必然消减,而法律的威信也就跟着削弱了。"亚里士多德从民众守法习性的培养角度强调了法律的相对稳定性。法国著名的哲学家和法学家马里旦在《人和国家》中说:"正常制定一项法律,应该根据人民的共同意识,这种共同意识体现在风尚中,体现在人们的各种有机集团的集体需要和需求中,或体现在正在形成的自发的社会和公共服务的规定中。"马里旦则从立法的民意基础出发,阐述了法律的适时性,暗示法律应该随着社会风尚、大众需求等(即所谓"人们的共同意识")的改变而有所变化。

"不变"与"变"的辩证统一,不仅适用于法律,而且适用于其他(如文化传承等)社会现象。有人用"固化"与"扬弃"两个术语,其内在含义和"不变"与"变"大体一致,"固化"的是不变的部分,"扬弃"的则是变的部分。就法律而言,可从以下两个方面来理解"不变"与"变"、"固化"与"扬弃"的关系:(1)"变"是绝对的,"不变"是相对的;时代变了法律就要随着变,同一时代内法律应相对稳定不变。例如,我国在1949年成立中华人民共和国以后经历了几个不同阶段:新民主主义向社会主义过渡时期(以国民经济的恢复、一五计划、社会主义改造为特点),全面建设社会主义时期(以"大跃进"、人民公社化运动为特点),经济调整时期(以"调整、巩固、充实、提高"八字方针为特点),"文化大革命"时期(以阶级斗争为纲),改革开放时期(以经济建设为重点)等。每个时期国家都有新的目标和政策重心,因而法律也都必须相应地变化和调整,这就叫"法与时转"或"法与时移"。但在各个时期(除了"文革"时期法制被践踏以外)内,法律相对稳定不变,"法禁变易"、朝令夕改,将使各级各类组织及个人无所适从,无法正常开展工作,使各行各业的运作陷于瘫痪状态,这就是"号令数下者可亡"的道理。北宋政治家和文学家欧阳修的名言"言多变则不信,令多改则难从",说的也是这个道理。(2)"不变"的通常是原则、纲领、核心内容,应该相对"固化";"变"的是具体条例、实施细则、增补内容等,应通过"扬弃"而调整。例如,在诸多法律中,宪法是原则、是最高纲领,通常不变或变化较小,而其他分类的法规则变化较大;中央制定的法律(如全国人民代表大会通过的法律)通常是原则性、纲领性的,相对稳定,而地方或部门制定的法规却往往因时、因地、因势而变。例如,1787年由美国制宪会议制定和通过、1789年3月4日生效的《美国联邦宪法》(Constitution of the United States),其核心内容二百多年来保持不变,而美国国会在各个不同时期所通过的27条修正案,即调整、变化的部分,只是作为美国宪法的补充条款。(3)现有法律是否是好法律,是"不变"与"变"的前提和归宿。王安石的论述"立善法于天下,则天下治;立善法于一国,则一国治",是对韩非子和商鞅论述的一个很好的补充。现有法律好,就应该在一定时期内加以"固化",继续实施;现有法律不好,就应该在"扬弃"的基础上,加以调整、修改,甚至推翻,使之变化为好法律。也许有人会说,王安石变法最终失败,他立的法果真是"善法"吗?客观地说,在宋王朝积贫积弱的情况下,王安石不怕世人反对进行变法,其富民强国的目的及其个人品质不容怀疑。他既不是那种以变法为手段的博取名利者,也不是那种"公私兼顾"的改革者,他所提出的"青苗法"确实算得上一部革除时弊、利国利民的"善法"。

王安石变法失败的原因主要有三条：其一是变法触动了既得利益集团（大官僚地主）的利益而遭到反对；其二是在实施变法过程中用人不当，致使法的推行偏离了初衷；其三是因宋神宗去世而失去了最高统治者的支持。依法治理成功与否，除了"法"本身的作用外，还有其他因素的作用，这一点我们将在以下章节中探讨。

同样，现代组织依法治理所凭借的规章制度，也必须做到不变与变的辩证统一。一方面，规章制度必须在相当长的时间内保持相对的稳定，使之在一定时间、一定条件下发挥正常的管理功能，规范各类人员的行为，保证组织的各项工作的运行稳定有序。频繁变易将使规章制度失却其严肃性和一致性，减弱其权威性和约束性。由于没有前后一致的规章可依可循，管理将松严失度，造成员工无所适从、思想混乱的不良局面。另一方面，规章制度又必须在一定情势下有所改变、修正和优化，以体现其适时性和合理性，确保其科学性和必要性。现代组织规章制度的变更切忌随心所欲，必须从实际需要出发，通常在某一关键时刻进行。所谓关键时刻，是指组织内外环境发生重大变革的时刻，包括本组织进入新的发展阶段，政府或上级机构出台新的政策，组织目标和机构设置有重大调整，组织外部情境（社会动态、供求关系、生态环境等）有显著变化，等等。现代组织管理者在考虑现行规章制度的变更时，还有以下几项值得注意：变更内容要符合国家法律及相关规定；要顺应组织的发展战略；要与现行规章制度保持一定的传承关系；要避免法律和民意方面的风险等。

【复习思考与讨论题】

1. 为什么法律必须保持相对的稳定性？
2. 韩非子和商鞅都强调法律的适时性，也就是法律必须顺应时代的变化而变化，他们用的是什么不同字眼？
3. 怎样的法律应该相对"固化"不变？怎样的法律应该通过"扬弃"而有所变化？
4. 你怎样理解法律"不变"与"变"的辩证关系？
5. 我们从王安石变法的失败中可以获得什么启示？
6. 现代组织依法治理所凭借的规章制度应如何做到不变与变的辩证统一？规章制度的变更通常在什么情势下进行？应注意哪些事项？
7. 请用现代白话或英语解释本小节的主要概念。

（四）法的社会功能：兴功惧暴　定分止争

【主要概念】劝善；胜暴；平不夷；矫不直；兴功惧暴；定分止争；天下之仪。

【原作论述】

① 圣王之立法也，其赏足以劝善，其威足以胜暴。　　　　　　《韩非子·守道》

② 圣人之为法也，所以平不夷、矫不直也。　　　　　　　《韩非子·外储说右下》

③ 法者,所以兴功惧暴也;律者,所以定分止争也;令者,所以令人知事也。

《管子·七臣七主》

④ 法者,天下之仪也,所以决疑而明是非也,百姓所具命也。

《管子·禁藏》

【白话释义】

① 圣人(指统治者)立法,其奖赏足以鼓励善行,其威力足以制止暴行。

② 圣人(指统治者)执法的目的就是要把不平的夷平,把不正的矫正。

③ 法,是用来提倡立功威慑行暴者的;律,是用来明定本分解决争端的;令,是用来命令人们完成事务的。

④ 所谓法律,就是规范社会的各种行为,以此来解决疑难、判明是非,是关乎百姓生命的基本保障。

【英语译文】

① In the law made by the wise ruler, the rewards are sufficient to encourage goodness and the deterrent power is sufficient to suppress evil.

② The law enforced by the ruler is aimed at attaining equality and redressing injustice.

③ Law aims at encouraging meritorious deeds and deterring mobsters, rules at defining responsibilities and settling disputes, decrees at ordering people to perform tasks.

④ Law sets social norms and is used to solve difficult problems and distinguish right from wrong. It is the basic guarantee for people's lives.

【解读与应用】

本小节的四条论述探讨了法律的功能。韩非子所说的"劝善""胜暴""平不夷""矫不直",阐明了法律的四大功能:鼓励善行、制止暴行、促进公平、伸张正义。管仲所说的"兴功惧暴"与韩非子的"劝善胜暴"意义相近,"兴功"(提倡立功)也是在"劝善"(鼓励善行),"惧暴"(威慑行暴者)与"胜暴"基本同义。"定分止争"可谓法律的第五大功能,即明定本分、解决争端。管仲所说的"分"有本分、名分、权分之意,用今天的话来说,就是权利义务的意思。确定了各方的权利义务,便能有效地解决争端。战国时期另一位法家人物慎到曾用一个生动的比喻来阐释"定分止争"的含义:"一兔走,百人追之;积兔于市,过而不顾。"一只兔子在奔走,很多人追赶,因为没有名分和权分,谁抓到就归谁;菜市上有许多兔子,人们走过连看都不看,因为这些兔子都各有主家,权利明确,无可争抢。古罗马帝国政治家、法学家查士丁尼也重视确定名分和权分,在其编纂的《查士丁尼法典》中他表示:"法律的基本原则是:为人诚实,不损害他人,给予每个人他应得的部分。"管仲的论述"法者,天下之仪也,所以决疑而明是非也",表明了法律的另外两项功能:规范行为,明辨是非。实际上这两项功能是实现前五项功能的基础和前提。

列宁说:"法律就是取得胜利、掌握国家政权的阶级的意志的表现。"(《社会民主党在1905—1907年俄国第一次革命中的土地纲领》)罗伯斯庇尔指出:"法律是人民意志的自由而庄严的表现。"(《革命法制和审判》)现代法律的功能必须体现国家政权和人民的意志,通常表现为调整人们行为的规范功能和维护人民公共利益、稳定社会秩序的社会功能两大类。在这两大类功能中我们都可以看到两千多年前韩非子和管仲的观念的"影子"。

现代法律的规范功能包括:

(1) 指引功能,即对个体行为的指示引导功能,包括确定义务和权利(劝善、兴功、定分止争)。

(2) 评价功能,即作为尺度和标准对他人行为的判断衡量功能(天下之仪、决疑而明是非)。

(3) 预测功能,即对当事人双方行为的预计推测功能(天下之仪、令人知事)。

(4) 强制功能,即对违法者行为的强力制裁功能(胜暴、惧暴、矫不直)。

(5) 教育功能,即对一般人行为的教化训诫功能(劝善、兴功、平不夷)。

现代法律的社会功能包括:

(1) 维护对国家治理有利的社会关系和社会秩序(劝善、胜暴、兴功、惧暴、定分止争)。

(2) 维护特定人群的社会关系和社会秩序(平不夷、矫不直、决疑而明是非)。

(3) 维护人类社会基本的生活条件和基本的社会秩序(天下之仪、定分止争、令人知事)。

现代组织的成功管理,也必须有效地发挥法律的功能,法家人物所列举的法律功能具有很好的借鉴意义。现代组织的规章制度就是组织内部的"法律",是规范员工行为、保障组织有序运行的重要手段。现代组织应最大限度地利用和发挥这一"法"的作用。但实践中还有不少组织对此并没有予以足够重视,认为反正有国家法律、法规,出了事按国家法律、法规处理就行。其实,国家法律、法规是大法,并不针对某个组织的具体情况,而各个组织的性质、机构、目标千变万化,差异很大,不同组织应该有针对性地制定适合本组织的规章制度,才能保证本组织平稳、高效地运行,防止各种偏离行为的发生和干扰,实现组织的目标。

参照韩非子、管仲等法家人物所阐述的法律功能,现代组织应注意发挥本组织规章制度的以下作用:

(1) 规范各部门及员工的行为,保障组织合法有序地运作,全面提高管理效率,降低经营运作成本(天下之仪)。

(2) 完善劳动合同制,明确各方的权利义务,将纠纷降低到最低限度(定分止争)。

(3) 健全奖惩制度,提高员工的积极性和创造性,遏制员工的偏离行为及违规行为(劝善、胜暴)。

(4) 严格按规章制度办事,可防止管理的任意性,满足员工公平感的需要(平不夷)。

(5) 严格按规章制度办事,可防止个别员工侵犯组织及他人的合法权益,维护正义(矫不直)。

(6) 明白易懂的规章制度,使员工能预测、调控自己的行为,也能对照、判断他人的行为,便于明辨是非,解决各种涉及公务、人事方面的疑难问题(决疑而明是非)。

【复习思考与讨论题】

1. 请用韩非子和管仲阐述中的用语复述法律的七大功能,然后用现代白话作解释。

2. 现代法律有哪些功能?请举例说明在这些功能中可以看到两千多年前韩非子和管仲的观念的"影子"。

3. 现代组织应如何参照韩非子和管仲所阐述的法律功能发挥本组织规章制度的作用?

4. 请举例说明你所在单位(或学校)的规章制度的重要作用。

5. 你能用英语说出本小节的哪几条论述或哪几个主要概念?

6. 请用现代白话或英语解释本小节的主要概念。

(五) 法的执行原则:法不阿贵　诛必去私

【主要概念】法立而诛必;去私曲就公法;法不阿贵;行刑重其轻。

【原作论述】

① 法不立而诛不必,虽有十左氏无益也;法立而诛必,虽失十左氏无害也。

《韩非子·内储说上七术》

② 故当今之时,能去私曲就公法者,民安而国治;能去私行行公法者,则兵强而敌弱。

《韩非子·有度》

③ 法不阿贵,绳不挠曲。法之所加,智者弗能辞,勇者弗敢争。刑过不避大臣,赏善不遗匹夫。

《韩非子·有度》

④ 公孙鞅曰:"行刑重其轻者,轻者不至,重者不来,是谓以刑去刑也"。

《韩非子·内储说上七术》

⑤ 立天子以为天下,非立天下以为天子也;立国君以为国,非立国以为君也;立官长以为官,非立官以为官长也。

《慎子·内篇》

【白话释义】

① 如果没有好的立法,行刑又不坚决,那么就算有十座左氏这样的城池也没有

用。如果有好的立法，行刑又坚决，就算失去了十座左氏这样的城池对国家也没有损害。

② 所以当今之时，如能去除私欲，执行公法，则民众安定，国家治理有序；如能去除私行，执行国法，则我军强大，而敌军虚弱。

③ 法不偏袒权贵，就像木匠用的墨线不容弯曲一样。依法所定的罪行，乖巧的人也不容狡辩，胆大妄为的人也不敢抗争。惩罚罪过不避让大臣，赏赐善行不遗忘百姓。

④ 商鞅说，对于轻罪要施以重罚，那么人们轻罪不敢犯，重罪更不会发生，这就是所谓用刑罚遏止刑罚。

⑤ 拥立天子是为了治理好天下，而不是设置天下来为天子服务；拥立国君是为了治理好国家，而不是建立国家来为国君服务；任命官吏是为了履行官职，而不是设置官职来为官吏服务。

【英语译文】

① If law is not established and punishment is not administered resolutely, the possession of ten towns is no good. If law is established and punishment is administered resolutely, the loss of ten towns is no harm.

② If the ruler today can remove favoritism and execute the law strictly, the state will be well governed and the people will live in peace. If he can avoid selfish deeds and comply with the state law, his army will be powerful as compared with that of the enemy.

③ Law should not favor those in high position just as the yardstick measures everything impartially. The punishment imposed by law is not to be evaded by the wily or defied by the bold. The penalty for offenses does not keep away from high officials. The reward for good deeds does not leave out common people.

④ Shang Yang said, "A light offense should be punished severely. As a result, light offenses will not happen, let alone grave ones. This is what might be called removing penalty with penalty."

⑤ It is justified that a king is crowned to serve his kingdom, a prince nominated to serve his state, and an official appointed to perform his positional duties, and not that a kingdom is established to serve its king, a state founded to serve its prince, or a position formed to serve the official.

【解读与应用】

本小节的五条论述阐明了法家代表人物韩非子、商鞅和慎到关于执法原则的一些理念：执法必须坚决、不可徇私，执法要做到公平、公正、公开，执法应该严厉，执法者要正确处理自身地位与法律的关系。

第一条论述实际上是韩非子引述的一个故事中的话,但表明了他支持执法必须坚决的理念。卫国一个罪犯(医生)逃到了魏国,治好了魏国国君夫人的重病,于是得到了魏国国君的保护。卫国国君欲以十个左氏(城池名)交换这个罪犯,大臣们都以为太不划算,而卫国国君讲了这番话,表示"法立而诛必"(有好的立法,行刑又坚决)比拥有十个左氏更重要,显示了坚定执法的决心。相反,"法不立而诛不必,虽有十左氏无益也",如果没有好的立法,行刑又不坚决,那么就算有十座左氏这样的城池也没有用。

在第二条论述中,韩非子申明"行公法"(执行国家法令)必须"去私曲"(摒弃私心杂念)和"去私行"(杜绝自私行为),才能实现"民安国治"和"兵强敌弱"的目的,强调执法要严防徇私舞弊,必须如太史公所说,"不别亲疏,不殊贵贱,一断于法(一切事务依法决断)"。

韩非子的第三条论述力言执法必须公平、公正、公开。"法不阿贵,绳不挠曲",强调执法时要公平对待一切人,不偏袒权贵,就像木匠用的墨线不容弯曲一样。"刑过不避大臣,赏善不遗匹夫",施行赏罚必须公正,惩罚罪过不避让位高权重的大臣,赏赐善行不遗忘普通的百姓,做到在法律面前人人平等。"智者弗能辞,勇者弗敢争",由于执法公开,依法所定的罪行,乖巧的人也不容狡辩,胆大妄为的人也不敢抗争,法律处于至高地位。

韩非子的第四条论述,实际上是引用了商鞅的话,"行刑重其轻者",指出对于轻罪要施以重罚,这样做的结果是"轻者不至,重者不来,是谓以刑去刑也",即人们轻罪不敢犯,重罪更不会发生,这就是所谓用刑罚遏止刑罚的道理。

第五条是慎到的著述中最精彩的论述之一,它阐明了天子与天下、国君与国家、官吏与官职的关系,实质上强调了执法者要正确处理自身地位与法律的关系。慎到指出,拥立天子和国君,或委任官吏,是为了治理好天下和国家,或履行官职,而不是为了谋取私利。天子、国君和各级官吏,仅仅是国家职能的执行者,是法的工具,而不能凌驾于法之上。慎到还在他的论著中提出了"谁养活谁"的问题,他认为国君由百姓供养,其权力是百姓授予的,而非天子自己取得。因此,国君、天子为国家、为民众尽责是当然的义务。慎到的这一法治思想从根本上打破了传统的"君权神授"说,具有重要的理论和实践价值。

在现代组织管理中,规章制度一旦建立,就必须坚决、不折不扣地执行,全体员工,包括最高层管理人员,都应该自觉尊崇制度、严格执行制度、坚决维护制度,不能徇私护短,否则规章制度就将成为毫无约束力的一纸空文。联想集团有限公司董事局名誉主席、联想集团高级顾问柳传志是联想公司的创始人,他在联想成立初始,带头严格执行规章制度,在全公司形成了人人守纪的良好风气。针对不少人开会迟到的现象,公司制定了会议管理条例,规定任何人迟到将被当众罚站一分钟,会议也将暂停一分钟奉陪。被罚站的第一个人竟然是计算所科技处的老处长、柳传志的老领导。为了维护规章制度的权威性,柳传志对老处长说:"今天你在这儿站一分钟,今晚我到你家给你站一分钟。但现在你必须罚站,不这样今后会议没法开。所有的人都忙,都有理由迟到。"结果老处长真的站了一分钟,这一分钟罚站的代价,换来的是规章制度的强大威慑力及员工遵章守纪的强烈意识。

正如我国古代法家人物强调执法的公开、公平、公正原则一样,西方的哲学家、法学家和科学家等也从不同角度明示或隐示了执法的"三公"原则。英国哲学家和法学家洛克在《政府论》中指出:"法律的目的是对受法律支配的一切人公正地运用法律,借以保护和救济无辜者。"亚里士多德《伦理学》一书中说:"法官盖公平之保护者也,保护公平即保持平等,法官断一事之为公正也,无所取益于其间。"英国科学家培根也以生动形象的比喻说明了坚持公平正义的重要性:"一次不公的判断比多次不平的举动为祸尤烈,因为这些不平的举动不过弄脏了水流,而不公的判断则把水源败坏了。"德国哲学家黑格尔则强调了执法的公开性:"只有培养了对法的理解之后,法才能获得普遍性……法律必须普遍地为人知晓,然后它才有拘束力。"

由此可见,公开、公平、公正,是法治社会人们共同的、不懈的向往和追求,其朴素的含义包括惩恶扬善、是非分明、处事公道、态度公允、利益平衡、多寡相称等内容。公开、公平、公正原则,不仅是法律界执法的基本原则,也应该成为现代组织执行规章制度的基本原则。"公开"是对管理者的行为规范,要求任何相关信息必须真实、准确、完整地予以披露,其最重要的价值是建立透明的管理机制,保障员工对组织的重大事务及实施规章制度的知情权,防止管理层的专制独断;"公平"最重要的价值是保障制度面前人人平等和机会均等,避免歧视对待,使员工能够按照规章制度所规定的方式公平地享受权利和履行义务;"公正"最重要的价值在于维护正义和中立,防止徇私舞弊,排除任何特权,反对在同等条件下做出不同的处理,杜绝双重标准。公开、公平、公正,是一个相互联系、不可分割的统一整体。

商鞅主张轻罪重罚,其目的是为了使民众对法律产生敬畏感,从而"轻者不至,重者不来",即轻罪、重罪都不会发生,以达到"以刑去刑"的目的。新加坡的社会治理就采用了这一理念,在公共场所抽烟、在地铁吃东西等不算太严重的违规行为,但都会受到重罚,其结果是新加坡人守法意识很强,社会环境稳定有序。商鞅的这一"行刑重其轻者"理念与前文曾提到的孔子的"赦小过"理念粗看恰好相反,细想则互为补充。前者指违法的"轻罪",必须重罚;后者指犯下的"小过"(还不到违法的程度),应该宽赦。二者在现代组织管理中都可应用,但必须掌握好一个"度"。应用得当,二者都将产生积极的影响,"轻罪重罚"可增强规章制度的威慑作用及员工对法治的敬畏之心;"赦小过"则可鼓励员工大胆创新,敢于在"试错—纠错"过程中找到正确的做法,提高组织的亲和力及员工的积极性和忠诚度。但如果应用不当,超越了一定的"度",无论"轻罪重罚"还是"赦小过",都将形成处事的不公平或不公正,而导致员工的不满情绪,削弱组织的凝聚力。

慎到的关于天子与天下、国君与国家、官吏与官职的关系的论述,对于现代组织管理者如何处理好自己与组织之间的关系,摆正自己的位置,以及如何实施组织的规章制度,起着很好的启示作用。管理者应把自己视为所担任职务赋予自己的各项责任义务的履行者,是各项规章制度的实施者和带头遵行者,而非凌驾于组织之上的主宰,或游离于规章制度之外的发号施令者。

【复习思考与讨论题】
1. 为什么执法必须坚决而不徇私？请举例说明。
2. 韩非子是如何论述法律的公平、公正、公开原则的？现代组织管理中应如何贯彻"三公"原则？
3. 你是否记得西方的哲学家、法学家和科学家关于执法的"三公"原则的部分论述？
4. 你认为法家的"轻罪重罚"和儒家的"赦小过"这两种做法,哪一种效果更好？为什么？
5. 现代组织管理者应该如何认识自己在组织中的地位？
6. 请用现代白话或英语解释本小节的主要概念。

三、"势"的理念

(一) 权威的效应:处势则治　令行禁止

【主要概念】处势则治,去势则乱;执柄处势,令行禁止;尧为匹夫,不能使其邻家;南面而王,则令行禁止。

【原作论述】
① 抱法处势则治,背法去势则乱。　　　　　　　　《韩非子·难势》
② 君执柄以处势,故令行禁止。　　　　　　　　　《韩非子·八经》
③ 故腾蛇游雾,飞龙乘云;云罢雾霁,与蚯蚓同,则失其所乘也。故贤而屈于不肖者,权轻也;不肖而服于贤者,位尊也。尧为匹夫,不能使其邻家;至南面而王,则令行禁止。
　　　　　　　　　　　　　　　　　　　　　　　《慎子·威德》

【白话释义】
① 严格执行法律,并拥有权力和权威,社会就能治理好;背离法律,并失去了权力和权威,就会产生动乱。
② 君主掌握权力,并拥有权威,所以能做到有令必行,有禁必止。
③ 腾蛇(传说中会飞的神兽)驾雾而行,飞龙乘云往来;如果云消雾散,腾蛇、飞龙

与蚯蚓就没有什么两样，这是因为它们失掉了依托的缘故。因此，贤人之所以屈服于行为不端者，是因为贤人的权力太小；而行为不端者能服从于贤人，是因为贤人的地位尊贵。尧作为普通百姓，连他的邻人都指使不动；等到他坐北朝南称王的时候，则有令必行，有禁必止。

【英语译文】

① Social order is maintained if law is enforced strictly and power and authority are held. Disorder arises if law is flouted and power and authority are lost.

② As the ruler holds power and is in an authoritative position, every order, whether for or against something, is executed without fail.

③ The celestial snake could ride on the mist and the flying dragon on the cloud. But when the mist and the cloud vanished, they would be just like the earthworms, because they lost their supports. Therefore, a virtuous man submits himself to an evil one because the former has little power, and an evil man obeys a virtuous one because the latter is in an important position. As an ordinary man, Yao could not even order his neighbor about, but when he became king, all his orders and prohibitions were enforced without fail.

【解读与应用】

韩非子与慎到的这三条论述，阐明了"势"对于施行法治的重要性。韩非子特别推崇法与势相结合的治政方略，他对比了"抱法处势"与"背法去势"的截然不同的结果：前者能达到"治"，而后者则导致"乱"。也就是说，如果执法者严格执行法律，并拥有权力和权威，社会就能治理好；相反，如果执法者背离法律，并失去权力和权威，社会就会产生动乱。在这条论述中，"势"似乎具有权力与权威双重意义。韩非子第二条论述中的"执柄以处势"，则区分了"柄"与"势"两个不同概念："柄"指权柄、权力；"势"则指权威、威势。韩非子强调，只有二者兼具，才能做到令行禁止。慎到运用比喻和实例，生动地说明了同样的道理。"腾蛇"与"飞龙"，是传说中的两个飞行神兽，它们腾云驾雾，在天际自由飞行，无拘无束而威力无穷，但一旦云消雾散，它们失去了云雾的支撑，便如地上的蚯蚓一样卑微渺小。慎到把君主与"势"的关系喻为腾蛇、飞龙与云雾的关系。慎到还以传说中上古时期的贤明君主、"五帝"之一的尧为例，说明"势"的关键作用。"尧为匹夫，不能使其邻家；至南面而王，则令行禁止"，意思是说，如果尧是平民，他连邻人都指使不动；但等到他称王以后，掌握了权力，确立了权威，则有令必行，有禁必止。

韩非子关于法与势的结合才能达到大治的理念对于现代管理有着重要的借鉴意义。有了好的法律，但执法者没有权力，缺乏权威，法律得不到有力、有效的实施，再好的法律也发挥不了治理的功能。现代组织的管理也是如此，制定良好的规章制度固然重要,但如果负责推行、实施规章制度的各级管理者没有相应的权力和权威,就会出现组织松散、人心不齐、令不行禁不止的混乱局面,良好的规章制度将沦为墙上的摆设或纸上的空文,不能真正发挥规范、调控员工行为的作用。管理者是具有职位和相应权力的人,管理者的职权是管理者从事管理活动的资格,管理者的职位越高,其权力越大。组织或团体必须赋予管理者一定的职权。如果一个管理者处在某一职位上,却没有被赋予相应的权力,即我们通常所说的"有责无权",那么他就无法进行管理工作。职权与责任义务是同步发生的,管理者被赋予了一定的职权,也就同时承担了一定的责任和义务。

"职权"通常被理解为某一职务及与之相应的"权力",人们很少考虑到另一个概念"权威",或者虽然考虑到,却对两个概念模糊不清,甚至混为一谈。韩非子区分了"柄"(权力)与"势"(权威)的概念,但他也没有具体、深入地分析两种概念的内涵,我们有必要梳理一下,搞清楚二者之间的联系和区别。

权力,是一种支配他人的力量,来自某一职位;权威,是一种令人信从的力量,主要来自拥有某一职位的人自身的素质和能力。权力,对于被管理者产生外加的强制性力量;权威,使被管理者产生内在的自发性力量。权力,可让人屈服、口服,不得不干;权威,可使人诚服、心服,自觉乐意干。权力,是有效的,但也是有限的;权威,是高效的,而且是长期稳定的。在现实生活中,有权力的未必有权威,有权威的也未必有权力。权力与职位同在,一个人受聘了某一职位,通常(除非是虚职)也就同时获得了权力,失去职位便同时失去了权力;权威,虽然与职位有联系,但主要取决于自己广博的知识、超群的能力,以及由个人素质所形成的人格魅力。权威与权力,二者都有一个"权"字,是有关联的两个概念。拥有一定的权力,有助于增强一个人的权威,但光靠权力是远远不够的。著名德国思想家汉娜·阿伦特在《共和的危机》中甚至否定权威与任何外在的强力(包括权力)有关,她说:"由于权威总要求服从,因此总被误解为某种形式的权力或暴力。然而,权威排斥使用外在的强制,强力所在,权威便失效。"现代组织管理者,是各项工作的决策者和各种复杂关系的协调者,是各项规章制度的具体实施者,在行使权力的同时,必须具备崇高的权威,才能产生不可估量的感召力和向心力,真正做到令行禁止,实现组织目标。但这种权威,并不是想要就会有的,也不是自己的职位所赋予的。只有在不断地加强人品道德的修养中,在不懈地提高素质能力的实践中,在对员工真诚服务的行动中,才能真正树立起来。韩非子"执柄以处势"的主张,依然有着很大的现实意义。

心理学有一个术语"权威效应"(authority effect)或"权威暗示效应",被现代管理学界广泛应用。所谓"权威效应",是指一个享有威望、受人敬重的人所说的话及所做的事容易引起人们重视,容易使人相信他所说的话的正确性,并乐于仿效他的行为。俗话"人微言轻、人贵言重"说的也是这个道理。"权威效应"的产生,建立在人们普遍具有的"安全心理"和"赞许心理"的心理基础之上。人们总认为权威人物往往是正确的标杆式人物,听从他所说的话并仿效他的行为,会使自己具备安全感,增加不会出错的"保险系数"。另外,人们总相信权威人物的要求往往与法律和社会规范相一致,按照他的要求做事会得到各方面的认可和赞许。

曾经有心理学家做过一个试验:在给某大学的学生讲课时,向学生介绍一位从德国来的著名化学家。试验中这位"化学家"煞有介事地拿出了一个装有蒸馏水的瓶子,说这是他新发现的一种化学物质,有些气味,请在座的学生闻到气味时就举手。结果多数学生都举起了手。对于本来没有气味的蒸馏水,由于这位权威"化学家"的语言暗示而让多数学生都认为它有气味。由此可见,权威的暗示效应确实存在。

现代组织管理者也可利用"权威效应"去引导和改变员工的工作态度以及行为,这往往比单纯靠权力发布命令的效果更好。如果管理者能凭借职位所赋予自己的权力,再加上自己的高尚品质、渊博知识和出众的能力所形成的个人魅力,使自己成为员工信得过的权威,这是最理想的情况。组织管理者也可借助外来的权威,或者在企业内部培养某一方面的权威,然后利用"权威效应"进行领导。例如企业做广告时可请权威人物赞誉某种产品,在销售某一产品时,可在包装上印制权威机构的认证,在开会演讲或说理时可引用权威人物的名言作为论据,等等。

【复习思考与讨论题】

1. 韩非子的论述"君执柄以处势,故令行禁止"是什么意思?其中"柄"和"势"二字各表示什么?
2. 韩非子和慎到都强调"势"的重要性,本小节所引用的他们的论述有什么不同的风格?
3. 请举实例说明"法"与"势"缺一不可,唯有二者结合才能进行高效的管理。
4. "权力"和"权威"有什么联系和不同?
5. 什么叫"权威效应"?"权威效应"建立在什么心理基础之上?请用日常生活中的实例说明"权威效应"普遍存在。
6. 现代组织管理者应如何在管理实践中运用"权威效应"?
7. 请用现代白话或英语解释本小节的主要概念。

(二) 权威的树立:积于信　听忠言　行事施予　包而畜之

【主要概念】小信成则大信立;良药苦于口,智者饮之;忠言拂于耳,明主听之;行事施予;包而畜之;不择其下。

【原作论述】

① 小信成则大信立,故明主积于信。赏罚不信,则禁令不行。

《韩非子·外储说左上》

②夫良药苦于口,而智者劝而饮之,知其入而已己疾也。忠言拂于耳,而明主听之,知其可以致功也。

《韩非子·外储说左上》

③故人行事施予。以利之为心,则越人易和;以害之为心,则父子离且怨。

《韩非子·外储说左上》

④凡立公,所以弃私也。明君动事分功必由慧,定赏分财必由法,行德制中必由礼。

《慎子·威德》

⑤是以大君因民之能为资,尽包而畜之,无能去取焉。大君不择其下,故足;不择其下,则易为下矣。

《慎子·民杂》

【白话释义】

①讲小信用,大信用也就会逐渐确立起来,所以英明的君主是在不断地积累信用中树立权威的。如果赏罚不讲信用,法令禁规就无法推行。所以明君要在遵守信用上逐步积累声望。

②良药苦口,但聪明人却要努力喝下去,因为他知道喝下去后能使自己疾病痊愈。忠言逆耳,但明智的君主愿意听取,因为他明白由此办事可以获得成效。

③所以人们办事给人好处。如果从对人有利处着想,那么原本疏远的人也容易和好;如果从对人有害处着想,即便父子也会分离并相互埋怨。

④确立公正的准则,都是为了摒弃私心。圣明的君主做事论功,一定要有智慧;确定奖赏和分配财物,一定要遵循法规;推行美德并做到恰到好处,一定要符合礼仪规范。

⑤所以,贤明的君主把民众的各种专长作为治理国家的资源,尽力包容它们,对它们不随便加以取舍。君主对臣下不求全责备,所以各种人才就充足;君主对臣下不求全责备,臣下就容易做事,各尽其才。

【英语译文】

① Good faith grows little by little, and an enlightened ruler builds up his reputation by good faith.

② Although good medicine tastes bitter, a wise man will take it, because he knows that it will cure his disease. Although faithful admonitions are unpleasant to the ear, a wise ruler will accept them, because he knows that they will help to acquire accomplishments.

③ Therefore, people try to benefit others while doing things. Estranged people may restore good relations if they think of benefiting each other. Father and son may separate and blame each other if one thinks of harming the other.

④ Justice is always upheld for the sake of overcoming selfishness. A wise ruler should apply his wisdom to the appraisal of his courtiers' accomplishments and contributions, and must observe rules and regulations in giving rewards and distributing wealth, and conform to norms in promoting virtues in an appropriate way.

⑤ Therefore, a wise ruler regards the different skills of the people as valuable assets for the state and adopts an inclusive and tolerant attitude towards them and never rejects any of them casually. As the ruler does not demand perfection, sufficient people of diversified aptitudes emerge and each of them readily brings his own skill into play.

【解读与应用】

本小节的五条论述讲的是如何"处势"的问题，用今天的话来说，就是如何树立权威的问题。作为谋士，当年的韩非子和慎到都是在为君主出谋划策，他们的主张和谏言都是为了维护君主的利益，所提的计谋中不少是用于掌控臣下的"阴谋诡计"，这些属于糟粕。但如果剥离了他们说话的具体背景和目的，只考虑论述的本质内涵，其中也不乏真知灼见而具有永久的价值，可适用于各个时代的治国理政实践，值得我们学习，这就是冯友兰先生所说的"抽象继承"。本小节所引用的论述大致集中在探讨树立权威的五种方式或注意点：信用、倾听、施惠、立公、包容。

韩非子说"小信成则大信立，故明主积于信"，他认为讲小信用，大信用也就会逐渐确立起来，所以英明的君主是在不断地积累信用中树立权威的。有了信誉，就能赢得信任而产生威望；没有信誉，就不可能做到令行禁止。韩非子用"良药苦于口"来比拟"忠言拂于耳"，说明善于倾听对于树立权威的重要意义。权威不在于高高在上以力压人，礼贤下士、从谏如流恰恰能赢得人心。韩非子的话已演化为成语"良药苦口"和"忠言逆耳"而千古流传。韩非子的第三条关于"行事施予"的论述，阐明了"施惠"（即给人好处）的作用："以利之为心，则越人易和"，一切从对人有利处着想，仇人也会和好；反之，"以害之为心，则父子离且怨"，一切从对人有害处着想，父子也会反目。"施惠"，是一般人际关系的润滑剂；在处理君主与臣民的关系中，有助于君主凝聚人心，树立权威。

慎到关于"立公弃私"的谏言是古代君主很难达到的行事标准，但却是君主树立权威必不可少的条件。古代君主往往集立法、司法、执法三权于一身，因权力过于集中，因私弃公极为平常，其治政手段通常是靠威势而非威望，靠权力而非权威，靠压服而非心服。因而，慎到的这一主张对于真正想建树权威、使人心服的贤明君主来说，至关重要。慎到所说的"包而畜之"（即包容），是古代君主树立权威的另一条重要条件。他认为，君主如能大度包容而"不择其下"（即对臣下不指指点点、求全责备），其结果是"足"和"易为下"，"足"是指各种人才充足，"易为下"是指臣下就容易做事，各尽其才，甘心效劳。这样一来，犹如众星托月，君主就会赢得臣下的忠诚和拥戴，树立崇高的权威。

"信用",其基本含义是能够履行诺言而取得他人的信任,信用是长时间积累的信任和诚信度。信用既是一种内在品质,也是一种行为艺术,它是一个人能保持与他人长期、反复交往的基础。对于现代组织管理者而言,有信用,则众望所归,员工勠力同心;失信用,则众叛亲离,自己沦为孤家寡人。可以说,信用是现代组织管理者获取权威的最基本条件。在现代生活中,约会商谈、订立贸易合同、融资贷款、签署协议条约、实行规章制度等活动,无不以信用为前提。"人而无信,不知其可也",确实如此,一个人一旦失去信用,声誉扫地,寸步难行。"小信成则大信立",信用是逐渐积累起来的。但是信用又是容易失去的,费十年工夫积累的信用,往往由于一时一事欠妥的言行而失掉。总而言之,信用不仅是管理者树立权威的最基本条件,也是所有人立身处世的基础,是一种人人必须遵循的自我管理行为准则。

"倾听",是现代组织管理者树立威信的又一基本条件,它具有多方面的作用。其一,倾听有利于在了解真实情况的基础上做出明智的决策,少走弯路,提高工作效率。其二,倾听展示了听者虚怀若谷的胸怀,体现关注对方、尊重对方的诚意,可促进人际关系的和谐融洽,树立更好的管理者形象。其三,倾听有助于获取多方面信息,包括正面的与反面的、有利的与不利的、前瞻的与后顾的信息等,避免管理中的失策行为。兼听则明,偏听则暗,唐太宗所以能威震天下,成为一代明君,正是由于他善于倾听魏征谏言的缘故。《新唐书·魏征传》云:因问为君者何道而明,何失而暗。征曰:"君所以明,兼听也;所以暗,偏听也。"

倾听,是现代组织管理者必须掌握的一门艺术。法国哲学家德尼·狄德罗在《达朗贝尔和狄德罗的谈话》中曾告诫道:"奉承的美言,我们爱一口吞下;逆耳的忠言,我们却点滴啜饮。"倾听是一种智慧。美国艺术家吉米·亨德里克斯在专辑《新升太阳的第一束光》中说:"知识在于表达,而智慧在于倾听。"要取得倾听的良好效果,管理者必须注意以下几点:

(1) 平等。要对任何交谈者一视同仁,平等相待,而无论其地位高低或名声大小。

(2) 谦恭。要虚心听取对方意见,克服自我中心观念,不要总想占据主导地位。

(3) 平和。不要激动,不要因为与对方见解不同而产生激烈的争执。

(4) 耐心。不要匆忙下结论,不要急于评价对方的观点,不要急切地表达自己的感受。法国思想家卢梭在《爱弥儿》中说:"忍耐是痛苦的,但它的果实是甜蜜的。"

(5) 细致。要仔细地听取对方的陈述,辨明对方究竟是在倾诉、劝诫、警示或商讨,鼓励对方把话说完,不要深究那些不重要或不相关的细节而打断对方讲话。

韩非子所倡导的树立权威的第三种方式是"施惠"。所谓施惠,即帮助人,给人好处,施与恩惠,它无疑是管理者凝聚人心、增强亲和力和向心力的重要方式。有一条英国谚语说,"除了'爱'以外,'施惠'是世界上最美丽的动词",此话并不夸张。施惠,不应是一时一事的权宜之计,而应是基于爱心的自发善举,是管理者"以利之为心"的行事准则。在通常情况下,"施惠"与"感恩"是交互的,施惠者的爱心善举能赢得受惠者的感恩回报,管理者的施惠能换取受惠员工对其权威的顺从。但"施惠"与"感恩"并不总是同步发生的,有的时候,施恩却招来怨恨,恩将仇报的事也时有发生,这种情况是对管理者的一大考验。"水善利万物而不争",管理者应达到施惠而不求回报的境界,见人有难,慷慨解囊;遇人罹困,伸出援手,事后不管受惠者是否有回报之举,都心安理得,无怨无悔。古训"施惠无念,受恩莫忘",既理清了二者互为因果的关系,也阐明了做人的两大准则,对人施了恩惠,不要记在心上;受了他人的恩惠,一定要常记不忘。管理者若能真正达到"施惠无念"的豁达境界,他将在员工的心目中享有崇高的威望,"受恩莫忘"的人终究会越来越多。

"立公",是现代组织管理者获得权威所必须具备的个人品格和能力。"立公"具有两层意义:立公心和立公德,前者多指处理事务,后者多指培养品质。所谓立公心,就是要在实施管理、处理具体事务中,主持公道,去除私心;谨慎用权,防止特权;严于律己,宽以待人;在其位,要谋其政,敢于担当负责,工作不推诿拖拉;不拉帮结派,不搞裙带关系;保持清正廉洁,杜绝奢靡、贪腐之风。我们不妨以这副对联加以概括:立公心,甘为人仆德乃大;去私念,不谋私利品自高。

所谓立公德,就是指管理者要自己践行并引导员工遵守公共生活中的基本规范和要求,维护社会公众(包括本组织员工)的安宁和幸福。通常公德指社会生活中法律以外的行为要求,如文明礼貌、助人为乐、保护环境、爱护公物、遵章守纪等。遵行社会公德是维护社会公共生活正常秩序和安定环境的最低准则,是人们现实生活稳定发展的基本条件。社会公德发挥着维护现实的稳定、公道、扬善惩恶、扶正祛邪的功能,在社会生产和生活中起着强大的舆论监督和精神感召作用,非强制性地调节和规范着社会生活中人们的言论和行动,有效地维护社会公共生活秩序。社会公德是社会道德的基石和支柱之一,社会公德对社会道德风尚的形成产生稳定而深刻、广泛而持久的影响,是精神文明程度的"窗口"。遵行社会公德是成为一个有道德的人的最基本要求。一个现代组织的员工实践社会公德的自觉程度和普及程度,反映出这个组织的整体精神面貌和文明建设的状况。管理者必须以身作则,率先示范,增强员工的社会公德意识,自觉地以社会责任感规范自己的行动。慎到所倡导的实现"立公去私"的三大武器"慧"(智慧)、"法"(法规)、"礼"(礼仪规范),值得现代组织管理者借鉴和运用。

"包容"的基本含义是容纳、宽容大度。慎到在两千多年前战患频仍的战国时代就能提倡"包而畜之"的治政理念是难能可贵的,他的这一理念对后世政界的有识之士影响很大。《汉书·五行志下》云:"上不宽大包容臣下,则不能居圣位。"北宋政治家和文学家苏轼在他的《上神宗皇帝书》中说:"若陛下多方包容,则人才取次可用。"包容,同样是现代组织管理者树立权威所必须具备的美德、气度和处事艺术。包容是一种美德,它是一种善良的结晶,是人性至善至美的沉淀,它可以使管理者的人格升华而赢得员工的仰慕。包容是一种气度，它是博大坦荡的胸襟的自然流露，它能容纳他人曾经的过失而赢得员工的钦佩。德国哲学家弗里德里希·尼采在《道德谱系学》一书中说："我们必须成为大海，方能容纳一条不清的河流而不至于自己变得不清。"包容是一种处事艺术，它能变愤恨和埋怨为快乐，在员工的拥戴中树立权威，享受管理工作的乐趣。但现代组织管理者必须把握"包容"与"纵容"的区别，掌握一个合理的包容度。包容员工的过错，不是欣赏员工的过错，也不是促成员工去犯错、鼓励员工去犯错，而是允许、容纳员工的过错，让员工有改过的机会，在错误、教训中学习，把工作做得更好。包容员工的过错，不是对员工放任自流、纵容迁就，那是害人之举，是不负责任的表现。如果把"纵容"称之为"包容"，那就是对"包容"的一种玷污和歪曲。

【复习思考与讨论题】

1. 韩非子和慎到提出了树立权威的几种方式？你觉得哪几种方式特别有效？
2. 为什么说"信用"是现代组织管理者获取权威的最基本条件？
3. "倾听"对于管理者树立威信能起到哪几个作用？要取得"倾听"的良好效果，管理者必须注意哪几点？
4. "施惠"与"感恩"是什么关系？管理者应该如何对待"施惠"而没有获得回报的情况？
5. 请举例说明立公心和立公德的不同表现。慎到倡导哪三种实现"立公去私"的武器？
6. 为什么说包容是管理者树立权威所必须具备的美德、气度和处事艺术？包容与纵容有什么区别？
7. 请用现代白话或英语解释本小节的主要概念。

四、术的理念

（一）选人用人：分权问责　智术能法

【主要概念】智术之士明察；能法之士劲直；因任而授官；循名而责实；明法正义；一群臣。

【原作论述】

① 智术之士明察，听用，且烛重人之阴情；能法之士劲直，听用，且矫重人之奸行。故智术能法之士用，则贵重之臣必在绳之外矣。是智法之士与当涂之人，不可两存之仇也。

《韩非子·孤愤》

② 术者，因任而授官，循名而责实，操杀生之柄，课群臣之能者也，此人主之所执也。

《韩非子·定法》

③ 君必有明法正义,若悬权衡以称轻重,所以一群臣也。……圣君任法而不任智,任数而不任说。

《申子·佚文》

【白话释义】

① 知晓心术的人明察秋毫,如其谏言被采用,就能洞察藏私纳奸人的私心;恪行律法的人刚劲正直,如其谏言被采用,就能矫正或制止藏私纳奸人的奸行。所以知晓心术、恪行律法的人被任用,必将把藏私纳奸人排斥在政坛之外。所以知晓心术、恪行律法的人与藏私纳奸的人,有势不两立之仇。

② 所谓术,即根据职责委任官员,然后根据官员的职务名分要求其履责,(君主)掌握升降生杀大权,考察官员的能力,这是君主必须运用的策略。

③ 君主必须制定明确的法规,端正道义,以此来衡量群臣的表现,如同用杆秤称物体的轻重那样,这是为了以统一的标准考察群臣。……贤明的君主凭法规而非机巧识人,靠律法条文而非诡辩说辞判断。

【英语译文】

① Insightful people are perceptive and sharp-sighted. If their advice is taken, the selfish motive of those crafty and wicked people will be found out. Law-adhering people are resolute and upright. If their advice is taken, the evil conduct of those crafty and wicked people will be rectified. Therefore, the insightful and law-adhering people are diametrically opposed to the crafty and wicked people.

② The tactics that a ruler need to employ lie in appointing officials according to the duties of their positions, holding them accountable and using his power to examine their abilities.

③ The ruler must make explicit laws and rules, and uphold justice. He must measure the officials' performances according to the laws and rules just like weighing things on the scales. In doing so, he examines the officials by the same standard ... A wise ruler evaluates the officials by law without being tricked by craftiness and makes judgment by specific rules without being misled by sophism.

【解读与应用】

本小节开始探讨法家治政的第三把刀——"术"。所谓"术",主要指君主选人、用人、控制上下级关系的心术,也即手法,用今天的话来说,就是处理人事关系的策略或艺术。当年法家代表人物慎到和韩非子所说的"术",是君主的专有物,是驾驭、驱使臣下的方法。"法"是公开的,是臣民的行动准则,而"术"却是隐藏在君主心中,专门对付大臣。春秋战国时,君主要对付大臣是由复杂的社会斗争所决定的。在那个战争不断、社会礼仪遭受严重破坏的时代,臣下弑君已酿成社会习气。申不害和韩非子等法家认为,人君的主要威胁不是来自民众或敌国,而是来自大臣。所以他们告诫君主,对君臣关系要有清醒的认识。我们研讨"术",不必去理会法家人物为君主服务的动机,而是寻求其中具有普遍价值的合理成分,用于当今的组织管理。

韩非子的第一条论述阐明了"选用什么人"的问题,他告诫君主警惕"重人擅为"。他曾经为君主解释过"重人擅为"的后果:"重人也者,无令而擅为,亏法以利私,耗国以便家,力能得其君,此所为重人也。"(《韩非子·孤愤》)韩非子所说的"重人",是指那些控制国家大权的人。韩非子建议君主要起用与"重人"对立的两种人,"智术之士"和"能法之士"。前者是指能洞察秋毫、识破"重人"损国谋私心机的智慧人士,后者指通晓并恪守律法、为人刚毅、能矫正或制止"重人"奸行的正直人士。这两种人与"重人"壁垒分明,势不两立,有"不可两存之仇"。君主如任用"智术之士"和"能法之士",则地位稳固,国家兴旺;君主如错用"重人",则大权旁落,国破家亡。

申不害也力劝君主要注意选人、用人,他认为要"一群臣",即以统一的标准考察群臣,"若悬权衡以称轻重",如同用杆秤称物体的轻重那样谨慎而又公平。衡量群臣的标准是"明法正义",即制定明确的法规,坚持正义,"任法而不任智,任数而不任说",要凭法规而非机巧选人,靠律法条文而非诡辩说辞判断臣下的言行。韩非子和申不害都注意到,君主的周围总是会有一批奸佞之徒,这些人见风使舵,能说会道,很容易取得君主的宠信。如果君主不能"明法正义",不起用"智术之士"和"能法之士",便不可能"烛重人之阴情",识破奸人的险恶用心,也不可能"矫重人之奸行"而"绳之外",即挫败奸人的恶行,并把他们排除于政坛之外。那样的话,君主就很容易听信谗言,冤屈甚至错杀忠良,使国家政权陷于覆亡的境地。

解决了"选用什么人"的问题之后,"术",即"如何用人",便成了治政的关键。韩非子的第二条论述充满了"如何用人"的智慧,具有很高的实用价值。这条论述阐明了治政管理中的三个要点:分权分责、监督问责、因事设人。韩非子认为君子"操杀生之柄"(即掌握臣下升降生杀大权)的目的,是为了"课群臣之能",即考察官员的能力,而非亲自处理政务。具体政务应该通过"授官"(即分权分责、委任官员),让官员来承担。"授官"(委任)的原则是"因任而授官",即根据职责来委任官员,也就是我们今天所说的"因事设人"或"因事设岗,再因岗设人"。"授官"以后并非万事大吉,更重要的是"循名而责实",即根据职务名分要求官员履责,即问责,而君主则运用自己的权力进行监督考察。尽管韩非子的论述不乏维护君主专制统治的意味,但就其分权分责、监督问责、因事设人的治理方式而言,还是具有普遍的现实意义,只是今天的监督考察,不再是由某一个人独断,而是通过群众监督及按制度考察来实施。

科学管理之父弗雷德里克·温斯洛·泰勒认为:"管理就是确切地知道你要别人干什么,并使他用最好的办法去干。"(《科学管理原理》)美国著名的管理学专家、组织行为学的权威斯蒂芬·罗宾斯在《管理学基础》中说:"所谓管理,是指同别人一起,或通过别人使活动完成得更有效的过程。"根据泰勒和罗宾斯所下的定义,人是管理的第一要素;使别人"用最好的办法去干",是管理者最主要的职责。因而,选人、用人始终是管理的第一要务,古代的儒家和法家与现代的管理学家基本上都持这一观点。

在选人的标准上,法家与儒家的观点有所不同。如本书第一章所述,儒家"举贤才"的标准更注重"德",如"取人以身""举直错诸枉,能使枉者直"等,而法家的选人标准则更注重"智"("智术之士")和"能"("能法之士")。现代组织在选人、用人时,可以在"德""智""能"综合标准的基础上,由各个组织根据本组织的行业性质确定具体标准。

在选人用人问题上,韩非子的关于识别、谨防"重人"的警示值得现代组织重视。诺贝尔奖得主、经济学家乔治·阿克尔洛夫提出的"柠檬市场"(The Lemon's Market)效应,与韩非子的警示有着异曲同工之美。柠檬在美国俚语中是次品的意思,所以"柠檬市场"也称次品市场。所谓"柠檬市场"效应是指在信息不对称的情况下,即卖方比买方拥有更多关于产品质量的信息时,低质量产品将会驱逐高质量产品,而逐渐占领市场,导致劣等品充斥市场的现象。"柠檬市场"效应不局限于经济领域,在人才资源配置领域,即选人用人方面同样有所体现。组织中常有一些品质不佳、能力一般,但却能说会道、善于逢迎谄媚的人围着领导转,他们不钻研业务,却掌握很多未经证实的有关他人的不良信息(小道消息)。他们不断向领导灌输这些信息,并在员工中传播。这样,在组织选拔人才时,如果有关领导及管理者缺乏识别能力,轻信谗言和谣传,那么优秀的人才,如同韩非子所说的"智术之士"和"能法之士",则将处于不利地位而遭到"驱逐",那些"次品"("重人",逢迎谄媚之士)则逐渐占据重要岗位。这种选人用人的"柠檬市场"效应,不仅污染组织的风气和人才的生态环境,影响人员的士气、降低组织的工作效率,而且将严重削弱组织的整体竞争力,逐渐吞噬一个组织的发展前景。为避免"柠檬市场"效应,现代组织应建立严格的综合型考核体系,包括日常考核、分类考核、组织人事部门考核、群众考核等。组织的核心领导层应对整个组织的人才状况有清晰的、全盘的了解和掌握;对于被考核的人,不仅要听其言,更要观其行,避免被表面现象所蒙蔽;要摒除长官意志、拉帮结派、任人唯亲等恶习,自觉远离那些善于钻营、搞人身依附的人,真正选拔、任用那些既正派("德"),又有才("智"),还具备实际专业能力和经验("能")的人。

韩非子关于"循名而责实"的主张,对于后代的各类管理者都有重大影响。三国时代的著名政治家、军事家诸葛亮就是赞同并实践这一主张的法家人物。他提出"庶事精练,物理其本,循名责实,虚伪不齿"(《三国志·诸葛亮传》),沿用了韩非子的论述。他按军法挥泪斩马谡,又坚定地实践了这一主张。据《三国志》记载,"马谡才器过人,好论军计,丞相诸葛亮深加器异",但他作为领兵主将,失守街亭,导致了出师北伐的失败。虽然马谡是诸葛亮不可多得的爱将之一,但诸葛亮"以马谡违反节度、举动失宜而斩杀马谡",尽管"十万之众为之垂涕",诸葛亮依然果断地执行了军令,在历史上留下了"循名责实"的一个范例。

"循名而责实",对于现代组织建立问责制有着很大的借鉴意义。所谓"名",就是职务的名分和责任,有职就有责、任职要负责、失职要问责,就是"责实"的基本原则。要做到"循名而责实",两条措施必不可少:一是考核标准要明确、细致、可操作,甚至可以量化;二是考查要认真、坚决、公平,不可徇私,不可半途而废,要一竿子到底。问责的范围应该具体、明确,以便监督部门及员工共同考核。现代组织可根据自身组织的性质、目标和规章,对以下实例进行增删、修改,并添加有关问责处置的条款。

问责范围:

(1) 对法律、法规和上级的政策、规章执行不力,消极对待,政令不畅,导致员工和组织合法权益受到损害;

(2) 对岗位职责范围内的工作拒绝、放弃、推诿、拖延造成工作任务延误;

(3) 办事拖拉、效率低下,在规定时限内没有正当理由而不完成承担的工作任务;

(4) 无正当理由,超过规定时间完成所承担的工作任务而造成负面影响;

(5) 重大事项不请示、不报告,或不按有关规定执行;

(6) 不按规定公开有关办事程序及办理结果,不按公开承诺的内容履行职责;

(7) 在工作时间内擅离岗位或虽然在岗却进行与工作无关的行为;

(8) 其他影响组织的正常运行而造成严重后果的行为。

【复习思考与讨论题】

1. 为什么在战国时期,法家代表人物韩非子和慎到强调君主治政要重视"术"?

2. "智术之士""能法之士"和"重人"三类人有何特征?为什么韩非子建议君主要起用"智术之士"和"能法之士"而谨防"重人"?

3. 韩非子的谏言和警示对于现代组织管理有何借鉴意义?

4. 什么叫"柠檬市场"效应?它与韩非子关于"重人"的论述有何内在的关联?

5. 申不害论述中的"一群臣"是什么意思?衡量群臣的标准是什么?如何才能做到"一群臣"?

6. "因任而授官"是什么意思?它体现了关于用人的什么智慧?

7. "循名而责实"的含义是什么?请举例说明现代组织建立问责制的必要性。

8. 请用现代白话或英语解释本小节的主要概念。

(二) 分级管理:治吏不治民　不躬小事

【主要概念】治吏不治民;不躬小事;设其本;治其要;操其柄。

【原作论述】

① ……故圣人治吏不治民。　　　　　　　　　　　《韩非子·外储说右下》

② 是以圣人不亲细民,明主不躬小事。　　　　　　《韩非子·外储说右下》

③ 明君如身，臣如手；君若号，臣如响。君设其本，臣操其末；君治其要，臣行其详；君操其柄，臣事其常。

《申子·大体》

【白话释义】

① ……因此圣明的君主治理官吏，而非治理民众。

② 因此圣明的君主不亲自治理普通民众，不亲自处理小事。

③ 圣明的君主犹如身体，臣下犹如双手；君主犹如号角，臣下犹如号声。君主确定原则，臣下具体实施；君主掌控大事，臣下执行细节；君主掌握权柄，臣下履行职责。

【英语译文】

① ... So a wise ruler administers officials instead of common people.

② A wise ruler does not administer common people or attend to trifles personally.

③ A wise ruler is like the body, and his courtiers the hands; the ruler is like the bugle, and his courtiers the blare; the ruler establishes the principle, and his courtiers carry it out.

【解读与应用】

本小节两位法家代表人物的论述重点探讨了分级管理问题。韩非子关于"治吏不治民"和"不躬小事"的两条论述实际上讲了同一个道理，即君主应该治理官吏，而不必亲自治理普通民众，也不要亲自处理小事。用今天的话来说，就是要求管理者抓大放小，懂得放权给下属，而不要事必躬亲，并重视管理下属。韩非子善于运用形象的比喻来讲清道理，他在《韩非子·外储说右下》中的另一处解释说："摇木者——一摄其叶，则劳而不遍；左右拊其本，而叶遍摇矣。……善张网者引其纲，不一一摄万目而后得，则是劳而难；引其纲，而鱼已囊矣。"这段话的大意是：摇树的人如果逐次掀动每一片树叶，即使累得筋疲力尽，也无法使树叶全部抖动；而如果左右摇动树干，树上所有的叶子都会一起晃动。同样道理，善于张网捕鱼的人，只要拉住渔网的纲绳，鱼儿就能尽收网中；而如果逐次拨弄一个个网眼，不仅劳苦不堪，还将一无所获。在此，民众如同"叶"和"目"，而官吏如同"本"和"纲"，君主只须管好"本"和"纲"，就能有效地带动"叶"和"目"。申不害的论述具体阐明了君臣之间的分工。他也运用比喻，把君主比作"身"（身体）或"号"（号角），而把臣下比作"手"（双手）或"响"（号声），认为臣下是君主用来实现治国理政目标的工具或手段。申不害认为，君主应该抓的是大事，即"本"（基本原则）、"要"（纲要）、"柄"（权力），而臣下应该做的是"末"（具体的事）、"详"（实施细节）、"常"（日常履职）。

组织理论之父马克斯·韦伯提出的"权威链"（a chain of authority）概念，实际上与韩非子的分级管理理念一致。韦伯在《社会组织和经济组织理论》中指出："这种基于标准化的程序和清晰的权威链的管理体系强调建立稳定而详细的规章和程序，以达到控制组织成员的目的。"韦伯认为,"权威链"上任何一级管理者只应服从顶头上司的指挥,而不接受任何其他人(包括高层管理者)的命令;在通常情况下,高层管理者不可越过权威链上的任何一个链环去直接处理下级管理者管辖范围内的事务。这一理念与韩非子的"治吏不治民"和"明主不躬小事"理念高度吻合。韦伯所阐明的组织成员之间明确的权责分工与申不害的论述也相当一致。概括地说,韦伯所陈述的"清晰的权威链的管理体系"有如下特征。

(1) 权力链条

管理人员按职务的级别和权力等级进行安排,形成一个自上而下等级严密的权威链作为指挥系统,每个职务均有明确的职权范围。权威链上各个层级的管理者只有一位上司,而且必须严格服从上司的指挥,不能接受任何其他人的命令。

(2) 因职用人

人员的任用完全根据职务要求,通过正式的考评和培训来实现,只有具备一定资格的人才能被录用。每个职位上的人员必须称职。

(3) 明确分工

组织中每个成员的权利和责任都有明确的规定,并作为正式职责使之合法化。

(4) 任免、奖惩、晋升制度

管理人员有明文规定的任免、奖惩、晋升制度。人员任用根据自由合约方式,除非人员犯错误,并按法律规定予以免职外,组织不能随便结束这种契约关系(即不可随意免职)。

(5) 公私有别

管理人员在组织中的履职活动应当与私人事务严格区分,公私事务之间应有明确的界限,管理人员不能滥用职权。

(6) 遵守规则

组织中包括管理人员在内的所有成员必须严格遵守组织的规则和纪律,以确保组织的各项事务正常运行。

韦伯关于层级组织体系的理论对于现代组织的管理产生了深远的影响,他本人认为这种组织体系具有的功能精确、清晰、快速、谨慎、一致、可持续,有严格的权威归属,减少摩擦,节省人力物力的浪费,因而能发挥高效的作用。

综上所述,韩非子与申不害关于分级管理的论述,以及韦伯的"权威链"理论,为现代组织提供了一项行之有效的依法治理的"术",为各级管理者,尤其是高层管理者,提供了一把斩断事务主义乱麻的快刀,从而能集中精力处理好自己职责范围内的"大事"。

长期以来,管理学在研究对象界定方面出现了一定的缺失,即只看到对草根民众或普通员工的管理,而将中层和基层的管理者置于被管理的视野之外。有的学者提出,21世纪应该是研究"管理管理者"的世纪。然而,早在两千多年前的中国战国时期，韩非子就已在实质上提出了分级管理、逐级监督、名实相符的行政组织管理体制，实属难能可贵，韩非子的管理思想闪烁着智慧的光芒。"治吏"，也即"管理管理者"。一个人的时间和精力总是有限的，管理层中能力再强的一把手，也不可能包办所有的事情。"事必躬亲"的一把手尽管精神可嘉，令人敬重，但往往不会有好的结果，不仅自己埋在事务堆里忙坏了身体，而且架空了下一层次的管理者，打击了他们的工作积极性。每一个层次的主要管理者，在自己的管辖范围中都是"一把手"，都有分权分责的必要，否则不可能产生管理的好效果和高效率。

在现代组织的管理层级中，企业有总经理、副总经理、部门经理、项目经理等层级，机关有部级、厅局级、处级、科级等层级，高校有校长、院长、系主任、教研室主任等层级。除了基层的管理者外，其他各层级的管理者，都有一个韩非子所说的"治吏"的责任，即韦伯理论中处理"权威链"中下一个链环的责任，也就是我们今天所说的管理下一个层级管理者的责任。高层与中层的管理者，如能管理好自己辖内下一个层级的管理者，实际上就意味着已经履行了自己管理职责的全部或大部分，因而，"管理管理者"是一个值得探讨的问题。

如何管理好下一个层级的管理者？我们以中层管理者对基层管理者的管理为例，收集了众多组织的实际管理者的经验之谈，提出如下建议（其中多数也适用于高层管理者"治吏"）。

（1）身正为范，率先律己

治人先律己，自我管理应先于管理他人，中层管理者要管理好基层管理者，首先要管理好自己。身正为范，榜样的力量是无穷的。中层管理者必须具备高尚的品德修养，拥有良好的言行举止，使自己成为一位称职的管理者，才能树立威信。中层管理者还必须像申不害所说的那样，"明法正义"，显示出足够的管理知识和能力，以自己分析问题和处理问题的实际行动，使基层管理者感到信服，足以成为基层管理者可以仿效的对象。

（2）因岗设人，因人设岗

"因岗设人"与"因人设岗"两种用人方式并不对立，可以互补，以前者为主，后者为辅。在通常情况下，选用基层管理者应遵循"因岗设人"的原则，也即韩非子所说的"因任而授官"的原则，根据组织的大目标及自己所辖范围的群体小目标设立岗位，然后物色合适的人任职。但这不是绝对的，有时候如果发现了具有特殊潜力和优势，并显示出某种特殊才能（如某项领域的研发能力）的人，而组织内还没有相应的岗位，就可以临时设立能施展其专长的岗位，使其特殊的潜力和优势得以充分发挥。这样的"因人设岗"也许会给组织带来意想不到的良好效益。

（3）信息透明，确定目标

中层管理者应把本部门的所有重要信息，如部门目标、总体计划、规章制度以及可利用的各种资源（包括人力、财力、硬件、技术等资源），全部向基层管理者披露，然后与基层管理者一起，商讨并确定基层管理的目标和计划。每一位基层管理者都可以提出自己的意见，参与决策，修正计划，最终确立各自的目标。这样做，有利于基层管理者在充分了解各种信息和资源的基础上胸怀大局，心中有数，使各自的计划和目标更加有可行性和可操作性，同时使基层管理者在参与决策的过程中获得存在感，激发主人翁精神，树立执行计划、实现目标的自信心和责任感。

（4）合理授权，适当监控

有了前三项作为基础，中层管理者就可以也应该大胆放权，让基层管理者有职有权，放手工作。宋朝政治家陈亮在《论开诚之道》中劝诫皇帝道："疑则勿用，用则勿疑。与其位，勿夺其职；任其事，勿间其言。"陈亮所强调的是，用人要建立在信任的基础上，对人猜疑就不要任用，既任用就不要猜疑。在现代管理中，信任下级非常重要，缺乏信任，就不能授权，但"勿疑"不等于放任自流，监控应该与授权同步，监控要适当，授权要合理。何为合理授权、适当监控？合理授权、适当监控的原则是因责而宜、因能而宜；在培养中渐进式授权和监控，在识人中选择性授权和监控。"识准人"，是合理授权和适当监控的前提。基层管理者中可能有四种人：第一种人，责任心强、能力高；第二种人，责任心强、能力一般；第三种人，责任心一般、能力强；第四种人，责任心较弱、能力也较差。对这四种人，应该采用四种不同的、相应的授权和监控方式：对第一种人要多授权、少监控、少辅导、少干预，尽量放手；对第二种人要少授权、少监控、多辅导；对第三种人要少授权、多监控、少辅导；对第四种人要少授权、多监控、多辅导。

（5）授人以渔，助咸解难

《汉书·董仲舒传》书中说："故汉得天下以来，常欲治而至今不可善治者，失之于当更化而不更化也。古人有言曰'临渊羡鱼，不如退而结网'。"董仲舒认为，国家没能得到很好的治理，原因在于"当更化而不更化"，也就是没有在观念上、制度上做出必要的变革和调整。他所引用的"临渊羡鱼，不如退而结网"逐渐演化为"授人以鱼不如授人以渔"的古训，说的是传授给人既有的知识，不如传授给人学习知识的方法。中层管理者也要以"授人以渔"的观念管理、培养基层管理者。发现基层管理者对某些事务的处理感到困难，或处理不当，这是授人以渔的最佳时机，中层管理者应该及时出手相助，为其排忧解难，树立信心，并在解决问题的过程中使基层管理者学会行之有效的管理方法，提高管理能力。

（6）小误宽容，大错问责

儒家注重宽容，法家注重问责，都有道理。在现代组织管理中，二者应该结合运用，做到小误宽容，大错问责，才能产生良好的管理效果。这条原则尤其适合对管理者的管理。中层管理者应该有大度包容的胸襟，原谅、包容基层管理者在履职过程中所犯的非原则性的、技术性的轻微错误。唯有如此，基层管理者才敢于大胆实践，勇于创新；否则他们将谨小慎微，缩手缩脚，只能被动地应对日常的责任而做不成大事。然而,如果基层管理者犯了原则性的、有损组织声誉的错误,或者是由于操作不慎而造成重大经济损失的错误,中层管理者理应严格执行问责制度,让犯错者承担责任,给予必要的惩罚。这样做有三大好处:有利于犯错者接受教训,增强责任感,更注意决定成败的细节;有利于增强管理者和员工对规章制度的敬畏感;有利于中层管理者在公平执法中赢得民心,提高威信。

(7)公开赞扬,私下提醒

心理学认为,激励是指人的动机系统被激发后,处于一种活跃的状态,对行为有着强大的内驱力,促使人们向希望和目标进发。赞美是最有效的激励方法。心理学家威廉·詹姆斯在《心理学原理》中指出:"人性中最根深蒂固的本性是渴望得到赞赏。"英国学者阿谢姆在《校长》中说:"没有什么比赞扬更能磨砺人们意志和才智的手段。"中层管理者要学会赞扬的艺术,不懂得赞扬,就不可能使下属进入兴奋、活跃、积极的工作状态。赞扬的艺术主要有两项:一是公开,二是具体。在大庭广众前赞扬的功效是私底下赞扬的十倍;对具体行为的赞扬比笼统的赞扬更能打动人心。与公开赞扬的做法相反,对基层管理者工作中的缺点和不足(也即上文所说的"小误"),应在私下提醒。这样做既保全了对方的体面而不伤害其积极性,又体现了自己的善意而赢得对方真诚的感激。

(8)分享成果,提升自信

中层管理者对基层管理者的工作的"监控",主要表现在仔细检查基层目标和计划的可行性、措施的合理性,以及实施的进度、成效和存在问题等。在监控过程中,如果发现基层管理者的工作取得显著成效时,中层管理者应不失时机地通过交流会、总结会或培训班等形式组织总结交流活动,让取得显著成效的基层管理者介绍成果,提炼出经验加以推广。这不仅可以让其他基层管理者分享经验,形成合力,推动整个部门的工作,而且将大大提升取得成效者的荣誉感和自信心,有助于把今后的工作做得更加出色。

分级管理或层级管理,被描述为树状结构或金字塔式结构,在我国历代政府的治政中已沿用了两千多年,基本有效。在近现代组织的管理中,分级管理也发挥了积极的作用。但事物都有两重性,层级管理的层次过多,效率将会降低。例如有些超级大公司,员工多达几万、十几万甚至几十万人,管理层次越来越多,有的跨国公司的管理层高达近20个。最高决策者的指令,要通过这么多管理层才能传递到最基层的操作者,各个环节之间联系薄弱,各自为政,沟通困难,结构臃肿,管理的效果和效率都有所削弱。随着互联网、大数据、人工智能技术的迅速发展,信息流通越来越便捷,扁平化管理模式应运而生。扁平化管理以减少管理层次为特点,力求将最高决策直接传递到基层执行人员,强调效率和弹性。不少走在时代前沿的科技公司开始率先在内部尝试扁平化管理。但实践证明,扁平化管理并不能替代层级管理,有的公司在运行扁平化管理一段时间后又恢复了层级管理。两种管理模式各有其优劣势，现代组织应根据自身的规模、行业特色、网络技术水平、员工知识结构等多种因素选择使用或结合使用，本小节不做深入探讨。

【复习思考与讨论题】

1. 请复述韩非子关于分级管理的论述和申不害关于君臣分工的论述。
2. 马克斯·韦伯提出的"权威链"管理体系有哪些主要特征？
3. 你是否同意"高层管理者不可越过权威链上的任何一个链环去直接处理下级管理者管辖范围内的事务"这一理念？为什么？
4. 你认为本小节中提出的关于如何管理管理者的建议中哪几条特别有效？请举生活中的实例（包括学校、系科或班级管理的实例）加以说明。
5. 你能用英语说出本小节的哪几条论述？
6. 请用现代白话或英语解释本小节的主要概念。

（三）及时除恶：禁奸于未萌　赏告奸不生

【主要概念】禁奸于未萌；举公私不从；赏告奸不生；明法治不烦；修智之吏废，则人主之明塞。

【原作论述】

① 故治民者，禁奸于未萌；而用兵者，服战于民心。……夫国事务先而一民心，专举公而私不从，赏告而奸不生，明法而治不烦。
《韩非子·心度》

② 大臣挟愚污之人，上与之欺主，下与之收利侵渔，朋党比周，相与一口，惑主败法，以乱士民，使国家危削，主上劳辱，此大罪也。臣有大罪而主弗禁，此大失也。
《韩非子·孤愤》

③ 人主之左右，行非伯夷也，求索不得，货赂不至，则精辩之功息，而毁诬之言起矣。治辩之功制于近习，精洁之行决于毁誉，则修智之吏废，则人主之明塞矣。
《韩非子·孤愤》

【白话释义】

① 所以治理民众，要把奸邪禁止在尚未发生之时；用兵作战，要使打仗的必要性深入民心。国家大事首先要统一民心，专行公务来杜绝私欲；奖赏告奸者，奸邪就不会产生；明定法度，政务就不会烦乱。

② 臣下挟持愚蠢腐败的人，对上和他们一起蒙骗君主，对下和他们一起掠夺财物，拉帮结派，串通一气，迷惑君主，败坏法制，以此扰乱百姓，使国家处于危境，君主忧劳受辱，这是大罪行。臣下有此大罪行而君主不予禁阻，这是大过失。

③ 君主左右亲近之人，品行不如伯夷，求索财物而得不到贿赂，那些精于治国及

明辨是非的大臣的功绩就会被抹杀,代之而起的是对他们的诋毁诬告之词。治国明辨的功绩和高洁的品行靠君主左右亲近之人来褒贬定夺,那么有德行、有才智的官吏会被废弃,而君主就将堵塞视听、不明真相了。

【英语译文】

① Therefore, to govern the people, the ruler must nip the evil in the bud, and to fight a war, he must make the people know the necessity of the war. The most important state affair is to unify the minds of the people to perform official duties and suppress selfish desires. By rewarding those who inform against flattering conspirators, their conspiracy will be exposed and prevented. By making explicit laws, governance will not fall into disorder.

② Conspiring with some foolish and corrupt people, the treacherous officials deceive the ruler and seize wealth from the masses of people. They gang up in close collaboration, mislead the ruler, undermine the law-based governance, disturb the common people, and thus leave the state in danger and bring distresses and insults to the ruler, and all that constitutes a grave crime. The ruler who does not prevent such a crime from happening commits a grave fault.

③ If those whose conduct is not so good as Boyi, an ancient man of virtue, and yet who are close to the ruler solicit bribes but are rejected by the upright and sagacious officials, then the merits of the latter will be obliterated and slanders will be spread and false accusations lodged against them. Consequently, the moral qualities and performances of the officials are simply judged and determined by those who are close to the ruler, and the upright and sagacious officials will certainly be removed from their positions and the ruler will be cut off from the truth.

【解读与应用】

韩非子在他的《孤愤》《心度》《说疑》《五蠹》等著述中多次提到防奸、禁奸、除奸问题,可见他对这一问题的高度重视,本小节仅选录了其中三段论述。在第一条论述中,韩非子特别强调"禁奸于未萌"和"专举公而私不从,赏告而奸不生,明法而治不烦",前句指禁奸的最佳时刻是在奸邪尚未发生之时,后句指禁奸的方法,即明定法度,奖赏告奸者,并专行公务以杜绝私欲,从根本上除奸。第二条论述阐明了禁奸的对象,即哪类人属于应该清除的奸邪之徒。韩非子的著述中有大量的篇幅涉及这一点,前一小节"选人用人"中所说的"重人"即在奸邪之列。本条中提到"大臣挟愚污之人"两类人,"大臣"实际上就是前一小节中所说那些心怀叵测的"重人","愚污之人"即被"大臣"挟持并利用的愚蠢、贪腐之辈。他们"朋党比周,相与一口",即拉帮结派,串通一气,对上蒙骗君主（"欺主"），对下搜刮财富（"收利侵渔"）。他们"惑主败法，以乱士民，使国家危削，主上劳辱"，即迷惑君主，败坏法制，以此扰乱百姓，使国家处于危境，使君主忧劳受辱。韩非子直言，这些奸邪之徒犯的是"大罪"，而君主对之茫然无知不予禁绝则是"大失"。第三条论述说明了这些奸邪之徒的危险性和危害性。之所以说他们极具危险性，是因为他们常在"人主之左右"，亲近、奉承君主，容易得到君主的宠信。他们本想狐假虎威，索取贿赂，但却受到"修智之吏"（有德行、有才智的官吏）的抵制，于是他们就会散布"毁诬之言"（诋毁诬告之词）。其危害性在于"治辩之功制于近习，精洁之行决于毁誉"，即治国明辨的功绩和高洁的品行靠亲近君主的奸邪之徒来褒贬定夺，最终必将使"修智之吏废，则人主之明塞矣"，有德行、有才智的官吏会被废弃，而君主就将堵塞视听、不明真相，亡国也就不远了。

"禁奸于未萌"，不仅适用于古代的国家治理，同样也适用于当今的国家治理、社会治理以及各级各类组织的管理，甚至广泛适用于各种事务的处理。在我国的语言文化中有着很多类似的名言警句和成语，在《易经》中就有两句非常重要的话，"恶不积，不足以灭身"和"积不善之家必有余殃"。其他如"小隙沉舟""千里之堤溃于蚁穴""小洞不补大洞吃苦""小来偷针，老来偷金"等名言俗语，也都起到了同样的警示作用。在现代组织管理中，"禁奸"可以指防范那些拉帮结派、结党营私并善于奉承拍马、散布谣言的人进入管理层，也可以指及时制止、禁绝那些有害于组织内团结、和谐氛围的不良言行。一粒老鼠屎足以败坏一锅汤，不把奸邪之徒及时排除在管理岗位之外，不把奸邪之气扼杀在萌芽状态之中，就足以使人心涣散，组织瓦解。韩非子关于"禁奸于未萌"的谏言，不仅是古代贤明君主治政的一剂良药，也是对现代组织管理者敲响的警钟。

西方的"破窗效应"从心理学的角度阐明了应"禁奸于未萌"的道理。"破窗效应"最初来源于美国斯坦福大学心理学家菲利普·津巴多在1969年进行的一项实验。一辆未上锁的完好汽车停放在社区环境比较好的中产阶级社区，一个星期也没有人关注。后来，实验者用锤子把车窗玻璃敲了一个大洞，几个小时后，这个车不见了。实验者把同样的车窗玻璃受损的汽车停在一个杂乱的社区，结果这个车很快就被偷走。以这个实验为基础，政治学家威尔逊和犯罪学家凯琳提出了经典的"破窗效应"理论。"破窗效应"认为，如果有人打坏窗户玻璃，而窗户又得不到及时的维修，别人就可能去打烂更多的窗户。久而久之，这些破窗户就给人造成一种无序的感觉。在这种公众麻木不仁的氛围中，犯罪就会滋生、蔓延。环境中的不良现象如果被放任存在，会诱使人们仿效，甚至变本加厉。生活中的破窗效应随处可见。一幢建筑有少许破窗而没有及时修理，可能会有破坏者破坏更多的窗户，最终他们甚至会闯入建筑内。如果发现无人居住，他们也许就在那里定居或者纵火。一面墙，如果出现一些涂鸦没有被清洗掉，很快墙上就会布满了乱七八糟、不堪入目的东西。人们的心理和行为往往受到环境总体氛围的影响。一个人手里拿着果皮而一时找不到垃圾桶时，会有两种不同的表现：

如果身处脏乱的大街,就会随手扔掉;而如果走在整齐干净的街道上,则可能一直拿着直到发现垃圾桶为止。同样,在现代组织中如果出现了偏离组织目标的不良行为,而没有及时"禁奸",不良行为似乎得到了默许,更多的不良行为就会产生,仿效者将越来越多,导致风气败坏,组织松散。这种"破窗效应"将会严重破坏组织的文化生态环境,使组织管理趋于失败。

韩非子的第二、三条关于"禁奸"对象及其危险性和危害性的论述对于现代组织管理者同样有着很大的借鉴意义,因为这一类奸邪之徒在现实生活中依然常见,而且极易为管理者所疏忽、信任甚至重用。如韩非子所述,这类人取得管理者信任的手法有三:善于溜须拍马,精于拉帮结派,惯于颠倒是非。这类人是唯利是图之辈,只要有利益,什么原则都可以不要,投机取巧、见风使舵是其本性,对上司恭恭敬敬、马首是瞻、言听计从,因而容易取得管理者的信任,成为韩非子所说的"人主之左右",即管理者所亲近的人。这类人精于搞小团伙、结党营私、培植个人势力,或者通过搞利益交换、"挟愚污之人"摇旗呐喊,为其营造声势,从而误导管理者,认为他们能力强、威望高,值得信任,成为韩非子所说的"朋党比周,相与一口,惑主败法"之人。这类人的第三种伎俩是颠倒是非,他们通过造谣诽谤,故意捏造并散布虚构的事实,贬损他人人格,破坏他人名誉,重点打击那些有德行、有才智的"竞争对手",也即韩非子所说的"修智之吏",以扫除他们升迁道路上的障碍。而有德行、有才智的"修智之吏"恰恰很容易受贬损、诬陷而中枪倒地,一则他们因不屑于与奸邪之徒同流合污,使其"求索不得,货赂不至"而受到憎恨,二则他们敬业爱岗,努力工作,也没有时间和精力去应对奸邪之徒的明枪暗箭。因而,这类奸邪之徒的破坏力和危害性极大,如果现代组织管理者闭目塞听,轻信谗言,不能明辨是非善恶,就将使组织的政治、文化生态受到严重破坏,影响甚至断送组织的发展前途。

"禁奸于未萌"同样适用于社会治理。社会上的偷、盗、抢、骗现象,市场上的假、冒、伪、劣产品等,都必须在"未萌"阶段加以禁止,在萌芽状态果断扼杀。否则,奸邪之徒就将勾结,奸邪之风就将蔓延,一旦发展成黑恶势力,就将日益猖獗放肆,侵害的不单单只是某个个体,而是整个社会群体,不仅对群众的生命健康造成伤害,还会破坏整个社会的稳定秩序和安定环境。扫黑除恶行动实际上是在未能做到"禁奸于未萌"的情况下所采取的补救措施。扫黑除恶的对象就是韩非子所说的"以乱士民,使国家危削"的黑恶势力。这股势力通常表现为"恶势力"和"软暴力"等形态。"恶势力"指经常纠集在一起,以暴力、威胁或者其他手段,在一定区域或者行业内多次实施违法犯罪活动,为非作恶,欺压百姓,造成恶劣的社会影响的违法犯罪组织;"软暴力"指奸邪之徒为谋取不法利益对他人或者在有关场所进行滋扰、纠缠、哄闹、聚众造势等,足以使他人产生恐惧、恐慌进而形成心理强制,或者足以影响、限制人身自由、危及人身财产安全,影响正常生活和工作的违法犯罪手段。最严重的黑恶势力是黑社会性质组织,此类组织人数较多,有明确的组织者、领导者,具有一定的经济实力,形成非法控制或者重大影响,称霸一方,为非作歹,欺压、残害群众,严重破坏经济、社会生活秩序。黑恶势力一旦形成,就必须坚决铲除,果断出击,否则将贻害无穷。

如何"禁奸于未萌"?韩非子论述的字里行间所隐含的三种手段仍然有着现实意义。我们可以把"奸邪"的滋生、发展分为三个阶段:未萌阶段、萌芽阶段、猖獗阶段。韩非子所提供的三种"禁奸"手段则刚好对应这三个阶段。在未萌阶段,应采取"专举公而私不从"措施,只有专行公务来杜绝私欲,才能从根本上铲除"奸邪"滋生的土壤。私欲膨胀、私而忘公是万恶的根源,而提倡公德、抑制私欲则是根除"奸邪"的必要手段,这一阶段应以"德治"为主。在萌芽阶段,应采取"明法而治不烦"措施,只有明定法度,严格按法律和规则办事,把"奸邪"扼杀于初生之时,才能防止其蔓延,管理就不会烦乱。这一阶段应以"法治"为主。由于管理失误,错过了第一、第二阶段的及时治理,导致"奸邪"发展到猖獗阶段,管理者应有所醒悟,从速采取补救措施,采用"赏告而奸不生"的手段。在这一阶段,奸邪之徒已猖狂到肆无忌惮地对抗法律的地步,光靠"明法"已无明显效果,管理者与执法者必须发动群众检举揭发,擒贼先擒王,锁定首犯并绳之以法,促使不法组织的瓦解,恢复正常的秩序。这一手段不妨称之为"法治加众治"。

【复习思考与讨论题】

1. "禁奸于未萌"是什么意思?你能说出多少与"禁奸于未萌"表达相近意义的成语或俗语?

2. "禁奸于未萌"可用于现代社会的哪些方面?

3. "破窗效应"是什么意思?请举一两个日常生活中的"破窗效应"现象。

4. 哪类人是韩非子所说的"禁奸"对象?为什么说这类人有很大的危险性和危害性?请举现代生活中的实例加以说明。

5. 为什么说"禁奸于未萌"同样适用于现代社会的治理?

6. "奸邪"的滋生、发展分为哪三个阶段?有哪三种对应的"禁奸"手段?

7. 请用现代白话或英语解释本小节的主要概念。

五、赏罚理念

(一) 理论基础与实践理据:掌好恶以御民力　日不足　力不给

【主要概念】人情有好恶;掌好恶以御民力;日不足,力不给;因法数,审赏罚。

【原作论述】

① 人情者,有好恶,故赏罚可用;赏罚可用,则禁令可立而治道具矣。

《韩非子·八经》

② 夫民之性,恶劳而乐佚。佚则荒,荒则不治,不治则乱,而赏刑不行于天下者必塞。 《韩非子·心度》

③ 民者好利禄而恶刑罚,上掌好恶以御民力。 《韩非子·制分》

④ 得所欲则乐,逢所恶则忧,此贵贱之所同有也。 《管子·禁藏》

⑤ 夫凡人之情,见利莫能勿就,见害莫能勿避。其商人通贾,倍道兼行,夜以续日,千里而不远者,利在前也。渔人之入海,海深万仞,就波逆流乘危百里,宿夜不出者,利在水也。故利之所在,虽千仞之山无所不上,深源之下,无所不入焉。 《管子·禁藏》

⑥ 夫为人主而身察百官,则日不足,力不给。且上用目,则下饰观;上用耳,则下饰声;上用虑,则下繁辞。……故舍己能而因法数,审赏罚。 《韩非子·有度》

【白话释义】

① 好恶是人之常情,所以君主可以运用赏罚作为工具;赏罚可用,禁令就可以制定,治政之道也就具备了。

② 民众的本性是好逸恶劳。贪图安逸就将使田园荒芜,田园荒芜社会就将无序,社会无序就会导致动乱。如果赏罚不能实行,国家就不可能治理好。

③ 民众喜欢的是利禄,厌恶的是刑罚,君主可以掌握民众的好恶心理来使用民力。

④ 人们获得想要的东西就快乐,遇到厌恶的事情就担忧,无论贵贱都是如此。

⑤ 人的本性,见有利益不可能不争取,见有害处不可能不回避。商人外出通商,日夜兼程,赶千里路也不觉得远,是因为利益在前边吸引他。渔民下海,不顾海深浪险,逆流航行,百里之远也不在意,是追求水中捕鱼的利益。只要有利可得,即使是极高的山,没有不可以上去的;即便是极深的水,没有不可以下去的。

⑥ 君主亲自考察百官,就会时间不够,精力不足。而且君主用眼睛看,臣下就修饰外表;君主用耳朵听,臣下就修饰言辞;君主用脑子想,臣下就夸夸其谈。……所以君主要放弃自己的才能而根据律法审定赏罚。

【英语译文】

① It is human nature to have likes and dislikes. Therefore, reward and punishment can be applied to laying down injunctions, which constitutes an effective way of governance.

② People hate work and love comfort by nature. Comfort-craving people may leave the land in waste, which leads to disorder, and consequently, social turbulence may arise. The country can never be well governed without the application of reward and punishment.

③ People love benefits and detest punishments. The ruler can make use of the capacities of the people by understanding and employing their mentality.

④ People, regardless of their positions, are happy when they get what they desire, and worried when they encounter what they detest.

⑤ It is human nature to pursue benefits and avoid harm. In doing business, businessmen may travel day and night, making light of a long journey. That's because envisaged interests attract them. The fishermen may sail against the current on a long voyage in spite of the deep sea and the surging waves. That's because they seek the interests of fishing. So long as benefits can be gained, any high mountain can be mounted and any deep water can be plunged into.

⑥ A ruler does not have enough time or energy to supervise all his officials personally. Furthermore, if he uses his eyes to look, the officials will adorn their appearances; if he uses his ears to listen, the officials will embellish their words; if he uses his brain to think, the officials will spout rhetoric … Therefore, he need not use his own ability, but should rely on the law and check out rewards and punishments.

【解读与应用】

本小节所引录的韩非子和管仲的论述探讨了法家治政理念中赏罚两手的理论基础及实践理据。韩非子认为"人情者,有好恶,故赏罚可用";管仲认为"夫凡人之情,见利莫能勿就,见害莫能勿避",二者都把人性视为赏罚的理论基础。人性既然好利恶害,"好利禄而恶刑罚",即追求利益而又害怕刑罚,那么赏罚就可以用来控制和调节人们的行为,从而有利于社会的稳定有序。韩非子有关赏罚的人性基础应追溯到他的老师荀子的思想。荀子虽然是儒家的代表人物之一,但他的思想中有着法家的元素。荀子说:"饥而欲食,寒而欲暖,劳而欲息,好利而恶害,是人之所生而有也。"他还非常强调法的重要性,认为"隆礼重法则国有常。"荀子的人性论被他的弟子韩非子所继承,并成为其加以衍生、发展为法家思想的源头。法家代表人物关于人性"好利恶害"的说法还有"趋利避害""好逸恶劳""好荣恶辱""乐欲忧恶""就利避害""好利禄而恶刑罚"等,这些表达意义大体相同,都强调人性中追求好处、害怕坏处的一面。追求好处,就可以通过"赏"来鼓励善行;害怕坏处,就可以通过"罚"来抑制恶行;"赏罚"发挥了"兴功惧暴"、扬善抑恶的作用,成了古代法治的有力工具。管仲以商人夜以继日、不远千里外出经商和渔夫逆水行舟、乘危百里出海捕鱼为例,说明追逐利益的巨大驱动力,隐示了"赏罚"的人性基础和社会功能。

本小节的第六条论述探讨了"赏罚"的实践理据。韩非子说"人主身察百官,则日不足,力不给",认为君主亲自考察百官,就会时间不够,精力也不足,实际上不可能做到。韩非子继而说"且上用目,则下饰观;上用耳,则下饰声;上用虑,则下繁辞",说明百官中不乏善于逢迎、掩饰自己真实面目的人,君主用眼睛看,他们就修饰外表;君主用耳朵听,他们就修饰言辞;君主用脑子想,他们就夸夸其谈;君主要想客观地考察、评价百官,实际上也不可能做到。从实践角度看,君主可用于考察百官的时间、精力有限,评价百官表现的客观、准确程度也有限,因而以律法为依据,以赏罚为手段来治理百官是必要而正确的选择。

关于人性本善或人性本恶的千年之辩至今并无定论,但这并不影响我们探讨赏罚的理论基础。"趋利避害"是人的本性,甚至可说是整个生物界的自然属性。纵观大千世界可发现,"趋利避害"是生物与生俱来的本能,也是生物不断向高级进化的保证。生物存在的两个必要条件:一是求生,二是避亡。趋利使生物习得更强的生存能力,避害则使其生命得到延续,进而保证了物种的延续。其中的优胜者在大自然的优胜劣汰中生存下来,并促使物种不断向高级进化。植物吸收水分、阳光和养料得以生存,通过挥发气味、分泌液体等方式抵御虫害,避免死亡。动物捕食其他弱小动物得以生存,通过筑巢建窝、长角生毒等方式以防御其他凶悍动物的侵害而避免死亡。可以说,趋利避害,是生物求生的最大的潜在动力,是生物最坚实的需求,也是生物进化的最根本法则。人,作为一类物种也不例外,趋利避害也是人求生的本能,并体现在每一个自发行为中。成语"临深履薄""随机应变""一朝被蛇咬十年怕井绳"等都表示人们"趋利避害"的自发行为,好食恶饥、好暖恶寒、好乐恶苦、好逸恶劳等都是人之常情。"趋利"与"避害"并不对立,而是高度一致的,是从不同角度对同一行为的动机所做出的解释。例如,人们饿了觅食吃,渴了找水喝,冷了穿衣服或找地方取暖,热了脱衣服或找地方乘凉等行为,既是在追求利益,也是在避免身体健康受到伤害。马克思认为,"人们奋斗所争取的一切,都同他们的利益有关"。利益是历史唯物主义的一个重要范畴,追求利益是人类一切社会活动的动因。美国社会学家、社会交换论的代表人物霍曼斯在《帕雷托理论介绍》中指出:"趋利避害是人类行为的基本规则,由于每个人都企图在交换中获取最大收益和减少代价,所以交换行为本身变成得与失的权衡。"马克思和霍曼斯分别从历史唯物主义和社会交换论的角度阐明了"趋利避害"对于人类行为的巨大驱动力。"趋利避害"作为一种生物本能,并无善恶可言。但是,人除了有自然属性外,还有社会属性,人是作为社会群体的一员而活动的个体,因而当人的行为涉及与群体中其他人的关系时就有了善与恶的价值判断。个体的趋利避害行为不损及他人利益,甚至也有利于他人的,就是善;个体的趋利避害行为损及他人利益的,就是恶。法家所提倡的赏罚两手正是用来鼓励前者(善)、制止后者(恶)的有力工具。赏罚既顺应了人的本性,又反过来调节、制约由本性所产生的人的行为,起到激励和惩戒的双重作用。

现代组织把"赏罚"两手应用于管理实践,体现在建立奖惩制度上。奖惩,是奖励与惩戒的合称;奖惩,就是顺应人的本性所采用的激励机制。在当今的管理实践中,奖励制度指根据员工的现实表现和工作实绩对其进行物质或精神上的鼓励,以调动其工作潜能和工作积极性的制度;惩戒制度指通过某种惩罚手段对员工违法渎职行为加以防范和纠正的制度。前者是一种正激励机制,后者是一种负激励机制。奖励制度与惩戒制度的结合,构成了对员工工作表现的双向评价体系,从正反两个方面保证现代组织的良性运行。在以往的韩非子思想研究中,有一种夸大韩非子"罚"的理念的倾向,认为韩非子是"苛政"的倡导者。其实,韩非子在他的著述中通常都把"赏"与"罚"并列,且"赏"在前而"罚"在后,强调"信赏以尽能",注重"赏"的功能。现代组织管理者在执行奖惩制度时,也应采取以奖为主、以惩为辅的原则。管理者可以把对员工的定期或不定期的考核成绩作为实施奖励的标准,同时辅之以员工在工作中做出的重大贡献、超凡业绩或创新成果等作为特殊奖励的依据。合理地运用奖励机制,不仅对获奖者起到很大的激励作用,使其更加努力工作,为其他员工做出表率,而且能鞭策后进员工,带动整个群体的进步。对于那些做出重大贡献、超凡业绩或创新成果者的特殊奖励,还能为社会树立榜样,形成学先进、赶先进的良好社会风气。

  韩非子关于"身察百官,则日不足,力不给"的理念,同样与现代组织的管理实践相一致,尤其切合各级各类组织的主要管理者,特别是"一把手"的实际情况。各级各类组织的"一把手"是管理层的关键角色,担负着总揽全局、统一指挥的全面责任。由于处在权力的顶峰,"一把手"实际上成了管理者的管理者。在各项规章制度已经建立、健全的基础上,"一把手"的主要职责通常包括下列四项:确立组织目标,制定实施计划,开发内外资源(人力、财力、技术、信息、市场等资源),管理下一层级的管理者以确保组织目标的实现等。在这四项职责中,前三项是核心,最后一项是关键。没有前三项核心职责的履行,组织失去了存在的必要;离开了最后一项关键职责的履行,前三项的实现将全部落空。作为一个生命个体,"一把手"的时间和精力是一个常数,是"一把手"可以利用的有限资源。因而,如何合理配置这一有限资源,是组织的"一把手"不可忽视的实际问题。前三项职责是决定组织命运的核心,是"一把手"不可回避的硬任务,要实干;最后一项职责是关键,是"一把手"可以借助他力来完成的任务,要巧干。要完成前三项硬任务,"一把手"将投入大量的时间和精力,剩下可利用的资源已不多,将处于韩非子所说的"日不足力不给"的困境。在这种情况下,"一把手"可以、也应该借助规章制度(尤其是监督制度和考核制度)之力,发挥"赏罚"两手的功能,来管理下一层级的管理者,通过奖励和惩戒两种机制,从正反两个方面激励下一层级管理者的工作积极性,使其努力执行组织计划,实现组织目标。

【复习思考与讨论题】

  1. 法家所倡导的"赏罚"两手的理论基础是什么?韩非子和管仲有哪几条与此相关的论述?

  2. 为什么说趋利避害是人的本性?你认为这种本性是"善"还是"恶"?请举实例

说明。

3. 韩非子的哪一条论述阐明了"赏罚"理念的实践理据？

4. 现代组织应如何把法家的"赏罚"理念应用于当今的管理实践？你认为应该把重点放在"赏"还是"罚"上？

5. 现代组织"一把手"通常有哪些职责？他应该如何解决"日不足，力不给"的问题以全面履行他的职责？

6. 请用现代白话或英语解释本小节的主要概念。

（二）法定原则与功效原则：赏慎法　罚奸令　功当其事　事当其言

【主要概念】赏慎法；罚奸令；托是非以赏罚；功当其事，事当其言。

【原作论述】

① 赏存乎慎法，而罚加乎奸令者也。　　　　　《韩非子·定法》

② 祸福生乎道法，而不出乎爱恶；荣辱之责在乎己，而不在乎人。《韩非子·大体》

③ 寄治乱于法术，托是非于赏罚，属轻重于权衡。《韩非子·大体》

④ 功当其事，事当其言，则赏；功不当其事，事不当其言，则诛。《韩非子·主道》

【白话释义】

① 对于谨慎守法的人给予奖赏，而对于触犯法令的人进行惩罚。

② 灾祸与幸福的产生源自律法的裁决，而非个人的爱好和憎恶；获得光荣与耻辱的责任在于自己而不在于别人。

③ 依靠律法治理混乱，仰仗赏罚判明是非，凭借杆秤衡量物体轻重。

④ 言论主张能化为履职行动，履职行动产生相应的功效，就该奖赏；光有言论主张而无履职行动，或虽有履职行动但无相应的功效，就该惩罚。

【英语译文】

① Rewards should be given to those who faithfully observe the laws and punishments inflicted on those who violate the decrees.

② Fortunes or misfortunes are decided by law and not by an individual's likes or dislikes. The responsibility for attaining honor or suffering disgrace rests upon oneself and not on others.

③ It depends on law to end confusion, on reward and punishment to distinguish right from wrong, and on the steelyard to weigh things.

④ Reward is given when what is said about a required duty is done and what is done bears a good result. Punishment is inflicted when what is said about a required matter is not done and what is done has no good result.

【解读与应用】

本小节所引录的论述探讨了赏罚的两大原则：法定原则和功效原则。韩非子的前三条论述都与法定原则有关。他的第一条论述"赏存乎慎法，而罚加乎奸令者也"，明确提出赏罚所依据的条件是看是否遵守或违反法规，"慎法"（谨慎守法）者就应赏，"奸令"（触犯法令）者则该罚。韩非子的第二条论述阐明赏罚的结果"祸福荣辱"（灾祸与幸福、光荣与耻辱）完全取决于当事人自己的行为（"在乎己"）与律法的裁决（"生乎道法"），而与执法者的个人感情（"爱恶"）无关。这一点非常重要，它排除了执法者（即施行赏罚的人）的个人感情因素，凸显了法定原则的客观性和公正性，有利于施行赏罚的人按法定原则办事，铁面无私，大胆执法。韩非子的第三条论述用比喻手法进一步说明法定原则的客观性和公正性，正如凭借杆秤客观、公正地衡量物体轻重（"属轻重于权衡"）那样，依法施行赏罚因客观公正而有利于治理混乱、判明是非（"寄治乱于法术，托是非以赏罚"）。韩非子的第四条论述讲的是赏罚的功效原则。韩非子所说的"功当其事，事当其言，则赏；功不当其事，事不当其言，则诛"这句话是针对群臣（官员）而言的，因为有上文"故群臣陈其言，君以其言授其事，事以责其功"，大意是"群臣陈述他们的治政主张，君主根据他们的主张授予他们相应的职务并确定责任，然后按照所确定的职责要求他们取得相应的功效"。这句话中有三个关键字，即"言""事"和"功"，重点在"功"字上。"言"指官员的言论主张，"事"指官员必须履行的职责，"功"指官员履行职责所取得的实际功效和业绩。官员的言论主张要化为履职行动，履职行动必须最终落实在取得实际功效上，才能获"赏"，否则就将受"罚"。总之，官员能否取得与其职责相符的功效和业绩，是其获赏或受罚的重要依据，功效原则是"赏罚"的第二大原则。

现代组织实行赏罚的法定原则，体现于建立并完善奖惩制度。

奖惩制度是现代组织在管理中运用赏罚所必须依赖的"法"，是实行赏罚的法定原则的基础。如果"法"合理，赏罚就将成为规范员工行为和激励员工工作热情的重要手段；如果"法"不合理，赏罚就将失去其依据和基础，削弱其正常的规范和激励功能，甚至走向反面，起着打击员工积极性的负面作用。因而，对于现代组织而言，建立合理的奖惩制度势在必行。合理的奖惩制度通常有以下几个特点：

（1）针对性

由于各个组织的性质、目标、人员结构（年龄、性别、文化背景、教育背景等结构）等各不相同，奖惩制度应该针对自身组织的特点而制定。公司与高校不同，部队与工厂不同，政府部门与科研机构不同，各种组织对被管理者有着特殊的行为要求。奖惩条例必须按照各自的特殊要求，明确规定在本组织内什么事是该做的，什么事是不该做的；什么行为是可以容忍的，什么行为是不能容忍的；什么突出表现是值得嘉奖的，什么表现是基本认可的，为被管理者提供一个行为选择的依据。

(2) 透明性

奖惩制度的制定、具体条款、奖惩方式等都必须公开透明,制定过程应有管理者和被管理者共同参与,具体条款应通过各种方式让全体员工了解并熟悉。这样做可让全体员工明白,奖惩制度的制定完全是为了鼓励良好行为和抑制不良行为,有利于组织目标和个人目标的实现,而不是针对具体专门的对象,避免产生逆反心理和抗拒心理,真正使奖惩成为引导人们行为选择的有效激励措施。

(3) 相对稳定性

奖惩制度的条款必须保证相对的稳定,使被管理者的行为选择有稳定可靠的依据,有利于形成良好的习惯行为,杜绝不良行为。经常变化的奖惩条款将使被管理者无所适从,并对奖惩制度的权威性产生怀疑甚至抵制心理,削弱奖惩的激励功能。修改奖惩制度应被视为是组织的一件大事,必须有让全体员工认同的理由,修改过程必须有全体员工或员工代表的积极参与,以避免把奖惩制度变成没有约束力的一纸空文。

(4) 可操作性

所谓可操作性是指奖惩的条款必须具体明确,一目了然而便于实施,而不仅仅是一个原则性的说明。过于原则性的奖惩条款会给奖惩的实施带来不确定性,从而降低这种奖惩的激励作用。例如"有功必奖,有过必罚,与员工岗位职责挂钩,与公司经济效益相结合"这样的条款就显得过于笼统,只能作为原则使用,而非具体的条款。某公司的如下部分奖惩条款就显得比较具体,可操作性强。

有下列表现的员工应给予奖励:完成本部工作计划指标,创造较大经济效益者;向公司提出合理建议,被公司采纳,并取得一定效益者;节假日经常加班,并取得显著效果者;堵住公司的经济漏洞,并为公司挽回经济损失者……有下列行为的员工应给与通报批评并作处罚:迟到、早退一次罚款30元;在工作时间嬉戏、擅离工作岗位或从事与工作无关的事情的罚款30元;轻微过失致发生工作错误造成损失的罚款50元;工作时间串岗,妨碍他人工作的罚款30元……

现代组织实行赏罚的功效原则,体现于建立并完善考核制度。

所谓"功效",即韩非子所说的"功",是指一个行动所获得的预期结果或者成效,是管理者及被管理者的履职情况和工作成绩,也称功劳、业绩或绩效。建立并完善考核制度,目的在于尽可能客观公正地反映全体员工履行岗位职责的真实表现,作为奖惩的依据。良好的考核制度是对员工工作价值高低的确认,能激励员工的工作主动性,为选拔人才和人才合理配置提供依据,促进部门或组织目标的实现。但由于考核工作技术性很强,且事关员工的核心利益,如果考核制度不够完善合理,或考核过程操作不当,很有可能不但得不到正向收益,还会影响到团队的稳定,因而完善考核制度极为重要。良好的考核制度通常有如下特点。

（1）定量与定性结合

定性考核内容主要有工作态度、工作能力、安全、卫生、行为准则等软指标的实现情况。

定量考核内容根据不同行业的不同岗位有生产指标、销售指标、盈利额、市场占有额、课时数、发表论文数等硬指标的完成情况。

（2）公正与机动结合

考核的公正有两层意义，其一是组织的成员（无论管理者还是被管理者）都要接受考核，其二是对同一岗位的人员执行相同的考核标准。所谓机动，是指对于不同岗位的人员、不同层次的管理者，以及在不同的时期，应采取不同的考核方式和考核重点，如从事生产、营销等岗位的人员应采用定量为主、定性为辅的考核方式；而从事管理、后勤服务等岗位的人员则应采取以定性为主、定量为辅的考核方式。

（3）组织考核与群众考核结合

组织考核指主管部门、组织人事部门、监察部门、上一级管理者的考核。群众考核主要指被考核者所在部门员工的民主考核。二者结合可防止考核工作中的偏见、长官意志和片面观点，确保过程公开，结果公正。

总之，法定原则和功效原则是韩非子倡导的赏罚两大原则，现代组织建立合理的奖惩制度和考核制度是实施两大原则的必要手段。考核制度与奖惩制度是组织的配套规章，考核在前，奖惩在后，前者是条件，后者是结果，二者互相联系，密不可分。

【复习思考与讨论题】

1. 韩非子赏罚理念的法定原则主要体现在哪句话上？请解释"慎法"和"奸令"这两个关键词语。

2. 韩非子赏罚理念的功效原则主要体现在哪句话上？请解释"言""事"和"功"这三个关键字。

3. 现代组织实行赏罚的法定原则主要表现为哪项措施？现代组织合理的奖惩制度通常有哪几个特点？请具体说明。

4. 现代组织实行赏罚的功效原则主要表现为哪项措施？现代组织合理的考核制度通常有哪几个特点？请具体说明。

5. 请用现代白话或英语解释本小节的主要概念。

（三）信用原则与审察原则：信赏　必罚　执其契　操其符

【主要概念】信赏以尽能，必罚以禁邪；因法数，审赏罚。

【原作论述】

① 故有术之主，信赏以尽能，必罚以禁邪。　　　　　　　　　　《韩非子·外储说左下》

② 言赏则不与，言罚则不行，赏罚不信，故士民不死也。 《韩非子·初见秦》
③ 赏罚敬信，民虽寡，强。赏罚无度，国虽大，兵弱者，地非其地，民非其民也。

《韩非子·饰邪》
④ 言已应，则执其契；事已增，则操其符。符契之所合，赏罚之所生也。

《韩非子·主道》
⑤ 故舍己能而因法数，审赏罚。 《韩非子·有度》

【白话释义】

① 所以明智的君主讲求信用，该奖赏的一定奖赏，大臣们将各尽所能；该惩罚的坚决惩罚，恶行就将被禁绝。

② 说要赏的却不发放，说要罚的却不执行，赏罚失信，所以士兵不愿拼死奋战。

③ 赏罚贵在守信，民众虽少，（国家）也可以强大。赏罚没有信用，国家虽然很大，但兵力将衰弱，土地将不是自己的土地，民众也将不是自己的民众。

④ 臣下已经提出的主张，君主就拿着作为凭证；臣下已经完成的事情，君主也拿着作为凭证。把两种凭证进行核验看是否相符，就是赏罚产生的依据。

⑤ 因而（君主）不必使用自己的才能（亲自处理事务），只要按照律法仔细审察赏罚就可以了。

【英语译文】

① So a ruler able in tactics makes his officials do their utmost with credible rewards and roots out evils with unwavering punishments.

② Reward and punishment shouldn't be administered untrustworthily. If promised rewards are not given and decided punishments are not meted out, the soldiers will not be so loyal as to fight to their death.

③ Reward and punishment must be administered trustworthily. If so, the state will be powerful even if its population is small. If not, the army will become weak and the land and the people will eventually belong to others even if the state is big.

④ The ruler keeps a record of what an official says about his duties, and some time later, keeps another record of what the official has done about the execution of his duties. The ruler holds the two records as evidence and checks them to see whether they are in accordance with each other, and then bases the reward or the punishment on the check result.

⑤ Therefore, the ruler need not attend to specific affairs by using his own ability, but should rely on the law and check out rewards and punishments.

【解读与应用】

本小节所引录的五条论述探讨了赏罚的信用原则和审察原则。韩非子的第一条论述从正面阐明了信用原则的重要性。"信赏"和"必罚"中的"信""必"二字很有力度，强调了赏罚必须讲信用，其结果是"尽能"和"禁邪"，大臣们受到"信赏"的鼓励而心悦诚服地各尽所能，由于"必罚"的威慑，各种邪恶行为也将被有效地禁止。韩非子的第二条论述从反面说明了不讲信用的危害。"言赏则不与，言罚则不行"，说要赏的却不发放，说要罚的却不执行，如此赏罚失信，其结果必然是失去民心，失去军心，"故士民不死也"，士兵不可能为国拼死奋战，国家也就危在旦夕了。韩非子的第三条论述正反并用，再次强调赏罚的信用原则不可忽视。如果赏罚"敬信"（崇尚信用），民众虽少，国家照样可以强大；但如果赏罚"无度"（没有限制、无视原则，此处"度"依然有"信"的意思），则国家即使很大，但兵力将衰弱，最后落得个"地非其地，民非其民"的亡国命运，土地将不再是亡国君主自己的土地，民众也将不再是亡国君主自己的民众了。

　　第四、第五条论述阐明了赏罚的审察原则。所谓"审察"，意思是仔细检查、核对、验证，以避免赏罚不当。审察必须有依据、标准或凭证才能进行。"符"是古代的一种验证工具，最初用在军事方面，作为君主调兵所用的信物。在战国时期，虎符作伏虎形，上有铭文，分为两半，底有合榫，右半存在中央，左半发给将领，用时合之为证，称为"合符"。"契"，自古以来就是一种书面凭证。《周易·系辞下》记载："上古结绳而治，后世圣人易之以书契。"官吏要按照书契履行职责，最后还要以书契为凭证进行检查考核。因而，"符"和"契"，都是古代用来进行检查、核对的凭证。韩非子说"言已应，则执其契；事已增，则操其符"，意思是君主要把臣下先前提出的口头主张和后来实际完成的事情都要记录在册作为凭证，然后"符契之所合，赏罚之所生也"，把两种凭证进行验核看是否相符，作为赏罚的依据。这样的赏罚有根有据、客观公正，不能不令人信服。

　　"信用"，是一个行为个体或组织遵守诺言、实践成约而取得的他人或其他组织的信任，是一个人或组织较长时期内守诺履约的正面记录及留在他人或其他组织心目中的良好声誉。儒家与法家都重视"信"。在前文第一章的"为政的民意基础"和"勤政理论"两小节中，儒家提到"信"；在第二章的"权威的树立"小节中，法家从树立权威的角度论述了"信"的重要。在我国，崇尚信用的风尚有几千年的传统，在文学、政论及其他各类文章中，表达"信用"含义的成语极多，如言行一致、言出必行、一言九鼎、一诺千金、言而有信、一言为定、取信于民、信誓旦旦、信守不渝、言信行果、抱诚守真、赤诚相待、言必信行必果、君子一言驷马难追、精诚所至金石为开，等等。"信用"，既是一个人的道德品质或一个组织的道德规范，也是一个人或一个组织与他人或其他组织建立社会关系、从事各类社会活动的重要基础。"信用"是获得信任的前提，信任是"信用"的必然结果。德国社会学家齐美尔在《货币哲学》中指出："没有人们之间相互享有的普遍信任，社会本身将会瓦解。……现代生活是建立在对他人的诚实的信任基础上的，这一点的重要性要远比人们通常认识到的程度大得多。"现代组织向银行请求贷款，现代企业之间开展贸易往来，以及个人之间的借贷、买卖、抵押、委托代理等经济活动，都是建立在"信用"基础上的组织或个人行为。我们日常生活中每天所使用的货币就是"信用"的产物，或者说其本身就是一种"信用"。正如管理学家麦克鲁德（Macleod）所在《信用的理论》中说："人们以生产物与劳务和人交换，而换得货币，此货币既不能用以果腹，也不能用以蔽体，然而人们却乐于用其生产物与劳务换取货币，这是为什么呢？就是因为换得货币以后，可在需要之时，凭以换取所需之物的缘故。所以，货币的本质不过是向他人要求生产物与劳务的权利或符号，实为一种信用。"

我国民法的"诚实信用原则"要求当事人对他人诚实不欺、讲求信用、恪守诺言，并且在合同的内容、意义及适用等方面产生纠纷时要依据诚实信用原则来解释合同。在现代组织的内部管理中，管理者向新员工安排职务，或向老员工分配工作任务等，实际上也是基于"信用"的契约行为。员工的"信用"，使管理者愿意把履行职务或执行任务的相关权利和义务安排或分配给员工；管理者的"信用"，使员工相信在他们履职或完成工作任务以后将获得薪酬及其他相应的奖励，同时也使员工相信，一旦有人没有正常履职或没有完成工作任务，管理者将给予应有的惩罚。管理者是否按规定施行奖惩的行为，也就是能否做到韩非子所说的"信赏"和"必罚"，又构成了第二层次的"信用"考验。如果该奖必奖、该惩必惩，做到"信赏"和"必罚"，管理者就能赢得员工的信任，维持甚至提高自己本来拥有的"信用"；如果管理者暗箱操作，营私舞弊，该奖不奖，该惩不惩，就将失去员工的信任而导致"信用"危机。"信用"这东西很微妙，不容易得到，却容易失去；而且一旦失去，很难恢复。国际创价学会会长、日本著名作家池田大作在《我的人学》中说："信用难得易失，费10年工夫积累的信用往往会由于一时的言行而失掉……工作上的信用是最好的财富，没有信用积累的青年，非成为失败者不可。"池田大作的警示并不夸张，犹如韩非子告诫的那样，"赏罚不信，故士民不死也"，失去赏罚的信用，即使大国都可能因军队衰弱而灭亡。现代组织管理者在奖惩的实施上一旦失信，会产生两个严重后果，一则使规章制度失效，为组织带来损害；二则使个人"信用"失落，很可能导致个人职业生涯的整体失败，故而切不可掉以轻心。

赏罚的"信用"原则与"审察"原则密切相关。"信用"有一个"非即时交割"的特点，即授信人的授信行为与受信人完成授信任务的行为，或者说授信人授予权利的行为与受信人履行义务的行为，并不是同时发生的，它们之间存在一个时间差。授信人授予权利的行为在前，受信人履行义务的行为在后，两个行为之间相隔相当长一段时间，这段时间就是受信人履职的过程。这如同韩非子所说的"言已应"与"事已增"的间隔，"言已应"是君主授予臣下职务时臣下的表态，"事已增"是臣下已经完成的履职业绩。对于管理者而言，二者之间的这个时间差就是对员工实际履行职务或完成任务的业绩的审察（即跟踪监督、检查、考核）过程和时间，管理者把这一审察结果作为奖惩的依据。审察要有客观凭证，管理者实施奖惩时所掌握的审察凭证有两类，即韩非子所说的"执其契"和"操其符"，"契"是授予员工的任职权利和工作任务，表现为"任职要求"

"任职协议""聘任合同"或"任职须知"等书面文件,"符"是员工作为受信人所履行的义务和实际业绩,可表现为"履职报告""自评报告""考核记录"等书面文件。所谓"符契之所合",指审察时所掌握的上述两类凭证必须相符,即权利与义务一致,任务与业绩一致,言与行一致,行与果一致。实施"审察"原则必须谨慎、细致,要防止只"察"不"审"。"察"的重点是调查、察看、检查;而"审"的重点是仔细认真地核对、验证、分析,确保事实的正确和评价的妥当。当面评议的考核方式有可能出现都说好话的情况而流于形式;背靠背打分或投票的方式又要防止有人感情用事,意气用事,报私仇,泄私愤。两种方式可以采用,但只能作参考。因而,把握好"审察"原则非常重要,否则考核结果与事实不符,评价不当,不仅会使奖惩失去激励作用,相反会打击员工的积极性。"审察"原则与前文探讨过的"法定"原则、"功效"原则及"信用"原则互相关联。审察的过程遵循规则,符合"法定"原则;审察的内容主要是实际业绩,符合"功效"原则;审察的对象是基于信任的受信者(员工),符合"信用"原则。四项原则各有侧重:"法定"原则强调公正透明;"功效"原则强调实际业绩;"信用"原则强调执行坚决;"审察"原则强调措施缜密。执行四项原则的共同目标是实现奖惩的客观、公正、公平。

【复习思考与讨论题】

1. 韩非子认为,赏罚守信与不守信分别会产生怎样的结果?你能说出韩非子的部分原话吗?

2. 韩非子所说的"符"和"契"是什么意思?在战国时期,"符"和"契"对实施赏罚起什么作用?

3. 什么叫"信用"?你能说出几个表示"信用"含义的成语?为什么说"信用"对于组织和个人都极其重要?

4. 如果现代组织管理者不切实执行赏罚的"信用"原则会产生怎样的严重后果?

5. 现代组织在实施赏罚的"审察"原则时应掌握什么凭证?注意什么偏向?

6. "审察"原则与赏罚的其他三项原则有什么关联和区别?

7. 请用现代白话或英语解释本小节的主要概念。

(四)平等原则与适度原则:不避大臣 不遗匹夫 赏过失民 刑过民不畏

【主要概念】刑过不避大臣,赏善不遗匹夫;无偷赏,无赦罚;有功必赏,有过必诛。

【原作论述】

① 刑过不避大臣,赏善不遗匹夫。　　　　　　　　　　　　《韩非子·有度》

② 故明君无偷赏,无赦罚。赏偷,则功臣堕其业;赦罚,则奸臣易为非。是故诚有

功,则虽疏贱必赏;诚有过,则虽近爱必诛。疏贱必赏,近爱必诛,则疏贱者不怠,而近爱者不骄也。

《韩非子·主道》

③ 故用赏过者失民,用刑过者民不畏。有赏不足以功,有刑不足以禁,则国虽大,必危。

《韩非子·饰邪》

④ 是故明君之行赏也,暖乎如时雨,百姓利其泽;其行罚也,畏乎如雷霆,神圣不能解也。

《韩非子·主道》

【白话释义】

① 惩罚罪过不回避高官;奖赏善行不遗漏普通百姓。

② 所以明君不随便赏赐,不赦免惩罚。赏赐随便了,功臣就会变得懈怠;惩罚赦免了,奸臣便容易作恶。因此确实有功,即使疏远卑贱的人也一定赏赐;确实有罪,即使亲近喜爱的人也一定惩罚。疏贱必赏,近爱必罚,那么疏远卑贱的人就不会懈怠,而亲近喜爱的人就不会骄横了。

③ 所以行赏不当,就会失去民众;用刑不当,民众就不再畏惧。有赏赐却不足以勉励立功,有刑罚却不足以禁止邪恶,那么国家即使很大,也一定很危险。

④ 因此明君行赏,像及时雨那么温润,百姓都能受到恩惠;君主行罚,像雷霆那么可怕,即使神圣也不能让其解脱。

【英语译文】

① The penalty for offenses does not keep away from high officials. The reward for good deeds does not leave out common people.

② Therefore, a wise ruler does not casually give a reward or remit a punishment. If rewards are given casually, the good officials will slack off; if punishments are remitted at random, the treacherous officials will easily commit misdeeds. Therefore, rewards must be given to those who have really rendered meritorious services even though they are humble and estranged. Punishments must be inflicted upon those who have truly committed crimes even though they are close and loved. If rewards and punishments are administered impartially, those who are humble and estranged will not slack off and those who are close and loved will not be arrogant.

③ Improper rewards will lead to the loss of popular support; improper punishments will result in the loss of awe in the people. If the rewards given cannot encourage meritorious service and the punishments meted out cannot check evils, the state will certainly be in danger even if it is big.

④ Therefore, a wise ruler gives rewards as welcome as seasonable rain and the people all benefit from them. He metes out punishments as awesome as thunderbolts, and even the deities cannot remove them.

【解读与应用】

本小节的四条论述探讨了赏罚的最后两个原则——"平等"原则和"适度"原则。韩非子的第一条和第二条论述讲的是"平等"原则,指出赏罚对于任何人都应该一律平等对待。第一条论述"刑过不避大臣,赏善不遗匹夫",意思是惩罚罪过不回避高官,奖赏善行不遗漏普通百姓,强调赏罚不可因地位高低而区别对待,应一视同仁。第二条论述"诚有功,则虽疏贱必赏;诚有过,则虽近爱必诛",意即确实有功,即使疏远卑贱的人也一定赏赐,确实有罪,即使亲近喜爱的人也一定惩罚,强调赏罚也不可因关系的亲疏或身份的贵贱而分别处理,应不偏不倚。韩非子还用对比的方式阐明了是否执行平等原则的两种不同结果。如果赏罚区别对待,结果是"功臣堕其业……奸臣易为非",功臣就会变得懈怠,而奸臣就容易作恶。如果赏罚一视同仁,"则疏贱者不怠,而近爱者不骄也",其结果将是疏远卑贱的人不会懈怠,亲近喜爱的人也不会骄横,赏罚就起到了扬善抑恶的良好作用。

韩非子的第三条和第四条论述从正反两方面阐明了"适度"原则的重要。第三条论述突出了赏罚过度的危害,认为"用赏过者失民,用刑过者民不畏",表示行赏不当,就会失去民众,用刑不当,民众就不再畏惧,最终结果是"有赏不足以劝,有刑不足以禁,则国虽大,必危",赏罚失去其兴功禁邪的功能,国家也将危亡。韩非子把赏罚过度的危害提高到与国家安危存亡相关的高度。第四条论述则从正面彰显了赏罚适度的益处,"行赏也,暖乎如时雨,百姓利其泽;其行罚也,畏乎如雷霆,神圣不能解",认为行赏有节,将像及时雨那么温润,百姓都能受到恩惠,惩罚得当,将像雷霆那么可怕,即使神圣也不能让其解脱,赏罚就将发挥其正常的利民制暴的功能。

现代组织的管理中,实施奖惩的平等原则和适度原则非常重要。

首先,我们有必要辨别一下平等和公平的含义。这两个概念互相关联,且语义有交叉,我们平时在使用时并不严格加以区分,有时甚至混用,其实它们的内涵是有所不同的。从法律角度看,平等指人与人之间在政治上、经济上处于同等的社会地位,享有相同的权利,履行相应的义务。我国《宪法》第三十三条规定:"中华人民共和国公民在法律面前一律平等。"意思是,我国公民,不分民族、种族、性别、职业、家庭出身、宗教信仰、教育程度、财产状况、居住期限,都一律平等地享有宪法和法律规定的权利,也都应平等地履行宪法和法律规定的义务。简言之,平等就是各个行为主体享有同等的地位和权利,任何执法机构或具体执法人对各个行为主体应不歧视,不排斥,不区别对待,不给予特权。公平,是法律所追求的一种价值,是促进行为个体进行合作的合理的游戏规则,它包含行为个体参与经济、政治和社会各项活动的机会均等、过程合理和结果分配合理。贸易中的倾销行为是一种不公平竞争行为,它不利于合作共赢;招投标中的度身招标等也是不公平行为,它不利于市场的健康发展。平等,是一种原则、理想和目标;公平,是一种诉求、过程和结果。平等,像一座灯塔,指明方向;公平像一杆秤,给出具体的衡量。平等,是客观规定;公平,是主观判断。平等保障了公平,公平实现了平等。

现代组织的管理中,坚持"平等"原则,表现为严格按照上文所说的"奖惩制度"和"考核制度"实施奖惩。遵循韩非子的主张,"赏善不遗匹夫""诚有功,则虽疏贱必赏",对最基层的员工,甚至是比较疏远的员工要一视同仁,业绩突出者该奖必奖,使其享受同等的受奖权利。"刑过不避大臣""诚有过,则虽近爱必诛",对于管理人员,甚至是地位高、关系亲近的高层管理人员中的违规者,或业绩很差者,同样按规定处理,该惩必惩,令其履行与其职务相称的义务。"平等"原则的这一实施过程和结果,在很大程度上保障了"公平"的实现。

如上文所述,"公平"讲求合理性,包括过程合理和结果分配合理。奖惩的"适度"原则,也是实现公平的重要标杆,是实施奖惩的过程中必须遵循的准则。

我们不妨从"度"的含义说起。作为一个哲学术语,"度",是一定事物保持其质的稳定性的数量界限,反映质和量的统一,在这种界限内,量的增减不会改变事物的质,但超越了这个界限,事物的质就将发生变化。水在0℃和100℃两个界限之间保持稳定的液态,超越(低于)0℃界限则变为固态(冰),超越(高于)100℃界限则变为气态(蒸汽)。因而,"适度"不仅是实施奖惩的一个原则,也应该是处理一切事物的原则,唯有遵循"适度"原则,事物才能保持其稳定性和合理性。真理越过半步就是谬误,优点的不适当延伸就成为缺点。"适度",就是把握分寸;"适度",就是防止"过"和"不及";"适度",就是做事恰到好处,不过分、不偏激、不极端。我国文化中有很多表示"适度"原则的成语和谚语,如过犹不及、物极必反、水满则溢、月满则亏、太强必折、太张必缺、杀鸡焉用牛刀,等等。在实施奖惩这件关乎员工的声誉、晋升和经济利益等重大关切的事情上,尤其必须坚持"适度"原则,要力戒奖励过度和惩罚过度两个极端。

过度的奖励有两种,一种是"量"的过大,另一种是相关性过小。所谓"量"的过大体现为过重、过多的奖励。奖励的功能之一是激励人心,鼓舞斗志,引发人的积极、主动、奋进的行为。但过重、过多的奖励会使受奖者习以为常,感到不足为奇,于是把奖励不当一回事,起不到激励、鼓舞的作用,也就是韩非子所说的"失民"(使民众失去动力)。所谓相关性过小,是指与员工的行为(业绩)关系不大甚至完全无关的奖励。奖励的另一个功能是通过正面刺激,强化并巩固某一良好行为。相关性小或无关的奖励使员工对受奖的原因茫无所知,因而受之漠然,无动于衷,起不到强化和巩固某一良好行为的作用,也就是韩非子所说的"不足以劝"(不足以鼓励立功效劳的行为)。

惩罚所引起的受罚者的心理反应十分复杂,更应该注意"适度"。据"美国心理学会"网站报道,英国诺丁汉大学的心理学家研究发现,适度惩罚使人进步。研究人员要求受试者隔着被水打湿的玻璃判断后面的模糊物体是人还是别的东西,如果判断错了,受试者将被罚款。科学家同时用脑电图测量了受试者大脑对不同金额罚款的反应。研究发现,随着罚款金额的增加,受试者判断的准确性会提高,并且大脑的活动也随之改变。但金额过大会使受试者变得焦虑、有攻击性。过度的惩罚也表现为"量"的过大和相关性过小两种类型。适度的惩罚会触动受罚者的心灵,引起内心的震动,对于纠正偏离组织目标的不良行为有着立竿见影的警戒作用。但是过重的惩罚会引发忧虑、惊恐、悔恨、自卑等负面心理,产生消极的作用。关联度大的惩罚,对事不对人,只针对具体行为(如迟到、早退、渎职、造成重大损失等),也能发挥正常的、有效的警戒功能。但关联度小的惩罚,把一两次过失行为上纲为道德品质问题,并在惩罚的同时进行严厉的批判。这样的惩罚将引发受罚者的怨恨、愤怒、仇视等强烈的心理反应,有的受罚者在情绪极度低落的情况下,甚至可能产生"横竖横""破罐子破摔"的无助心理,发展为"攻击性"的对抗行为。关联度小的惩罚不仅失去正常的警示作用,而且会产生严重的消极后果。

本章的最后三个小节探讨了赏罚的六大原则:"法定"原则、"功效"原则、"信用"原则、"审察"原则、"平等"原则和"适度"原则。六大原则的内涵互相联系、互相交叉、互为补充,构成了法家赏罚理论与实践的一个完整的体系,为现代组织管理者如何有效地运用奖惩激励机制以激发员工的工作动力,提供了十分有益的启示。

【复习思考与讨论题】

1. 韩非子强调赏罚的"平等"原则表现在哪两个方面?
2. 韩非子如何从正反两个方面阐明了"适度"原则的重要?
3. 平等和公平有何区别和联系?
4. 现代组织的管理者应如何坚持奖惩的"平等"原则?
5. "度"和"适度"的含义是什么?我国文化中有哪些表示"适度"的成语和谚语?
6. 过度的奖励有哪些表现?有什么不良后果?
7. 过度的惩罚有哪些表现?可能会产生怎样严重的危害?
8. 韩非子倡导了赏罚的哪几大原则?你觉得哪几条原则对于现代管理最有借鉴意义?
9. 请用现代白话或英语解释本小节的主要概念。

六、章后语

本章探讨了法家思想中的"法""势""术"和"赏罚"等四大理念的内容和历史意义,及其对于现代组织管理的借鉴价值。虽然春秋时期已经出现管仲、子产等具有法家思想的主政人物,但法家思想真正形成一个比较成熟的思想流派是在战国后期,以韩非子、商鞅、申不害、慎到、李斯、吴起、李悝等为主要代表人物。在社会大动荡的春秋、战国时期,经济凋敝,人民生活极其困难,甚至连基本的生存需要都受到威胁,在这种情况下很难推行以"德治""民本"等为核心理念的儒家思想,而实行法家路线却能收到"富国强兵"、统一中国的效果。在汉武帝推行"罢黜百家、独尊儒术"政策以后,虽然儒家思想取得正统的主流意识形态的地位,但统治者真正实行的往往是"外儒内法"的治政措施,法家的治政理念始终是儒家思想的有效补充。在社会不够稳定的时期,法家思想的治理效果则更为明显。在现代组织的管理实践中,"德法兼治"是最佳的管理方式之一,法家思想同样是儒家思想的有效补充,对于处在初创阶段不够稳定的组织,推行法家的管理理念更为有效。

在我们进入下一章道家思想的学习之前,有必要了解一下法家思想与道家思想的关系。法家从哲学思想上源于道家,法家代表人物深受老子的影响,故《韩非子》有《解老》《喻老》篇,而《史记》中也把老子、庄子(道家代表人物)和申不害、韩非子(法家代表人物)放在一个传中叙述(《老庄申韩列传》)。老子创立的道家思想是中国传统思想流派中智慧最高的一派,它的主要价值在于对本体论、宇宙论和方法论的探讨,也就是从宇宙的本原出发认识世界,强调要掌握规律、顺应规律,顺势而为解决社会难题。这种思想首先由黄老思想转化为政府管理思想,然后再进一步发展为法家思想。黄老之学是道家思想在战国时期的一个新发展,是战国中后期真正的显学,并在战国田齐时代和汉初文景时代成为主流意识形态。所谓"黄老"之名,是借用黄帝的名义,名正言顺地改造传统道家理论,其代表经典是《黄帝四经》(1973年于湖南长沙马王堆三号汉墓中出土,故又称《黄老帛书》)。黄老之学从道家汲取了本体论、宇宙论和方法论思想,作为其政治主张的哲学基础。其与老庄的主要不同是它的积极入世,更多、更直接地探讨治国之道。法家的主要代表人物韩非子、慎到和申不害等都受到黄老之学的深刻影响,慎到和申不害甚至被视为黄老学者。因而,道家思想—黄老之学—法家思想,是一脉相承的关系。

很多人说,道家思想的"无为而治"理念体现了最高、最美的管理智慧。道家思想的魅力究竟在何处?请大家关注下一章的探讨。

第三章

道家思想与现代管理

一、综述

道家思想是中国春秋战国时期诸子百家中最重要的思想流派之一,道家思想最早可追溯到上古时代。春秋时期,老子集古圣先贤的大智慧,总结了古老的道家思想的精华,形成了比较完整的系统理论。其学说以"道"为核心思想和最高范畴,"道"也是道家追求的最高真理和终极目标。战国中期的庄子继承了老子的哲学观点,并有新的发展,更详尽地阐明了人与自然的关系。太史公司马迁评说庄子"其学无所不窥,然其要本归于老子之言"。后人通常把老子学说和庄子学说归为一个学派,并把老庄学说视为道家思想的主流。道家的"道"通常具有下列几方面的意义:道是宇宙万物的本原;道自然而无为;道无形而实存;道具有普遍性,无所不在,无时不在。在战国秦汉之际还流行道家的另一个学派即黄老学派,该学派尊黄帝和老子为创始人,借黄帝之名,宗老子之学,以重道尚法为宗旨,强调"道生法",学派中有些学者后来成为法家代表人物。本书在"法家思想"部分对黄老学派中的慎到和申不害有所探讨,本章中不再研习。

道家思想与道教有联系,但二者不能混为一谈。前者是哲学,后者为宗教;前者关于"道"的观念体现了无神论思想,后者把"道"人格化为神,并视为最高信仰。道教是中国本土宗教,它在中国古代鬼神崇拜观念上,以黄老思想为理论根据,承袭战国以来的神仙方术衍化而成。东汉末年出现大量道教组织,如太平道、五斗米道等,祖天师张道陵正式创立教团组织,奉老子为"太上老君"。

老子的代表作《道德经》(又称《道德真经》《老子》《五千言》《老子五千文》)是一部被誉为"论道贯天地、议德超古今"的智慧奇书,其内容博大精深,涵盖哲学、伦理学、政治学、军事学、养生学等诸多学科。早在唐朝,玄奘就将《道德经》译成了梵文,从16世纪开始,《道德经》又先后被翻译成拉丁文、法文、德文、英文、日文等多种文字。据联合国教科文组织统计,可查到的各种外文版的《道德经》典籍已有一千多种,该书在政治、文化、科学等方面产生了深远的国际影响,老子思想开始真正成为人类的共同精神财富。雅斯贝尔斯、罗素、海德格尔、托尔斯泰、爱因斯坦、李约瑟等享誉世界的哲学家、文学家、科学家等,都从老子的教诲中汲取了丰富的思想营养并对其予以高度评价。庄子一生著书十余万言,书名《庄子》,也被称为《南华真经》。《庄子》一书具有浓厚的浪漫色彩,对后世哲学和文学等有很大影响,是中国古代典籍中的瑰宝。鲁迅先生曾赞叹道:"其文则汪洋辟阖,仪态万方,晚周诸子之作,莫能先也。"(《汉文学史纲要》)老庄学说中关于"无为而治""天人合一"等理念都与治国理政有关,被后人誉为古代国家治理的最高理念,对现代组织的管理也有着十分重要的启示意义。本章所探讨的原作论述多从老子的《道德经》和庄子的《庄子》中选取,以《道德经》为主。

二、道与无为而治

(一)"无为而治"的理据:道法自然　民自化

【主要概念】道生万物;负阴而抱阳,冲气以为和;我无为而民自化;民自正;民自富;民自朴。

【原作论述】

① 道生一,一生二,二生三,三生万物。万物负阴而抱阳,冲气以为和。

《道德经》第四十二章

② 人法地,地法天,天法道,道法自然。　　　　　　《道德经》第二十五章

③ 功成事遂,百姓皆谓:"我自然。"　　　　　　　　《道德经》第十七章

④ 我无为,而民自化;我好静,而民自正;我无事,而民自富;我无欲,而民自朴。

《道德经》第五十七章

⑤ 古之畜天下者,无欲而天下足,无为而万物化,渊静而百姓定。　《庄子·天地》

【白话释义】

① 道创生一,一生成二,二生成三,三生成万物。万物都有阴阳两面,阴阳两面互相交融形成和谐的整体。

② 人效法地,地效法天,天效法道,而道顺其自然。

③ 事情办妥,功业完成,百姓都说"我们原本就是这样的"。

④ 我无为,人民就自然会自我化育;我好静,人民就自然会端正行为;我不加干预,人民就自然会劳动致富;我没有私心,人民就自然会保持淳朴。

⑤ 古时候养育百姓的君主,无所追求而天下富足,无为而万物自行发展变化,深沉宁静而人心安定。

【英语译文】

① *Dao* gives birth to One, One to Two, Two to Three, and Three to all things. Everything consists of two sides Yin and Yang, which are unified in harmony.

② Mankind patterns itself upon Earth, Earth upon Heaven, Heaven upon *Dao*, and *Dao* follows its own natural course.

③ When things are done and tasks fulfilled, people say, "All has happened naturally."

④ If I apply the principle of non-action, the people will perfect themselves naturally; if I love tranquility, the people will behave well naturally; if I stop acting coercively, the people will live a life of ease naturally; if I have no selfish desire, the people will remain simple naturally.

⑤ In ancient times, those rulers who nurtured the people had no particular pursuits and yet the people lived a life of ease; they adopted a non-active attitude towards everything and yet everything develops spontaneously; they were profoundly tranquil and the people were all at their ease.

【解读与应用】

本小节探讨道家独创的治国理念"无为而治"。无为而治，是在道家思想的核心概念"道"的基础上提出来的，是"道"在国家治理上的一种体现。"道"是《道德经》的思想精髓，是"无为而治"的理论依据，也是实施"无为而治"的准则。我们在深入探讨"无为而治"之前，必须先把"道"的概念搞清楚。《道德经》中关于"道"的论述很多，本小节只选取了两条，这两条论述以最简明的文字阐明了"道"的本义及其运行法则。

第一条论述"道生一，一生二，二生三，三生万物。万物负阴而抱阳，冲气以为和"，明确地提出了"道"是宇宙万物的本原这一哲学论断。这里老子否定了神的存在，开创了无神论宇宙观的先河。论述中的"一"通常被理解为宇宙生成之初的"混沌之气"，或称"冲气"，"二"指"负阴而抱阳"中的"阴阳"二气，"三"并不特指具体的事物和具体数量，它只是表示"道"生万物从少到多，从简单到复杂的一个过程。不少学者对"三"字作种种推测，但都显得牵强附会。我们基本赞同哲学家冯友兰先生的阐释："老子这里说的有三种气：冲气、阴气、阳气。我认为所谓冲气就是一，阴阳是二，三在先秦是多数的意思。二生三就是说，有了阴阳，很多的东西就生出来了。那么冲气究竟是哪一种气呢？按照后来《淮南子》所讲的宇宙发生的程序说，在还没有天地的时候，有一种混沌未分的气，后来这种气起了分化，轻清的气上浮为天，重浊的气下沉为地，这就是天地之始。轻清的气就是阳气，重浊的气就是阴气。在阴阳二气开始分化而还没有完全分化的时候，在这种情况中的气就叫做冲气。'冲'是道的一种性质，'道冲而用之或不盈'。这种尚未完全分化的气，与道相差不多，所以叫冲气。也叫做一。"（《老子哲学讨论集》）

第二条论述"人法地，地法天，天法道，道法自然"，文字简洁，内涵丰富，阐明了

"道"的运行法则。这句话的前三个分句不难理解,分别说明人、地、天(被《周易》称为宇宙"三才")这三者的运动规律,即人效法地,地效法天,天效法道,这里的"法"字具有"依据、遵循、效法、按……法则行事"的意思。实际上,这三个分句表示宇宙万物都遵循"道"的法则。那么"道"的法则是什么呢?老子的结论是"道法自然",意思是说,"道"顺应自身的运行规律,以"自然而然"为法则。有人把"道法自然"中的"自然"理解为大自然,显然是一种误解。前面提到的"人、地、天",即大自然的三元,它们都遵循"道"的法则,再反过来说"道"遵循大自然的法则,明显逻辑混乱说不通了。"道"是宇宙万物的主宰,不受任何事物的控制和影响,无须遵循任何其他法则,它本身就是宇宙的最高法则,因而"道"的运行完全是自发的、自在的、自然而然的。

简而言之,老子的这两条论述阐明了两个重要结论:"道"是宇宙万物的本原;"道"以自然而然为其运行法则。我们不妨换句话说:世界上一切事物(包括社会现象)都源自"道",也都必须遵循"道"的运行法则,顺应自然。

可以说,道家"无为而治"理念,是"道"在社会生活上的一种投射,是在国家治理及各类组织的管理中"道法自然"法则的再现。"无为而治",要求治政者顺应社会生活的自然状态,不过多干预百姓的自发行为,要利用万物和万众的自在天性,"自然而然"地达到治国的目的。本小节的第三条论述"功成事遂,百姓皆谓:'我自然'",正是"无为而治"的生动写照,治政者事情办妥,功业完成,百姓都高兴地说"我们原本就是这样的啊"。"我自然"三个字,既表明治政者确实遵循了"道法自然"法则,也表达了民众对这种未曾察觉到被治理的治政方式的认可。

如果说,第二条论述中的"道法自然"是"无为而治"的理论依据,那么第四条论述则可提供"无为而治"的实践依据。"我无为""我好静""我无事""我无欲",是治政者"无为而治"的四种表现,如果付诸实践,则会产生"民自化""民自正""民自富""民自朴"的治政效果。老子认为,治政者无为,人民就自然会自我发展,优化自身;治政者好静,人民就自然会规范自己,端正行为;治政者不加干预,人民就自然会劳动致富,满足自身的生存需求;治政者没有私心,人民就自然会返璞归真,保持淳厚的本性。老子的这条论述表明,"无为而治"的治政理念忠实地实施了"道法自然"的最高法则,充分体现了道家对遵循宇宙万物(包括人类社会的治理)自然运化规律的执着信念,还预示了民众将拥护这一理念,并自觉自愿、自发自在、自然而然地实行自我管理。

第五条是庄子的论述,他以相似的"条件—结果"(或因果)句式、相近的含义,呼应并强化了老子的论断。条件部分所选的"无为"和"无欲"两个词语与老子的用语完全相同,"渊静"对应老子的"好静";结果部分"天下足"对应"民自富","万物化"对应"民自化","百姓定"对应"民自正"。老庄两人论述中的"化"字,是一个最具特色、也是最关键的一个字。"化"字有教化、化育、发展变化、优化完善等含义。可以说"我无为而民自化"这一句话,就把"无为而治"的社会效益说透了:治政者"无为"的结果,是百姓的自我教化,自我担当,自我管理,自我完善。有趣的是,庄子用"万物化"对应老子的"民自化",用大概念"万物",代替了小概念"民",强调了不仅百姓将自我完善,所有的事物也都将自然运化,向前发展,增强了老子论点的力度。

司马迁在《史记·太史公自序》中曾引用其父司马谈的《论六家要旨》,对春秋战国时期诸子百家中的儒、墨、名、法等主要流派加以评述,各有褒贬,唯独对道家只褒不贬,赞誉有加:"其术以虚无为本,以因循为用,无成势,无常形,故能究万物之情。不为物先,不为物后,故能为万物主。"这段话中的"因循"二字与现代汉语"因循守旧"中的"因循"二字意义不同,其基本含义是顺应万物天性,自然无为,与"道法自然"和"无为而治"的内涵完全契合。

老庄的"无为而治"理念被后世一些开明圣君所采用,使国家出现了繁荣昌盛的局面。西汉初年的汉文帝、汉景帝,唐朝初年的唐太宗、唐玄宗,明朝初年的明仁宗和明宣宗,清朝初年的康熙帝和乾隆帝等以道家思想治国,实行休养生息、轻徭薄赋、鼓励农耕等政策,创造了中国历史上著名的五大"盛世",史称"文景之治""贞观之治""开元盛世""仁宣之治"和"康乾盛世"。这些明君的治国业绩成了"无为而治"理念的强有力的历史检验和实践支撑。

"无为而治"理念不仅对古代的国家治理产生了巨大的影响,而且对各级各类现代组织的管理也有着重大的借鉴意义。联合国前秘书长潘基文在其第二任秘书长就职典礼上盛赞"无为而治"理念的积极作用:"伟大的哲学家老子曾经说过,'天之道,利而不害;圣人之道,为而不争',让我们将这种不朽的智慧应用到今天的工作中,在各种不同思想的争鸣中,找到行动上的一致。"他的两任秘书长工作的成功,正是他实践"利而不害""为而不争"的"无为"理念的结果。

西方国家把"无为而治"式的现代管理称为 Laissez-faire Management,在很多最先进的组织机构(如研究所、IT 行业等)实施,取得良好的效果。管理学家们认为,这种管理是最"放手"(hands-off)的管理风格,其特点是大幅度放权。管理者把任务分给他的团队,然后很少与之接触,直到任务完成,或问题出现。这种管理风格在创造性岗位或在员工责任心很强的机构是十分有效的。Laissez-faire Management 通常被译为"自由放任管理"。Laissez-faire 一词是源自法语的"借词"(borrowing),语义中性,强调"不干预"(non-interference)、"放手"(hands-off)。汉语中"自由放任"却带有贬义,并不与之完全对应。因而 Laissez-faire Management 不妨改译或理解为"自由放手管理"。

"无为而治"式自由放手管理模式,也开始在我国不少组织机构(尤其是科研机构、文艺机构、高等院校、电子通信行业等)中推行。随着现代通信、人工智能、大数据、区块链等技术的迅速发展,这种管理模式将越来越盛行。所谓远程办公、弹性上班、居家办公、云上办公,等等,都是这种管理模式的雏形,都将逐渐优化成熟。

关于"无为而治"理念的其他方方面面,我们将在下面的章节中继续探讨。

【复习思考与讨论题】

1. 道家思想与道教有何区别?
2. 什么是"道"?"道"的运行法则是什么?
3. "无为而治"理念的理论依据是什么?请说一说"无为而治"与"道法自然"的关系。
4. 司马迁对道家思想的高度评价中的"因循"二字是什么意思?
5. 中国古代历史上有哪五大"盛世"?这五大"盛世"的治国理念有何共同点?
6. 西方国家把"无为而治"式的现代管理称为什么?你认为这种管理模式在什么样的组织机构比较适用?
7. 你是否认为"自由放手管理"模式将在我国广泛应用?为什么?
8. 请用现代白话或英语解释本小节的主要概念。

(二)"无为而治"的目标:无为无不为　上无为下有为

【主要概念】无为无不为;无为故无败;取天下常以无事;为无为则无不治;上必无为下必有为。

【原作论述】

① 道常无为而无不为。　　　　　　　　　　　　《道德经》第三十七章
② 是以圣人无为故无败,无执故无失。　　　　　《道德经》第六十四章
③ 夫唯不争,故天下莫能与之争。　　　　　　　《道德经》第二十二章
④ 无为而无不为。取天下常以无事,及其有事,不足以取天下。

《道德经》第四十八章

⑤ 为无为,则无不治。　　　　　　　　　　　　《道德经》第三章
⑥ 爱民治国,能无为乎?　　　　　　　　　　　《道德经》第十章
⑦ 上无为也,下亦无为也,是下与上同德,下与上同德则不臣;下有为也,上亦有为也,是上与下同道,上与下同道则不主。上必无为而用天下,下必有为为天下用,此不易之道也。

《庄子·天道》

【白话释义】

① 道自然无为却无所不能。
② 因此圣人无为就不会招致失败,无所执着也就无所丧失。
③ 唯有不争的处事态度,天下才无人能与之抗衡。
④ (君主)无为就能无所不为。掌管国家治理,不可多加干预;如果多加干预,也就不配掌管国家了。

⑤ 按无为的原则行动，一切都将治理得井然有序。

⑥ 爱民治国的人真的能无所作为吗？

⑦ 君主无为，臣子也无为，这样臣子与君主的态度相同，臣子就不成其为臣子了；臣子有为，君主也有为，这样君主跟臣子的做法相同，君主就不成其为君主了。君主必须无为方能役用天下，臣子必须有为而为天下所用，这是不能随意改变的法则。

【英语译文】

① Dao takes no action, but leaves nothing undone.

② Therefore, the sage follows the principle of non-action and he never fails. He holds nothing and so loses nothing.

③ The sage contends for nothing, and therefore no one in the world can contend with him.

④ The sage who applies the principle of non-action leaves nothing undone. The sage usually governs his state without much interference. He cannot possibly govern his state well if he imposes interference on the people.

⑤ Act on the principle of non-action, and everything will be put in order.

⑥ Is it possible for one who loves his people and governs his state to really take no action?

⑦ The official who follows the principle of non-action just as the ruler does is not a qualified official. The ruler follows the principle of exertion just as the official does is not a qualified ruler. The ruler must follow the principle of non-action so that he can rule the state well. The official must follow the principle of exertion so that he can be used properly.

【解读与应用】

本小节探讨"无为而治"的目标，离不开对道家"无为无不为"这一貌似矛盾的论述的理解。有人说老子本身就是一位充满矛盾的神秘人物，他崇尚"希言""希声"，却发奋著书五千言；他主张"清静""无事"，却又大谈"治国""无败""取天下"；他一面倡导"无为"，一面又追求"无不为"。然而，我们认真研读《道德经》以后发现，正是他那些貌似矛盾的论述，体现了朴素的辩证法思想和对宇宙人生的透彻感悟，具有超越时空的精神魅力。有人认为道家是"出世"哲学，其实道家也是"入世"哲学。"无为"是道家顺应自然的"出世"理念，而"无不为"又是道家所倡导的积极"入世"的治政目标。"出世"与"入世"融于一体，是道家思想的非凡智慧。

老子的第一条论述"道常无为而无不为"，把"无为而治"的目标，建立在"道"的运行规律这一理论基础上。"道"是"无为"的，它"寂兮廖兮，独立而不改，周行而不殆"。"道"不依靠任何力量，自然而然地循环运行，永不停止。但"道"又是"无不为"的，天体的运转、四季的更迭、大地万物的生长和消亡等等,无不因"道"而发生,"道"无处不在,无所不能,"可以为天下母"。因而,"无为无不为"是"道"的恒久不变的规律。

本小节的随后四条论述体现了老子对于"道"的这一恒常规律的"入世"应用。他把"道常无为而无不为"这一理念投射到国家治理上,"无为"便是"无为而治","无不为"则是"无为而治"所要达到的目标。四条论述中的"无败""莫能与之争""取天下""无不治",都是"无不为"在国家治理方面的具体表述。

可见道家所说的"无为",并不是无所作为,而是不妄作为,不过多地干预民众的生活,充分调动民众"自化"的积极性,发挥万民的创造力,实现天下大治的"无不为"目标。道家所说的"无为",是遵循客观规律而为,是"无败"的国家治理,是以"莫能与之争"的博大气概赢得万民的拥戴,走向"取天下""无不治"的辉煌。实际上,道家所说的"无为",恰恰是无所不能的"有为"的极致。

如果说,这四条论述是老子关于"无为而治"的目标的相对含蓄的表达,那么,下一条论述则是明明白白、直截了当的抒怀了。"爱民治国,能无为乎"这八个字毫不隐晦地表达了老子的"入世"情怀,所谓"无为",就是冲着"爱民治国"说的,怎么可能真的无所作为?老子使用的是反诘句式,抒发情感的语气十分强烈,把"无为而治"的"无不为"目标和盘托出。

上面我们所探讨的五条论述阐明了"无为而治"的终极目标,即"爱民治国",实现天下大治。本小节的最后一条庄子论述是对前面论述的重要补充,说明了"无为而治"的二级目标,即实现终极目标的一个分目标——"上必无为下必有为",即分级治理。关于分级治理,我们在法家思想部分的"分级管理"小节曾有探讨。如前所述,法家源自道家的黄老学派,但最早提出分级治理理念的还属道家的老庄学派。

庄子的这条论述是对老子的"上德无为而无以为;下德无为而有以为"的阐释和发挥。由于老子和庄子的观念一脉相承,而庄子的这条阐释具体而又清晰,所以我们作重点探讨。

首先,庄子强调掌管全局的君主与分管政务的臣子必须有明确的"上无为、下有为"的职责分工:"上无为也,下亦无为也,是下与上同德,下与上同德则不臣;下有为也,上亦有为也,是上与下同道,上与下同道则不主。"他认为,君主无为,臣子也无为,这样臣子与君主的态度相同,臣子就不成其为臣子了;臣子有为,君主也有为,这样君主跟臣子的做法相同,君主就不成其为君主了。"不臣""不主"就是职责不分的结果,二者不守其位,不司其职,弄得臣不像臣,君不像君。庄子进而阐明了为什么"上必无为、下必有为"的道理:"上必无为而用天下,下必有为为天下用,此不易之道也。"他认为,君主必须无为,方能统领全局,协调各方,而役用天下;臣子必须有为,才能各显其才,各司其职,而为天下所用;这是不能随意改变的法则。

中国历史上有一个"上无为、下有为"的典型范例,一位皇帝以自己的"无为",成就了众多臣子的"有为",创造了一番群星璀璨、共创辉煌的壮丽景象,他就是宋仁宗。历史学家吴钩在《宋仁宗:共治时代》中说:"宋仁宗在位期间,中国涌现了非常多的杰出人物:文学界,唐宋八大家中有六位全在仁宗朝登上历史舞台;学术界,诸多学派的创始人或代表人物都生活在仁宗朝;政治界,范仲淹、王安石、司马光等等众多政治明星,都在仁宗时代有耀眼表现;科学界,中国古代四大发明中的三大,均出现在仁宗朝。仁宗朝人才之盛,历史上几乎没有一个时代可以比肩。"

宋仁宗为人低调,不显山露水,不专制独断,但他对皇帝的"上无为"角色有着深刻的理解,他以温和包容的性格,与其治下的宰辅大臣逐渐构筑出一套良性的皇朝运作机制。君主负责任命政府主要执政大臣,由执政大臣"有为"地主导帝国的大小事务,并设置独立的台谏系统严密监督政府人员。在这一机制之下,皇帝并不独揽大权,而是与士大夫共治天下。

所谓"上无为下有为"并不是绝对的,"上无为"中隐含着"有为","下有为"中也包蕴了"无为"。就仁宗朝的治政机制而言,皇帝的"无为"是主流,表现为低调包容、大量放权等方面,但仍然保留"有为"的一面,表现为确定治国方略、任命执政大臣、掌握奖惩决策等方面,所以宋朝有人说宋仁宗"百事不会(无为),只会做官家(有为)"。执政大臣的"有为"是主流,表现为发挥才干、恪尽职守、敬业多劳等方面,但也保有"无为"的一面。在各自分管的领域内,每一位执政大臣都是"一把手",都可成为"无为"的"上"(主管),可以大量分权,让"有为"的"下"(下属)处理下达的具体事务。以此类推,就可建立起一条"上无为、下有为"的分级治理链,有效地实现大治。因而,老庄所说的"无为",不是真正的无所作为,而是有所为、有所不为,从而实现"无不为"的目标。正如西晋哲学家郭象点评《庄子》时所说,"斧能刻木而工能用斧""主上无为于亲事而有为于用臣""故各司其任,则上下咸得,而无为之理至矣"。郭象认为,斧头可以砍伐木材,而工匠善于使用斧头;君主应无为,无须事必躬亲,但又要有为,善于任用大臣;这样各司其职,上下各得其所,才是"无为"的真义所在。

道家关于"无为无不为"的论述,对于现代组织管理有很多启示,如放权分权、分级管理、柔性管理、人才管理、制度建设等方面。由于本小节的学习重点是"无为而治"的"无不为"目标,因而我们只在放权分权和分级管理方面作一些探讨。

(1)放权分权是有效治理的必由之路

治政者的权力再大,能力再强,其个人的能量也是有限的,放权分权是有效治理的必由之路。宋仁宗等古代明君之所以能"无不为",正是其善于放权分权,使自己处于"无为"境界的结果。现代组织管理者也是如此,只有懂得放权分权,让自己在某些方面"无为",才能收到"无不为"的管理效果。不懂得放权分权的人绝无可能成为受人拥戴的真正的成功管理者,儒家和法家代表人物也有关于放权分权的论述。孔子说,"先有司,赦小过,举贤才",其中"先有司"就有放权分权的含义。韩非子说,"因任而授官,循名而责实",其中"因任而授官"也有放权分权的含义。但儒家注重德治,法家强调法治,关于这方面的后续论述不多,真正竭力倡导管理者放权分权,实施"无为无不为"治理原则的还属道家。

现代管理的根本任务是设计和维持一种环境,使在这一环境中工作的人们能够用尽可能少的支出实现既定的目标,或者说,以现有的有限资源实现最大的目标。我们在"选人用人"小节中曾经引用"科学管理之父"弗雷德里克·泰勒对管理所下的定义。在他看来,管理就是指挥他人能用最好的办法去工作。由此看来,管理本身实质上就是一个放权的行为或过程,是让"人们"或"他人"利用现有的资源,在现有的环境中,用最有效的方式,心情舒畅、能动"有为"地去实现组织目标。这对于任何类型、任何层次的组织的"一把手"尤其重要。要创造这样一种环境,"一把手"就得放下身段,合理放权分权,尽量减少干预,因为只有在"一把手"适当"无为",而下属有职有权的情况下,"人们"或"他人"才会心情舒畅、能动"有为"地工作。

(2)放权与分权的联系和区别

在继续探讨放权分权之前,我们有必要先搞清"放"和"分"二者的联系和区别。放权和分权,是互相关联的两个概念,其目的都是为了分散过于集中的权力。顾名思义,放权是在上下级之间进行的,是上级管理者把部分权力转移给下级管理者的行为。分权有两种意思,一种是在平级之间进行,是管理者向同一层次的管理者转让部分权力,通常由上级部门调度,这种分权本小节不作探讨;另一种是上级管理者把多项权力分配给多名下级管理者的行为,与放权意义相近,属于本小节讨论范围。

分权是与放权同步发生的行为或过程,管理者因时、因势把自己的权力下放给下一层级的多名管理者,并按照岗位所需及各个受权者不同的学识能力及个性特征,合理地分配权力,以形成一个管理梯队。管理者在分权时要特别注意制定为实现组织总目标而分割的分目标,确定各受权者与其所获权力相应的职责及必须实现的分目标。分权以后的"无为"管理者主要发挥监督、协调和帮助的作用,而受权者则发挥使用权力、履行职责、处理各项具体事务、"有为"地实现分目标的作用。与此同时,受权者又成了下一层级的管理者,可根据需要进行下一轮的放权分权,由此构建出一个金字塔式的分级管理体系。管理者在"无为"与"有为"的转化和融合中实现最佳的"无不为"目标。

(3)层级化管理与扁平化管理

在"分级管理"小节中,我们简略地提到了层级化管理与扁平化管理,但未作深入的分析,本小节拟作进一步探讨。如前文所述,法家代表人物韩非子与申不害关于分级管理的论述,都倡导"金字塔式"的层级化管理模式,道家的"上无为、下有为"论述也提倡层级化管理模式,但法家和道家推崇层级化管理模式的深层理念不同。法家主张在分权的形式中更好地实现集权,道家则力主在分权的形式中更好地实现放权。扁平化管理是在现代环境下减少管理层次、增加管理幅度的一种新型管理模式,意在分权放权。因而,按照道家学说的理念,两种管理模式不再是管理学界通常所说的对立的、非此即彼的管理模式,而是理念一致、相辅相成的两种管理模式。

扁平化管理的特点是取消繁杂的管理架构,减少管理层次,大幅增加管理幅度,缩短信息传递的时间,便于快速反应,把金字塔状的组织形式"压缩"成扁平状的组织形式。适应快速变化的市场环境,是扁平化管理出现的动因;而现代信息技术的高度发达,则使扁平化管理的出现成为可能。管理幅度增加后指数化增长的信息量和复杂的人际关系,在计算机强大的信息处理能力面前迎刃而解。

扁平化管理如能运用得当,将为地方政府的管理提供良好的改革思路,实现地方政府内外系统的有效整合,确保政府结构的合理化,构建有限而有效的公共服务型政府体系。上海市浦东新区政府在这方面进行了开创性的试验,建立了"小政府、大社会"的行政管理模式,减少管理层级,积极探索体现大区域、轻型化、扁平化特征的新型行政管理体制,为构建服务型政府奠定体制基础。这不仅为浦东发展营造了良好的体制环境,也为地方政府体制创新积累了宝贵经验。扁平化管理也适用于员工多达十几万甚至几十万的超大型集团公司。由于公司规模超大,公司管理层级太多,最高决策者的指令要通过十几个甚至几十个管理层级最后传递到最基层的执行者,所以经常导致信息失真而无法更好地面对市场变化。

任何事物都有其两面性,扁平化管理也是如此。有些现代组织管理者错误地应用扁平化管理模式,他们不是精减管理层次把权力中心下放,而是完全忽视甚而彻底取消中层管理而把权力高度集中,结果使整个中层管理者处于被架空而不作为状态,严重违反了扁平化管理分权放权的初衷,同时也扼杀了中层和基层管理者的工作积极性。

适合的就是最好的,各级各类现代组织应根据各自的具体情况,选择层级化管理模式或扁平化管理模式,或二者兼而用之。例如,信息化程度高、服务对象多、员工网络技术熟练的组织可主要选用扁平化管理模式,反之则主要选用层级化管理模式;中小型组织的管理层次本来就不多,应主要选用层级化管理模式,但也可两种管理模式结合应用,营销、技术开发、信息传递等方面用扁平化管理模式,而人事、财务、企业文化构建等方面则用层级化管理模式,等等。

关于"无为而治"的其他要领等,我们将在下一小节中探讨。

【复习思考与讨论题】

1. 你认为道家思想是"出世"哲学还是"入世"哲学?请说说你的理由。
2. "道常无为而无不为"表现在哪里?
3. 老子用哪些词句来表述"无为而治"的"无不为"目标?哪一句是最直截了当的表述?
4. 庄子是如何阐释"上必无为、下必有为"这句话的深刻道理的?
5. 宋仁宗治政的辉煌业绩表现在哪些方面?人们是如何评价他既"无为"又"有

为"的?

6. 为什么说现代组织管理者必须懂得放权分权才能实现管理的目标?"放权"和"分权"二者有何联系和区别?

7. 现代组织如何构建出一个金字塔式的层级管理体系?

8. 扁平化管理模式与层级化管理模式各有什么优势?你觉得你所在的单位(包括学校)应主要选用哪种管理模式?请说说你的理由。

9. 请用现代白话或英语解释本小节的主要概念。

(三)"无为而治"的要领:见素抱朴 少私寡欲

【主要概念】见素抱朴,少私寡欲;去甚,去奢,去泰;治大国,若烹小鲜;处无为之事,行不言之教;极物之真,能守其本。

【原作论述】

① 见素抱朴,少私寡欲。 《道德经》第十九章

② 是以圣人去甚,去奢,去泰。 《道德经》第二十九章

③ 治大国,若烹小鲜。 《道德经》第六十章

④ 是以圣人处无为之事,行不言之教;万物作焉而不辞,生而不有,为而不恃,功成而弗居。 《道德经》第二章

⑤ 夫至人有世,不亦大乎!而不足以为之累。天下奋棅而不与之偕,审乎无假而不与利迁;极物之真,能守其本。故外天地,遗万物,而神未尝有所困也。《庄子·天道》

【白话释义】

① 外表纯真,内心淳朴,减少私心,克制欲望。

② 所以圣人必须戒除极端、奢侈、过度的行为。

③ 治理大国犹如烹煮小鱼。

④ 因此圣人用无为的方式对待世事,用不言的方式施行教化,听任万物自然发展而不加干预,生养了万物却不占为己有,推动了万物却不自恃有恩,功成业就而不居功自傲。

⑤ 超凡脱俗的"至人"一旦居于统治天下的位置,不是很伟大了吗?可是这却不足以成为他的拖累。天下人争相夺取的权力他不会随之趋赴,审慎地不假借手段谋取私利,深究事物的真谛,持守事物的根本,所以身外万物皆置之度外,精神世界不曾有过困扰。

【英语译文】

① Keep plain in appearance and simple in mind; reduce selfishness and restrain desires.

② Therefore, the sage must get rid of extremes, extravagance and excessiveness.

③ To govern a large state is just like cooking a small fish.

④ Therefore, the sage handles things with non-action, instructs with no utterance, allows all things to develop naturally without interference, produces things without owning them, promotes things without claiming merits, achieves successes without demanding credit.

⑤ Isn't it great for an exceedingly noble man to be in the position of the ruler of a state? But the position would not be an encumbrance to him. He would not strive for the power that other people vie for. He would not seek his private interests by dishonest means. He would probe into the truth of things and stick to the fundamental principle. His mind would never be disturbed by any worldly affairs.

【解读与应用】

老子和庄子关于"无为而治"的论述很多,本书只是择要探讨,不可能全部细研。上面两个小节着重讨论了"无为而治"的理据和目标,对于其他很多重要论述,我们将选择一小部分笼统地归入"要领"一项。所谓"要领",包括"无为而治"的具体表现、实施的准则和方式、治政者的品质等。

老子的第一条论述"见素抱朴,少私寡欲",既是实施"无为而治"的治政者的个人品质,也可视为"无为而治"的基本行为准则。这里的"见"(xiàn)同"现",是呈现、外部表现的意思。"素"意为没有染色的生丝,"朴"意为没有加工的原木,这两个字比喻人的行为和品质纯真、淳朴、未经雕琢,是自然本性。老子认为,治政者要做到顺应自然,外表(指行为)纯真,内心(指品质)淳朴,减少私心,克制欲望,才能真正实行"无为而治"。

如果说,老子的第一条论述从正面阐明了治政者的个人品质及"无为而治"的基本行为准则,那么,他的第二条论述,则连用了三个"去"字,从反面强烈地表明了他的这一主张。"甚""奢""泰",正是"见素抱朴,少私寡欲"的反面,"甚"指极端的思维方式,"奢"指奢侈的生活方式,"泰"(同"太")指过度的待人处事方式。老子告诫治政者要"去甚,去奢,去泰",戒除极端、奢侈、过度的思想、行为和作风,让身心回归于淳朴和本真,避免因贪图享受、追随外物而受累,在与人交往时诚实不欺,坚守中道,不走极端,凡事把握适度,养成恬静旷达、淡泊洒脱的胸怀。唯有如此,才能使属下在没有任何顾忌、无须小心防范的轻松氛围中积极"有为"地工作,实现"无不为"的治政目标。

第三条论述"治大国,若烹小鲜",一"大"一"小"二字对照强烈,以一种奇特的比喻阐明了"无为而治"的一个要领。但对于老子这条论述的理解,历来众说纷纭。有人解释说,治理大国就好像烹调小鱼,油盐酱醋等作料要恰到好处,既不能过多,也不能太少,强调适度。还有一种说法是,治理大国应该像烧菜一样精心,要掌握火候,防止夹生或过熟,强调认真。这两种说法都有一定道理,但联系老子所倡导的"无为而治"理念,就显得有点穿凿附会了,我们比较赞同清代学者马其昶和杭世骏的观点。马其昶引汉初《毛诗故训传》里的话,认为老子的本意为"烹鱼烦则碎,治民烦则散,知烹鱼则知治民"。任乾隆朝史籍编修的著名学者杭世骏,曾著《订讹类编》,书中便收录时人对老子这句话的误解。他考证了老子那个时代人们烹煎小鱼的方法,人们仅把小鱼洗一下,不去屎肠,也不去鳞,担心把小鱼弄断。所以杭世骏认为正确的理解应该是:"烹小鲜不可扰,治大国不可烦。烦则人劳,扰则鱼溃"。我们不妨用今天的话表述为:治理一个大国应以民为本,像烹煮小鱼那样,不要多加干预,不可动辄扰民,更不能随便乱折腾。

老子的第四条论述以相对具体、直接的语言阐明了"无为而治"的行事原则和各种表现。"处无为之事,行不言之教"是实施"无为而治"的总原则,统领全句。关于"无为",我们在前文已多有解析,"无为"不是真正的无所作为,而是有所"为"有所"不为",且所"为"要把握适度,有所节制,像前文所说的那样"去甚、去奢、去泰"。所谓"不言",也不是真正的不言不语,而是"希言",即少言、慎言,有所"言"有所"不言"。老子写下五千多字的《道德经》,其本人也在力"言",而且他所言者皆为至理名言。有所"不言"的,应该是那些咄咄逼人的狂言、夸夸其谈的空言、荒诞不经的流言、虚妄不实的滥言等。"行不言之教"实质上是强调谨言慎行,身教重于言教。接下来的四个分句"万物作焉而不辞,生而不有,为而不恃,功成而弗居"道出了"无为而治"的四种具体表现,是对"作""生""为""功成"四种成果的具体态度。老子认为,睿智的治政者,应像"道"那样,听任万物自然发展而不加干预,生养了万物却不占为己有,推动了万物却不自恃有恩,功成业就而不居功自傲。

最后一条庄子的论述,通过对"至人"行为的描述,呼应并阐释了老子关于"无为而治"的主张。"至人"指超凡脱俗、道德修养极高的人,暗指睿智的治政者(君主、上古部落首领等)。老子常用"圣人"一语,而庄子除了用"圣人"一语外,还喜欢"至人""神人"等用语,三者区别,在此不作赘述。庄子概括性地陈说了"无为而治"的几条要领:不为身居高位所牵累("不足以为之累"),不争权力("不与之偕"),不使用手段追逐私利("无假而不与利迁"),深究事物的真谛("极物之真"),持守事物的根本("能守其本"),不迷恋身外之物("遗万物"),保持心神安宁("神未尝有所困")。

老庄关于"无为而治"实施要领方面的论述,为现代组织的管理提供了很多有益的启示,如遏制权力欲望、戒除奢靡作风、减少干预、避免扰民、谨言慎行、注重身教、防止极端、过度的思想方法,取得成绩不居功自傲,保持豁达宁静的精神境界等。其中有些方面我们在儒家思想和法家思想部分已有所涉及,本小节对其不再赘述。我们将重点探讨遏制欲望、减少干预、防止极端和过度三个方面。

老子倡导"见素抱朴,少私寡欲",庄子主张"天下奋棅而不与之偕,审乎无假而不与利迁",他们都劝诫治政者要克制欲望。欲望是一个中性词,无所谓善恶,是由人的本性产生的想达到某种目的的要求,如生存的需求就是人类自然的、最基本的欲望。

但是，过度膨胀以至失控的欲望就是一种"恶"了。老庄所反对的正是这种超乎自然本性的欲望，尤其是对权力和财富的过度追求。克制欲望，同样是现代组织管理者必须具备的一种素质或能力。管理者唯有克制自己追求权力和私利的过度欲望，才能带动员工将组织的利益放在首位，妥善协调组织、部门、个人之间和谐的利益关系，增强组织及管理团队的凝聚力和向心力。古代罗马的历史学家塔西佗在《历史》中说："权力欲是一种最臭名昭著的欲望。"20世纪英国具有启蒙思想的文学家詹姆斯·艾伦在《做你想做的人》中区分了自私的欲望和无私的热情的区别，他指出："当你被欲望控制时，你是渺小的；当你被热情激发时，你是伟大的。"现代组织管理者必须牢记老子"少私寡欲"和庄子"不与利迁"的教诲，摆脱那臭名昭著的权力欲，激发出献身管理的无私热情，那么，即便你未必能成就伟大，但至少也是一名称职的管理者了。

老子提倡"治大国"要像"烹小鲜"那样少"翻动"，对民众少加干预，治理大型的现代组织也应如此。即便是一般的组织机构，在一定条件下，"烹小鲜"式的放手管理同样值得提倡。所谓"一定条件"，包括规章制度比较健全、员工素质较高、团队协调气氛较好、下一级管理者能力较强等。在这样的组织环境中，管理者可尽可能减少行政干预，改发号施令为鼓励创新，变具有最高发言权的领导角色为组织协调者和平台提供者的角色。这将能调动下一级管理者及员工的积极性和能动性，有助于激发组织的活力和韧性，高效地实现组织目标。相反，如果管理者管得过细，对下属的事务多加干预，甚至挑剔指摘，求全责备，这将使下一级管理者及员工无所适从，消极被动地应付工作，形成死气沉沉的局面。值得注意的是，放手不等于放羊，少加干预不等于放任自流。管理者在放手的同时要注意下达的目标和任务必须明确合理，并须加强事中及事后的监督。一旦发现问题，要积极参与讨论对策，并提供帮助，以及时解决。

老子劝诫治政者"去甚，去奢，去泰"，对于当今世界各种形式的治理或管理都有着普遍的指导意义。极端、奢侈、过度的思想和行为方式对于社会治理和组织管理都十分有害。在国际事务中，极端主义包括恐怖主义、极端民族主义、宗教极端主义等思潮及其势力，严重危害着世界的和平和稳定；某些奉行单边主义的国家所实行的极端过度的政策，如动辄强加经济制裁或武力威胁等，破坏了正常的国际关系；在国内，有些地方过度开发、滥伐森林、乱排乱放污水废气、过度使用土地，有些机构过度执法、过度扰民等，影响了生态平衡和社会安定；在组织机构内部，有些管理者持有非此即彼"钻牛角尖"式的极端思维方式，追求过度奢华的办公环境，实施不合时宜的过度奖励或过度惩罚等，都会阻碍组织的健康发展。经济和技术高度发达的21世纪所出现的种种由极端、奢侈、过度的思想和行为方式所引起的怪象和乱局，无不反证了道家思想的超凡智慧。难怪美国著名学者威尔·杜兰在《世界文明史》中说："《道德经》出自何人手笔，倒是次要的问题，最重要的乃是他所蕴含的思想。在思想史中，它的确可以称得上是最迷人的一部奇书。"

【复习思考与讨论题】

1. 老子的论述"见素抱朴,少私寡欲"中的"见"是什么意思?整句应如何理解?
2. 老子的论述"去甚,去奢,去泰"中的"甚""奢""泰"是什么意思?这条论述对于当今世界的社会治理和现代组织的管理有何指导意义?
3. 应如何正确理解老子"治大国,若烹小鲜"这句话的本意?
4. 老子的论述"行不言之教"中"不言"二字的真正含义是什么?
5. 请用现代汉语解释一下"万物作焉而不辞,生而不有,为而不恃,功成而弗居"这句话。
6. 庄子的论述中的"至人"指怎样的人?"不足以为之累"和"不与之偕"是什么意思?
7. 为什么说克制欲望同样是现代组织管理者必须具备的一种素质或能力?现代组织管理者应该克制怎样的欲望?
8. 请用现代白话或英语解释本小节的主要概念。

三、尚水理念

道家思想的代表人物都崇尚水,尤其是老子,他在《道德经》中有多处直接关于水的论述,也有多处运用与水有关的物象,如谷、豀、江、河、溪、川、渊、海、雨、冰等,来说明某种道理,在阐释"道"这个道家学说中最重要的概念时,老子还喜欢用与水的性能相关的词语来描述,如"渊兮""湛兮""涣兮""浑兮""澹兮""沌沌兮""泊兮""混""泛兮",等等。为什么老子对水如此情有独钟?我们可从下面这句论述中找到答案:"上善若水,水善利万物而不争,处众人之所恶,故几于道。"老子不仅用"上善""善利万物"等词语高度赞扬水的特性,更重要的是,老子认为水"几于道",也就是说,水接近于道,几乎就是道。道,指宇宙万物的本原,是老子立说的根本;水,是孕育万物的根源,与道相近。道,"惟恍惟惚",是"无状"的;水,虽然流动,但却是有形的。老子借水论道,把水视为道的化身,看作道的物理原型,而道是水的哲学升华,二者如影随形,关系密切。

根据老子和庄子的论述,水有至容、至谦、至善、至柔、至能、至朴等特性。两位道家代表人物通过对水的特性的论述,进一步阐发了他们的无为而治的理念。我们将分三个小节来探讨这些特性及其对现代组织管理的启示意义。

(一)至容至谦:海纳百川 善下为王

【主要概念】为百谷王者,以其善下之;终不自为大,故能成其大;积卑而为高;合水而为大;合并而为公。

【原作论述】

① 江海之所以为百谷王者，以其善下之，故能为百谷王。　　《道德经》第六十六章

② 大道泛兮，其可左右。万物恃之而生而不辞，功成不名有，衣养万物而不为主……是以圣人之能成其大也，以其不为大也，故能成大。　　《道德经》第三十四章

③ 是故丘山积卑而为高，江河合水而为大，大人合并而为公。　　《庄子·则阳》

④ 且夫水之积也不厚，则其负大舟也无力。　　《庄子·逍遥游》

【白话释义】

① 江海之所以能成为百川之王，是因为江海能处在百川之下，所以能成为百川之王。

② 大道犹如壮阔的流水而无处不在，万物依赖它生长而不推辞，成就了功业而不占有荣誉，它养育万物而不谋求主宰它们……所以圣人要实现伟业，由于不自以为伟大，才能成就伟大。

③ 所以，小丘陵的土石累积起来就成高山，小江河的流水汇集起来便成大海，伟大的人物并合了众人的智慧才成就其伟业。

④ 如果水汇集得不多不深，也就没有足够的浮力承载大船。

【英语译文】

① The sea gets its kingship over all rivers and streams for it takes a position lower than theirs, and that's the reason for its attainment of kingship.

② The Great *Dao* is like the vast water, which flows everywhere. All things depend on it for growth, and it never turns them down. It makes great accomplishments, but never attempts to gain honor. It breeds all things, but never seeks to dominate them ... Therefore, in exercising successful governance, the sage becomes great just because it never claims to be great.

③ Therefore, a low hill becomes a high mountain with its earth and rocks gradually accumulated; small streams and rivers become the vast sea with their water finally merged. A great man achieves successes with various good ideas adopted.

④ Water cannot carry big boats if it is not deep and plentiful enough.

【解读与应用】

本小节的第一条论述是核心，简明扼要地阐述了水的至容、至谦的特性，也即大度包容、低调谦卑的美德，并指出正是水的这些特性和美德才能使其成为"百谷王"。山川、溪流常在山谷中流动，老子以"谷"喻"川"（溪水、河流），所谓"百谷王"，即百川之王。老子进一步强调水能成为"百谷王"的原因是其"善下之"，即喜欢往低处流动，并居于低洼之地，最终注入大海，成就其大而成为"王"。

本小节的第二条论述选自《道德经》第三十四章,也是老子专题借水论"道"的章节之一。老子一开头就把道比作水,"大道泛兮,其可左右",大道犹如波澜壮阔的流水,自然流淌而无处不在。紧接着老子赞扬了象征着"道"的水的诸多美德,"万物恃之而生而不辞,功成不名有,衣养万物而不为主",万物依赖它生长而不推辞,成就了功业而不占有荣誉,养育了万物而不谋求主宰它们。最后,老子话锋一转,把对"道"和水的赞美归结到对治政者的要求上,"是以圣人之能成其大也,以其不为大也,故能成大",圣人(指治政者)要实现伟业,正由于不自以为伟大,才能真正成就伟大,强调了低调、谦卑的品格对于治政者的重要意义。老子借水论"道",再以"道"议政,用物象来阐明事理,是他的一种典型的论述风格。

庄子的两条论述也是以水喻理,阐明了"大"在于"合","力"在于"积"的哲理。他用"江河合水而为大"(小江河的流水汇集起来便成大海)的比喻,目的是要说明"大人合并而为公"(伟大的人物并合了众人的智慧才成就其功业)这一道理。庄子还指出"水之积也不厚,则其负大舟也无力",如果水积聚得不多不深,也就没有足够的浮力承载大船,同样,如果治政者不能广纳贤士,博采兼收,也就无力承担治国的大业。

老子关于水的至容、至谦特性使其成为"百谷王"的寓意,以及庄子关于"合水而为大"和"积水负大舟"的喻义,对于现代组织管理者有着很大的启示意义和借鉴价值。老庄所说的"百谷王""成其大",实指受人拥戴的成功管理者的典范,而至容、至谦则是成功管理者必须具备的品格。水的至容特性表现为"泛兮""合水""百谷王",至谦特性表现为"善下之"。管理者的至容美德表现为"成其大""合并而为公",即大度包容;至谦美德表现为"不为大也",即低调谦卑。成功管理者应具备多种理想品格,本小节根据老庄的尚水理念重点探讨大度包容和低调谦卑这两种。

海纳百川才能成为"百谷王",具有包容的气度和宽广的胸怀才能成为合格的管理者。明代理学家陈龙正曾说,"宰相腹,可行艓",后来这句话演变成俗语"宰相肚里能撑船",说的就是这个道理。有包容心态的人胸怀广,格局大,可望成为"肚里能撑船"的宰相式管理者。著名英国文学家莎士比亚在《亨利五世》中诙谐地说:"在'宽厚'和'残暴'争夺王业的时候,总是那和颜悦色的'宽厚'最先把它赢到手。"有包容心态的人和颜悦色,比凶神恶煞的竞争者更能赢得人心,获取管理的"王业"。

现代组织管理者大度包容的品格具体表现在以下几个方面:

(1)容得下本组织内不同的人

所谓本组织内不同的人,包括上级、平级、下级管理者以及普通员工。上级管理者有着不同的领导风格,有的温和,有的暴躁,有的民主,有的独断,容得下,才能明白上级意图,准确无误地完成任务。平级管理者有着不同的处事方式,有的热情,有的冷傲,有的友好,有的淡漠,容得下,才能化解矛盾,互相配合。下级管理者以及普通员工有着不同的个性特征,有的活泼,有的古板,有的粗心,有的细致,容得下,才能团结一致，形成合力。如果是跨国集团类组织，还要注意容得下文化背景、宗教信仰、意识形态迥然不同的人，才能把肤色、观念差异很大的人群凝聚在一起。

（2）容得下不同观点和意见

爱因斯坦说："为了使每一个人都能表白他的观点而无不利的后果，必须有一种宽容的精神。"管理者要善于倾听，容得下各种不同意见，尤其要容得下与自己的观点相左的异见，才能集思广益，避免狭隘、片面、极端等弊病，有利于自己做出正确、明智、可行的决策。"积极倾听"(Active Listening)有如下特点：要边听边思考，寻求对方讲话的价值、意义和主旨；要排除干扰，全神贯注地听；不急于对讲话正确与否做出判断；接话前要仔细斟酌，不要信口答复；结束对话前要概括地复述对方讲话的要义，以免误解或漏听。

（3）容得下组织内外环境的变化

组织内部的变化包括机构调整、人员流动、团队重组、经营策略改变、突发事件等等。组织外部的变化包括政府的政策调控、法律条款的修改、市场行情的波动、国际形势的突变、自然灾害与意外事故等不可抗力因素，等等。英国哲学家洛克在《政府论》中说："尘世的事物总是在不断地发生变化，没有一件事物能长期处在同一状态中。"组织管理者必须具有容得下各种变化的心态，才能处变不惊，沉着冷静地找到应对各种变化的策略。

（4）容得下各种利益相关方的不同需求

现代组织有多种利益相关方，就企业而言，有投资方、客户、供应商、同行竞争者、政府部门、普通民众、社会环境，等等。各种利益相关方的利益诉求并不一致，甚至互相矛盾，如投资方要求利润最大化，客户要求产品质量上乘且服务周到，供应商要求如期付款，同行竞争者要求公平竞争，等等。组织管理者首先要容得下各种不同的需求，才能客观地权衡各方得失，找到满足各方需求的最佳平衡点。

"至谦"与"至容"是互相关联、互为因果的。水"至谦"，总是"善下"（往下面流），所以能最终注入大海，成为"至容"的"百谷王"；反过来，"至容"的"百谷王"，能容纳各种山泉、瀑布、小溪、大江，才能汇聚在最低洼处，保持"至谦"的品性。同样，现代组织管理者低调谦卑的品格也与大度包容的品格密切相关，没有大度包容的胸怀，不可能做到低调谦卑；缺乏低调谦卑的态度，也难以达到大度包容的境界。

战国时期赵国著名的政治家、外交家蔺相如，因其在完璧归赵、渑池之会中的机智英勇而立功，曾被赵惠文王封为上卿，居官于廉颇之上。廉颇居功自恃，不服相如，耻居其下，并扬言要羞辱相如。蔺相如为保持将相和睦，不使外敌有隙可乘，始终回避忍让。蔺相如以国家利益为重、大度而又谦卑的精神最终感动了廉颇，于是廉颇亲自到蔺相如府上负荆请罪，二人成为刎颈之交，确保了赵国的稳定和强大。诺贝尔文学奖得主泰戈尔说："当我们大为谦卑的时候，便是我们最接近于伟大的时候。"现代组织管理者如能发扬低调谦卑的精神,并使之成为一种管理风格,虽不一定能成就伟大,但至少将有利于团结本组织各类人,实现组织稳步发展的目标。

现代组织管理者要保持低调谦卑的管理风格,应注意以下几点:

(1) 力戒自满

自满的管理者满足于自己已有的成绩而产生沾沾自喜的心理状态,有了这种心理状态,会使人缺少继续求知或工作的动力,变得骄傲自大,就不可能谦卑待人。俗话说"满招损,谦受益",管理者一旦自满,其事业就将停步不前,甚至彻底失败。英国哲学家维特根斯坦在《文化与价值》中指出:"躺在成就上就像行进时躺在雪地里一样危险。你昏昏沉沉,在熟睡中死去。"

(2) 力戒嫉妒

管理者一旦产生嫉妒心理,就会对某一方面胜过自己的人怀有的一种冷漠、贬低、排斥甚至是敌视的心理状态,嫉妒往往与莫名的仇恨共生。荷兰著名哲学家斯宾诺莎在其哲学著作《伦理学》中认为:"骄傲的人必然嫉妒,他对于那最以德行而受人称赞的人便最怀忌恨。"嫉妒与低调谦卑绝缘,它将使管理者心怀忌恨,以傲慢的行为与"受人称赞的人"对立,极大地损害人际关系的和谐。

(3) 力戒虚荣

虚荣也是与谦卑格格不入的一种心理状态。俄国哲学家车尔尼雪夫斯基在《序幕》中说:"什么叫作虚荣心?那就是当人们过高地看重你的时候,你不是感到问心有愧,而是沾沾自喜。"具有虚荣心理的管理者,往往会夸大自身的学识、能力和管理业绩,谋求他人的注意和赞誉,表现出一种被扭曲了的自尊和追求虚表的性格缺陷。这样的管理者不可能客观地看待别的管理者及员工的作用,更谈不上谦卑待人,将严重影响员工的积极性和团队的战斗力。

【复习思考与讨论题】

1. "百谷王"是什么意思?为什么水能最终成为"百谷王"?
2. 老子借水论"道"、以"道"议政的论述风格具体表现在哪里?
3. 请用庄子的两条论述说明"大"在于"合","力"在于"积"的哲理。
4. 现代组织管理者大度包容的品格具体表现在哪几个方面?
5. "积极倾听"(Active Listening)有哪些特点?
6. 现代组织管理者要保持低调谦卑的管理风格,应注意哪些方面?
7. 请用现代白话或英语解释本小节的主要概念。

(二) 至善至柔:善利万物 守柔曰强

【主要概念】上善若水,善利万物而不争;强大处下,柔弱处上;见小曰明,守柔曰强。

【原作论述】

① 上善若水,水善利万物而不争。　　　　　　　　　　《道德经》第八章

② 夫唯不争,故天下莫能与之争。　　　　　　　　　　《道德经》第二十二章

③ 天下莫柔弱于水,而攻坚强者莫之能胜,以其无以易之。弱之胜强,柔之胜刚,天下莫不知,莫能行。　　　　　　　　　　　　　　　　　　《道德经》第七十八章

④ 天下之至柔,驰骋天下之至坚。　　　　　　　　　　《道德经》第四十三章

⑤ 人之生也柔弱,其死也坚强……故坚强者死之徒,柔弱者生之徒。是以兵强则灭,木强则折。强大处下,柔弱处上。　　　　　　　　　　《道德经》第七十六章

⑥ 见小曰明,守柔曰强。　　　　　　　　　　　　　　《道德经》第五十二章

【白话释义】

① 最高的善如同水那样,水善于滋润万物而不争利。

② 唯有不争的处事态度,天下才无人能与之抗衡。

③ 普天之下再没有什么东西比水更柔弱了,而攻坚克强却没有什么东西能胜过水或取代水。弱能胜强、柔能克刚的道理,遍天下无人不知,但却没有人能实行。

④ 天下最柔软的东西(如水、空气),可以自由穿行于天下最坚硬的东西之间。

⑤ 人活着的时候身体是柔软的,死了以后身体就变得僵硬……所以坚强的东西属于死亡的一类,柔弱的东西属于生长的一类。因此,用兵逞强就会遭到灭亡,树干过于强硬,则容易折断。凡是强大的,总是处于下位,凡是柔弱的,反而居于上位。

⑥ 能够察见到细微的,叫做"明";能够持守柔弱的,叫做"强"。

【英语译文】

① The greatest virtue is like water, which benefits all things but does not contend for anything.

② Just because he does not contend for anything, no one in the world could contend with him.

③ Nothing in the world is softer and weaker than water, yet nothing is better than water in winning over the hard and strong, and therefore, nothing could replace it. Everyone knows the truth that the weak can overcome the strong and the soft can overcome the hard, but no one practices accordingly.

④ The softest thing in the world can penetrate through the hardest one.

⑤ A person's body is soft when he is alive and becomes stiff when he is dead ... Therefore, things which are stiff and hard belong to the category of death, and those soft and weak things belong to that of life. Thus, a military force will be routed when it is too strong. A tree that grows strong and stiff will break.

The soft and weak is superior to the hard and strong.

⑥ Insight lies in seeing what is small and young; strength exists in holding on to what is soft and weak.

【解读与应用】

上一小节探讨了水的至容、至谦的特性,也即大度包容、低调谦卑的美德,本小节将着重探讨水的至善、至柔的特性,也即善利万物、以柔克刚的美德。

老子的"上善若水,水善利万物而不争"这一句话,极其精炼、透彻地概括了水的至善美德。它表现在"利万物"和"不争"两个方面:水利万物,它流向哪里,就把生机带到哪里,万物在它的滋润下生长、发育、成熟、结果;水不争,它自然流淌,东面遇阻就往西面流,北面受挡就向南面走,从不与它物争斗。只有舍,没有取,只知付出,不求获得,这就是水的崇高境界。

第二条论述"夫唯不争,故天下莫能与之争",选自《道德经》第二十二章,该章全篇讲的是辩证法思想,本句也是如此,"不争"的结果恰恰是"天下莫能与之争"。老子劝导人们把水的"不争"美德引用到治政及社会、人生的其他各个领域,会到达无人能与之争高下的不败境地。

从第三条论述开始,老子彰显了水的至柔特性及其攻坚克强的威力。老子先指出"天下莫柔弱于水",世界上再没有什么东西比水更柔弱了;继而强调"攻坚强者莫之能胜,以其无以易之",攻坚克强却没有什么东西能胜过水或取代水;因而得出"弱之胜强,柔之胜刚"的合理结论。老子的最后一句话是"天下莫不知,莫能行",他不无遗憾地指出,遍天下无人不知这个道理,但却没有人能实行。这句话很少引起读者的注意,但却耐人寻味。

第四条论述"天下之至柔,驰骋天下之至坚",论点与第三条完全一致。第五条论述选自《道德经》第七十六章,该章把水的至柔特性及其攻坚克强的威力提炼为观察社会、指导人生的一条普遍法则。他认为"人之生也柔弱,其死也坚强……故坚强者死之徒,柔弱者生之徒。是以兵强则灭,木强则折。强大处下,柔弱处上"。其大意是:人活着的时候身体是柔软的,死了以后身体就变得僵硬。所以坚强的东西属于死亡的一类,柔弱的东西属于生长的一类。因此,用兵逞强就会遭到灭亡,树干过于强硬,则容易折断。凡是强大的,总是处于下位,凡是柔弱的,反而居于上位。

本小节的最后一条论述"见小曰明,守柔曰强",是总结性文字,道出了老子的真知灼见:察见细微是明智;持守柔弱会强大。

老子把"强大处下,柔弱处上"作为普遍法则也许有过度引申泛化之嫌,因为有些事物(如邪恶、有害的事物)即便处于柔弱阶段也未必能"处上",而必然腐朽没落,走向死亡。"强大处下,柔弱处上",虽然不是普遍法则,但却有着广泛的适用性,尤其是老子"守柔曰强"的独特观点,作为一种信念,有着深刻的现实意义,处于弱势地位的现代组织管理者无疑可从中获取攻坚克强的信心和力量。

现代组织管理者可以从本小节的论述中得到众多启示,我们着重探讨以下两点:多行善事,不争名利;明察细微,守柔克强。

关于行善,各个思想流派的代表人物都有论述,第一章的"为政的治民原则"小节中孔子说"其养民也惠,其使民也义","权威的树立"小节中韩非子说"以利之为心,则越人易和",两人论述中的"惠"和"利",都有行善(给予利益)的意思。但这两种行善都有一定的功利性,前者以"使民"为目的,后者以"易和"为目的。老子所倡导的水的"利万物而不争"的行善却是没有任何目的、不求回报、完全自发的行善。客观地说,现代组织管理者在其管理工作中的"行善",主要表现为对员工、上司以及各种利益相关者所履行的职责,是功利性的,目的是实现组织目标。但如果一位管理者能让自己的精神世界达到"上善若水"的境地,不知不觉地体现在自己举手投足的日常行为中,那么他的良好的管理成效就是水到渠成的客观效果,而非刻意追求的目标了。正如一条谚语说的那样,"善良的心田是花园,善良的言语开花朵,善良的行为结硕果,善良的思想是根源",硕果源自思想。明末学者朱柏庐在《治家格言》中教育自己的子孙说:"善欲人见,不是真善;恶恐人知,便是大恶。"法国思想家卢梭在《忏悔录》中指出:"善良的行为有一种好处,就是使人的灵魂变得高尚了,并且使他可以做出更美好的行为。因为人类是有弱点的,人受到诱惑要去做一件坏事而能毅然中止,也就可以算作善行了。"现代组织管理者要培养"上善若水"的内在品质,不妨从抵制外来的诱惑、不争权力和名利开始。

关于老子的贵柔、守柔观念,据传老子是从他的老师常枞的教导中领悟到的。《文子·上德篇》曰:"老子学于常枞,见舌而守柔。"也有学者认为常枞就是商容,因为《淮南子》说:"老子学商容,见舌而知守柔矣。"汉代刘向在他的《说苑·敬慎》中具体记载了这样一个故事:老子的老师常枞生了病,老子前去探望他。常枞张开口让老子看,他问老子:"我的舌头还在吗?"老子说:"在。"常枞又问:"我的牙齿还在吗?"老子回答:"全没了。"常枞问:"这是什么原因?"老子想了一下,回答说,"您的舌头还在,是因为舌头是柔软的;您的牙齿没有了,是因为牙齿是刚强的。"他的老师听了很高兴,认为老子的悟性很高,他要讲的道理就是柔弱胜刚强。

老子及其老师的守柔观念,对于暂时处于弱势地位的现代组织管理者,尤其是中小企业管理者,具有很大的指导意义和鼓舞作用。所谓弱势组织,指资金、人力、技术、管理经验等条件都相对薄弱的组织。这一类弱势组织的管理者可以从道家的尚水贵柔理念中汲取智慧,树立"守柔曰强"的坚定信心。道家把"弱""小""幼""贱"的事物都归入"柔"一类,认为它们是具有潜在力量的事物。现代弱势组织要明白事物的发展遵循着"生长—成熟—消亡"的规律,弱小组织处在事物的"生长"期,代表着兴起、上升、发展的力量,强大的组织处在事物的成熟期,代表着即将停滞、下降、衰退的力量。弱小组织只要像水那样"守柔",就能产生"滴水穿石"的韧性和信念,最终获得"弱之胜强,柔之胜刚"的威力。腾讯于1998年由5人合伙起家,二十年后员工超过六万人。其他由小变大、由弱变强的中小企业举不胜举,它们成功的主要原因在于守柔的韧性和攻坚克强的信念。

　　莽原上的野草,叶不翠、花不美,遭人践踏,受冰雪摧残,甚至还被烈火焚烧。可正是这卑微、弱小、不起眼的野草,有着"守柔"的极强韧劲。白居易在《赋得古原草送别》一诗中写道:"野火烧不尽,春风吹又生。"烈火再猛,也无奈那小草藏于地下的根须,不管烈火怎样无情地焚烧,一旦春风化雨,遍地强劲生长的野草将把大地染成一片绿色。白居易的诗句极为形象生动地表现了野草"守柔曰强"的生命力。20世纪八九十年代,一大批中小型企业在中国大地涌现,其势头犹如白居易笔下的"野草"。它们中有的从七八个人起家,有的只有几千元的启动资金,甚至借钱办事,但它们身处弱小地位,心怀凌云壮志,终于做大做强,成为资产达百亿、千亿甚至万亿的企业集团。它们的领军人物未必用"守柔曰强"这个字眼来描述自己的经历,但他们的奋斗实践印证了这条规律。使这批"野草"般的企业出土发芽的"根须"是领军人物的敢为人先、争创一流、永不停步的信念和气魄,以及他们所带领的团队不甘落后、群策群力、团结进取的聚合力。使这批"野草"般的企业茁壮成长的"春风化雨"是国家改革开放的政策和稳定有序的社会环境。但是,在同样的"春风化雨"般的政策和环境中,有的中小型企业却没有能崛起,而是被市场经济的大潮逐步淘汰,也有的企业崛起后强盛了一段时期又衰落甚至消亡。这两种企业的败局都出在"守柔"问题上。"天下莫柔弱于水,而攻坚强者莫之能胜",老子所说的"柔弱"并非软弱或懦弱,而是一种外柔内刚、柔中带刚、刚中带柔的行为方式。前一种企业缺少具有坚忍不拔毅力的领军人物和团结奋发的团队,它们柔中不带刚,甘居软弱的地位而谨小慎微,最终逃脱不了被淘汰的命运。后一种企业在成功之后未能继续"守柔",缺的是刚中带柔的行为方式,它们或骄傲自满、不思进取,或无视风险、盲目蛮干,因而未能避免败亡的结局。

　　老子的教诲"见小曰明,守柔曰强"八个字是一个不可分割的整体,我们在学习、应用"守柔曰强"的同时不可不重视"见小曰明"。老子认为察见细微才算得上明智,这是极富哲理的真知。俗话说"细节决定成败",讲究细节能决定一件大事的走向;忽视细节可能使即将完成的大业功败垂成。1485年,英王理查三世与亨利伯爵在博斯沃斯展开决战的故事耐人寻味,教训深刻。这是一次决定谁将获得英国王位的重大战役,战前双方认真备马,但国王战马的第四个马掌因备战匆忙少了一颗钉子。战斗开始,国王率军冲锋陷阵,但他的坐骑因突然掉了一只马掌而"马失前蹄",国王栽倒在地,惊恐的战马脱缰而去。国王的不幸落马使士兵阵势大乱,纷纷调头逃窜,溃不成军,结果伯爵的军队大获全胜。战后民间传出一首歌谣:"少了一枚铁钉,掉了一只马掌;掉了一只马掌,失去一匹战马;失去一匹战马,败了一场战役;败了一场战役,毁了一家王朝。"2003年2月,美国哥伦比亚航天飞机升空80秒后爆炸,机上7名宇航员遇难。调查结果表明,酿成这一灾难的原因竟是一块脱落的泡沫击中了飞机左翼前的隔热系统。由此可见,任何一个细小环节的缺失、损坏或脱落,如链条上的扣环、铁轨上的铆钉、火箭上的螺丝、固定骨骼的钢针等,都可能造成重大的事故和损失。管理工作也是如此,有些地方频发的交通安全事故和煤矿透水或瓦斯爆炸事故等,究其原因,大部分属于安全管理细节疏忽、违章操作造成的责任事故。有些地方管理粗糙,服务细节没有到位,影响了投资环境和政府形象。还有些地方由于前期考察和评估工作做得不细,造成了盲目投资和低水平重复建设。有些管理人员在生活细节上放松警惕,小节不慎大节难保,一步步走上腐化堕落甚至违法犯罪的道路。

俗话说"失之毫厘,谬以千里",我们要成就一番大事业,要有所作为,除了要有"守柔曰强"的信念和韧劲,还必须注重细节,从身边的小事做起。现代组织管理者在管理中有很多细节必须注意,如精益求精地制定发展规划,精细周密地施行预算和分配方案,尽心竭力地进行团队建设,不折不扣地执行规章制度,一丝不苟地构建组织文化,轻重适当地落实奖惩措施,耐心细致地解决员工的思想问题,严格谨慎地测试精密设备的操作程序,字斟句酌地撰写工作报告,等等,任何一个环节稍有不慎都有可能严重影响大局。细节往往因其"小"而容易被人忽视,因其"细"而使人感到烦琐。但正是这些小事和细节,关系到管理工作的成败。很多事情没有成功,不是因为没有付出努力,而是因为忽略了一些细节。因此,现代组织管理者要有强烈的责任意识,克服浮躁的心态和虚有其表的作风,改变粗放的管理方式,走上注重细节的制度化、规范化的轨道。

【复习思考与讨论题】

1. 为什么老子说"上善若水"?水的美德主要表现在哪两方面?

2. 老子"强大处下,柔弱处上"这一论点的依据是什么?你完全同意这个结论吗?为什么?

3. "见小曰明,守柔曰强"是什么意思?

4. 怎样的"善"才是真善?现代组织管理者应如何培养"上善若水"的内在品质?

5. 老子"守柔曰强"的理念对于现代弱小组织有何启示意义?请举一两个由弱变强的实例。

6. 请举例说明"细节决定成败"的道理?现代组织管理者有哪些管理细节值得注意?

7. 请用现代白话或英语解释本小节的主要概念。

(三)至能至朴:善能善时　复归于朴

【主要概念】事善能,动善时;欲上民,必以言下之;欲先民,必以身后之;为天下谷,复归于朴;水静犹明,而况精神。

【原作论述】

① 居善地,心善渊,与善仁,言善信,正善治,事善能,动善时。夫唯不争,故无尤。

《道德经》第八章

② 是以欲上民,必以言下之;欲先民,必以身后之。是以圣人处上而民不重,处前而民不害。是以天下乐推而不厌。

《道德经》第六十六章

③ 知其荣,守其辱,为天下谷。为天下谷,常德乃足,复归于朴。

《道德经》第二十八章

④ 水静犹明,而况精神?圣人之心静乎!天地之鉴也,万物之镜也。夫虚静、恬淡、寂漠、无为者,天地之平而道德之至……朴素而天下莫能与之争美。 《庄子·天道》

【白话释义】

① (像水那样)立身要安于卑下,心志要深远,待人要仁厚,言语要真诚,为政求安定,做事有能力,行动要适时。唯有不与人争利,才不会有过失。

② 圣人之所以能身居民众之上,是因为其对民众言辞谦虚卑下。圣人之所以能领导民众,是因为其把自己置于民众之后。因而圣人位于民众之上而民众不感到有负担,身居民众之前而民众不觉得有妨碍。因此,天下百姓都拥戴他而不厌弃。

③ 明知可享受荣誉,却持守卑微地位,甘居天下的深谷。甘居天下的深谷,永恒的德得以充实,回归质朴的境地。

④ 水平静下来尚且清澄明澈,又何况是人的精神?圣明的人心境是多么宁静啊!可以作为天地的明镜,可以作为万物的明镜。虚静、恬淡、寂寞、无为,是衡量天地万物的基准,是道德修养的最高境界……淳厚素朴的天性,天下没有什么东西可以跟它媲美。

【英语译文】

① (Like water) The position should be low, the mind profound, the socialization friendly, the speech sincere, the governance stable, the management of things competent, and the actions opportune. Only when one does not contend for anything, will he avoid mistakes.

② In order to govern the people, the sage needs to be modest in speech; in order to be their head, he needs to put himself behind them. Therefore, the sage holds the high position, yet the people do not feel any pressure. He leads them at their head, and they do not feel any threat. That's why all the people admire him and never reject him.

③ Being fully aware of the honor he may attain, the sage readily keeps humble, and is willing to be in the deepest valley (the lowest position) of the world. Being in the deepest valley, he accomplishes the eternal virtue and returns to the state of simplicity.

④ Even water can become so clear when it is calm, let alone the human spirit. How peaceful a wise man's state of mind is! It can be the mirror of heaven and earth, or rather, the mirror of all things in the universe. Tranquility, nonchalance, loneness and non-action are the basic standards for measuring all things in the world, and represent the top level of morality...The nature of simplicity is the greatest beauty, which nothing in the world can match.

【解读与应用】

本小节将探讨水的至能、至朴的特性,也就是水的无所不能的力量和虚静淳朴的美德,及其对现代组织管理的启示意义。至能、至静的内涵与前面两小节所探讨的至容、至谦、至善、至柔的内涵互相关联,且部分重叠。至能的力量源自至容、至谦的品性,至朴的美德是至善、至柔的一种表现。

本小节的第一条论述选自《道德经》第八章,这是老子专门论水的一章。老子一连串用了七个"善",用水的品性来比照治政者应该具备的品质或可以获得的能力。这七个"善"是动词,意为"善于……"或"把……视为善"的意思。老子说,"居善地,心善渊,与善仁,言善信,正善治,事善能,动善时",劝诫治政者要像水那样,机敏灵活,顺应环境,善于应对不同的情势:立身要谦卑(居善地),心志要深远(心善渊),待人要仁厚(与善仁),言语要真诚(言善信),为政求稳定(正善治),做事要机灵(事善能),行动要适时(动善时)。老子突显了水的"至能"特性在治政中的体现。

第二条论述是老子由上文提到的"江海之所以为百谷王者,以其善下之"而联想到的治政之道,说明"上民"与"言下"以及"先民"与"身后"的辩证关系。水因"善下"总往低处流动,最终注入大海而成为百川之王,由此老子认为,治政者之所以能身居民众之上("上民"),是因为他对民众言辞谦虚卑下("言下");治政者之所以能领导民众("先民"),是因为他把自己置于民众之后("身后")。老子进而指出,这样的治政者"天下乐推而不厌",将受到百姓的拥戴而不会被厌弃,原因正是"处上而民不重,处前而民不害",位于民众之上而民众不感到有负担,身处民众之前而民众不觉得有妨害。老子的论述满含哲理:水的"至能"威力源自其"善下"的品性;治政者杰出的治政能力和崇高的威望来自其谦卑的言行。

老子在第三条论述中使用了"朴"这一概念,他通过"荣"与"辱"、"足"与"谷"的因果关系隐示了"至朴"是"至能"的根本这一道理。老子倡导"知其荣,守其辱,为天下谷",明知可享受荣誉("荣"),却应持守卑微地位("辱"),甘居天下的深谷("谷"),即最低下的地方。他指出"为天下谷,常德乃足",正因为甘居天下的深谷("谷"),永恒的德才得以充实("足")。老子最终把这一番推论归结为"复归于朴",即返"朴"归真。

第四条引言是庄子的论述,他把"朴"提升到至高的地位,认为"朴素而天下莫能与之争美",淳厚素朴的天性是最高美德,天下没有什么东西可以跟它媲美。庄子也喜欢以水喻理,"水静犹明,而况精神。圣人之心静乎!天地之鉴也,万物之镜也",他认为水平静下来尚且清澄明澈,又何况是人的精神。圣明的人心境宁静,可以作为天地万物的明镜,也就是说,可以看清天地万物的运作规律。庄子认为,"朴"具体表现为"虚静、恬淡、寂漠、无为",并将其视为"天地之平而道德之至",是衡量天地万物的基准,是道德修养的最高境界。

关于水的"至能""至朴"特性对于现代组织管理的启示,我们将围绕着管理者应具备的多种品格和能力和应保持淳朴的本性而具体研讨。被商业管理界誉为"竞争战略之父"的美国管理学家迈克尔·波特在《竞争战略》中曾说:"一个管理者的能力表现并不在于指挥别人,而是在指挥自己跳出最美的舞蹈。"现代组织管理者必须具备很多与其职责相匹配的品质和能力,本小节仅限于探讨与老子论述中提到的七"善"相关的部分,都属于管理者"指挥自己跳出最美的舞蹈"的品质或能力。

(1)"居善地"(立身要谦卑)

"居善地"的本义是安于自己所处的地位,由于水是低调"善下"的,故其隐义是安于处在低下的地位,引申为立身要谦卑。现代组织管理者的谦卑主要体现在:①善于倾听。每个人都有表达宣泄自己情感的愿望,善于倾听有助于缓和并消解员工的愤怒、怨恨、忧郁等不良情绪,化解各种矛盾;每个人都有从不同渠道获取的信息并持有各自的观点和意见,善于倾听有助于了解更多的事情,集思广益解决存在问题。第二章的"权威的树立"小节中有较多关于探讨倾听的内容,此处不再赘述。②善于学习。谦卑的管理者不会满足于自己已有的知识和技能,他们往往谦虚谨慎,乐于向自己的上司、同事、下属、竞争者及其他优秀人物学习,优化自己的知识结构,提高自己的管理能力。

(2)"心善渊"(心志要深远)

"渊"的基本含义是"深",此处引申为深远、博大。现代组织管理者的立志深远主要表现为:①不满足于现状。"心善渊"的管理者不满足于当前的业绩,他们都有比较高远的目标和追求,善于规划长远的、着眼于未来的愿景,并在不脱离现实的基础上,总是一步一个脚印地朝着更高、更远的目标而奋斗。②视野广阔格局大。"心善渊"的管理者具有全局观念,重视整个社会、整个市场的趋向;他们有"大海"的胸襟,而非"小溪"的窄见,追求卓越不凡,甚至力争在行业内引领潮流。

(3)"与善仁"(待人要仁厚)

"与"是"交往""对待"的意思,"与善仁"含有待人仁厚之意。现代组织管理者待人仁厚主要表现为:①对人宽容,甘于忍让。"与善仁"的管理者善于推己及人,将心比心,善于考虑别人的难处和利益,善于"挖起荆棘并种下玫瑰"。具有这种品质的管理者易于形成良好的人际关系,并往往能在需要时,得到员工最真诚的支持和帮助。关于"宽容",我们在第三章"至容至谦"小节中有较多探讨,此处不再赘述。②关爱员工,懂得惜才。"与善仁"的管理者善于尊重和关爱员工,懂得珍惜和爱护与自己朝夕相处、共同拼搏的"战友"。他们富有凝聚力,无形中使员工自觉自愿、无怨无悔、积极主动地付出自己的聪明才智。

(4)"言善信"(言语要真诚)

真诚是一种高贵的品质,是管理者与员工共事的基础;真诚是心灵沟通的桥梁,是管理者获得员工信任的前提。俄罗斯著名作家陀思妥耶夫斯基说:"我要求别人诚实,我自己首先得诚实。"英国伦理思想家葛德文在《政治正义论》中指出:"不真诚之所以应该受到责备,是因为它趋向于直接败坏正直的品格。""言善信"的管理者持守正直的品格,永远不说假话,因而能赢得员工的真情回报。"信"是古代各家思想流派都竭力推崇的美德,我们在第一章的"勤政理念"、第二章的"权威的树立"及第四章的"智信仁"的三个小节中都有较多探讨,此处不再多述。

(5)"正善治"(为政求稳定)

"正"同"政",为政、治政、管理之意。"治"作动词用意为治理、管理;作名词用指稳定有序、太平、安定的局面。"正善治"的管理者要有很强的协调能力,才能在其所管理的组织内形成稳定有序的良好局面。协调的范围包括:①充分发挥由不同人才组成的团队的作用,做到人尽其才;②合理配置组织现有的财力、物力和技术资源,做到物尽其用;③妥善处理部门之间互相推诿责任的不良行为;④化解员工之间已经或可能出现的矛盾和争端;⑤及时调整部门之间、团队之间的不平衡现象,等等。协调的方式包括:①现场协调,通过当面协商快速解决矛盾和争端;②结构协调,调整机构人员,完善职责分工;③会议协调,通过信息反馈、信息交流、培训引导等方法增进相关方互相了解;④奖惩协调,运用适当的奖励和惩罚手段,鼓励正确的行为,纠正偏离组织目标的行为。

(6)"事善能"(做事有能力)

"能"意为能干、有能力、能胜任各种事务。"事善能"的管理者有多方面的办事能力,上文已有所提及,这里我们主要探讨以下几项能力:①处事冷静,但不冷漠。"事善能"的管理者遇事不冲动,善于冷静思考缜密分析,反复权衡利弊得失,客观评估组织的优势和弱点,谨慎地考虑事情的多个方面或问题涉及的各利害关系方,极少鲁莽行事。这样的管理者虽然头脑冷静,但内心满怀激情,绝不冷漠。他们往往会在周密思考后果断决策,然后以自己的热情去激发团队成员的积极性,协同一致地完成工作任务。②做事认真,但不较真。"事善能"的管理者做事非常认真,但他们深知管理与科研的区别,管理重在发动员工利用现有资源完成组织目标,取得最佳效益,不必像科研那样一丝不苟地恪守严谨甚至严苛的程序,追求分毫无误的结果。③关注细节,但不拘泥于小节。"事善能"的管理者善于关注事情的细节,留意观察员工的行为变化,善于抓住问题的要害,将问题"扼杀"在萌芽状态。他们也会留意观察那些决定一件大事的走向、关乎成败的细微之处。他们所关注的细节是有可能转化为冲突的问题,或酿成祸害的苗头,或促成大事完成的关键,但他们不会过分拘泥于无关大局的小节,不会在意员工言行中的一点小过错或工作上的小过失。

(7)"动善时"(行动要适时)

"动善时"应用于现代管理,可体现为管理者的执行力,即贯彻战略意图,组织员工完成组织目标的操作能力。对于一般个人而言,执行力就是采取行动的办事能力;对于团队而言,执行力表现为集体行动的战斗力、凝聚力和竞争力。管理者要提高执行力,必须注重行动的适时性。这里的"时",既可指合适的时间,也可指有利的时机。"动善时"的管理者要善于抓住"天时、地利、人和"的有利时机,善于在适宜的时间段或时间点,果断地执行组织的预定规划,调动一切积极因素,依靠团队的力量,在履行自己职责的同时高效地实现组织目标。

在本小节的论述中,老子倡导"为天下谷,复归于朴",庄子提出"朴素而天下莫能与之争美"的论断,他们关于水"至朴"的美德的阐述,呼应了第三章"无为而治的要领"小节中关于无为而治的要领"见素抱朴,少私寡欲"的论述。这里的"朴"意为本真,就是指"道"的质朴状态。水的"至朴"也即"道"的"抱朴",再次表明了老子"水几于道"的理念。因而,水"至朴"的美德对于现代组织管理的启示,依然应该把重点放在管理者的"少私寡欲"(减少私心、克制欲望)上。管理者要在实施管理的过程中,返璞归真(或抱朴守真),不为物欲所诱惑,不为私心杂念所困扰,做人要淳厚,生活应俭朴,行事守公德,使本性复归到淳朴的状态,与"道"相合。关于这一点,此处不再赘述。

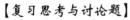

1. "居善地,心善渊,与善仁,言善信,正善治,事善能,动善时"这句话中的"善"字如何理解?整句话是什么意思?
2. 你怎样理解"上民"与"言下"以及"先民"与"身后"之间的关系?
3. "知其荣,守其辱,为天下谷。为天下谷,常德乃足"这一论述中"荣"与"辱"、"足"与"谷"之间是什么关系?为什么老子和庄子都把"朴"提升到至高的地位?
4. 现代组织管理者的立身谦卑("居善地")和立志深远("心善渊")主要体现在哪些方面?
5. "与善仁"的现代组织管理者有哪些主要表现?"正善治"的管理者在哪些方面有很强的协调能力?
6. "事善能"(做事有能力)的管理者应注意培养哪些方面的能力?
7. "动善时"(行动要适时)中的"时"是什么意思?
8. 请用现代白话或英语解释本小节的主要概念。

四、崇德理念

在上一节的学习中,我们探讨了老庄的尚水观念、水与"道"的关系,以及老庄借水论"道"议政的具体论述。在本节的学习中,我们将探讨老庄的崇德观念、德与"道"的关系,以及关于德应用于治国理政实践的论述。

值得注意的是,老庄所强调的"德"的概念,并不是我们今天所说的一般意义上的德,而是一个与"道"密切关联的哲学概念。老子在《道德经》中提到的"孔德""上德""常德""玄德""下德"等概念中,唯有"下德"一语与我们今天所说的德的意义比较接近。古语中"德"通"得"字,"德"是得道者从"道"所获得的品质、法则、思维方式和行为方式。如果说,水是"道"的具象化、物质化形态,是"道"的化身,那么"德"是"道"的具体化、人格化表述,是"道"的体现。由于老庄所说的哲学概念"德"在英语中没有对应词语,我们在本书中用汉语拼音 De 作为其英译名,而伦理概念的"德"则译为 Virtue。我们将在下面各小节中具体探析老子关于"德"的论述及其对现代组织管理的启示。

(一) 德与道:孔德之容　惟道是从

【主要概念】孔德之容,惟道是从;性修反德;同乃虚,虚乃大;生而不有,为而不恃,长而不宰。

【原作论述】

① 孔德之容,惟道是从。　　　　　　　　　　　　　　　　　《道德经》第二十一章

② 物得以生,谓之德……性修反德,德至同于初。同乃虚,虚乃大。《庄子·天地》

③ 道生之,德畜之,物形之,器成之。是以万物莫不尊道而贵德。道之尊,德之贵,夫莫之命而常自然。故道生之,德畜之,长之育之,亭之毒之;养之覆之。生而不有,为而不恃,长而不宰,是谓玄德。　　　　　　　　　　　　　　　　　　　　　　　《道德经》第五十一章

【白话释义】

① 大德的本质,是与道一致的。

② 万物(从混沌的状态中)得以产生,这就叫德……善于修身养性就会返归德,德的完美境界等同于太初之时(混沌状态)。同于太初之时,心胸就会无比虚豁;心胸无比虚豁,就将宽宏包容。

③ 道生成万物,德养育万物。万物各有其形态,也各有其功用。故此,万物无不尊崇道而珍重德。道之所以被尊崇,德之所以被珍重,就是因为它们对万物都不加干预,而顺其自然。因而,道生成万物,德养育万物,使万物生长发展,成熟结果,并加以保养、爱护。生成万物而不占为己有,有所作为(养育万物)而不自恃有功,导引万物而

不主宰它们,这就是奥妙深远的德。

【英语译文】

① The essence of *De* conforms to that of *Dao*.

② *De* means the acquisition of existence from the Absolute Beginning (Chaos) ... Self-cultivation can make one return to *De*. The perfect state of *De* is the same as that of the Absolute Beginning. Attaining that state, one becomes quiet and empty-minded (free from selfish desires), and consequently, he will be broad-minded and tolerant.

③ *Dao* generates all things and *De* nurtures them. All things have their respective forms and functions. Therefore, all things, without exception, adore *Dao* and value *De*. The reason why *Dao* is adored and *De* is valued is that they never interfere in anything but let them take their own natural course. *Dao* generates all things and *De* nurtures them. They make all things grow, develop, ripen and fruit. They bring them up and protect them. They produce things without possessing them, bring up things without claiming credit, lead them without dominating them. This is called the esoteric *De* (the profound virtue).

【解读与应用】

老子和庄子所阐述的"德"有着特殊的含义,本小节的第一条论述"孔德之容,惟道是从"开门见山地点明了"德"与"道"的关系。"孔"在古语中有"深""甚""空"之意,老子所说的"孔德",即空虚无为的大德、上德、玄德、宏德。"容"既有内容、内涵之意,也有容貌、外部形式之意,即整体本质。因而,老子这句话的字面意思是,大德的本质是和"道"完全一致的。老子告诉我们,万物从德而德从道。道是恍惚的、无形的,德是有形的、有容的。道是一种规律,德是一种境界。道是不可捉摸的,德是真实可信的。道化成德来显现,德通过道来充盈。顺从道就是有德,违背道就是无德。德是得道者的本性、良知、品质,是得道者空虚无为的思维方式和行为方式。

第二条是庄子的论述,他从"德"与"得"的关联入手,间接地阐明了"德"与"道"的关系。庄子认为"物得以生谓之德",万物得以产生,这就叫德。从这段论述的前文(此处未引)可看出,庄子所说的"得以生",是从太初的混沌状态中得以产生,这太初的混沌状态是万物产生的本原,也即老子所说的"道"。庄子也重视修身养性,但他强调"性修反德",修身养性的目的是回归自然无为的"德",也即老子所说的"惟道是从"的"孔德"。庄子指出,"德至同于初。同乃虚,虚乃大",德的完美境界等同于太初之时(混沌状态)。同于太初之时,心神就会虚静;心神虚静,就将大度包容。庄子心目中的这一完美境界相当于老子所说的"道"的无为特征。

关于"德"与"得"、"德"与"道"的关系,比老庄出生更早的春秋早期思想家、政治家管仲也有一段精彩的论述:"故德者,得也;得也者,其谓所得以然也。以无为之谓道,舍之之谓德,故道之与德无间,故言之者不别也。间之理者,谓其所以舍也。"这段论述可以帮助我们更好地理解老庄的论点,其大意是:"德"就是"得",所谓得,就等于说所要得到的东西已经自然获得。无为叫作"道",体现它的就叫作"德",所以"道"与"德"没有什么差别,谈论它们往往不加区分。硬要区分的话,那就说"德"是"道"的体现("德者道之舍")。

在本小节的第三条论述中,老子进一步解释了"德"与"道"的关系,并说明了万物尊崇道而珍重德的原因。他指出,"道生之,德畜之,物形之,器成之。是以万物莫不尊道而贵德。道之尊,德之贵,夫莫之命而常自然",道生成万物,德养育万物。万物各有其形态,也各有其功用。故此,万物无不尊崇道而珍重德。道之所以被尊崇,德之所以被珍重,就是因为它们对万物都不加干预,而顺其自然。老子进而阐明"德"的品性与"道"的无为特性完全一致,并把这种"德"称为"玄德"。他说,"故道生之,德畜之,长之育之,亭之毒之;养之覆之。生而不有,为而不恃,长而不宰,是谓玄德",道生成万物,德养育万物,使万物生长发展,成熟结果,并加以保养、爱护。生成万物而不占为己有,养育万物而不自恃有功,导引万物而不主宰它们,这就是奥妙深远的德。老子这一段关于"德"的品性的阐释,实际上重申了他关于"无为而治"的基本理念:不干预,不占有,不居功,不主宰;爱护万物,但顺其自然。

关于本小节三条论述对于现代组织管理的启示意义,我们将重点探讨庄子关于"同乃虚,虚乃大"的虚静观和老子关于"不有、不恃、不宰"的玄德观。

老子早就倡导"致虚极,守静笃",尽量使心灵虚寂,保持清静。庄子吸收、继承了老子的虚静思想,他在本小节的论述中提出"同乃虚,虚乃大",认为虚静与"道"同质,无为无欲,能使人心胸豁达大度。他在《齐物论》中对老子的虚静思想更有所发展,指出要达到"致虚守静"的境界,必须做到"心斋"与"坐忘",必须忘了世间万物,忘了自己的存在,远离世俗一切利害关系,不受私欲杂念干扰,以无知、无欲、无求的心态去感受"道",达到物我同一的状态。庄子的"虚静"观在艺术界应用广泛,对艺术创造产生了重要的指导作用,对于现代组织管理同样有着很大的借鉴意义。庄子倡导的"虚静",并非保持安静、无所作为的意思,而是"性修反德",通过修身,回归心灵虚寂、清醒冷静的自然德性。这种德性能使管理者达到"虚乃大",也即大度包容的境界。具有这种境界和心态的管理者情绪特别平和、稳定,不会因自己的私心杂念、过度欲望而蠢蠢欲动,也不会因繁杂的管理工作中出现的种种烦心、棘手的问题,甚或挫折、失败和突发事故等而受到大的波动。比如不因个别员工违规而暴怒,不因市场行情千变万化而烦躁,不因个人权益受到一定侵扰而怨恨,不因某一项目的失败而气馁,不因突发的公共事件而惊慌,等等。无私者无畏,拥有虚静的心态,才能冷静应对各种复杂的局面。

发展到21世纪的人类文明,种种怪现象依然层出不穷,一国总统可以当众撒谎,外交大臣可以随口栽赃,杀人者可以受到保护,助人者竟遭巨额索赔,人类远没有做到"性修反德",远没有达到"虚乃大"的境界。面对物欲横流、人心浮躁的当今世界,身处百年未遇的大变局,修炼"虚静"的心态对于每一个人都很重要;而对于能带动、引领一批人,影响一个组织、一个社会、一个国家的管理者,更是如此。

老子关于"生而不有,为而不恃,长而不宰,是谓玄德"的理念与第三章"无为而治"各小节所探讨的理念完全一致。该小节所引老子的文字表述"万物作焉而不辞,生而不有,为而不恃,功成而弗居"与本小节的表述也基本相同或相似。老子关于"不有、不恃、不宰"的玄德观,对于技术高度发达的现代治理,包括国家治理和各级各类组织的管理,有着极为重要的指导意义。

"生而不有",意为生养万物却不占为己有,这是很高的境界。在精致的利己主义环境下,保持"不有"的品质实属难能可贵。具有强烈占有欲的人凡事不愿分享,只图占有,把占有视为一种快乐或一种追求。对于管理者而言,强烈占有欲表现为对权力欲、财富欲、名誉欲等欲望的极度迷恋。具有这种占有欲的管理者,对潜在的分享者和竞争者抱有一种敌视的态度,将会想方设法对之排挤、打击甚至陷害。其结果必然是团队撕裂,人心涣散,意见严重分歧,组织呈现一盘散沙的局面,丧失凝聚力和战斗力。管理实践证明,权分则劲足,财散则人聚,名让则威高,分享产生力量,独占导致众怒而归于失败。"生而不有",不失为管理者成功的奥秘之一。

"为而不恃"意为有所作为而不自恃有功,也有学者理解为有所施为但不强加自己的意志。两种理解大体一致,它们都强调:重在作为或施为,即做有利于万民万物的事情,而不突显个人的作用。对于管理者而言,"为而不恃"是一种博大的胸怀。"为"是管理者所做的与管理有关的一切活动,包括指导、协调、监督、日常事务等等,"恃"是有关功劳或个人意志的心理活动;"为"是付出的辛劳、贡献,"恃"是索取荣誉或回报的欲望、企求。具有"为而不恃"胸怀的管理者,料理各项工作的出发点是为了团体,为了员工利益,为了实现组织目标,而不着眼于个人的功劳。但人们心中自有一杆公平的"秤",正是因为管理者纯正的管理行为和实际贡献,赢得了大家的信任,人们反而记住他的功劳。假如管理者获得一定成功后总是居功自傲,那么人们会怀疑他之前行为的出发点,从而否定他的功劳,甚至进而否定他为了取得这份功劳的所有行为。

"长而不宰"意为导引万物而不主宰它们。"长"作动词用有两种理解,一种指做万物之长,即"引领""领导"之意;另一种指使万物生长。两种理解的差异无伤大雅,我们取前一种释义。对于现代组织管理者而言,"长而不宰"既是一种宏伟的气度,也是一种适应时代发展的必备品质。"宰"是统辖、控制、支配之意,身处领导地位的管理者而没有控制、支配他人的欲望,这种恢弘超脱的气度已近于庄子所说的"性修反德"的修养。而正是管理者这种"长而不宰"的气度,有助于组织内部形成轻松和谐、敢于创新、乐于献计、群策群力、生动活泼的氛围。令人感慨的是,老子两千多年前的理念竟与当今基于互联网、大数据、人工智能等先进技术的最新管理模式相吻合。最新管理模式有如下特征：管理者与员工之间的宽松关系、管理者与员工的密切合作、运用集体智慧及基层员工的参与、不断创新等。管理者的职能不再是权威、指导者或拥有最高发言权的人，而是组织者、帮助者、服务者和工具提供者。显然，在当代最新管理模式中，管理者重在履行"长"的职责，而逐步减弱、消除"宰"的意识，"长而不宰"的理念迸发出新时代的智慧火花。

被誉为东方管理学派创始人的著名管理学家、经济学家苏东水先生综合了各家思想流派的精华，创造性地提出"以人为本、以德为先、人为为人"的"三为"思想，并将此本质概括为"人为为人"，其中闪烁着道家思想及其他东方思想流派的管理智慧的光芒。"人为"即要求管理者首先要注意自身的行为修养，儒家有"修己安人""修己安百姓"之说，道家主张修炼内在的"虚乃大"的虚静包容心态和"不有、不恃、不宰"的玄德境界，然后从"为人"的角度出发，来调整、控制自己的管理行为，做到"生而不有，为而不恃，长而不宰"，创造高度和谐的人际关系和轻松活泼的激励环境，使被管理者能够持久地、心情舒畅地工作，主观能动性得到充分发挥。"人为"与"为人"二者具有辩证关系，互相联系并且互相转化，使管理者的管理能力不断升华，使组织的内外环境持续优化。

关于道家有关道德修养的教诲，我们将在第三章的"德与修"小节中有更多的探讨。

【复习思考与讨论题】

1. "孔德之容，惟道是从"的基本含义是什么？老子所说的"孔德"与"道"是什么关系？

2. 庄子如何阐述"德"与"得"的关系？"同乃虚，虚乃大"是什么意思？

3. 为什么"万物莫不尊道而贵德"？老子的"玄德观"具体表现在哪些方面？

4. 庄子的"虚静观"对现代组织管理有何借鉴意义？现代组织管理者的虚静心态可以有哪些具体表现？

5. 具有强烈占有欲的管理者会有什么样的不良行为？为什么说"生而不有"不失为现代组织管理者成功的奥秘之一？

6. "为而不恃"这句话应如何理解？现代组织管理者应如何正确处理"为"与"恃"的关系？为什么"为而不恃"的管理者能赢得员工的信任和爱戴？

7. "长而不宰"是什么意思？为什么说"长而不宰"的理念与当代最新的管理模式十分吻合？现代组织应如何转变管理者的职能？

8. 请用现代白话或英语解释本小节的主要概念。

（二）上德与下德：上德有德　下德无德

【主要概念】常德不离，复归于婴儿；常德不忒，复归于无极；上德若谷；广德若不足；建德若偷；不争之德，用人之力；上德不德，是以有德；下德不失德，是以无德。

【原作论述】

① 知其雄，守其雌，为天下谿。为天下谿，常德不离，复归于婴儿。知其白，守其黑，为天下式。为天下式，常德不忒，复归于无极。 　　　　《道德经》第二十八章

② 明道若昧，进道若退，夷道若颣。上德若谷，大白若辱，广德若不足，建德若偷，质真若渝。 　　　　《道德经》第四十一章

③ 善用人者，为之下。是谓不争之德，是谓用人，是谓配天古之极也。
　　　　《道德经》第六十八章

④ 上德不德，是以有德；下德不失德，是以无德。上德无为而无以为，下德为之而有以为。 　　　　《道德经》第三十八章

【白话释义】

① 深知什么是雄强，却安守雌柔的地位，甘愿做天下的溪涧。甘愿作天下的溪涧，永恒的德就永不相离，回复到婴儿般单纯的状态。深知什么是明亮，却安于暗昧的地位，甘愿做平凡的工具。甘愿做平凡的工具，永恒的德不会差失，回复到终极真理。

② 光明的道好似暗昧，前进的道好似后退，平坦的道好似崎岖。崇高的德好似峡谷，荣耀好似耻辱，博大的德好似不足，刚健的德好似怠惰。纯真的品质好似变化无常。

③ 善于用人的人，对人谦下，这叫做不与人争的品德，这叫做用人的能力，这叫做符合自古以来的天道法则。

④ 有上德的人，不自以为有"德"，所以他实际上有德。持下德的人有心施"德"，所以他实际上无德。有上德的人无为，不刻意有所作为；持下德的人有为，刻意有所作为。

【英语译文】

① Aware of the male strength, he cleaves to the female softness, and is willing to be the vale (the lowest position) of the world. Being the vale of the world, he never departs from the eternal *De*, but returns to the state of infancy. Aware of the bright honor, he cleaves to the dim humility, and is willing to be a simple instrument. Being a simple instrument, he keeps the eternal *De* without error, and returns to the Ultimate Truth.

② *Dao*, which is bright, seems dim. *Dao*, which moves forward, seems to be moving backward. *Dao*, which is smooth, seems rugged. *De*, which is high, seems to be a low vale. *De*, which is brilliant, seems humble. *De*, which is abundant, seems insufficient. *De*, which is vigorous, seems idle. What is truthful seems changeable.

③ The skillful user of people acts as if he were their inferior. This is called non-competing virtue. This displays the capacity to use people. This conforms to the everlasting law of nature.

④ A man of superior *De*, who does not claim to have any virtue, is actually virtuous. A man of inferior *De*, who intends to show his virtue, is actually not virtuous. The former practices non-action and does not intentionally make accomplishments. The latter takes actions and believes that he will make accomplishments.

【解读与应用】

在本小节所引论述中,老子进一步阐释了他所倡导的"德"的含义,在提出"常德""广德""建德"等概念的同时,表达了他的朴素的辩证法思想,并区分了"上德"与"下德"这两种不同的"德"。

第一条论述提出了"常德"(永恒的德)的概念,分两句阐释其特征和本质。第一句"知其雄,守其雌,为天下谿",说明"常德"的特征是明知什么是雄强,却安守雌柔的地位,甘愿做天下的溪涧,即守柔卑下,总是处于最低下的地位。其本质是"复归于婴儿",回复到婴儿般纯真的状态。第二句"知其白,守其黑,为天下式",说明"常德"的特征是明知什么是明亮,却安于暗昧的地位,甘愿做平凡的工具("式"同"栻",是古代占卜用的普通器具),即不图荣华显贵,甘于卑微无闻。其本质是"复归于无极",回复到终极真理。由此可见,"常德"的特征为"惟道是从",与"道"的特征完全一致,自然本真、无为卑下,与上一小节提到的"孔德"一样,是由"道"而得的大德。

第二条论述选自《道德经》第四十一章,这一章是老子集中阐发他的辩证法思想的篇章之一。老子用矛盾对立统一、事物的两面相反相成的辩证思维,解说了"道"与"德"的本质和品性,并提出了"上德""广德""建(同'健')德"三个概念。该条论述分三句,层次分明:第一句讲"道",第二句讲"德",第三句小结。第一句"明道若昧,进道若退,夷道若纇",解说了"道"的相反相成、辩证统一的特征:光明的"道"好似暗昧,前进的"道"好似后退,平坦的"道"好似崎岖。生成、养育万物的"道"在人们心目中应该是光明、前进、平坦的,但人们的感知却可能是暗昧、后退、崎岖的,这恰恰表明了"道"的无为卑下的特性。第二句"上德若谷,大白若辱,广德若不足,建德若偷",解说了"德"的相反相成、辩证统一的特征:崇高的德好似峡谷,荣耀好似耻辱,博大的德好似不足,刚健的德好似怠惰。"惟道是从"(与"道"完全一致)的"德"同样表现出无为卑下的特征,明明是崇高、荣耀、博大、刚健的美德,却偏偏表现为峡谷(低下)、耻辱、不足、怠惰。第三句"质真若渝"四个字概括了"道"与"德"的本质特征:纯真但又好似变化无常,无为无不为。从上述的分析可看出,老子提出的"上德""广德""建德",依然与"孔德"一样,是"惟道是从"的大德。

在第三条论述中,老子用"不争之德"这一概念,在再次强调"德"的无为卑下特征的同时,指出了"德"的社会功能。前半句"善用人者,为之下,是谓不争之德",解释了"不争之德"的主要含义,即善于用人的人要对人谦下;后半句"是谓用人之力,是谓配天古之极",突显了"不争之德"的社会功能是使用他人的能力、调动他人的力量,并指出这样做符合自古以来的自然法则,即符合"道"的规律。显然,"不争之德"也是大德。

第四条论述区分了"上德"与"下德"的差异:上德不德,是以有德;下德不失德,是以无德。老子认为,有上德的人,不自以为有"德",所以他实际上有德;持下德的人有心施"德",唯恐失德,所以他实际上却无德。换句话说,有上德的人不彰显德名,才是真正有德;持下德的人张扬自己的德名,反而失德。老子进而以两种"德"与"道"的特性"无为"的关系来说明它们的区别:"上德无为而无以为,下德为之而有以为",有上德的人无为,不刻意有所作为;持下德的人有为,刻意有所作为。老子强调,两种"德"之所以有上下之分,关键在于是否顺应自然,遵循大道无为的法则。

从上面的解析可看出,本小节的大部分论述内容是上一小节关于"德"与"道"关系的论述的延伸,只是改用了朴素的辩证法作为论证的方法。所引论述中提到的"常德""上德""广德""建德""不争之德",也都是"惟道是从"的大德,恪守"道"的自然本真、无为卑下的特性。大德对人类而言,是道的人格化、伦理化;是道的外显,是道的可见、可言、可触及的具体表现形式。大德就是做人之本,立命之根。关于大德对于现代组织管理的指导意义,在上一小节中有较多解析,本小节不再赘述,本小节拟重点探讨关于"上德"与"下德"关系的处理和应用。

老子关于"上德不德,是以有德;下德不失德,是以无德"的教诲,值得每一个人视为修身养性的格言警句,对于现代组织管理者而言,更是一条有关树德立德的训诫箴言。由于身处一定的职位,管理者做一点有利于组织、有利于员工的好事很容易。每一个项目的完成,每一项计划的实现,每一个问题的解决,每一份福利或奖励的发放等等,都会推动组织的健康发展,给员工带来成功的喜悦与和谐的快乐,都算得上是"德"。不容易的是,管理者对于做这些好事应选择何种态度:是自视很高,还是虚静平和?是大肆张扬,还是低调沉寂?是彰显个人的"功劳",唯恐他人不知,还是不争个人名利,少私寡欲?管理者的选择真实地反映了他的德性。根据老子的标准,选择并践行前者的管理者持有"下德",而选择并践行后者的管理者则拥有"上德"。持有"下德"的管理者尽管做了好事,但由于自视很高,大肆张扬,过分彰显个人的"功劳",其结果必然会引起员工的疏离、同级管理者的侧目和上级管理者的反感。彰显的"功劳"则将招引人们对"功劳"背后的动机的怀疑,而最终否定居功自傲者的人品。相反,拥有"上德"的管理者做了好事而保持虚静平和、低调沉寂、少私寡欲,不争个人名利,其结果必然是增强自身的亲和力,促进人际关系的和谐,受到员工由衷的尊敬和爱戴,也将受到上级管理者的肯定。值得警惕的是,张扬好事、彰显"功劳"的"下德"管理者也会听到他人的赞扬声,但这种赞扬声中不乏迎合、恭维与谄媚的成分,不值得沾沾自喜。而低调不争的"上德"管理者却能获得人们发自内心的无声的尊敬。法国哲学家卢梭在其《忏悔录》一书中说:"经常受到人们的尊敬要比被人赞美多次强过百倍。"现代组织管理者成功的基石,正是他人无声的尊敬,而非他人喧嚷的赞美。

  英国著名女作家罗琳在写作初期,没有出版社愿意收她的作品,但几经波折,《哈利·波特》成功出版并迅速成为畅销书。罗琳成名之后本可以很容易发表新作,但令人意外的是,罗琳在创作侦探小说《布谷鸟的呼唤》时却换了一个笔名"罗伯特·加尔布雷斯",以毫无名气的作者身份投稿。以罗琳当时受读者热捧的身价,她的小说应是出版商争抢的对象,但她自愿归零,以虚静低调证明了自己的实力。罗琳认为,改变困境不需要魔法,只要发挥出自己内在的力量,而非外在的虚华。不炫耀、不自夸、不彰显功名,是对自己的认可,也是对他人的尊重。英国著名文学家莎士比亚在《一报还一报》中说:"上天生下我们,是要把我们当作火炬,不是照亮自己,而是普照世界;因为我们的德行倘若不能推及他人,那就等于没有一样。"莎士比亚的这段话表达了与老子相似的理念,只图照亮自己("不失德")而不推及他人的德行等于没有德行("无德")。

  英国的这两位作家(古代的莎士比亚和当代的罗琳),以他们的言行呼应了老子关于"上德"与"下德"的论断。两位作家保持低调,不张扬自己的名声,不借助"外在的虚华",也不图"照亮自己",相当于老子所说的"不德""无为"。这样的德行恰恰是老子所说的"上德",而两位作家都取得了辉煌的成就,莎士比亚的作品甚至获得了世界文学界的巅峰地位。作家可以如此,现代组织管理者何尝不可如此?管理者应该坚守"上德",注重"自己内在的力量",在取得一定成绩之时,不追求"外在的虚华",不企图只"照亮自己",而是点亮火炬"普照"整个组织,以自己的德性"推及他人",惠及员工,那么,这位管理者必将获得更大的成功,甚或可望达到事业的辉煌。

【复习思考与讨论题】
  1. 什么是"常德"?它具有什么特征?
  2. 老子是如何用朴素的辩证法思想来阐发"上德""广德""建德"的特征的?
  3. "不争之德"具有什么特征和社会功能?
  4. 请用你自己的话解说"上德"与"下德"的差异。
  5. 管理者对于自己所做的好事或所取得的成绩抱有哪两种不同的态度?不同的态度会产生怎样的不同结果?
  6. 莎士比亚说过怎样的话与老子的理念比较接近?
  7. 请用现代白话或英语解释本小节的主要概念。

(三) 德与修:含德之厚　成和之修

【主要概念】含德之厚,比于赤子;握固;善建者不拔,善抱者不脱;修之于身,其德乃真;德者,成和之修;相濡以沫,不如相忘于江湖;举世誉之而不加劝,举世非之而不加沮。

【原作论述】

① 含德之厚,比于赤子……骨弱筋柔而握固。　　　　《道德经》第五十五章

② 善建者不拔,善抱者不脱……修之于身,其德乃真;修之于家,其德乃余;修之于乡,其德乃长;修之于邦,其德乃丰;修之于天下,其德乃普。　《道德经》第五十四章

③ 德者,成和之修也。　　　　　　　　　　　　　　《庄子·德充符》

④ 泉涸,鱼相与处于陆,相呴以湿,相濡以沫,不如相忘于江湖。　《庄子·大宗师》

⑤ 且举世誉之而不加劝,举世非之而不加沮。　　　　《庄子·逍遥游》

【白话释义】

① 道德素养深厚的人,就好比初生的婴孩……他的筋骨柔弱,但拳头却握得很牢固。

② 善于建立者,所建之物不会被拔除,善于抱持者,所持之物不会脱落……把这个原理用于自身的修养,他的德就将纯真;把这个原理用于修治家族,他的德就将充盈;把这个原理用于修治乡里,他的德就将受到尊崇;把这个原理用于治理邦国,他的德就将丰盛;把这个原理用于治理天下,他的德就将广博宏大。

③ 德,就是那种能够成万事、和万物的修养。

④ 泉水干涸,鱼儿困在陆地相互呼出湿气,并以唾沫湿润对方以求生存,这还不如彼此不相识,各自畅游于江湖。

⑤ 即使全世界的人都称赞他,他也不会因此而更加努力;即使全世界的人都反对他,他也不会因此而灰心丧气。

【英语译文】

① A man of profound virtue is like a newborn infant... His bones and sinews are soft and weak, but his grip is firm and strong.

② What is well established cannot be uprooted. What is held tightly will not fall off... When the principle is applied to a man himself, his virtue will be pure. When it is applied to his family, his virtue will make his family affluent. When it is applied to his village, his virtue will be adorable. When it is applied to his state, his virtue will make his state prosperous. When it is applied to all under heaven, his virtue will be widely spread.

③ Virtue is the cultivated quality that brings accomplishment and harmony.

④ Stranded in a dried up stream, two fishes tried to save each other with their last remaining breath and saliva. It would be better that they had parted from each other and each had swum freely in a river or a lake.

⑤ He will not make greater efforts even though he is praised by the whole world. Neither will he be disappointed even though he is opposed by the whole world.

【解读与应用】

本小节将探讨"德"与"修"的关系及其对现代组织管理的启示。"修"作动词用指修炼、修行、修身,即以"德"的要求净化自己的心灵,培养完善的人格,在道德、情操、理想、意志等各个方面能够提升到一定的境界。"德"是"修"的目标,"修"是"德"的手段。"修"作名词用指修养,即通过修炼以后所养成的良好品质和正确的待人处世的态度,也即修炼以后所达到的人格境界。因而,修炼、修行、修身是过程,修养是结果。"修养"一词最早见于唐代吕岩的诗词:"学道客,修养莫迟迟,光景斯须如梦里。"(《忆江南·淮南法》)宋代赵与时也曾提及:"……修养已成,神气清健,无一点尘俗。"(《宾退录》)两人所说的"修养"都与道家思想有关,本小节所探讨的"修"也都以道家倡导的"德"作为标杆。

本小节所引的第一条论述"含德之厚,比于赤子……骨弱筋柔而握固",再次以婴孩作比喻,暗示治政者应具备的深厚素养是婴孩般的纯真简朴、无私无欲,也即前文所说的"见素抱朴,少私寡欲";并指出治政者对道德准则的持守要像婴孩那样"握固"(牢牢把握)。

老子在第二条论述中教导人们,要提升自己的道德修养,就必须像"善建者"和"善抱者"那样,做到"不拔"(不被拔除)、"不脱"(不会脱落),也就是要锲而不舍,坚持不懈。老子继而指出,治政者坚持道德修炼、提升道德修养,对于个人、家族、乡里、国家、天下都具有重要意义,"修之于身,其德乃真;修之于家,其德乃余;修之于乡,其德乃长;修之于邦,其德乃丰;修之于天下,其德乃普",也就是说,对于个人,他的德就将清白纯真;对于家族,他的德就将使家族富足充盈;对于乡里,他的德就将受到尊崇;对于国家,他的德就将使国家繁荣昌盛;对于天下,他的德就将发扬光大。

庄子的第一条论述"德者,成和之修也"仅七个字,文句虽短,却内涵丰富,必须放在其写作背景和上下文中斟酌,才能相对准确地理解其意。首先,这句话的陈述背景是一个关于名为哀骀它的故事。此人虽然外貌丑陋,却有着美丽的德性,他对于任何人、任何事都不抱偏见,只是想着如何与人和谐相处,外在的美丑毁誉、权力地位、财富名声等,都不会影响他的平和情绪。其结果是,男女老少,无论财富多寡或地位高低,都喜欢亲近他,也都信任他,连国君鲁哀公也委以相位,显示了平和心态的超强凝聚力。这句话实际上是对哀骀它人格的评价。其次,庄子善于引用别人的话来表达他自己的理念,这句话是他引用重视修身的孔子的言论。这也说明春秋战国时期道家与儒家代表人物是既互相争鸣也互相融合的。再者,这句话的上文是"平者,水停之盛也",显然,庄子以水喻德,用平静水面的隆盛来比喻平和德性的威力。基于上述对写作背景和上下文的分析,"德者,成和之修也"可以理解为:德就是那种能够成万事、和万物的修养,或者说,德就是那种能够带来人际和谐、造就成功的人格修养。

"相濡以沫"这一成语源自《庄子·大宗师》,意为互相用唾沫沾湿对方,比喻人在困难的处境中以极其微薄的力量互相关心,互相救助。长期以来,这一成语成了爱情美好的代名词,鲁迅先生在赠许广平诗的题词中写道,"十年携手共艰危,以沫相濡亦可哀",字里行间真情可鉴。但人们在运用这一成语时往往忘了庄子的后半句话"不如相忘于江湖",意为这还不如彼此不相识,各自畅游于江湖,而庄子论述的重点恰恰就是这后半句。读者可能会觉得庄子无情,但考虑到说这句话的前提是"泉涸,鱼相与处于陆",也就是在泉水干涸,鱼儿困在绝境的背景中所说的话,则不能不佩服庄子的思路开阔了,与其苟延残喘,等待同归于尽,还不如放弃执着,另辟蹊径,开创一条全新的生命之路。如此超凡脱俗的思路和胸襟,是与"道"相通的"德",也是必须通过修炼而得的一种修养。

庄子的最后一条论述"举世誉之而不加劝,举世非之而不加沮",是对战国中期的一位思想家宋荣子的评价:即使全世界的人都称赞他,他也不会因此而更加努力;即使全世界的人都反对他,他也不会因此而灰心丧气。这句话出自《庄子·逍遥游》,这篇文章是庄子的典型作品,全文想象丰富,构思新颖,雄奇多彩,汪洋恣肆,洋溢着超脱万物、追求自由的浪漫主义精神。庄子虽然肯定了宋荣子对人世间升沉荣辱的超然态度,但认为他还是有未达到的境界。庄子所推崇的境界是"至人无己,神人无功,圣人无名",具有极高修养的人能顺应自然,忘掉自己,无意于追逐功名。

本小节所引的老子和庄子的论述对于现代组织管理的启示,包含修炼和修养两个方面:修炼是行动,是过程;修养是目标,是结果,是修炼所达到的道德状态或境界。

就修炼而言,老子劝诫人们要执着,要"握固""不拔""不脱",也就是要锲而不舍、坚持不懈、持之以恒;庄子劝诫人们要不执着,要"相忘""不加劝""不加沮",也就是要超脱、灵活应变、不受感情的羁绊。粗看两人的劝诫是矛盾的、对冲的,但实际上却是互补的、相反相成的。执着是好事,是修炼成功的一大要素,但过分执着则容易走向反面,变为执拗、拘泥、顽固不化,成了思维的藩篱和行动的障碍。在这种情况下,不执着起到了调节和平衡的作用。理解并运用二者的辩证统一关系,对于现代组织管理者至关重要。

执着,不仅对管理者修炼德行意义重大,而且对管理者履行职责、开展工作的一切行为具有关键的作用。法国哲学家卢梭指出:"激昂太多则易转为低沉;持续不断、始终不懈地尽自己本分所需要的毅力,并不亚于完成英雄事业所需要的毅力。"(《忏悔录》)俄国著名作家陀思妥耶夫斯基说:"只要有顽强的意志力,就自然而然地会有能耐、机灵和知识的。"(《少年》)他们所说的"毅力"或"意志力"都是指执着的意念和行动。任何人在事业上的成功,几乎都离不开执着的追求所产生的顽强"毅力"或"意志力"。以"发明大王"闻名的爱迪生曾花了整整十年去研制蓄电池,屡遭失败的他执着地坚持努力,经过了五万次左右的试验,终于取得成功;双目失明、两耳失聪的海伦·凯勒不甘于处在受人同情、照顾的弱者地位,执着地学习盲文,以特殊的方式感知世界,最终成了令世人仰慕的作家和社会活动家;法国微生物学家巴斯德为了找到酸牛奶的发酵原理,日日夜夜把自己关在四处堆放玻璃管和蒸馏器等杂物、空气中充满刺鼻的化学品气味的小房间里做实验,满身污垢,两手乌黑,被人称为"疯人"。可就是因为这位"疯人"时而狂奔,时而呆立,执着地在污秽的环境中坚持做实验,才终于发现并证实了酸牛奶的发酵原理。此类事例举不胜举。

执着通常表现为两个方面,即始终如一的目标和坚忍不拔的行动。前者是观念,后者是行为,观念产生行为,行为的动力来自观念,因而,前者是决定性的,也就是说,始终如一的目标是产生坚忍不拔的行动的决定性因素。管理者不同于一般人,他必须"握固"两个目标,即个人目标和组织目标,并尽可能使个人目标与组织目标保持内在的一致性。格力集团前总裁董明珠,36岁从基层做起,白手起家用了15年时间获得了事业的成功,用自己的坚韧和执着创造了令人称羡的职场传奇。她的个人目标是"尽职尽力,在自己的岗位上做到最好"。企业的组织目标是以"忠诚、友善、勤奋、进取"的企业精神,制造最好的空调奉献给广大消费者,将格力做强做大,缔造全球领先的空调企业。个人和组织目标中都有"最好"二字,成了董明珠坚韧不拔、执着追求的强大动力。

不执着,其实际含义是不执拗、不死板、不僵化,不固守单一的思维模式,同样对于现代组织管理者有着很大的指导意义,在组织内外环境发生重大变化时尤其如此。当一个组织的内部发生了重大的结构性调整,组织外部政治、经济、社会、环境等的风云变幻使组织面临种种风险或危机时,如果组织管理者不改变观念,依然固守原来单一的经营、生产、销售或管理模式,很可能会造成组织发展的停滞、衰退甚至消亡。但此时如果管理者能"相忘于江湖",更新自己的思维方式和管理模式,则很可能为组织找到新的发展机遇,给组织带来生机和希望,使组织在新的"江湖"中畅游,做到"山重水复疑无路,柳暗花明又一村"。

在适当的情境下,"执着"与"不执着"的观念和行为,对于管理者个人的发展能起到同样重要的作用,苏州瑞臻环保科技有限公司总经理简文昌的三次华丽转身,不失为一个范例。简文昌曾在驻杭空军某部服役12年,服役期间曾屡屡获奖,被原南京军区空军评选为"百名优秀士官",堪称部队的一名优秀的基层管理者,这是他"执着"地刻苦磨炼自己的结果。在退伍转业的当口,简文昌一改多年形成的"一切由组织安排"的思维模式,放弃了政府的就业安置,选择了自谋职业,到市场的"江湖"中试游。在机缘巧合下,他进入了当时急需敢于挑战的年轻人加盟的杭州金通公共自行车科技公司,以"不执着"的心态完成了第一次转身。此时,没有任何社会从业经验的简文昌,为自己树立了迅速掌握过硬的专业技术的高目标。高目标产生了强动力,简文昌以他特有的军人的顽强毅力,再一次"执着"地磨炼自己,夜以继日、不知疲倦地学习专业技术。功夫不负有心人,他作为项目经理,为公司拿下了湖北神农架的一个大项目,取得了初步的成功。此后,简文昌又有两次转身,一次是从上市公司转为自己创业办加弹厂,由公共自行车行业转入纺织行业;另一次从加弹厂转为创建瑞臻环保科技公司,从纺织行业又转入环保节能行业。简文昌的后两次转身都是为了满足他人的要求或适应市场的需求,表现了他那灵活应变的"不执着"心态。但每次转身以后他都以常人难以想象的"执着"的意志力,投入到新的专业和新的行业的技术钻研以及与管理相关的大量沟通、协调工作,并且都取得了令人瞩目的业绩。建立公司仅1年就服务过60多家企业,其间他一个人就开车跑了9万多公里,出差在外200多天,最长一次5天内跑了五省六地,辗转3 000多公里,受益的公司遍布浙江、江西、福建、江苏和山东等沿海各地。简文昌的三次华丽转身,生动地诠释了"执着"和"不执着"的辩证统一关系。

老子和庄子的论述中所蕴含的关于修养的理念,体现了道家所倡导的精神境界,即"真"与"和"。我们不妨将之解读为:纯真,不为私欲所牵累;平和,不受情感所支配。关于"真"对于现代组织管理的启示,我们在第三章的"'无为而治'的要领"小节中有较多探讨,此处不再赘述,本小节重点探讨"和"的借鉴意义。

庄子所说的"和"有两层意义:其一是和谐的局面或追求和谐的心态,蕴含于"德者,成和之修也";其二是不受情感支配、无意追逐功名的平和心境,蕴含于"举世誉之而不加劝,举世非之而不加沮"。对于现代组织管理者而言,无论是追求和谐的心态,还是保持平和的心境,都是难能可贵的心理状态。

和谐,指和好共处、互相尊重和配合的协调状态,是在一定的条件下,不同的人或事物之间相辅相成、相反相成、互利互惠、互促互补、共同发展的关系。为了使组织顺利、健康、快速地发展,现代组织管理者必须关注多方面的和谐关系:上下级之间的和谐、员工之间的和谐、部门之间的和谐、组织与各相关利益方之间的和谐、组织与环境之间的和谐,等等。各方面的和谐关系对于组织有众多益处:保持稳定的秩序,发扬团结向上的精神;促进团队的合作,增强创造的活力;加快各项工作的决策速度,提高工作效率、优化资源的组合及利用率;形成平等友爱、互帮互助、诚实守信的良好风气等。要创造组织各方面的和谐局面,管理者必须坚持以下几条原则:

(1)平等、尊重原则

组织内的所有人,无论职位高低、年龄长幼、学历高低、能力大小,在人格上都是平等的,唯有遵从人人平等、互相尊重的原则,才能建立真诚的友谊及和谐的人际关系。管理者的任何狂妄傲慢的办事作风,任何居高临下的说话语气,都有可能损害和谐的氛围。

(2) 沟通、包容原则

沟通是增进了解的桥梁,是减少误会的良方;包容是海纳百川、不计前嫌的气度,是化解矛盾、赢得人心的胸怀。遵循沟通、包容的原则,如同为工作添加了润滑剂,必将使管理者顺畅地贯彻执行组织的各项活动,形成人人心情舒畅的和谐局面。

(3) 公正、清廉原则

公正,即不偏不倚,不存私心。公正的管理者无私无畏,既敢于扶正,也敢于压邪,有利于弘扬正气,刹住歪风。清廉,是立身处事的根本。清廉的管理者不占公物,不图小利,两袖清风,令人肃然起敬。遵循公正、清廉原则将使管理工作清亮透明,和谐之风必将盛行。

(4) 诚信、合作原则

诚信,是人际交往的基础,是博得他人信任的重要品格。诚信的管理者言必信行必果,将受到员工的尊敬。合作,是聚众人智慧、合团体力量而得以完成大事的前提。遵循诚信、合作原则,如同为组织的发展添上了腾飞的翅膀,使管理者与员工一起,凭借和谐团体的集体智慧和强大合力,飞向事业的高峰。

平和,是一种修养,也是一种智慧。拥有平和心境的人通透、豁达、坚忍、乐观,坦然面对人生的顺境或逆境,正如洪应明在《菜根谭》中所说,"宠辱不惊,闲看庭前花开花落;去留无意,漫随天外云卷云舒"。具有这种修养和智慧的人胸襟特别开阔,是管理者的合适人选。庄子认为,平和的心境会产生超强的人格魅力,并用哀骀它被授以相位的故事加以说明,这为现代组织管理者提供了有益的启示。世间有一些人,强势到可以呼风唤雨,决定他人的前途和命运,但却只能强势一时,最终往往因人性的某些弱点而溃不成军,断了自己的后路。唯有心境平和的人,才能长期与他人和谐相处,获得他人稳定不变的爱戴和拥护。俗话说"智者不锐,慧者不露",所谓"不锐""不露",实质上就是平和。现代组织管理者要修炼出如此开阔的胸襟,就必然能获得员工的信任和支持,虽然未必能达到庄子所说的"举世誉之而不加劝,举世非之而不加沮"的那种境界,但至少要力争摆脱情感的束缚和功名利禄的诱惑。在管理行为中,管理者的平和心境可表现为:待人蔼然(和蔼可亲,与人为善),遇事澄然(头脑清醒,分明事理),得意淡然(平静淡泊,不沾沾自喜),失意泰然(镇定自若,不悲观失望),在纷繁复杂、艰辛曲折的管理过程中始终情绪安然(处变不惊,平稳安定)。

【复习思考与讨论题】

1. "修"与"德"有怎样的关系? 道家所说的"修"有哪两种基本含义?
2. 根据老子的教导,人们应如何提升自己的道德修养? 提升道德修养有何重要意义?
3. 庄子的"德者,成和之修也"这句话的陈述背景是什么? 这句话应如何理解?
4. "相濡以沫"这一成语现在主要用于哪方面? 庄子的"不如相忘于江湖"这句话

对你有何启示?

5. 你如何理解"执着"和"不执着"的关系以及各自在道德修炼中的作用?请举例说明。

6. 庄子所说的"和"有哪两层意义?现代组织管理者要创造组织的和谐局面必须坚持哪几条原则?

7. 为什么说平和的心境会产生超强的人格魅力?现代组织管理者在管理行为中的平和心境可以表现在哪些方面?

8. 请用现代白话或英语解释本小节的主要概念。

五、辩证理念

道家代表人物的著作,尤其是老子的《道德经》一书,渗透了朴素的辩证法思想。辩证思维是全书的灵魂,被娴熟地运用于对宇宙本原的探索,以及修身养性、治国理政等有关个人及社会的各个领域。公元前5世纪,古希腊哲学家苏格拉底把辩证法看作是通过对立意见的争论而发现真理的一门艺术,仅看作是谈话论证的一种方法。直到19世纪初,德国古典哲学家黑格尔才丰富和发展了辩证法概念的含义,把辩证法不只看作一种论证方法,而认为它是适用于一切现象的普遍法则,是一种宇宙观。老子与苏格拉底大致是同时代的人,但他对辩证法的认识和应用却与2 300多年以后的黑格尔比较一致,已经视之为适用于认识自然、治理社会及个人修养的普遍原则,这是难能可贵的。著名学者钱钟书甚至认为,《道德经》一语(指"反者道之动"这句话)抵得上黑格尔论"否定之否定"的数十百言。道家的另一位代表人物庄子也在他的多篇文章中,如"齐物论""在宥""秋水"等,表达了他的辩证法思想。

老子和庄子朴素的辩证法思想对于现代组织管理有着极其重要的借鉴意义,现代组织的管理者在适应外部环境、协调内部管理、把握事物发展方向、开拓创新、合理决策等方面都要用道家的辩证思维面对各种问题,寻求解决问题的正确途径,形成得心应手的辩证管理艺术。本章将分三个小节来探讨道家思想中的辩证管理理念,分别在"相反相成""运动转化"和"量变质变"等三个方面解析道家思想中的对立统一观和发展变化观及其对现代组织管理的启示意义。

(一)相反相成:美之为美　斯恶矣

【主要概念】美之为美,斯恶矣;善之为善,斯不善矣;彼出于是,是亦因彼;道隐于小成,言隐于荣华。

【原作论述】

① 天下皆知美之为美,斯恶矣;皆知善之为善,斯不善矣。　　　《道德经》第二章

② 故有无相生,难易相成,长短相形,高下相倾,音声相和,前后相随。

《道德经》第二章

③ 大方无隅,大器晚成,大音希声,大象无形,道隐无名。　　《道德经》第四十一章

④ 物无非彼,物无非是;自彼则不见,自知则知之。故曰彼出于是,是亦因彼。

《庄子·齐物论》

⑤ 道隐于小成,言隐于荣华。　　　　　　　　　　　　　　《庄子·齐物论》

【白话释义】

① 天下人都知道美之所以为美,那是由于有丑的存在;都知道善之所以为善,那是因为有恶的存在。

② 所以有与无相互产生,难与易彼此促成,长与短互相显露,高与低彼此展现,音与声互相应和,前与后彼此相随。

③ 大而方正的东西,反而没有棱角;巨大的器物不容易完成;巨大的声响,反而听来无声;巨大的形象,反而没有形状;道幽隐而无名无声。

④ 世上一切事物,无不存在对立的那一面,也无不存在对立的这一面。从那一面看不明白的,从这一面就可以推知。所以说,事物的那一面相对于这一面而出现,事物的这一面也因为有那一面而存在。

⑤ 大道真理会被局部片面的认识所遮蔽,至理真言会被华美的辞采所掩盖。

【英语译文】

① It is because of the existence of ugliness, that everyone knows what beauty is. Likewise, everyone knows what goodness is because of the existence of wickedness.

② So being and non-being depend on each other. Difficulty and ease complement each other. Length and shortness display each other. Height and lowness set off each other. Different sounds harmonize with each other. Front and back manifest each other.

③ The huge square has no corners. The huge object is late in completion. The loud sound is soundless. The colossal shape is shapeless. *Dao* is invisible and nameless.

④ Everything has two sides, this side and the other one. What cannot be seen clearly from one side might be inferred from the other one. Therefore, the two sides of things depend on each other for their existence.

⑤ The universal truth might be covered up by the partial knowledge. A wise saying might be eclipsed by the florid rhetoric.

【解读与应用】

辩证法的研究结果表明，矛盾双方相互依存，互为条件，共处于一个统一体中。或者说，任何矛盾的对立双方都不能单独存在，而是在一定条件下，各以自己的对立面作为自己存在的前提，如果没有对方，自己也将不会存在，这就是相反相成的道理。老子在他的《道德经》一书中多次阐述了他的相反相成的理念，本小节只是选录了其中一部分论述。

本小节第一、第二条论述全部引自《道德经》第二章，是老子开篇论道以后关于相反相成理念的最早陈述，可见其重视程度。第一条论述"天下皆知美之为美，斯恶矣；皆知善之为善，斯不善矣"赫然出现在全章的开端，奠定了全书辩证法思想的基调。老子认为，天下人都知道美之所以为美，那是由于有丑的存在，都知道善之所以为善，那是因为有恶的存在，阐明了美学中"美"与"丑"两大概念之间，以及伦理学中"善"与"恶"两大概念之间的对立统一关系。紧接着，老子把事物的对立统一规律通过第二条论述延伸运用于自然、社会的多个领域，提出"有无相生，难易相成，长短相形，高下相倾，音声相和，前后相随"，意思是说，有与无、难与易、长与短、高与低、音与声、前与后，所有这些对立的双方，都相互依存，没有甲方就没有乙方，反之亦然。句中的六个动词"生""成""形""倾""和""随"，表明对立的双方既相反、相对、相应，又相成、相依、相和的关系。

老子的第三条论述"大方无隅，大器晚成，大音希声，大象无形，道隐无名"引自《道德经》第四十一章。这条论述既补充说明了前文提到的事物相反相成的理念，又隐示了《道德经》全书最重要的概念"道"的性质，为下一章（第四十二章）关于"道"的核心论述作了很好的铺垫。老子认为，大而方正的东西，反而没有棱角；巨大的器物反而让人看不到它的存在（巨大的器物不容易完成）；巨大的声响，反而听来无声；巨大的形象，反而没有形状；道幽隐而无名。句中四个"大"——"大方""大器""大音""大象"——隐含"大道"之意，最后作了"道隐无名"的归纳，点明了"道"的"无"（无名、无形、无声、无嗅、无为、无……）的特征，呼应了老子关于"道"的其他描述，如"恍兮惚兮""寂兮廖兮""窈兮冥兮"等。

庄子的第一条论述"物无非彼，物无非是；自彼则不见，自知则知之"，用"是"（这个）与"彼"（那个）两个对立概念的互相依存关系，表达了与老子相同的辩证观点。庄子认为，世上一切事物，无不存在对立的那一面，也无不存在对立的这一面，从那一面看不明白的，从这一面就可以推知。他的后半句结论性的话"彼出于是，是亦因彼"（事物的那一面相对于这一面而出现，事物的这一面也因为有那一面而存在），更清楚地阐明了对立统一、相反相成的理念。

庄子的第二条论述"道隐于小成，言隐于荣华"，粗看似乎不符合相反相成的理念，但实质上是相反相成理念深层应用的一种表达方式。大"道"与"小成"、真"言"与"荣华",也是互相依存的对立面,但如果人们只看到其中的一面("小成"或"荣华"),与其对立的另一面(大"道"或真"言")则可能被蒙蔽,也即庄子所说的"大道真理会被局部片面的认识所遮蔽,至理真言会被华美的辞采所掩盖"。

老庄的相反相成理念可用于自然、社会、人生的各个领域,如治乱、成败、赏罚等(管理学),增减、兴衰、盈亏、利害等(经济学),美丑、雌雄、柔刚等(美学),善恶、贤愚、贵贱等(伦理学),虚实、进退、攻防、强弱等(军事学),以及有无、难易、长短、前后、祸福、动静、轻重、黑白(日常生活),等等。现代组织管理者通过对管理原则、管理方法和具体管理事务中相反相成关系的把握,可以指导自己的管理行为,从而能运用合理的管理方法,提高管理的效率,顺利地实现管理目标。相反相成理念在现代管理中的应用很广泛,我们仅选取合与分、宽与严、速与稳、情与理四对概念加以探讨,以求在提高现代组织管理者的掌控力、协调力、凝聚力、感召力、执行力、组织力、影响力和思维力方面有所借鉴。

(1) 合与分

"合"与"分"的相反相成,体现为管理者的掌控力和协调力,我们也可用"统"与"放"、"集"与"散"、"收"与"授"等对立概念来表述,表示管理者要在权力和职责的统合与分散上做到合理平衡。

"合",主要表现为目标的统一、价值观念的认同、总体决策部署的共识、执行规章制度的一致,以及各种资源的统一调控等。对于这些带有全局性、总体性的权责,管理者(尤其是一把手)必须统合把控,才能统一员工的意志和行动,形成合力。

"分",主要指各层级的权责、各部门的职能、各项目的实施、各种计划的执行、技术的创新与推广、员工业绩的考核等等,应该分散给相关人员办理,做到各在其位、各司其职、各负其责,人人有事做,个个积极干。只有这样,才能形成组织良性运作的局面。关于"合"与"分",我们在第三章的"'无为而治'的目标"小节中有较多探讨,在此不再细述。

(2) 宽与严

"宽"与"严"的相反相成,体现为管理者的凝聚力和感召力,我们也可用"柔"与"刚"、"恩"与"威"、"奖"与"惩"等对立概念来表述,表示管理者要在用人、待人的宽严结合上做到合理平衡。"宽"并非无原则的宽,"严"并非无节制的严。

善用"宽"的管理方式有以下特点:①心胸宽大。能宽容不完美、有缺点的员工;能宽容实施计划或创新试验过程中出现的过失和问题,能使员工心情舒畅地工作,积极大胆地创新。②正面引导。善于发现他人的优点加以鼓励,善于发现事物的亮点加以肯定,往往能提振员工完成各种任务的士气和信心。③擅长沟通。管理者尊重员工的利益诉求,倾听员工的合理意见,使员工倾吐无忌、交流自如,成为他们愿意托付和依靠的贴心人。

善用"严"的管理方式有以下特点：①坚持原则。执行上级要求不含糊，与歪风邪气斗争不退缩，纠正错误的决心不动摇，心有定力，信念坚定。②敢于担当。胸有大局、头脑清醒，执着地为实现组织目标而把握管理工作的方向，责任意识强，勇于对事业负责，对员工负责。③恪守规则。落实组织的各项规章制度不变通，一丝不苟地执行各种守则、章程、须知、手续，不偏不倚地对任何违规行为（包括管理团队成员的违规行为）按规定予以惩罚。

"宽"与"严"两种管理方式的合理交叉运用，表现为灵活性与原则性的结合，奖励与惩罚的并用，柔性管理与刚性管理的交融。

（3）速与稳

"速"与"稳"的相反相成，体现为管理者的执行力和组织力，我们也可用"迅"与"坚"、"快"与"固"等对立概念来表述，表示管理者要在判断、决策和实施方式上做到合理平衡。

"速"的优势在于快速抓住时机，快速应对挑战，快速解决问题。"速"具体表现为：①对大事反应快。所谓大事，指影响组织发展的全局性、根本性的事情，管理者要以高度的敏感性，迅疾地汇聚力量，办妥此类大事。②对急事处理快。所谓急事，指那些突发的、时效性强的事情，管理者要雷厉风行，行动果断，以最短的时间部署，最佳的手段控制，最快的速度处理。③对难事破解快。所谓难事，指那些长期积累、起因复杂、众说纷纭的事情，管理者要有迎难而上的胆略，不拖不等，尽快解开疙瘩，破解难题。④对好事实施快。所谓好事，指那些关乎员工切身利益和大家热切期盼的事，管理者要尽早启动，让员工全程参与，通过周密筹划快速办好。

"稳"的优势在于坚持稳定的发展方向，把握稳定的局面，形成稳定的人心，保持稳定的团队。"稳"具体表现为：①目标要稳定。目标比速度更重要，目标是方向问题，看重效果；速度是行动问题，看重效率。失去目标的行动是盲目甚而危险的行动，没有效果的效率是无用甚而有害的效率。坚持稳定的组织目标是管理者的头等大事。②决策要稳当。决策切忌失误，一个组织决策的失误所付出的代价往往比行动的延迟所付出的代价更大。管理者要重视调查研究，重视集思广益，力求决策合理。③用人要稳妥。人才，是一切组织发展的根本，是任何事业成功的关键。管理者在用人问题上要坚持任人唯贤的原则，坚持德才兼备的标准，坚持群众公认、注重实绩的选用方式，公正稳妥地选准用好人才。④步骤要稳健。所谓步骤，指执行计划、实施方案的具体措施、程序和行动节奏。管理者要有稳定的心态，处变不惊，从容应对各种复杂的局面或急剧的变化，与员工一起以稳健的行动节奏，实现组织目标。

（4）情与理

"情"与"理"的相反相成，体现为管理者的影响力和思维力，我们也可用"热"与

"冷"、"动"与"静"等对立概念来表述,表示管理者要在思维、心态和行为的调节上做到合理平衡。曾经有哲人把"情"与"理"比喻为灵魂之船的帆与舵,没有帆,船将失去行进的动力;没有舵,船将偏离行进的方向。管理也是如此,没有工作热情,组织将是一潭死水,缺少活力;没有理性思考,组织将迷失方向,乱闯蛮干;唯有"情"与"理"的交织,才能创造组织的辉煌。

"情"具体表现为:①对组织目标的热烈追求。管理者只有对组织目标不偏不离、持之以恒地追求,才会对员工产生巨大的影响力,并带领员工齐心协力实现组织目标。②对组织事务的热情投入。正如法国著名作家巴尔扎克所说,"发自内心的热情是一种高贵而令人崇敬的东西"(《莫黛斯特·米尼翁》),管理者的热情将感染周围的人,带动大家共同投入所从事的工作。③对组织员工的热诚态度。德国著名思想家歌德在《浮士德》中指出:"只要你热诚聪明,无须用巧技媚人。"管理者的热诚态度自然会赢得员工的信任和支持。

"情"固然重要,但如果没有"理"的制约和调节,管理将误入歧途。英国作家勃朗特说得好:"理智会抵抗痴迷,判断力会警告热情。"(《简·爱》)"理"具体表现为:①善于思考。理性的思考是灵魂的一盏明灯,管理者在谋划工作前必须反复权衡利弊得失,仔细梳理实行的流程,周密盘点各项细节,认真考虑可能遇到的矛盾、困难、问题和解决办法。②善于学习。学习是获得知识,进行理性思考的基础;学习有助于发现真理、启迪智慧、增长才干。无论在多么繁忙的情况下,管理者都必须抽出时间静心读书,在学习上要有掉队落伍的危机感和不进则退的紧迫感。③善于总结。总结是管理者在某项工作告一段落或者全部完成后进行回顾检查、分析评价,从而肯定成绩,获取经验,找到差距,得出教训和一些规律性认识的一种手段,是一个去伪存真、去粗取精,以求超越自身的过程。一位善于总结的管理者必将促成其理性的自觉与成熟。

【复习思考与讨论题】

1. 老子关于事物内部或事物之间相反相成的理念表现在很多论述中,你能记住其中哪些论述?

2. 庄子的"彼出于是,是亦因彼"这句话是什么意思?

3. 庄子的"道隐于小成,言隐于荣华"这句话也符合相反相成的理念吗?它有什么深层的含义?

4. 老庄的相反相成理念在哪些领域具有应用价值和借鉴意义?

5. "合"与"分"的相反相成理念在现代管理中有何指导作用?"合"与"分"应如何做到合理平衡?

6. 现代管理中的"宽"与"严"管理方式分别有哪些特征?现代组织管理者如何能做到两种管理方式的合理交叉运用?

7. 现代管理中的"速"与"稳"具体表现在哪些方面?

8. "情"与"理"有何互补关系？各自有何具体表现？现代管理者如何能做到情理交融？

9. 请用现代白话或英语解释本小节的主要概念。

（二）运动转化：反者道之动　弱者道之用

【主要概念】反者道之动，弱者道之用；夫物芸芸，各复归其根；祸兮福之所倚，福兮祸之所伏；方生方死，方死方生。

【原作论述】

① 反者道之动，弱者道之用。天下万物生于有，有生于无。　　　《道德经》第四十章

② 万物并作，吾以观其复。夫物芸芸，各复归其根。　　　　　　《道德经》第十六章

③ 祸兮，福之所倚；福兮，祸之所伏。　　　　　　　　　　　　《道德经》第五十八章

④ 方生方死，方死方生；方可方不可，方不可方可。　　　　　　《庄子·齐物论》

⑤ 故万物一也，是其所美者为神奇，其所恶者为臭腐；臭腐复化为神奇，神奇复化为臭腐。故曰："通天下一气耳。"　　　　　　　　　　　　　　　　　《庄子·知北游》

【白话释义】

① 走向反面，这是道的运动规律；柔弱谦卑，这是道的功用。宇宙万物生于"有"（有形之体），而有生于"无"（无形之道）。

② 万物兴起，我观察它们的循环反复。事物变化纷繁，各自回归其本源。

③ 祸害啊，幸福依附其中；幸福啊，祸害潜伏其中。

④ 事物一旦产生出来，也就开始了死亡的过程；而一旦死亡，也就开始了新的产生过程。一开始肯定，也就开始了否定；而一开始否定，也就开始了肯定。

⑤ 万物说到底是同一的。人们把自己喜爱的东西看作是神奇，把自己讨厌的东西看作是臭腐，而臭腐的东西可以转化为神奇，神奇的东西也可以转化为臭腐。所以说，"宇宙万物合而为一。"

【英语译文】

① It is the law of *Dao* to move to the opposite. It is the function of *Dao* to remain soft and humble. All things in the universe originate from Being (Visible Existence). Being originates from Non-being (Invisible *Dao*).

② All things grow and I observe them moving in cycles. Although they change in numerous ways, each of them returns to its own root.

③ Misfortune is where fortune lies. Fortune is where misfortune lurks.

④ The process of dying starts right after a life comes into being. The process of a new life being produced starts right after the death of the old one. The beginning of affirmation implies the beginning of negation, and vise versa.

⑤ So all things are essentially unified. People generally consider what they like as amazing and what they detest as rotten. However, the rotten can change into the amazing, and conversely, the amazing can change into the rotten. Therefore, all things in the universe are unified as one.

【解读与应用】

上一小节的老庄引言重点论述了统一体中矛盾的双方共存共生、相反相成的关系,本小节的引言则着重论述了矛盾双方的运动转化规律。

老子在第一条论述的上句"反者道之动,弱者道之用"中,阐明了"道"的运动规律和功用。他认为矛盾双方转向反面是"道"的运动规律,保持柔弱谦卑是"道"的功用。该论述的下句又追溯了宇宙万物的本原,"天下万物生于有,有生于无"。老子这里所说的"无",实际上就是《道德经》开篇第一句"道可道,非常道"中的"道",与《道德经》第四十二章中所说的"道生一,一生二,二生三,三生万物",即"道"是宇宙万物的本原这一论断相一致。

老子的第二条论述"万物并作,吾以观其复。夫物芸芸,各复归其根",两次用到"复"字,第一个"复"字指万物不断运动转化、循环反复;第二个"复"字,是回复到本原的意思。以人生为例,在人生过程中,喜乐和悲苦、成功与失败、顺境与逆境等等,不断循环转化,这是第一个"复";人的生命起始于零,终极为零,来自自然,最后回归自然,这是第二个"复"。

老子的第三条论述"祸兮,福之所倚;福兮,祸之所伏",是对立统一规律在人类生活中的体现的绝妙说明,矛盾的双方"祸"与"福"是纠缠在一起的浑然统一体,它们不断地向自己的对立面转化,用通俗的话来说,好事可以转化成坏事,坏事也可以转化成好事。由于老子的这句话言简意赅而又富有哲理,它已成为两千多年来民间广为流传的谚语,老少皆知。人们还喜欢变换着说法,说明同样的道理,如"塞翁失马,焉知非福"(《淮南子·人间训》)、"莫道浮云终蔽日,严冬过尽绽春蕾"(陈毅《赠同志》)等。

庄子的第一条论述的前半句"方生方死,方死方生",用"生"与"死"的互相转化,来阐明对立统一规律,认为事物一旦产生,也就开始了死亡的过程;而一旦死亡,也就开始了新的产生过程。黑格尔在《小逻辑》中有非常类似的说法:"有生者必死。简单的原因即由于生命的本身就包含有死亡的种子。"后半句"方可方不可,方不可方可"则用两个哲学概念"可"(肯定)与"不可"(否定)的对立统一,阐释了矛盾对立双方的运动转化原理,认为一开始肯定,也就开始了否定;而一开始否定,也就开始了肯定。庄子的简洁明快的论述风格与老子的论述风格非常相似。

庄子的第二条论述"是其所美者为神奇,其所恶者为臭腐;臭腐复化为神奇,神奇复化为臭腐",也是以极为精妙生动的语句,来描述对立双方的运动转化原理在日常生活中的应用,人们把自己喜爱的东西看作是神奇,把自己讨厌的东西看作是臭腐,而臭腐的东西可以转化为神奇,神奇的东西也可以转化为臭腐。庄子的这一佳句"臭腐复化为神奇,神奇复化为臭腐",与老子的"祸兮,福之所倚;福兮,祸之所伏"有异曲同工之妙,同样广受人们喜爱,被反复引用。例如,清朝文学家张潮在《幽梦影》中曾说:"臭腐化为神奇,酱也,乳也,金汁也;至神奇化为臭腐,则是物皆然。"还有人评论曹操、王安石的文字"亦是神奇出于臭腐"(王司直),等等。

老庄关于矛盾双方互相转化的辩证理念,对于现代组织管理者在调整心态、应对各种挑战、合理解决各类矛盾等方面,发挥很大的指导作用。

(1) 以乐观的精神面对困难与挫折

管理工作纷繁复杂,时时刻刻都会遇到困难和挫折。组织外部有市场的变幻、政策的调整、环境的改观、灾祸的突发等等;组织内部有资金的短缺、人员的流失、成本的提高、技术开发的瓶颈、纪律的松散、意见的对立、同事的纠纷,等等。面对众多的困难和挫折,缺乏矛盾转化理念的组织管理者,有可能感到局面纷乱如麻,问题焦头烂额,于是心态消极低沉,甚至灰心丧气,一蹶不振。而持有矛盾转化理念的组织管理者则心态乐观开朗,坚信通过努力,任何困难都将被征服,任何问题都能最终解决,于是在困难和挑战面前,不推诿,不逃避,而是乐于面对,敢于担当,情绪积极高昂。有人说,管理是流泪、淌汗的蜡烛,而乐观便是跳跃、闪亮的火苗。前句说的是管理工作的艰辛和奉献,后句说的是乐观心态的作用和效果。管理者的乐观精神将像跳跃、闪亮的火苗一样点亮员工的心路,协同一致克服困难与挫折。

(2) 以平和的心态应对风险和危机

风险与危机也属于困难与挫折一类,因而上述的乐观精神同样适用。但风险与危机是比较严重的困难与挫折,对管理者的考验更为严峻。通俗地讲,风险就是组织遭受损失、伤害、不利或毁灭的可能性,是未来结果的不确定性。按照来源不同,风险可以分为外部风险和内部风险。外部风险包括:①政治环境风险,如某些国家的不合理制裁将对组织造成的重大损失;②经济环境风险,如国家宏观经济调控及产业政策变化可能对组织产生的重大影响等;③法律环境风险,如陷入合同陷阱,可能造成巨额经济损失等;④客户风险,如由于供求关系失衡即将造成客户的大量流失等。内部风险包括:①财务风险,如因资产负债率、资金流等问题而濒临破产;②人事风险,如理念冲突及利益纠纷可能造成核心团队的破裂及人才的大量流失等;③产品风险,如由于产能与需求失衡而可能造成大量产品滞销和积压等。

如果说风险是潜在的危险,危机则是实际已存在的危险。危机指对组织目标产生实际阻碍的一种状态,通常被人们视为严重困难的紧要关头、发生危险的重大时刻、处于危险境地的特别情势。危机具有三大特点:①意外性,危机爆发的具体时间、实际规模、具体态势和影响深度均始料未及;②破坏性,危机通常不同程度地给组织造成破坏、混乱和恐慌,而且由于决策的时间以及信息有限,往往会导致决策失误而带来无可估量的损失;③扩散性,危机一旦爆发,其破坏性的能量就会被迅速释放,并呈快速蔓延之势,如果不能及时控制,危机会急剧恶化,使组织遭受更大损失。

在面临风险和危机的重要时刻,持有矛盾转化理念的管理者将比一般的管理者具有无可比拟的管理优势。一般管理者在潜在的或实际存在的重大危险面前,往往表现出极度的焦虑、恐惧和慌乱,外部的危机将转化为自己的心理危机。心理学研究表明,每个人都在不断努力保持一种内心的稳定状态,保持自身与环境的平衡与协调。当重大问题或变化发生使个体感到难以解决、难以把握时,平衡就会打破,内心的紧张不断积蓄,继而出现无所适从甚至思维和行为的紊乱,即进入一种失衡状态,这就是心理危机状态。管理者如果出现心理危机状态,对组织及其个人,危害极大。有的管理者从此忧郁不振,丧失管理能力,有的甚至采取跳崖、投海、割腕等极端方式结束自己的生命。持有矛盾转化理念的管理者则拥有较强的心理危机干预能力和心理平衡调适能力。他们坚信"祸兮福所倚"的辩证规律,坚信"臭腐复化为神奇"的可能性,笑看大海潮涨潮落,冷观天外云卷云舒。他们以平和、冷静的心态来评估、分析和应对风险和危机,力求化风险为机遇,往往能摆脱自己的心理危机,并继而带领组织成员顺利地规避风险,度过危机,甚至能在风险和危机中找到新的发展机遇。

关于风险与危机,我们将在兵家思想部分第四章的"借助策略与风险/危机应对理念"中有更多的探讨。

(3) 以谦虚的作风对待业绩和荣誉

所谓业绩与荣誉,指人们(包括政府部门、评估机构、上级组织和员工等)对管理者为完成组织目标而做出的正确行为和有效贡献,所给予的尊重、认可和奖赏。业绩与荣誉,仅仅是对管理者过去工作的评价,绝不能为今后的工作打成功的"包票"。缺乏矛盾转化理念的管理者在获得业绩和荣誉后容易产生陶醉和满足的心理。这种自我陶醉和满足的心理,会消磨掉人的进取心,使业绩和荣誉迅速成为精神包袱和历史陈迹,严重影响正在进行或即将开展的管理工作,使今天和明天变得不可预测,甚至暗淡无光。有人对美国43位诺贝尔奖获得者得奖后的科研成果做过考察,发现只有13位科学家保持了获奖后同样水平的创造力,其余都有不同程度的下降,成为无所作为的庸人。管理界也不乏被业绩和荣誉的光环所累,而逐渐销声匿迹的"成功"管理者。持有矛盾转化理念的管理者往往能在业绩和荣誉面前保持清醒的头脑和谦虚的作风,耳边"福兮祸之所伏"的警钟长鸣,谨防"神奇复化为臭腐"的悲剧发生。这类管理者对待业绩和荣誉的良好心态表现为:①归功于集体。认为集体如同大海,个人不过是大海中的一滴水,离开了大海将即刻消失,业绩和荣誉是所有组织成员共同努力的结果,是团队合作的结晶,个人不该沾沾自喜。②视业绩和荣誉为新的起跑线。对于有上进心的管理者,一项业绩和荣誉的获得,意味着更高的组织目标和个人目标的树立,应把业绩和荣誉当作鞭策自己继续前进的精神动力。③化业绩和荣誉为责任和担当。业绩和荣誉表明上级和员工对自己上一阶段履行管理职责的肯定和认可,是对自己未来担当的信任和期待。管理者要谦虚谨慎,自找差距和不足,勇于担当更大的责任,以不负众望,再立新功。

关于谦虚的作风,我们在第三章的"至容至谦:海纳百川 善下为王"小节中也有较多的探讨。

【复习思考与讨论题】

1. 老子的论述"反者道之动,弱者道之用"中的"反"是什么意思?
2. 老子的论述"万物并作,吾以观其复。夫物芸芸,各复归其根"中有两个"复"字,二者有何区别?
3. 你能用别的说法来表明"祸兮,福之所倚;福兮,祸之所伏"所包含的矛盾转化原理吗?
4. 庄子的论述"方生方死,方死方生"是什么意思?"臭腐复化为神奇,神奇复化为臭腐",与老子的哪条论述有异曲同工之妙?
5. 管理者应以怎样的乐观精神面对管理工作中的困难与挫折?
6. 管理工作可能遇到的风险有哪些?什么是危机?危机有哪些特点?
7. 为什么说在面临风险和危机的重要时刻,持有矛盾转化理念的管理者将比一般的管理者具有无可比拟的管理优势?
8. 管理者对待业绩和荣誉的良好心态表现在哪些方面?
9. 请用现代白话或英语解释本小节的主要概念。

(三) 量变质变:物壮则老 不如守中

【主要概念】天下难事,必作于易;天下大事,必作于细;为之于未有,治之于未乱;物壮则老;不如守中;知足不辱,知止不殆,可以长久。

【原作论述】

① 天下难事,必作于易;天下大事,必作于细。 《道德经》第六十三章

② 为之于未有,治之于未乱。合抱之木,生于毫末;九层之台,起于累土;千里之行,始于足下。 《道德经》第六十四章

③ 果而勿强,物壮则老。 《道德经》第三十章

④ 多言数穷,不如守中。 《道德经》第五章

⑤ 持而盈之,不如其已;揣而锐之,不可常保;金玉满堂,莫之能守。

《道德经》第九章

⑥ 故知足不辱,知止不殆,可以长久。 《道德经》第四十四章

⑦ 天之道,损有余而补不足;人之道则不然,损不足以奉有余。

《道德经》第七十七章

【白话释义】

① 天下的难事,一定从简易的地方做起;天下的大事,一定从微细的部分开端。

② 做事要在事故发生以前就处理妥当;治政要在祸乱产生之前就把政事理顺。合抱的大树,生长于细小的萌芽;九层的高台,筑起于每一堆泥土;千里的远行,从脚下第一步开始。

③ 达到了目的就不要逞性好强,事物壮大了就将衰老。

④ 言语太多,必然行不通,不如保持适中。

⑤ 执持充盈,不如适时停止;显露锋芒,锐势难以保持长久;金玉满堂,无法守藏。

⑥ 所以懂得满足,就不会受到屈辱;懂得适可而止,就不会遇见危险;这样才可确保长久的平安。

⑦ 天道原则是减少有余的一方,用来补给不足的一方;而人间的规则却不然,偏偏减损贫困不足的穷人,去供奉富足有余的富者。

【英语译文】

① Everything difficult must be dealt with when it is still easy. Everything great must be accomplished by starting from the small detail.

② Things must be properly done before any trouble arises. Governance must be consolidated before any unrest is brewing. A huge tree grows from a tiny sprout. A high tower rises with a heap of earth. A long journey starts from the first step.

③ Having attained the objective, one should not flaunt one's power. Everything declines after it achieves its prime.

④ Too much talk leads to a dead end. It is better to keep moderation.

⑤ It is better to stop holding something than to have it to the full. An intensely sharpened sword can hardly keep its sharpness. A house filled with gold and jade can scarcely be safeguarded.

⑥ So contentment brings no humiliation; knowing when to stop causes no danger. Thus long-term security can be ensured.

⑦ The law of *Dao* is to take the surplus to supplement the insufficient. The human law is different: to take from the poor (the insufficient) to give to the rich (the surplus).

【解读与应用】

本小节关于量变质变的原作论述全部选自老子的《道德经》。老子的这一哲学思考,在《道德经》中既有直白的阐述,也有含蓄的隐示。本小节所引的第一条和第二条论述便是含蓄的隐示。所谓量变,指事物的数量、规模、程度、速度等的增减变更,是一种渐进的、累积的、不显著的变化;所谓质变,指事物的根本性质的改变,是显著的变化,也是渐进过程的暂时中止。第一条论述"天下难事,必作于易;天下大事,必作于细"的隐含意义是:人们的处事能力和经验在简易事情的处理过程中不断积累(量变),到了一定程度将产生质的飞跃而能处理难事(质变);同样,在处理细小事情的过程中,人们的能力和经验逐步积累(量变),到了一定程度将得以升华而成就大事(质变)。

"度",是量变质变理论中的又一重要概念。所谓"度",指事物保持其质的稳定性的数量界限,量变到超越这个界限,质变才会发生,而把握好"度",即不让量变超越这个界限,则能保持事物的稳定性。关于"度",可参见第二章"平等原则与适度原则"小节的阐释。第二条论述的上句"为之于未有,治之于未乱"的隐含意义是:要防止小问题累积成大事故(质变),就要通过"为"(妥善处理)在"未有"(没有发生事故)之时来把握好"度";要防止小差错发展成祸乱(质变),就要通过"治"(理顺政事)在"未乱"(没有发生祸乱)之时来把握好"度",从而确保政局的稳定。第二条论述的下句"合抱之木,生于毫末;九层之台,起于累土;千里之行,始于足下"是表示量变到质变的千古名句。微不足道的"毫末""累土""足下",累积(量变)到一定程度,就可变成令人惊叹的"合抱之木""九层之台"和"千里之行"(质变)。

如果说前两条论述是关于质变量变的含蓄隐示的话,那么第三条论述便是老子的直白阐述了。"物壮则老",意为事物发展到一定的"度"("壮"),就开始质变而衰退了("老"),因而老子奉劝人们"果而勿强",达到了某种目的就不要逞性好强了,因为继续逞性好强,就可能到达产生质变的"度",而偏离原来的目的。

老子的下面几条论述都强调要保持事物的质的稳定性,就必须注意行为的适度,不可偏激、极端、逞强,以避免到达那个引起质变的"度"。老子以行为的适度为基础,进而提出了一个"守中"的理念。

第四条论述"多言数穷,不如守中",意为言语太多,必然行不通,不如保持适中,即"守中"。此引言选自《道德经》王弼本,而《道德经》马王堆甲、乙帛本的引言是"多闻数穷,不若守于中"。尽管两种版本有"言"与"闻"之别,但其"守中"理念不变。

第六条论述"故知足不辱,知止不殆,可以长久",意为懂得满足,就不会受到屈辱;懂得适可而止,就不会遇见危险;这样才可确保长久的平安。这条论述进一步阐释了老子的"守中"理念,"知足"和"知止"是"守中"的具体表现,唯有如此,才能保持"不辱""不殆""长久"的质的稳定性。

第四、第六条关于"守中"理念的论述,带有劝诫性质,语气比较委婉,而第五条论述"持而盈之,不如其已;揣而锐之,不可常保;金玉满堂,莫之能守",则带有警告性质,语气比较强烈了。老子认为,执持盈满,不如适时停止;显露锋芒,锐势难以保持长久;金玉满堂,无法守藏。"盈"(充盈)、"锐"(锋芒)、"满"(满堂),都已到达或接近那个产生质变的"度",就可能引起"不可长保"或"莫之能守"的后果(质变),老子的警戒之意溢于言表。

最后一条论述"天之道损有余而补不足",意为天"道"原则是减少有余的一方,用来补给不足的一方。所谓"损有余而补不足",实际上就是"守中",也就是无过无不及,在"有余"和"不足"之间维持一种平衡,而达到和谐的境界。老子认为,这是天道的基本法则。紧接着老子又说"人之道则不然,损不足以奉有余",指出人间的做法违背了天道法则,偏偏减损贫困不足的穷人,去供奉富足有余的富者,这是老子对他所处的春秋时代社会现状的严厉批判。

老子关于量变质变规律的论述及其由此而延伸、推衍出的"守中"理念,对于现代组织管理具有很大的启示和指导意义,现代组织管理者不妨在以下几个方面借鉴和应用。

(1) 重视量的积累

量变是质变的必要准备,质变是量变达到一定程度的必然结果。任何事物的发展都必须首先从量变开始,没有一定程度的量的积累,就不可能有事物性质的变化,就不可能实现事物的飞跃和发展。如前所述,量变是一种渐进的、累积的、不显著的变化,在产生质变之前,甚至是毫不起眼、微不足道的。但是,只要能坚持不懈地朝着一个方向努力,即使像"滴水"那样平淡无奇的积累,最终将导致"穿石"那样质的飞跃。有人说,"成"是"功"的积累,"功"是"成"基础,一点不错。现代组织管理者要获得组织和个人的成功,就离不开自己的知识、能力、经验的一点一滴的积累。老子的教诲"天下难事,必作于易;天下大事,必作于细"适用于各行各业。王羲之临池学书20年,在广袤平原中感受"横"的舒展,在深山古藤上感受"竖"的坚韧,一笔一画反复练习,才有那炉火纯青的书法造诣。李时珍无数次入深山,尝百草,每天做着辛苦而又乏味的考察,边试验边写作,历经30年,终于著成了东方医药巨典《本草纲目》。管理工作是一项十分繁复、涉及面很广的工作,关联到人、财、物、信息、技术等的控制、协调和处理。管理者需要掌握的知识和技能很多,光知识而言,就包括哲学、心理学、组织行为学、政治学、法学、管理学、经济学等等。这么多知识的吸收、消化和运用,没有持之以恒的积累是绝对做不到的。除了知识和能力的积累,管理者还要获得他人(包括上级、员工和各利益相关者)信任的积累。管理者平时实施一项又一项活动,完成一个又一个任务,其实都是在一点一滴地塑造个人的品牌。品牌的口碑积累,也是循序渐进,积少成多的。信任度就是因一件件小事和细枝末节的妥善处理而累积,是一个量变到质变的过程。

(2) 坚持适度原则

量变超越一定的限度是质变发生的必要条件,在质变发生之前,事物将保持其原有的性质。如果需要保持事物性质的相对稳定,就必须把量变控制在一定的限度之内。保持组织的相对稳定,是实现组织目标的前提和基础,也是管理者的重要职责之一。要保持组织的相对稳定,管理者在执行各项规章、组建各种团队、实施各类项目、开展各项活动时要注意说话和行动讲求分寸,掌握火候,坚持适度的原则,要把各种事物的数量、规模、程度、速度等变量因素的增减控制在有效且合适的限度之内。

老子的"守中"理念是其量变质变思想的推演和延伸,也是对我国更早时期的"中和"思想的继承和发展。早期华夏民族的"尚中""尚和"意识可以追溯到夏、商、周三代甚至更早的时期,《易传》的爻辞阐释中频频使用"中和""中正""中道""中直"等概念,也都表达了适度的行为准则的含义。本小节中老子关于适度的教诲涵盖管理者的言语("守中")、行为("勿强")、心态("知足""知止")、处事方式("损有余而补不足")等各个方面,值得借鉴。在第三章的"无为而治的要领"小节中,所引老子的引言"去甚,去奢,去泰"和"治大国,若烹小鲜"等,也都强调治国理政的适度原则。现代组织管理者在管理实践中坚持适度原则可以有多种表现:制定组织的长远目标要适度,太低了变成短期指标,太高了成了虚妄空想;员工的工作强度要适度,太低了难以完成任务,太高了损害健康导致无法继续工作;项目团队的人数要适度,太多了人浮于事尸位素餐,太少了案牍劳形应接不暇;对违章者的惩罚要适度,太轻了失去警戒效果,太重了引起对立情绪等。

(3)及时促成质的升华

事物的突破性发展最终是要通过质变来实现的,没有质变就不可能出现事物的飞跃和升华。所以,在量变已经达到一定程度时,就需要迈出关键性的一步来改变事物原有的性质,才会发生带有转折意义的变化。现代组织在其科技创新、生产流程、工程建设、项目实施等即将完成而尚未完成的关键时刻,也就是量变到将要质变的时刻,管理者必须果断地、不失时机地突破其限度,积极促成质变,实现事物的飞跃、升华,或称突破性发展。

管理工作中各类事情的成功在于坚持量变的累积过程,而最难坚持的是累积过程的最后阶段。《战国策》中引用《诗经》的话"行百里者半于九十",意思是一百里的路程,走到九十里也只能算是走了一半而已,比喻做事愈接近成功则愈困难。英国文学家司各特说,"要看日出的人必须守到拂晓",不能熬过最难熬的瞌睡时间,就休想观赏到美丽的晨曦初照。成语"功亏一篑"表明,量变累积过程的最后一步是决定质变发生的关键,也就是成功的关键,这一步的缺失则意味着前功尽弃。这一成语出自《尚书·旅獒》"为山九仞,功亏一篑",意为堆九仞高的山,只缺一筐土("一篑")而未能完成,十分可惜。铁路沿线最难的一条隧道没有贯通,就意味着铁路没有完工;大桥的中跨没有合龙,就意味着大桥尚未建成;任何一个管理项目未能达到预期目标,则意味着项目的失败。在现代组织管理中,要迈出从量变到质变的具有决定性意义的最后一步,管理者可以在以下等方面发挥关键作用:其一,顽强的意志,如果这一步是艰难的一步(如工程建设的决胜期等),管理者的顽强意志将激励员工同心协力坚持到底;其二,机敏的判断,如果这一步是微妙的一步(如商务谈判的僵持阶段等),管理者在理性分析基础上的机敏判断,或可带来峰回路转的变化;其三,果断的决策,如果这一步是要害的一步(如科技创新的瓶颈环节等),管理者的不失时机的决策,或使创新实验产生爆发式的结果;其四,坚定的支持,如果这一步是急需援助的一步(如长期项目的最后冲刺阶段等),管理者所给予的人力、财力或物力的坚定支持,将使项目团队的长期努力结出符合预期甚而超出预期的丰硕成果。

【复习思考与讨论题】

1."天下难事,必作于易;天下大事,必作于细"有何与量变质变相关的隐含意义?

2."度"的概念在量变质变理论中有何重要意义?请用"合抱之木,生于毫末;九层之台,起于累土;千里之行,始于足下"这句名言来解释。

3."果而勿强,物壮则老"是什么意思?为什么说这是老子关于量变质变理念的直白阐述?

4.关于老子的"守中"理念,你能说出哪几条论述?

5.现代组织管理者应在哪些方面注意日常的量的积累?

6.现代组织管理者在管理实践中坚持适度原则可以有哪些表现?

7.在现代组织管理中,要促成质的升华,管理者可以在哪些方面发挥关键的作用?

8.请用现代白话或英语解释本小节的主要概念。

六、章后语

提起老子,就必然会想起同时代(春秋后期)的孙子。老子被誉为道家鼻祖,孙子被誉为兵家至圣;老子的《道德经》与孙子的《孙子兵法》同样名扬全世界,同被世人赞为旷世的"智慧奇书"。到目前为止,《道德经》外文译本已有一千多种,《孙子兵法》的刊印本有数千种,二者都被翻译成30多种语言文字,在全球影响深远。更为重要的是,《道德经》中所包含的军事思想与《孙子兵法》的军事思想有许多相通之处。老子说"兵者不祥之器,非君子之器,不得已而用之"(《道德经》第三十一章),孙子说"非危不战。主不可以怒而兴师,将不可以愠而致战"《孙子兵法·火攻篇》,两人都主张"慎战"。老子力倡"以正治国,以奇用兵"(《道德经》第五十七章),孙子力言"凡战者,以正合,以奇胜……奇正之变,不可胜穷也"(《孙子兵法·势篇》),两人都倡导"奇正"的战略战术。老子认为"图难于其易,为大于其细"(《道德经》第六十三章),孙子认为"古之所谓善战者,胜于易胜者也"(《孙子兵法·形篇》)。两人关于"难"与"易"互相转化的辩证法思想如出一辙。

老子与孙子,思想如此一致,论述如此相近,他们之间有着明显的传承或延续关系。那么,究竟是谁影响了谁?有人认为,老子的思想取源于《孙子兵法》中的辩证法思想;但更多的人认为,孙子的军事谋略借鉴了老子的辩证法思想。我国的正史(包括司马迁的《史记》)中都没有关于老子和孙子出生时间的确切记载,这是产生争论的主要缘由,但我们倾向于后一种观点,即孙子受到了老子《道德经》的影响,《孙子兵法》是老子思想在军事上的一种体现。根据目前较多的说法,老子出生于约公元前571年,孙子出生于约公元前545年。如果这一说法成立,孙子比老子小26岁。更有人查看了多种《李氏族谱》以及唐代的《续高僧传》和明代的《佛祖纲目》等文献,验证了"老子生于周定王三年",也即公元前604年。根据这一考证,孙子则比老子年轻约60岁,孙子传承了老子的思想这一观点相对比较可信。

老子的《道德经》备受世人的尊崇和仰慕,孙子的《孙子兵法》也在全球的各个领域(包括管理界)大放异彩。为什么《孙子兵法》及其所体现的兵家思想能受到各行各业的管理人员、专家学者及普通民众的高度赞扬?兵家思想对于现代组织管理有何指导意义和借鉴价值?大家在下一章兵家思想的学习中会得到众多有益的启示。

第四章

兵家思想与现代管理

一、综述

兵家是中国古代对战略家与军事家的通称,常特指春秋战国时期诸子百家中研究军事理论的一个学术流派。兵家思想是孙武、孙膑、吴起、姜尚、司马穰苴、尉缭等军事家的思想结晶,是中国古代军事思想的精华。兵家思想的重要著作有《孙子兵法》《吴子》《孙膑兵法》《六韬》《司马法》《尉缭子》等,其中集大成者是孙武的《孙子兵法》。由于历代学者对《六韬》《司马法》《尉缭子》等著作的真实作者及成书年代颇有争议,本章所探讨的内容遂以《孙子兵法》中的论述为基础,也适当引用了《吴子》和《孙膑兵法》中的小部分论述。在学习本章之前,我们先概略地介绍一下《孙子兵法》《吴子》与《孙膑兵法》三部著作及其作者孙武、吴起和孙膑的简况。

孙武(约公元前545年—约公元前470年),字长卿,出生于春秋末期齐国乐安(今山东省北部),为孔子同时代人。他是中国春秋时期著名的军事家、政治家,尊称兵圣或孙子(孙武子),18岁时经伍子胥举荐,晋见吴王阖闾,被任为将军,辅助吴王经国治军,称霸诸侯,贡献良多。他曾率领吴国3万人马于柏举战役中战胜20万楚军,攻占楚都。柏举战役成为我国军事史上最早的以少胜多的大型战役之一。孙武的代表作《孙子兵法》成书于春秋末年,共13篇,是我国最早的兵书,也是世界上最早的军事著作之一,被奉为兵学圣典。其内容博大精深,思想深邃,逻辑缜密,书中总结的战争规律和作战艺术具有普遍的指导意义,是一本具有非凡智慧的宝书。《孙子兵法》被公认为古代最为完整可靠的军事战略战术著作,是古代兵书中最负盛名、影响最大的经典兵书,也被誉为两千多年以来世界上最重要的军事著作之一。《孙子兵法》被译为30多种语言,在全世界广泛传播,影响深远。它受到古今中外著名军事家的推崇,中国的曹操、诸葛亮、李世民、毛泽东等,法国拿破仑、美国麦克阿瑟、英国蒙哥马利、越南武元甲以及日本乃木希典等都从这部著作中汲取智慧,获得启示。日本学者尾川敬二称孙武是"兵圣""东方兵学的鼻祖,武经的冠冕"。美国知名的亚洲问题专家詹姆斯·克拉维尔在其1983年出版的《孙子兵法》英译本前言中这样写道:"我真诚地希望你们喜欢读这部书。当然,我希望能把这部书列为自由世界中所有官兵、一切从事政治活动的人以及政府和大学里所有的人的必读之作。"英国战略学家利德尔·哈特在《战略论》中说:"《孙子兵法》是世界上最早的兵法著作,但其内容之全面与理解之深刻,迄今还无人超过。"

吴起(公元前440年—公元前381年),出生于战国初期卫国左氏(今山东省定陶县,一说山东省曹县东北),是战国初期的军事家、政治家、改革家,兵家代表人物之一。吴起一生先后在鲁、魏、楚三国当官,通晓兵家、法家、儒家三家思想,在内政、军事上都有极高的成就。吴起在仕鲁时,曾用骄兵战术大败齐军,击退齐国的入侵。吴起在仕魏时,屡屡用计破秦,尽得秦国河西之地,他"曾与诸侯大战七十六,全胜六十四","辟土四面,拓地千里",特别是公元前389年的阴晋之战,吴起以五万魏军,击败了十倍于己的秦军,成就魏文侯的霸业。吴起在仕楚时同样功劳卓著,他主持改革,史称"吴起变法"。他严明法令,撤去不急需的官吏,废除了较疏远的公族,把节省下的钱粮用以加强军队,于是南面平定了百越,北面兼并了陈国和蔡国,并击退了韩、赵、魏的扩张,向西征伐了秦国,因此诸侯都害怕楚国的强大。前381年,楚悼王去世,在变法中利益受损的楚国贵族趁机发动兵变攻杀吴起。吴起在政治、军事诸方面积累了丰富的经验,他把这些经验提炼、深化为军事理论。《汉书·艺文志》著录《吴起》48篇,但均已亡佚,今本《吴子》据考证系后人托其名所整理。后世把他和孙武并称为"孙吴",《吴子》与《孙子》又合称《孙吴兵法》,在中国古代军事典籍中占有重要地位。《吴子》中的图国、料敌、治兵、论将、应变、励士六篇涉及治国理政、富国强兵等诸多方面的智慧结晶,值得借鉴。

孙膑,生卒年不详,战国时期著名军事家。《史记·孙武吴起列传》中说:"孙武既死,后百余岁有孙膑。膑生阿鄄之间(今山东省菏泽市鄄城县北),膑亦孙武之后世子孙也。"孙膑曾与魏国大将庞涓为同窗,因受庞涓迫害遭受膑刑(削去膝盖骨),故称孙膑。后投奔齐国,被齐威王任命为军师,辅佐齐国大将田忌两次击败庞涓,取得了桂陵之战和马陵之战的胜利,奠定了齐国的霸业。《孙膑兵法》,古称《齐孙子》,是中国古代的著名兵书之一,也是《孙子兵法》后"孙子学派"的又一力作。"田忌赛马"和"围魏救赵"等成语,都是基于孙膑的谋略故事发展而成的,可见孙膑对于中国的军事理论及民间生活的影响。1972年4月,山东省临沂县银雀山在基本建设施工中,发现了两座西汉前期墓葬。经过文物、考古工作者清理,出土了著名的《孙子兵法》和已经失传一千多年的《孙膑兵法》等竹简(包括残简)四千九百多枚。这批竹简的出土,为我们研究孙膑的军事思想和治国治军的理论,提供了重要的资料。

总之,中国春秋战国时期的兵家思想,尤其是《孙子兵法》,对东西方军事、经济、外交、法律、管理、体育及其他各界的战略、战术思想都有着重大影响。世界上很多国家的政治家和管理学家都主张在国家治理和各级各类组织的管理中运用《孙子兵法》及其他兵家军事著作的战略、战术思想。美国学者乔治在《管理思想史》中颂扬《孙子兵法》说:"今日,虽然战车已经过时,武器已经改变,但是运用《孙子兵法》思想就不会战败。今日的军事指挥者和现代经理们,仔细研究这本名著,仍将很有价值。"

二、关于管理者素质的理念

古语云,"三军易得,一将难求",既说明将才在统兵作战中的重要地位,又表明发现真正将才之不易。那么,怎样的人才算是合格、称职的将才呢?"兵圣"孙武在其兵书的开篇《孙子兵法·计篇》和其他章节中皆有论述,著名兵家人物吴起和孙膑还分别在他们的兵书中专门辟出栏目,如吴起的《吴子·论将》与孙膑的《孙膑兵法·将义》和《孙膑兵法·兵败》中论述合格将才的条件。俗话说"商场如战场",现代企业管理与将帅用兵十分相似,其他现代组织的管理也颇有相通之处。兵家代表人物关于将才品格的论述对于现代组织管理中关于管理者素质的探讨具有重要的借鉴意义,为现代组织选拔管理者提供了有益的启示。为考虑章节篇幅的平衡及意义的相对完整,我们把三位军事家的论述加以综合,以孙武的论述为基础,把将领的品格分为"智信仁"和"义勇严"两小节进行分析,第三小节则从反面"五危廿败"来阐述将领应避免的弊端,从而从正反两个方面来探讨兵家关于将帅品格的论述在现代组织管理实践中的应用。

(一) 智信仁:智者善战　信者兵之足　仁者兵之腹

【主要概念】不仁则军不克;仁者兵之腹;令不行则军不槫;信者兵之足;总文武者军之将;生民之司命;国家安危之主。

【原作论述】

① 将者,智、信、仁、勇、严也。　　　　　　　　　　　　《孙子兵法·计篇》

② 将者不可以不仁,不仁则军不克,军不克则军无动。故仁者,兵之腹也。……将者不可以不信,不信则令不行,令不行则军不槫,军不槫则无名。故信者,兵之足也。将者不可不智胜……(出土竹简残缺)　　　　　　　　　　《孙膑兵法·将义》

③ 夫总文武者,军之将也;兼刚柔者,兵之事也。　　　　　　《吴子·论将》

④ 将之所麾,莫不从移,将之所指,莫不前死。　　　　　　　《吴子·论将》

⑤ 故知兵之将,生民之司命,国家安危之主也。　　　　　《孙子兵法·作战篇》

⑥ 故善战者,求之于势,不责于人,故能择人而任势。　　　《孙子兵法·势篇》

⑦ 故战道必胜,主曰无战,必战可也;战道不胜,主曰必战,无战可也。故进不求名,退不避罪,唯人是保,而利合于主,国之宝也。　　　　　　《孙子兵法·地形篇》

【白话释义】

① 将领,必须具备智谋、信义、仁爱、果敢、威严五种品格。

② 将领不能不仁爱,将领不仁爱,军队就不能克敌制胜,军队不能克敌制胜,也就不能使用。所以说,仁爱是统兵打仗的中心事项。……将领不能不讲信用,将领不讲信用,军令就无法贯彻执行,军令无法贯彻执行,军队就不可能集中统一,也就不可能建立功业了。所以说,信用是统兵打仗的立足点。将领不能没有智慧……

③ 文武兼备的人,才可以胜任将领;刚柔并用的人,才可以统兵作战。

④ 将领所发布的命令,战士没有不依令而行的。将领所指向的地方,战士没有不拼死向前的。

⑤ 所以深知用兵之法的将帅,是民众命运的掌握者,是国家安危的主宰者。

⑥ 善于用兵打仗的人,努力寻求有利的形势,而不是苛求下属将士,因而能够选择人才去凭借、创造有利的形势。

⑦ 如按作战规律判断有必胜把握,即使国君不让开战也应坚决开战(而无须听从君命);如按作战规律判断无胜算把握,即使国君说要出战,也可(不顾君命)拒绝出战。所以身为将帅,进不求获胜之名,退不避违命之罪,而只求保全民众的生命财产和符合国君的利益,这样的将帅才是国家的宝贵财富。

【英语译文】

① The commander must possess such virtues as resourcefulness, trustworthiness, benevolence, courage and strictness.

② The commander must be benevolent. Otherwise, his army cannot win victories and thus cannot be put into use. Therefore, the commander's benevolence is the center of the art of war. ... The commander must be trustworthy. If not, the military orders will not be carried out and the army cannot be unified to render meritorious services. Therefore, the commander's trustworthiness is the footing of the art of war. The commander must be resourceful. If the commander is not resourceful ... (the missing part of the inscribed bamboo slips)

③ Only those who are endowed with both civil and martial virtues can be appointed as commanders and only those who are adept in tempering toughness with gentleness can handle military affairs.

④ Every order the commander issues is carried out without fail. Every direction the commander points is followed without fear of death.

⑤ A general proficient in employing troops is the master of people's destiny and the determiner of the state security.

⑥ A master commander endeavors to make use of the situation instead of making undue demands on his subordinates. Consequently, he is able to select competent people and create favorable situations.

⑦ A commander should resolve to fight a battle if the situation ensures victory even though the sovereign orders not to; he may refuse to fight a battle if the situation indicates no promise of victory even though the sovereign orders to. Therefore, a commander who advances without seeking the fame as a victor and withdraws without fear of punishment for disobedience, and who concerns himself only about the protection of the people and the interests of the sovereign, is indeed a valuable asset to the state.

【解读与应用】

孙武的第一条论述开门见山地指出将帅应该具备的五种品格,后人称其为"五德"。"五德",代表了一个合格、称职将帅的理想人格。具"五德",将帅则能率领全军无往而不胜;去"五德",则会导致"覆军杀将"的败局。关于"五德",我们先看看宋本《十一家注孙子》中前人的部分注释,然后我们将在本小节中重点探讨前三德,即智、信、仁。

曹操(三国):"将宜五德备也。"

杜牧(唐代):"盖智者,能机权、识变通也;信者,使人不惑于刑赏也;仁者,爱人悯物,知勤劳也;勇者,决胜乘势,不逡巡也;严者,以威刑肃三军也。"

梅尧臣(北宋):"智能发谋,信能赏罚,仁能附众,勇能果断,严能立威。"

王晳(北宋):"智者,先见而不惑,能谋虑,通权变也;信者,号令一也;仁者,惠抚恻隐,得人心也;勇者,徇义不惧,能果毅也;严者,以威严肃众心也。"

贾林(唐代)强调"五德"的适度与互补,他认为"专任智则贼,偏施仁则懦,固守信则愚,恃勇力则暴,令过严则残"。过犹不及,任何一德用之过度都会走向反面,只有"五者兼备,各适其用,则可为将帅"。

"智、信、仁、勇、严"(曹操称之为"五德"),是孙武对"将"应具备的素质的高度概括,也是对"将"的最高要求。历史上真正能达到"五德"要求的"将"并不多,也许西汉李广、卫青,东汉马援、班固,唐代李靖、郭子仪,宋代杨业、岳飞,明代戚继光,清代左宗棠等可以列入,但这"五德"要求却受到历代兵家的推崇,成为历代名将追求的目标。现代管理者是现代组织的"将",虽然所处时代不同,但"五德"作为领军人物的内在素质和品格,对之依然适用。当然,"五德"的内涵随着时代的推移而会有一定的扩展和变化。本章拟综合孙武、吴起、孙膑三位兵家代表人物的论述,把"五德"拓展为"六德"(智、信、仁、义、勇、严),本小节则对"六德"中的"智、信、仁"三德先作重点探讨。

(1)智:谋略之根

智慧与谋略密切相关,合称智谋。智慧是谋略之根,谋略是智慧之果。兵家管理思想的核心是"智谋管理",因而"智"被孙武置于"五德"之首。吴起虽然没有单独论"智",但他的论述"夫总文武者,军之将也"中的"文"字暗含"智"的意思,孙膑也在《孙膑兵法·将义》中提到"将者不可不智胜",但因出土竹简残缺而未见其展开阐述。法国军事理论家若米尼也认为,"一位主将的最重要能力,就是要会拟定一个良好的计划"(《战争艺术概论》),而良好计划的拟定离不开"智"。美国管理学家唐·赫尔雷格尔等人在其《组织行为学》一书中,罗列了经广泛调查被公认的成功领导人的四种品格,其中第一种品格就是"智"(intelligence)。书中说,成功领导者通常比他们的下属智力更高。

所谓"智",可以理解为智慧、知识和能力。这三者互相关联,很难严格区分,如《现代汉语词典》给"智慧"所作的注解是"辨析判断、发明创造的能力",就与能力相关。知识源于实践,得于感官和思维,而智慧却源于悟性,是在知识积累的基础上体察、把握各种事物本质和因果关系的直觉和灵感。兵家所说的"智"主要指谋略智慧,而用人智慧是谋略智慧的核心。用人智慧表现为知人善任,能及早识别和使用人才。孙武在《孙子兵法》开卷第一篇《计篇》就明确规定了选"将"的"五德"标准,紧接着在《作战篇》中强调选将的重要,因为将帅掌握着百姓的命运和国家的安危,"知兵之将,生民之司命,国家安危之主也"。他又在《势篇》中提出"择人而任势"(选择人才去凭借、创造有利的形势)的要求,最后在《地形篇》中说明可视为"国之宝"的将帅应具备的品质,可见孙武对用人问题的高度重视。成吉思汗说:"智勇兼备者,使之典兵;活泼跷捷者,使之看守辎重;愚钝之人,则付之以鞭,使之看守牲畜。"成吉思汗可谓悟得《孙子兵法》之要义,他如此会用人,难怪他的军队在亚、欧、非三大洲纵横驰骋,所向披靡。柏杨在《中国人史纲》中给予成吉思汗高度的评价:"铁木真是历史上最伟大的组织家暨军事家之一。他胸襟开阔,气度恢宏,他用深得人心的公正态度统御他那每天都在膨胀的帝国,高度智慧使他发挥出高度的才能。"现代组织的人本管理理念也越来越把选人、用人看作成功管理的第一要素。被誉为20世纪全球最佳首席执行官的杰克·韦尔奇,就把自己的管理艺术总结为"让合适的人做合适的工作"。(参见本书第一章的"养民也惠　使民也义"一节)

谋略智慧来自准确的洞察力、迅速的判断力、灵活的应变力和匠心独运的谋划力,是《孙子兵法》通篇论述的重点。运用兵家思想、善于谋略的现代管理者也往往能在激烈的市场竞争中以智慧取胜,从而能转危为安,化患为利,以少胜多,以弱胜强。将帅的智慧源自知识的积累和能力的提升,诸葛亮说:"为将帅者,不懂天文,不明地理,不晓阴阳,不懂奇门遁甲及阵图兵势,乃庸才也。"现代管理者要具备谋略智慧,除了悟性以外,也必须倚仗知识的积累和能力的提升。知识包括必要的哲学、经济、金融、贸易、法律、心理学、组织行为学等方面的知识,能力包括决策、协调、沟通、创新、应变等方面的能力。

在高科技日新月异高速发展的当今,现代组织管理者的最高智慧莫过于不断学习,在实践中学习,在书本中学习,在互联网学习,向他人的成果学习,以不断优化自己的知识结构和能力。小米集团的成功在很大程度上取决于其掌门人雷军善于学习的智慧。北京小米科技有限责任公司成立于2010年4月,是一家专注于高端智能手机、互联网电视以及智能家居生态链建设的创新型科技企业。"和用户交朋友"是小米的愿景,体现了高度尊重消费者的理念。其"低价格"和"高性价比"相结合的产品特色,受到了消费者的欢迎。2013年小米的营收是316亿元,2017年便达到1 146亿元,发展速度令人刮目相看。我们从雷军先生2014年底在联想集团面向联想高管所做的一次演讲实录中,可窥见他的战略决策水平与管理智慧。雷军认为:"管理理念和手段多种多样,但必有主线,以企业的价值观、客户观为起点,不会错。"雷军挑选了同仁堂、海底捞、沃尔玛和Costco这四家企业作为自己在创业阶段学习的对象:学习同仁堂,做产品要真材实料,并有信仰;学习海底捞,口碑源于超预期;学习沃尔玛和Costco,低毛利、高效率是王道。雷军坦言:"我学习了4家优秀企业,并发现了它们成功的奥秘。"善于学习和发现他人成功的奥秘,并应用于自身的管理实践,这无疑是现代组织管理者的一种高超的管理智慧。

(2)信:立身之本

"信",是孙武、孙膑、吴起三位兵家代表人物都十分重视的治军要素,他们强调以"信"治军,做到军令如山,赏罚分明。孙膑认为,"将者不可以不信,不信则令不行,令不行则军不搏,军不搏则无名",意为将领不能不讲信用,将领不讲信用,军令就无法贯彻执行,军令无法贯彻执行,军队就不可能集中统一,也就不可能建立功业了。孙膑还把"信"比作"兵之足也",认为"信"是统兵打仗的立足点。吴起指出,"将之所麾,莫不从移,将之所指,莫不前死",将领所发布的命令,战士没有不依令而行的,将领所指向的地方,战士没有不拼死向前的,这种令出必行的军风也正是基于将领的信用。孙武对"将"所要求的"信",源自深层的道德情操,所谓"生民之司命,国家安危之主",是把民众命运和国家安危置于个人生命之上的大"信",故而能"进不求名,退不避罪",敢于违抗君命而决断战事。以这样的大"信"治军,何愁"令不行"而"军不专"?

"信"是中华传统文化中的一个极其重要的概念,儒、道、法家都有论述,我们在第一章的"为政的民意基础"小节、"勤政理念"小节,第二章的"权威的树立"小节和"信用原则与审察原则"小节中都有所探讨。"信"的基本含义是诚实不妄,恪守信用,即我们日常所说的"诚信"。诚信的内涵包括三个方面:首先,诚信是一种道德修养,它是一种心灵的美丽、精神的魅力,是一个人的立身之本,是任何想要立足社会的人不可或缺的个人无形资产。诚信的约束不仅来自外界,更来自我们的自律心态和自身的道德力量。其次,诚信是人际交往的必要条件,有人把诚信比作沟通心灵的桥梁,不讲诚信的人,永远到不了桥的另一端;也有人把诚信比作打开心灵之门的钥匙,敞开心扉诚信待人，就能沐浴信任和友谊的阳光。再次，诚信是治政者和各级各类组织管理者治国、治军和管理组织的基本准则。现代管理也必须以诚信为本，管理者要崇德守信，做到"言必信，行必果"，才能统一员工意志，实现组织目标。美国经济学家普拉利认为，"企业经理只有将道德要求整合于企业政策之中，才能取得更好的绩效"（《商业伦理》）。"信"还具有"诚信"以外的另一个密切相关的含义，即"信任"。"诚信"是条件，"信任"是结果，管理者的"诚信"品格是赢得他人"信任"的必要条件。管理学家唐·赫尔雷格尔等人在《组织行为》一书中强调，成功领导人必须讲求诚信："如果一个领导者讲的是一套价值标准，而在行动上实行的是另一套价值标准，他将很快被下属认定为'不可信任'（untrustworthy）"。现代管理者应该对"信"的实践范围有所拓展，不仅对内讲诚信，对外也要讲诚信，不仅要取得员工的信任，而且要取得客户、投资方、政府、合作者和社会大众的信任，只有以"信"（诚信）取"信"（信任），才能使事业做大做强。现代大型企业的管理者讲求诚信的故事很多，30多年前张瑞敏砸冰箱的故事因其可信度高而常传不衰。1985年，时任海尔冰箱厂厂长的张瑞敏接到了一封用户来信，说海尔冰箱存在质量问题，张瑞敏带人进入厂里将所有未出厂的冰箱检查了一遍，结果发现有七十多台冰箱存在不同程度的问题。张瑞敏随即召开员工大会，他要求所有质量不合格的冰箱必须全部砸掉，谁生产的谁砸，并自己带头砸了第一锤。此后，海尔建立起了全员质量管理体系，确保过硬的产品质量，其诚信的美名传遍了大江南北。后来吴天明导演以张瑞敏为创作原型，拍了一部电影《首席执行官》，讲述的就是张瑞敏与海尔的故事。

（3）仁：集聚之力

"仁"，作为将领的品格之一，受到兵家代表人物的高度重视，是将领通过"爱人悯物""惠抚恻隐"凝聚军心而必须具备的素质。《孙子兵法》中有多处提到以"仁"治军的理念，如"视卒如婴儿，故可与之赴深谿；视卒如爱子，故可与之俱死"。孙武认为，将帅把士兵视为"婴儿"和"爱子"，士兵才会与之赴汤蹈火，出生入死。有效的仁治，可以达到官兵上下一心，共患难、同生死的理想境界。军事家孙膑把"仁"比作"兵之腹也"，视为将领统兵作战的核心要点。他认为"将者不可以不仁，不仁则军不克，军不克则军无功"，将领不能不仁爱，将领不仁爱，军队就不能克敌制胜，军队不能克敌制胜，也就不能使用。吴起也把"仁"视为将领必须具备的"威、德、仁、勇"四大品格之一，认为其"必足以率下安众，怖敌决疑"，即足以表率全军，安抚士众，威慑敌军，决断疑难。总之，兵家认为将领的"仁"，是凝聚人心，鼓舞士气，实现军队克敌制胜战略目标的重要因素。

英语中没有与"仁"完全对等的词语，但西方哲学家、文学家、心理学家或管理学家所说的humanity（仁慈）、kindness（善良）、empathy（推己及人）和consideration（关心）都与兵家"仁"的含义接近。英国著名文学家莎士比亚说："仁慈不但给幸福于受施的人,也同样给幸福于施与的人,它有超乎一切的无上威力。"(《威尼斯商人》)管理学家唐·赫尔里格认为,有效的领导行为,包括领导对下属的关心,有助于团队和个人实现目标,这种关心体现为"互相信任、双向交流、尊重下属、推己及人地考虑下属的感情等"。有的心理学家还把仁爱具体描述为"亲近"(intimacy)、"激情"(passion)和"奉献"(commitment)。很多西方学者重视仁爱在组织行为中的作用,认为仁爱是巨大的驱动力,能驱使人们做出各种自我牺牲的行为,为实现组织目标而乐于献身。管理者的仁爱之心是一个组织的凝聚力、向心力的源泉。

值得注意的是,对于"仁",孙武十分重视把握好"度",绝对不能厚爱到"不能使""不能令""不能治"的程度,他认为"厚而不能使,爱而不能令,乱而不能治,譬若骄子不可用也",只知道厚待士兵却指使不动他们,只知道溺爱却指挥不动他们,士兵违法乱纪却不能惩罚他们,这样的士兵就像宠坏的孩子一样,是不能用来作战的。善于描摹人性的奥地利学者茨威格在《同情的罪》中也说:"同情有点像吗啡,他起初对于痛苦确是最有效的解救和治疗的灵药,但如果不知道使用的分量和停止的界限,它就会变成最可怕的毒物。"孙武和茨威格关于仁爱和同情的辩证思维值得现代管理者借鉴。管理者要注意仁爱适度,一方面要以仁心对待员工,关心员工的个人目标和生活福利,以求团结员工,同心同德共创大业;另一方面又不能过度娇纵,以防把不适量的关爱与同情转化为"毒物",产生"骄子不可用"的局面。

【复习思考与讨论题】

1.《孙子兵法》把"智"列为将帅必须具备的"五德"之首,你觉得有道理吗?为什么?

2.古代将帅与现代管理者在如何用"智"上有何共同和不同之处?

3."信"的基本含义有哪些?

4.古代将帅与现代管理者如果不讲求"信",会产生什么后果?请举例说明"信"在日常生活中的重要性。

5.为什么"仁"被古代军事家比作"兵之腹也"(将领统兵作战的核心要点)?将帅的仁治会产生怎样的治军效果?

6.古代将帅与现代管理者应该如何辩证地用"仁"?请举例说明过度用"仁"的害处。

7.请用现代白话或英语解释本小节的主要概念。

(二) 义勇严:义者兵之首 临敌不怀生 不严则不威

【主要概念】不义则不严,不严则不威;义者兵之首;临敌不怀生;有死之荣,无生之辱;投之所往,天下莫当。

【原作论述】

① 将者，智、信、仁、勇、严也。　　　　　　　　　　　　　　《孙子兵法·计篇》

② 将者不可以不义，不义则不严，不严则不威，不威则卒弗死。故义者，兵之首也。
　　　　　　　　　　　　　　　　　　　　　　　　　　　　　《孙膑兵法·将义》

③ 果者，临敌不怀生。戒者。虽克如始战。约者，法令省而不烦。受命而不辞，敌破而后言返，将之礼也。故师出之日，有死之荣，无生之辱。　　　　《吴子·论将》

④ 凡人论将，常观于勇。勇之于将，乃数分之一尔。夫勇者必轻合，轻合而不知利，未可也。　　　　　　　　　　　　　　　　　　　　　　　　《吴子·论将》

⑤ 武侯问曰："兵何以为胜？"起对曰："以治为胜。"又问曰："不在众寡？"对曰："若法令不明，赏罚不信，金之不止，鼓之不进，虽有百万，何益于用？所谓治者，居则有礼，动则有威，进不可当，退不可追，前却有节，左右应麾，虽绝成陈，虽散成行。……投之所往，天下莫当。……"
　　　　　　　　　　　　　　　　　　　　　　　　　　　　　　《吴子·治兵》

【白话释义】

① 将领，必须具备智谋、信义、仁爱、果敢、威严五种品格。

② 将领绝不能不公正，如不公正就不可能严格治军，治军不严将领就没有威信，将领没有威信，士兵就不会拼死效命。所以说，公正是统兵作战的首要条件。

③ 果，是说临阵对敌不考虑个人的死生。戒，是说虽然打了胜仗还是如同初战时那样慎重。约，是说法令简明而不烦琐。受领任务决不推诿，打败了敌人才考虑班师回朝，这是将领应遵守的行为规范。所以自出征那一天起，将领应下定决心，宁可光荣战死，绝不忍辱偷生。

④ 一般人对于将领的评价，往往是只看他的勇敢，其实勇敢对于将领来说，只是应该具备的若干条件之一。单凭勇敢，必定会轻率应战，轻率应战而不考虑利害是不可取的。

⑤ 魏国君主武侯问："如何用兵能打胜仗？"吴起答："治理好军队就能打胜仗。"又问："不在于兵力多少吗？"吴起答："如果法令不严明，赏罚无信用，鸣金不停止，擂鼓不前进，虽有百万之众，又有何用？所谓治理好，就是平时守礼法，战时有威势，前进时锐不可当，后退时速不可追，前进后退有节制，左右移动听指挥，虽被隔断仍能保持各自的阵形，虽被冲散仍能恢复行列。……这样的军队将所向无敌。……"

【英语译文】

① The commander must possess such virtues as resourcefulness, trustworthiness, benevolence, courage and strictness.

② The commander must uphold justice. Without upholding justice, he cannot possibly govern the army strictly, and thus cannot establish authority. If the commander has no authority, the soldiers will not fight bravely to the death.

Therefore, righteousness is the first trait the commander must possess.

③ *Guo* means disregarding life and death in fighting the enemy. *Rong* means remaining prudent after a victory is won. *Yue* means giving brief and definite orders. It is a norm of conduct for the commander to accept tasks without shirking any responsibility and to think of returning only after the enemy is defeated. Since the very day of going into battle, the commander should be ready to die in honor rather than live in disgrace.

④ Generally, courage is considered as the most important trait of a commander. Actually it is one of the traits a commander should possess. Mere courage necessarily leads to careless planning for the battle and neglect of the favorable and unfavorable situations, and that is obviously undesirable.

⑤ The ruler of the State of Wei asked: "How can an army win in battle?" Wu Qi answered: "A well-governed army can." The ruler said: "Does the number of soldiers count?" Wu Qi answered: "What is the use of having a million soldiers if they do not advance or stop according to the commanding signals due to lack of strict and definite orders and untrustworthy rewards and punishments? A well-governed army observes the rules consistently, fights dauntlessly in battle, advances irresistibly, retreats beyond reach, makes every movement at the direction of the commander, restores and holds its formation immediately after being scattered ... Such an army is ever-victorious. ..."

【解读与应用】

上一小节探讨了将帅品格中的"智、信、仁"三项,也即《孙子兵法》所述将帅五德"智、信、仁、勇、严"中的前三德。本文将探讨余下二德,再加上《孙膑兵法》中强调的"义",合成"义、勇、严"三德。

(1) 义:威信之源

"义"是我国古代一种含义极广的道德范畴,"义谓天下合宜之理",主要指公正合宜的品质或行为。按清代陈昌治刻本《说文解字》的解释,"义"字的繁体"義"字,羊在上,下边是人手持古代的武器戈。上面的羊,有两种解释:一种是形,上边两点左右均分,中间也是左右对称,象征公平之意;第二种解释是祭祀的羊,表达的是信仰。下边是持戈的武士,也可以是"我"的意思。从构字角度看,"義"字的意思就是为了公平(或信仰)而战斗,对于个人而言,则是我为公平(或信仰)而战斗。我们在第一章的"义利观"小节中,从"义"与"利"的关系角度探讨了"义"的主要含义,即道义、正义、公正等,英译为 righteousness 或 justice。本小节所说的"义"是指将领的品格,从孙膑的论述"不义则不严"看,它与严格治军密切相关,因而主要取其"公正"(justice)的意思,也指将领品格的"正直"(righteousness 或 integrity)。当然"义"字还隐含着上面所说的"为公平(或信仰)而战斗"的意思,其含义远比英语中 justice 等词丰富得多,这是因语言文化差异所造成的翻译中难以避免的意义缺失问题。关于"义"的探讨,还可参见第一章的"为政的治民原则"小节和"廉政理念"小节的解读内容。

孙膑认为,将帅的"义"与"威"有着直接的因果关系,所以他把"义"视为"兵之首也",也就是把将帅的公正品格和行为看作是统兵作战的第一要素,是将帅获得"威"(威信、威望、威力)的必要条件。在现代组织管理中,管理者的公正无私、坚持正义的品格同样对树立威信起到直接的作用。《淮南子》中有这么一句话,"公正无私,一言而万民齐",执政者如果公正无私,哪怕发一句话百姓都会一致赞成,起到万众齐心协力的作用,可见这样的执政者威信之高。《淮南子》把"公正"与"无私"放在一起说很有道理,所谓"义"(公正),应以"公"字为核心,即把公道、公心、公信作为立身之本、履职之要、正气之源,"义"与"私"字水火不相容。管理者只有心地无私,才有可能义无反顾、义不容辞地支持好人好事,伸张正义;管理者只有心地无私,才有可能义愤填膺、义正辞严地制止坏人坏事,仗义执言;管理者只有心地无私,才有可能客观公正地对待每一名员工,客观公正地处理每一件事情;管理者只有心地无私,也才有可能做到光明磊落,敢于说真话,勤于干实事,坚持按规则办事、按政策办事、按程序办事、在特殊时刻为坚守正义而献身。在2020年初全国防控新型冠状病毒阻击战的高峰时刻,上海医疗救治专家组组长、华山医院感染科主任张文宏的一席话"一线岗位全部换上党员,没有讨价还价……不让老实人吃亏",瞬间在网上刷屏,引发广泛共鸣。好一个"没有讨价还价"!这番受民众赞扬的大白话其实道出了一个基本原则,即现代组织管理者(包括共产党员)在关键时刻要大义凛然,敢于担当,勇于牺牲自我,经受住公而忘私的严峻考验。有的现代组织管理者威望不大、威信不高、办事威力不强,问题也往往出在公私关系的处理上。如果管理者凡事"私"字当先,见利忘义,以权谋私,损公肥私,自然而然会丧失三"威"。有的管理者对组织内部出现的不良现象不敢批评,不愿触碰,为人情所困,为关系所累,实际上还是"私"字在作怪:怕与人结怨,怕丢选票,怕失人缘,怕失去既得利益。现代组织管理者唯有去私立公,做到"不可以不义",才会赢得员工由衷的爱戴和支持,也才能真正牢固地树立威信。

(2) 勇:无畏之气

"勇"是无畏之气,表现为果断、勇敢、不迟疑徘徊,是将帅必不可少的素质要求。果断就获得信心,信心会产生力量,力量是胜利之母。俄国诗人普希金把勇敢誉为"人类美德的高峰","勇"对于管理者尤为重要。管理者的"勇"有感染作用,他的榜样能使周围员工的心头燃起勇敢的火炬。论统兵打仗,人们往往会首先想到"勇"字,但三位兵家代表人物都没有把"勇"字放在第一位。孙武把"勇"置于"智"之后作为"智"的补充,很有见地。凡有战事,将帅必先用"智",运筹帷幄,确定战略战术,做到"先见而不惑",而不会"勇"字当头,鲁莽蛮干;但一旦战略、战术确定之后,则必须果断实施,勇往直前,直至胜利。所谓"运筹帷幄之中,决胜千里之外",正是"智""勇"结合的结果。吴起还专门发表了关于"勇"的论述:"凡人论将,常观于勇,勇之于将,乃数分之一尔。夫勇者必轻合,轻合而不知利,未可也。"他认为一般人对于将帅的评价,往往只看他的勇敢,其实勇敢对于将帅来说,只是应该具备的若干条件之一;单凭勇敢,必定会轻率用兵,轻率用兵而不考虑利害是不可取的。吴起的观点与孙武的观点一脉相承,强调有勇无谋不可取。"智"与"勇"互补和融合的重要性还可从孙武所指出的"五危"中看出,这一点我们将在下一节探讨。"勇"必须以"智"为指导,大智才能大勇,愚勇是盲勇,是用兵的大敌。英国哲学家培根认为"勇气常常是盲目的,因为它没有看到隐伏在暗处的危险与困难"。(《培根论人生》)德国军事理论家克劳塞维茨在《战争论》中指出:"要想不断地战胜意外事件,必须具有两种特性:一是在茫茫的黑暗中仍能发出内在的微光以照亮真理的智力;二是敢于跟随这种微光前进的勇气。"

现代组织管理也是如此,管理者也需要在运"智"谋略的过程中有"勇"的支撑。各类组织的管理者首先要弄清组织内外的主客观情况,在分析各种有利和不利条件的基础上谋划策略,然后果断、勇敢地实施策略,方可实现组织目标。现代管理者的"勇"表现为敢于抓住机遇,敢于冒一定风险,敢于承担责任,敢于改革创新,敢于另辟新径,甚至敢于在理智分析后闯入某种"禁区"。最重要的勇气是面对危险还能冷静思考,能控制惊慌和冲动。"勇"而不"智",只知蛮干,就可能在变幻莫测的市场经济中被竞争者击败;"智"而不"勇",不敢冒风险,就可能坐失良机而无所作为。西方有一句谚语表达了同样的道理,"有勇无谋是愚蠢、疯狂;有谋无勇是怯懦、软弱"。出色的管理者应该是智勇双全的人才,也就是在上一节中吴起所说的"夫总文武者(能文能武、有智有勇的人),军之将也"。

(3)严:双"效"之基

"严",表现为严明、严肃、严格。将帅必须以严明的军纪、严肃的军令、严格的要求治军,才能"以威严肃众心"而威震三军,实现克敌制胜的战略目标。孙膑指出:"不严则不威,不威则卒弗死。"他认为治军不严将帅就没有威信,将帅没有威信,士兵就不会拼死效命。吴起在与魏国君主武侯的对话中,凸显了"以治为胜"的理念,即必须治理好军队才能打胜仗,军队不治理好,即便拥有兵力优势也不可能打胜仗。吴起在关于如何治理好军队的阐述中也隐含着一个"严"字:如果法令不严明,赏罚无信用,鸣金不停止,擂鼓不前进,虽有百万之众,又有何用?他强调"居则有礼,动则有威……投之所往,天下莫当",只有平时因严格管理而守礼法,战时才会有压倒敌人的威势,唯有这样的军队才所向无敌。本段的标题"严:双'效'之基",意为严格治理是获得双"效",即"效果"和"效率"的基本条件。所谓"效果",是指产生合乎目的性的结果,实现组织目标,对于军队而言,就是最终克敌制胜,也就是吴起所说的"投之所往,天下莫当"。所谓"效率"是指以尽可能少的投入(时间、人力、资金等)获得尽可能理想(多且好)的产出,对于军队而言,就是令出必行,进退有序,也就是吴起所说的"居则有礼,动则有威,进不可当,退不可追,前却有节,左右应麾,虽绝成陈,虽散成行"。"效果"是战略性的,是指做正确的事,即做合乎目的的事;"效率"是战术性的,是指正确地做事,即尽可能投入少而产出多;而双"效"的实现都离不开严格治理。

现代管理也必须突出一个"严"字,建立严格的制度和严明的纪律,重视各种手续、规则和操作程序,明确规定所有职工的任务、职责和权限,严肃地执行招聘、晋升、奖惩等各种规章。要做到在制度面前人人平等,要让每一位员工视违章为畏途,不敢稍越雷池。所谓"严",还体现为管理者本身要严格自律,不能因人情私交而偏离制度规定,随意加大或缩小考核力度。以"此番放过,下不为例"的方式处理违章事件,就会使规章制度沦为一纸空文,实为管理一忌。在组织管理中对人对己同样"严",才能逐步实现规范化、标准化、制度化、程序化、精细化的管理。唯有如此,才能做到令行禁止,雷厉风行,形成强大的战斗力,管理有"效率";也唯有如此,才能做到上下一致,同心同德,实现组织目标,管理有"效果"。被誉为现代组织理论之父的德国著名社会学家马克斯·韦伯也重视严格治理各类组织,提倡一种基于标准化的程序和清晰的权威链的管理系统,强调建立严格、稳定而详细的规章和程序,并指出"任何一种组织都必须以某种形式的威权为基础,才能实现其目标,只有威权才能变混乱为有序"(在第二章的"分级管理"小节中有较多关于"权威链"的探讨)。值得注意的是,正如"勇"与"智"的关系一样,"严"与"仁"也是互补、融合的关系。"仁"而不"严",就会出现"不能使""不能令""不能治"的涣散局面,也就是"偏施仁则懦"的弊端。"严"而不"仁"则走向"令过严则残"的另一个极端。出色的现代管理者往往是恩威并重、宽猛相济、文武兼施、既仁又严的高手。

上述智、信、仁、义、勇、严"六德",是兵家代表人物所倡导的古代将帅的理想人格,也是历朝历代著名将帅所追求的目标。诚然,能全部具备这六种品格的人是现代组织合格、称职的管理者人选,甚至可以成为最理想的现代管理者。然而,在现实生活中,"六德"俱全的"将才"凤毛麟角,十分稀缺。各级各类组织以"求全"的标准选"将"很难达到目的。在这种情况下,合理的解决方法有二:其一,入选的管理者要有高远的志向,应以"六德"作为自己的奋斗目标,不断努力向之靠拢;其二,入选的管理者要有集体领导的意识,建立并依靠由各色人才组成的管理团队,而团队的结构要合理,优势互补,做到不同素质、不同能力的人才的最佳组合,集"六德"于团队一身而非个人一身。

【复习思考与讨论题】

1. "义"的基本含义是什么?现代组织管理者应如何摆正"公"与"私"的关系?请举一两个你所了解的实例说明。

2. 为什么兵家代表人物没有把"勇"列为将帅品格的第一位?请举例说明"智"与

"勇"的关系。

3. 现代组织管理者的"勇"表现在哪些方面？最重要的"勇"表现在哪里？

4. "效率"与"效果"的含义是什么？为什么说"严"是双"效"之基？现代管理的"严"表现在哪些方面？

5. 在现实生活中你遇到的最优秀的管理者具有哪几种品格？

6. 在"六德"俱全的"将才"很稀缺的情况下，各级各类组织应如何解决选"将"的问题？

7. 请用现代白话或英语解释本小节的主要概念。

（三）管理者应避免的弊端：五危　廿败

【主要概念】必死；必生；忿速；廉洁；爱民；静以幽，正以治；自能；骄；贪；迟；弱；寡决；缓；怠；贼；自乱。

【原作论述】

① 故将有五危：必死，可杀也；必生，可虏也；忿速，可侮也；廉洁，可辱也；爱民，可烦也。凡此五者，将之过也，用兵之灾也。覆军杀将，必以五危，不可不察也。

《孙子兵法·九变篇》

② 主不可以怒而兴师，将不可以愠而致战。

《孙子兵法·火攻篇》

③ 将军之事，静以幽，正以治。

《孙子兵法·九地篇》

④ 将败：一曰不能而自能。二曰骄。三曰贪于位。四曰贪于财。……六曰轻。七曰迟。八曰寡勇。九曰勇而弱。十曰寡信。……十四曰寡决。十五曰缓。十六曰怠。……十八曰贼。十九曰自私。廿曰自乱。多败者多失。

《孙膑兵法·将败》

【白话释义】

① 所以，将帅有五种危险的弱点：盲目死拼，就可能被敌人诱杀；贪生怕死，就可能被敌人俘虏；急躁冒进，就可能中敌人轻侮的奸计；过于洁身自好，就可能被敌人有意凌辱而激怒；过于宽厚仁爱，就可能由于敌人故意烦扰而陷入圈套。这五条都是将帅易犯的过失，是用兵作战的灾祸。军队的覆灭、将帅的被杀，都是由于这五种危险弱点造成的，这是人们不可不明了的。

② 君主不能因为动怒就随便出兵征伐，将帅不能因为忿恨就轻易作战。

③ 指挥军队，将帅应该沉着冷静而计谋深远，处事公正而治理得宜。

④ 统兵将领失败的原因有：一是能力一般却自认为能力高强，二是骄傲自大，三是贪图权位，四是贪图钱财……六是轻敌，七是反应迟钝，八是缺乏勇气，九是表面勇敢实际懦弱，十是缺乏信誉……十四是优柔寡断，十五是行动迟缓，十六是懒惰懈怠……十八是暴虐，十九是自私，二十是自己把事情搞乱。将领的毛病愈多，失败也

愈多。

【英语译文】

① Therefore, a commander may have five peril-incurring weaknesses. Being recklessly bold, he can be lured and killed. Being afraid of death, he can be captured. Being impetuous, he can be provoked and trapped. Being over-mindful of his own integrity, he can be insulted and enraged. Being excessively beneficent, he can be easily harassed. A commander is liable to commit these five faults, which may lead to disastrous consequences in military operations such as the collapse of the army and the death of the commander. Hence they deserve adequate attention.

② A sovereign should not wage war merely to vent fury; a commander should not fight a battle merely out of resentment.

③ To direct an army, the commander should be composed and profound, impartial and methodical.

④ There are 20 causes for the failure of a commander: overestimate of one's own ability; arrogance; covetousness for power; covetousness for wealth ... underestimate of the enemy; slow response; lack of courage; seeming courage but actual cowardice; lack of trustworthiness ... indecision; slow action; slackness ... brutality; selfishness; self-invited confusion. The more weaknesses a commander has, the more failures he will experience.

【解读与应用】

在上面两小节中,我们学习了兵家代表人物从正面所阐述的将帅应具备的智、信、仁、义、勇、严六种理想品格,并探讨了它们对现代组织管理者的启示作用以及在现代管理中的应用。本小节我们将学习兵家代表人物从反面所指出的将帅应避免的弊端或弱点,并探讨其对于现代管理的借鉴意义。我们的学习探讨将围绕着孙武所说的"五危"及孙膑所说的"廿败"展开。孙武所指出的"必死""必生""忿速""廉洁""爱民"五危将被分为两组探讨:"必死""必生""廉洁""爱民"列为一组,"忿速"单独列出。孙膑所指出的"廿败"中有五种因出土竹简残缺而空缺,为便于分类学习,余下十五种将被归纳为三组:"骄贪弱贼""轻迟缓怠"和"自能自乱"。

(1) 必死、必生、廉洁、爱民:"度"的把握

"必死""必生""廉洁""爱民"这四危都涉及一个"度"的把握问题,有的在上文"五德"的解读中我们已提到。从字面意义看,这四条都应该是优点甚至美德:"必死",敢于牺牲;"必生",力求生存;"廉洁",洁身清廉;"爱民",热爱士兵和平民。然而,优点的不恰当延伸便是弱点,美德越过界限就可能是恶行。孙子所阐述的正是这四条的延伸点或越界线:"必死",盲目死拼;"必生",贪生怕死;"廉洁",过于洁身自好;"爱民",过

于宽厚仁爱。也正是因为越过了适当的"度",其结果就走向了反面:"必死,可杀也",盲目死拼,就可能被敌人诱杀;"必生,可虏也",贪生怕死,就可能被敌人俘虏;"廉洁,可辱也",过于洁身自好,就可能被敌人有意凌辱而激怒;"爱民,可烦也",过于宽厚仁爱,就可能由于敌人故意烦扰而陷入圈套。

现代管理经常会面临"度"的把握问题,例如在对员工因违章而进行处罚时,既要考虑威慑和警示,又要考虑不引起对抗心理;在采购产品的原材料时,既要考虑质量优良,又要考虑价格合理等。现代组织管理者必须应对各种复杂的局面,处理事情或解决问题时往往会有几条思路,多种方法,而这些不同的思路或方法也许互相平行、互相交叉,甚至互相矛盾,所谓"度"的把握就是要善于找到一个合适的平衡点,在这个点上,各种思路或方法都能达到最大程度的兼顾,进而使事情的发展或问题的解决取得共赢的目标。现代组织管理者可以从孙武关于这四危的论述中学习辩证的思维方式,在管理中始终注意"度"的把握,学会两点论和发展观,掌握事物内部正反两个方面的平衡与变化,促使事物向好的方面发展,而不是向坏的方面转化。

关于"度"的概念,可参见第一章的"为政的使民艺术"小节,其中有较多探讨。

(2)忿速:情绪的掌控

"忿速",因愤怒而急速采取行动,兴师致战,这是为将用兵的大忌。将帅的易怒性格和急躁行为很容易被敌方利用而落入敌方用轻侮方式来激将的圈套,轻则造成战事失利,重则全军覆没。所以,孙武告诫"主不可以怒而兴师,将不可以愠而致战","忿""怒""愠"实为同义或近义,于治军危害极大。中外历史上很多战役证明了孙武论断的正确。

情绪的掌控是现代组织管理者必须具备的心理素质,"忿速"也是现代管理的大忌。"忿"是情绪失控,是内因,"速"是急躁冒进,是外显行为,管理者在自己情绪失控、缺乏理性分析的情况下贸然决策,盲目采取行动,必然会导致严重的后果。"忿速"与浮躁心理有关,有浮躁心理的管理者轻浮不安分,做事无恒心,冲动脾气大。浮躁容易使人失去对自我的准确定位,稍有进展时盲目冒进,一遇挫折就急躁发火,甚至气急败坏干出蠢事。浮躁的管理者往往成事不足,败事有余。"忿速"也与固执心理有关,有固执心理的管理者坚持己见而一意孤行,听到不同意见则容易发怒,决策主观而不会变通。由于缺乏民主作风,忽视调查研究,固执的管理者通常做出错误的决断,最终导致重大的损失。为克服"忿速"之危,孙武提出"将军之事,静以幽,正以治",力主将帅要沉着冷静而计谋深远,处事公正而治理得宜。战场上险象丛生变幻莫测,将帅必须临危不惧处变不惊,才能化险为夷克敌制胜。现代管理者也应该以"静以幽,正以治"作为自己的处事原则,借以克服浮躁和固执心理,从而能从容沉着地应对风云变幻的市场,立于不败之地。

(3) 骄、贪、弱、贼：操守的坚持

《孙膑兵法·将败》中列出的将败的四大原因"骄""贪""弱""贼"，主要涉及将领人格缺陷中的道德操守问题，将领必须修炼并坚持道德操守，方能避免兵败的结局。"骄"，即骄傲自大；"贪"指贪图权位和钱财；"弱"即懦弱而缺乏勇气；"贼"即暴虐。四项缺陷中的"贪""弱""贼"，分别是上文兵家倡导的美德"义""勇""仁"的对立面，可理解为不义、不勇、不仁，实际上我们已经在上文探讨过，此处可不再赘述，唯有"骄"字尚须一提。《汉书·魏相丙吉传》一书中有这么一句话："恃国家之大，矜民人之众，欲见威于敌者，谓之骄兵，兵骄者灭。"成语"骄兵必败"正源于此。由于将领的骄傲自大而导致兵败的事实在历史上并不鲜见，如三国时期曹操败于赤壁，关羽痛失荆州等，都与将领的骄傲轻敌有关，"骄"实为用兵之大敌，将领不可不戒。

"骄"同样是现代管理之大忌。现代组织管理者骄傲自大的弱点可以在三个方面对管理工作造成损害。其一，不利于自身的进步，影响管理水平的提升。成功的现代组织管理者有着太多的知识需要学习，不仅要学习与管理工作密切相关的专业、职业、管理、法律等方面的知识，而且要学习与提升素质有关的哲学、文学、心理学、社会学等方面的知识，还要学习与提高自己表达和沟通能力有关的言语交际学、社会交际学等方面的知识。骄傲自大的最大特点是自我满足，满足于自己十分有限的知识而停步不前，就不可能提升自己的管理水平。其二，不利于建立和谐的人际关系，影响管理者的执行力。古人云，骄之人远，傲之或离，事成业就之死敌也。骄傲自大的另一特点是自我膨胀。一个骄傲的人，目空一切，妄自尊大，非把肤浅说成渊博，夸大自己的优点和长处，别人就会认为他虚假不实，他的同事、朋友甚至亲人往往就会离开他，不愿意与他交往。在各种推荐和测评中，骄傲的人往往得票最低。如果管理者是骄傲的人，必然成为没有凝聚力和号召力的孤家寡人，要想成就事业是不可能的。其三，不利于选拔人才，影响管理梯队的形成。骄傲自大的第三大特点是妒贤嫉能，自古以来骄傲的人大多心胸狭窄，容不得才德超过自己的人。楚霸王"项羽妒贤嫉能，有功者害之，贤者疑之"，以致兵败自刎；赤壁之战大胜曹军的统帅周瑜，因妒忌足智多谋的诸葛亮而气绝身亡。此类史料举不胜举。现代组织管理强调团队精神，注重包容的胸怀，如果管理者妒贤嫉能，把主要精力放在对能人贤士的攻击和诋毁上，不但破坏了团队合作的基础，而且影响人才的选拔和梯队的组建，将对管理工作造成整体的、长期的损害。

(4) 迟、缓、怠、寡决：行动的决断

"迟""缓""怠""寡决"，是《孙膑兵法·将败》中列出的将败的另外四大原因，主要涉及将领在行动决断方面的弱点。"迟"即反应迟钝，"缓"即行动缓慢，"怠"即懒惰懈怠，"寡决"即优柔寡断。四项弊端中，"寡决"是前三项"迟""缓""怠"的根本原因和决定因素，"寡决"是将领统兵作战的大忌，往往导致具有兵力优势的大军失败。袁绍曾经是三国时代前期势力最强的诸侯，其家族有"四世三公"之称。建安四年击败了割据

幽州的军阀公孙瓒，势力达到顶点，成为东汉西园八校尉之首、十八路诸侯的盟主。可是，拥兵百万的袁绍却在官渡一战中被曹操彻底击败，一蹶不振，其主要原因是袁绍优柔寡断的性格所造成的决策犹疑，行动迟缓。袁绍的麾下，有两组针锋相对、意见相左的谋士，常常公说公有理，婆说婆有理。战前分析敌情意见不一本无不当，甚而有益无害，有害的是作为主帅的袁绍缺乏主见，不能在权衡利弊的基础上当机立断。他一会儿按这个说的办，一会儿按那个说的办，朝令夕改，忽东忽西，让人无所适从。主帅如此优柔寡断，必然坐失良机，不败才怪。

现代组织的决策有两种：重大决策和日常决策。重大决策讲究全局性、合理性；日常决策讲究时效性、紧迫性。重大决策通常须经民主协商做出；日常决策则通常由主管人员当机立断做出。我们现在所探讨的是后者日常决策。现代组织管理者在日常决策中的优柔寡断会产生以下不良后果：其一，管理者的优柔寡断、行事迟缓会助长整个组织或部门的拖拉、懈怠作风，严重降低整个团队的办事效率；其二，管理者的优柔寡断、决策迟疑会使组织失去发展的活力，有可能使企业丧失瞬息即逝的市场良机；其三，管理者的优柔寡断、朝令夕改会使下属无所适从，严重打击下属的积极性，使组织陷于人心不齐的涣散状态。现代组织管理者可通过以下方法克服优柔寡断的弱点：其一，从小事做起，培养雷厉风行、快速反应、及时处理的习惯，养成决断的作风，习惯行为往往可逐步内化为性格特征；其二，注意全面、深入地了解组织的内部情况及外部环境，熟悉内外情况才可能果断决策；其三，重视学习，注意知识和经验的积累，厚积薄发，深厚的底蕴是果断决策的基础。

（5）自能自乱：自我的驾驭

《孙膑兵法·将败》中列出的第一条败因是"不能而自能"，最后一条败因是"自乱"，这首尾两条败因都有一个"自"字，二者有着内在联系，都与将领缺乏自我驾驭的能力有关。"不能而自能"有两层意思：第一层是能力一般却自认为能力高强，第二层是战情显示暂不能取胜却偏偏认为能够取胜。第一层是对主观能力的判断失误，第二层是对客观形势的判断失误。"自乱"也有两层意思：第一层是把自己的决策思路搞乱，第二层是把军队的治理搞乱。第一层是心理混乱，第二层是行动混乱。"不能而自能"是"自乱"的前因，"自乱"是"不能而自能"的必然后果，问题的症结在于将领对于主客观情况不能正确地判断和控制，失去自我驾驭的能力。成语"不自量力"或"自不量力"正是"不能而自能"与"自乱"的写照。据《左传·隐公十一年》记载，春秋时代，息国和郑国睦邻相处，后来因言语不和，息国国君便要讨伐郑国。大臣纷纷劝阻，认为郑国国君郑庄公励精图治，国力强盛，而息国国小力弱，不可与郑国同日而语。但息国国君一意孤行，下令发兵伐郑，结果息国官兵临阵慌乱，被打得丢盔弃甲，大败而归。这是"不能而自能"引发"自乱"而招致兵败的极好实例，《左传》评论道："不度德，不量力……其丧师也，不亦宜乎？"息国国君不考虑郑庄公的威德，不估量自己的实力，盲目发兵而丧失自己的军队,不是很正常吗？其实,身居国君要位的人不能驾驭自我,最终失去的不光是军队,而是整个国家。

现代组织管理者的自我驾驭能力同样对管理工作的成败及其所管理的组织或部门的发展产生重大影响。现代组织管理者一旦丧失自我驾驭能力而盲目决策,后果极其严重。某企业管理者头脑发热,在污水处理技术未充分研发的情况下,在长江边贸然建造化工厂,造成严重的环境污染而被迫停产；某高校管理者出于跟风的冲动,在没有经过未来人才需求的冷静分析和预测的情况下,决定开设时下的"热门"专业,造成专业人才的培养过于重复,毕业生就业困难；某地方政府主要决策者追求政绩,盲目上大项目,建开发区,造成土地荒芜、资源浪费,大量的投资付诸东流,致使地方政府背上了沉重的负担……

古希腊历史学家色诺芬在《回忆苏格拉底》中说,"一个不能自制的人,对人既有损,对己更有害",一个失控的管理者尤其如此,对己、对人、对组织都会带来巨大的损害。管理者为什么会丧失自我驾驭的能力？孙膑所指出的"不能而自能"正是答案,息国国君就是实例。"自制"来自"自知"；失控源自缺乏自知之明；要培养自控力,首先得从认识自己开始,而"自己"恰恰是最容易认识也是最难认识的那个人。心理学认为,任何人都是"感性自我"与"理性自我"的结合体,冲动、激情、欲望等是"感性自我"的表现,冷静、观察、思考等是"理性自我"的表现,一个人自控力的大小就在于"理性自我"对于"感性自我"的把控程度。刚才我们列举的几位丧失自我驾驭能力的管理者的错误,都是在冲动、激情、欲望的驱使下缺少理性把控而决策的结果。美国心理学家凯利·麦格尼格尔在《自控力》中指出："最易干成大事的是那些能掌控自己的人。缺乏自控力却在妄谈成功,就像盲人在谈论颜色。……控制自己往往是在自己理性的时候,而不想控制自己往往是在感性的时候。"现代组织管理者一定要明白自己感性的弱点,越是在冲动、激情、欲望强烈的时候,越是要保持头脑冷静,多观察组织内外的情势,多倾听团队的意见,多思考、分析、权衡利弊,才能减少决策的错误。马基雅维利在《君主论》中强调人的弱点时说："人对于自己的事情总是沾沾自喜,而且又如此乐于自欺。"一般的人尚可偶尔"沾沾自喜",而掌握决策大权、影响组织发展大局的管理者切不可"如此乐于自欺"。

综上所述,《孙子兵法》中有关"五危"的论述,闪烁着辩证法的思想光辉。"德"与"危"相反相成,互为补充,阐明了合格将帅必须具备的素质条件；二者又可互相转化,超越一定的"度","德"将转化为"危",合格将帅将不再合格。《孙膑兵法》中关于"廿败"的论述,在操守的坚持、行动的决断和自我的驾驭等方面阐明了合格将帅应该避免的弊端和弱点。两位兵家代表人物的精彩论述,对于现代组织如何发现和选拔管理者以及管理者如何培养并提高自身的素质,具有重要的借鉴意义和参考价值。

【复习思考与讨论题】
1. 为什么孙武把具有正面意义的"必死""必生""廉洁""爱民"说成是值得警惕的

"危"?请举例说明度的把握在日常生活中的重要性。

2. 为什么说"忿速"是为将用兵的大忌?"将军之事,静以幽,正以治"是什么意思?管理者情绪失控与哪两种心理状态有关?

3. 请举一两个"骄兵必败"的实例。现代组织管理者的骄傲自大将对管理工作产生哪些危害?

4. "迟""缓""怠""寡决"四项弊端中哪一项是决定性因素?现代组织管理者的优柔寡断会产生哪些不良后果?如何克服这一弱点?

5. "不能而自能"与"自乱"是什么意思?二者有何联系?请举例说明"不能而自能"与"自乱"会导致用兵和现代管理的失败。

6. 为什么说丧失自我驾驭能力的管理者会对组织造成巨大的损害?请举例说明。现代组织管理者应如何培养自控力?

7. 请用现代白话或英语解释本小节的主要概念。

三、战略目标理念

战略目标是军队与其他组织一切活动的总方向、总任务,是对军队与其他组织全部活动预期成果的期望值。兵家思想把"必胜"和"利全"视为军队的战略目标,是对军队的存在目的和社会使命的明确阐述,也是对军队在既定的军事领域展开战略活动所要达到的水平的总体规定。"必胜"和"利全"这一战略目标是宏观的、全面的,但又是可分割的,是军队进行"伐谋""伐交""伐兵""伐城"等各项决策的依据。"必胜"和"利全"是战略目标中互相补充、互为因果、相辅相成的两个方面。"必胜"带来"利全","利全"需要"必胜";"必胜"以"利全"为目的,"利全"以"必胜"为前提。

与古代军队一样,现代组织是一个决策系统,正确的决策是组织有效运作的基础。美国管理学家赫伯特·西蒙认为,"管理就是决策",全部的管理过程也就是全部的决策过程。在一个组织全部的决策过程中,战略目标的决策占有首要地位。兵家思想为军队所确立的"必胜"和"利全"的战略目标可以为各类现代组织所借鉴,也应成为现代组织开展一切活动的依据,可以分解成各项活动的具体目标、具体任务和具体要求。"必胜"和"利全"在现代组织战略目标中的含义与其在用兵作战中的含义有相通点,也有不同之处。"必胜"就是一定要达到组织的宗旨,实现组织的存在价值,力争在竞争中立于不败之地;"利全",就是一切活动都要保全利益,也就是要符合组织利益、社会利益和国家利益。

本章内容将学习兵家思想的战略目标理念,"必胜"和"利全"将在两个小节中分别加以探讨。

（一）必胜：不战而胜　战之能胜　力求速胜

【主要概念】战胜不忒；不战而屈人之兵，善之善；兵贵胜，不贵久。

【原作论述】

① 故善战者，立于不败之地，而不失敌之败也。是故胜兵先胜而后求战，败兵先战而后求胜。　　　　　　　　　　　　　　　　　　　　《孙子兵法·形篇》

② 故其战胜不忒，不忒者，其所措必胜，胜已败者也。　　《孙子兵法·形篇》

③ 是故百战百胜，非善之善者也；不战而屈人之兵，善之善者也。故上兵伐谋，其次伐交，其次伐兵，其下攻城。　　　　　　　　　　　《孙子兵法·谋攻篇》

④ 昔之善战者，先为不可胜，以待敌之可胜。不可胜在己，可胜在敌。故善战者，能为不可胜，不能使敌之必可胜。　　　　　　　　　　　《孙子兵法·形篇》

⑤ 故兵贵胜，不贵久。　　　　　　　　　　　　　　　《孙子兵法·作战篇》

⑥ 夫兵者，非士恒势也，此先王之傅道也。战胜，则所以在亡国而继绝世也。战不胜，则所以削地而危社稷也。是故兵者不可不察。然夫乐兵者亡，而利胜者辱。兵非所乐也，而胜非所利也，事备而后动。　　　　　　　　　《孙膑兵法·见威王》

⑦ 以决胜败安危者，道也。　　　　　　　　　　　　《孙膑兵法·客主人分》

【白话释义】

① 善于用兵作战的人，总是使自己立于不败之地，同时又不放过战胜敌人的任何良机。所以，胜利之师总是先创造取胜的条件，然后（等待机会）谋求与敌交战；而败亡之军往往先盲目交战，而后企求（侥幸）取胜。

② 因而，他用兵作战而取得胜利不会出差错。之所以不会出差错，是因为他的作战部署建立在必胜的基础上，是战胜了（在谋略上）已失败的敌人。

③ 百战百胜，算不上好中之好；不经过交战而使敌人屈服，才称得上好中之好。因而，用兵作战的上策，是以谋略取胜，其次是通过外交手段取胜，再次是直接与敌交战，最下策就是攻城。

④ 以前善于用兵作战的人，首先创造自己不可战胜的条件，然后等待可以战胜敌人的机会。要使自己不可战胜，全靠自己努力；敌人能否被战胜，在于敌人（是否给我们以可乘之机）。因而，善于作战的人只能够使自己不被战胜，而不能使敌人一定被战胜。

⑤ 所以，作战贵在胜利，而不宜旷日持久。

⑥ 用兵之道，并没有永恒不变的模式，这是先王所陈述的道理。取得战争的胜利，一个国家就可以避免亡国，使江山世代延续下去；如果不能取胜，就将割让土地，甚而危及国家的生存。所以，用兵不可不慎重对待。那些轻率用兵的人常遭失败，贪图胜利者常遭屈辱。用兵不可轻率，胜利绝非靠贪求所得，必须做好充分准备，才能付诸行动。

⑦ 决定胜败与安危的关键在于掌握用兵之道。

【英语译文】

① Hence a skilled commander keeps his army undefeatable and does not miss the opportunity to defeat the enemy. Thus a victorious army seeks battle only after victory is in prospect while an army doomed to defeat fights before planning for victory.

② ... Therefore, he wins victory without making errors. The absence of errors results from his military deployment based on assured victory. Actually he conquers an enemy that is virtually defeated in planning.

③ Therefore, the perfect outcome of war is not to win all battles, but to subdue the enemy without fighting. Thus the best form of command in war is to frustrate the enemy's strategy, the second best to break apart his alliance by diplomacy, the third to assault his army, and the worst to attack his fortified towns.

④ ... The master commander of the past first made his army undefeatable, and then awaited the opportunity of defeating his enemy. To ensure his being undefeatable depends on himself, but whether the enemy can be defeated hangs on the enemy's remissness. Accordingly a skilled commander can make his own army undefeatable, but he cannot make certain of his enemy's defeat.

⑤ Hence, what matters in war is victory and not protracted operations.

⑥ ... There is no fixed mode of war, and that is what the former king states. A state can avoid its ruin and continue to exist for generations if it wins the war, and it will cede its land and even endanger its existence if it loses the war. Therefore, prudence must be employed in dealing with war. Those who are reckless in war often lose. Those who covet victory are often humiliated. War should never be fought recklessly and victory can never be won by mere coveting. Full preparations must be made before actions are taken.

⑦ The mastery of the art of war determines the victory and safety of the state.

【解读与应用】

兵家的各派代表人物,如孙武、吴起、孙膑等,都把"必胜"定为军队的战略目标,军队的一切谋略和军事行动都为了实现这个目标而展开。军队如不能实现"必胜"的目标,就失去其存在价值,一切谋略和军事行动也就失去了意义。现代组织也是如此,如不能实现组织的宗旨,不能在竞争中立于不败之地,也就失去该组织的存在价值,失去其一切活动的意义。孙武所讲的"必胜"战略目标不是单一的、静态固定的,而是多层次的、动态变化的。"必胜"的战略目标有三层意义:不战而胜、战之能胜、力求速胜。下面我们逐层探讨。

(1) 不战而胜：最高的战略目标

自古知兵非好战，历代兵家代表人物都主张慎战，体现了热爱和平的思想。"不战而胜"，是兵家用兵作战要达到的最高目标和理想境界。孙武在《谋攻篇》中指出，"是故百战百胜，非善之善者也；不战而屈人之兵，善之善者也"，认为百战百胜并非最好，不战斗就能使敌人屈服，才是最好。孙膑在《见威王》中说，"夫乐兵者亡，而利胜者辱"，认为轻率用兵的人常遭失败，贪图胜利者常遭屈辱，也反对穷兵黩武。《司马法》中有"以战止战，战之可也"之说，认为战争的目的是结束战争，"不战"才是兵家的终极目标。战争会造成资源的巨大消耗，是既能兴国也能灭国的双刃剑，即使是常胜之国，也会被战争搞得兵疲国衰。"不战而胜"，即以最小的代价获取最大的效益，是兵家战略模式选择的核心。兵战如此，现代商战也应如此。现代组织应力求以最小的资源消耗，获取最大的经济效益和社会效益，才能造福员工，服务社会和民众。低消耗、高效益、利国利民的发展战略，应该成为现代组织战略模式选择的核心。

要实现"不战而胜"这一理想境界并不容易，必须具备一定的条件。其一，要有足以震撼敌军的军事实力，形成孙武所说的"威加于敌"的巨大威慑力，在心理上压倒敌方；其二，要有雄厚的政治、经济、文化实力作为强大的后盾；其三，要运用谋略智慧，并做好充分的迎战准备，把"伐谋""伐交"手段放在领先位置。兵家的用兵智慧首先体现在"不战而胜"的战略首选上，孙武的"上兵伐谋，其次伐交，其次伐兵，其下攻城"的排序把通过谋略和外交等非军事手段取胜作为首选的上策，而把直接与敌交战及发兵攻城视为不得已的下策，实为用兵上智。同样，现代组织应该把发展自身的经济硬实力和文化软实力作为战略首选，运用合理合法的智谋和人际交往原则，力争在公平竞争中立于不败之地。

不少企业好战，把商场视为无情厮杀的战场，不断演绎着杀敌一千自损八百的故事。在这样的厮杀中即使"百战百胜"，自身也伤痕累累，"非善之善也"。真正有谋略的企业管理者，尤其是中小企业管理者，应该运用兵家思想中不战而胜的智慧。高建华在其《不战而胜：以小博大的竞争战略》一书中，承继了《孙子兵法》的根脉，从市场营销的角度为中小企业管理者、营销管理者解析了不战而胜的营销法则。该书为新生企业或"老树抽新芽"的企业所提供的一种策略是放弃主流市场，直指次主流市场，放开大道，另辟蹊径。只要在质量、价格、产品差异、服务方式、客户体验等任何方面有所创新，领先一步，就可远离无情厮杀的"红海"，进入自由驰骋的"蓝海"，实现突破、突围进而突起。正如牛根生在该书的序言中所说："今天的世界500大企业，当初无一例外都是从1岁活起，从小不点儿长起；但市场上都是巨人，'小不点儿'如何与'巨人'对阵？这个问题困扰着千千万万的企业。刚创立时，蒙牛在牛奶市场面临着同样的问题：上有价格高、保质期长的利乐砖，下有价格低、保质期短的塑料袋，我们做什么？最终，我们走了一条'中间路线'，首家推出价格居中、保质期居中的利乐枕，结果一炮打响，成为这一产品的领导者。'巨人'们虽然跟进,但在北京市场上,蒙牛一家的销量等于其他九大品牌的总销量。今天回过头来看,这正符合高先生所强调的'次主流市场'。"

(2)战之能胜:睿智谋划的结果

"不战"或"慎战",并非意味着"恐战"或"厌战"。战,虽不得已而为之,但非战不可时,则坚决战之,且须确保战之能胜,这是兵家"必胜"战略的第二层意义,故其《孙子兵法》的绝大部分篇幅都是在论述"战之能胜"的谋略智慧。孙武指出,"故其战胜不忒,不忒者,其所措必胜,胜已败者也",也就是说,用兵作战要取得胜利而不出差错,就必须把作战部署建立在必胜的基础上,做到尚未开战已在谋划上战胜敌方。孙武认为,胜败两方的不同点在于"胜兵先胜而后求战,败兵先战而后求胜",即胜利之师总是先创造取胜的条件,然后(等待机会)谋求与敌交战;而败亡之军往往先盲目交战,而后企求(侥幸)取胜。由此可见,战前的睿智谋划及建立在必胜基础上的作战部署,是实现"战之能胜"战略目标的必要条件。

现代组织在各自的领域中都面临激烈的竞争,要确保在竞争中立于不败之地,做好合理的计划至关重要。现代组织要学习兵家"所措必胜"的谋划,必须把计划建立在合理的基础之上。所谓合理的基础,主要指在制定计划前做细致、科学的两类分析:分析组织外部的环境,发现机会和威胁;分析组织内部的资源,识别优势和劣势。良好的计划能减少组织发展的不确定性,并能使管理者预见到员工行动的结果。现代组织的管理者要胸怀全局,展望未来,预见变化,并考虑变化可能带来的冲击及适当的对策,以实现"必胜"的战略目标。

营销管理领域的兰彻斯特法则注重战略目标管理,与《孙子兵法》的战略思想有着异曲同工之妙。根据兰彻斯特法则,企业应以2∶1的比例为指导原则配置营销战略力与营销战术力,分配营销力量和营销资源,避免偏重战术而忽视战略和只注重短期利益而忽视长远利益的偏颇,创造最优的"成本—利润"组合。营销战略力属于看不见的决策范围,包括品牌、企业形象、产品开发、价格、广告、营销渠道等;而营销战术力则指看得见的可直接沟通的销售力,诸如销售组织、推销方式、终端促销、销售人员素质等方面。企业在战略上取胜应被视为企业管理的最高目标。

兰彻斯特法则所倡导的"第一位主义"与《孙子兵法》的"战之能胜"的理念有着殊途同归之理。该法则认为,为提高市场占有率,企业必须尽力创造"必胜"的第一位置。这包括:第一位的商品,如新产品或差异化产品;第一位的零售定货率,这是流通战略中最关键的步骤;第一位地域,即将市场细分后,逐个击破,从各区域第一进而追求整体占有率的第一。根据兰彻斯特法则,强者与弱者战略实施的优先顺序不同。实力弱的公司适宜开展局部战,方向为区域→进货率→商品,先限定区域创造据点,将易销商品集中,以地域进攻为先决条件。而实力较强的企业,其战略顺序正好相反,方向为商品→进货率→区域,即通过具有优势的商品作为战略武器,展开大规模总体进攻,击破

弱者支配的地域,从而最终实现第一位地域。这种根据实力决定战略排序的方法,能创造有利于己方"战之能胜"的条件。

(3) 力争速胜:把握时机的成效

《孙子兵法·作战篇》云,"故兵贵胜,不贵久",孙武主张用兵作战要速胜,宁可"拙速",不可"巧久"。"力求速胜"是兵家"必胜"战略的第三层意义,既然战争已不可避免,则应速战速决,不宜旷日持久。速度是战略的灵魂,战场瞬息万变,战机稍纵即逝,速度是把握战机、取得胜利的重要保证。孙武在《作战篇》中还解释了采用速胜战略的原因:"其用战也胜,久则钝兵挫锐,攻城则力屈,久暴师则国用不足。夫钝兵挫锐,屈力殚货,则诸侯乘其弊而起,虽有智者,不能善其后矣。故兵闻拙速,未睹巧之久也。夫兵久而国利者,未之有也。"孙武认为,作战久了会挫伤战士的锐气,进攻敌人的城池则会缺乏战斗力,国家的经济也会因巨大的消耗而衰竭,导致他国乘虚而入。因而,旷日持久的战争,于国于民都不利。当然,孙子主张速胜,主要指局部战争,历史上有无数的速胜战例,如武王伐纣的牧野之战、吴楚柏举之战、三国赤壁之战,等等。具有"速战速决"特点的现代战争也不在少数,如英阿马岛战争打了74天,海湾战争打了42天,科索沃战争打了78天。当然,在敌强己弱的情况下,战争中正义一方也会采用持久战的战略,通过长期的作战,逐步削弱敌人,转劣势为优势,变被动为主动,最后赢得战争的胜利,如中国的抗日战争即如此。1938年,毛泽东在总结抗日战争初期经验的基础上,在《论持久战》中系统地阐述了中国实行持久战以获得对日作战胜利的战略。他还提出了一套具体的战略方针,如防御战中的进攻战、持久战中的速决战、内线作战中的外线作战,以及最后的战略反攻战等。蒋百里在《国防论》(载于《大公报》)中指出:"国防的部署,是自给自足,是在乎持久,而作战的精神,却在乎速决,看似相反,实是相成。德国当年偏重于速决,而不顾及于如何持久,所以失败,若今日一味靠持久,而忘了速决,其过失正与当年相等。"《孙子兵法》速胜论值得借鉴的正是这种作战的"精神",也就是战士的锐气和行动快捷的作风。

"速胜"对于现代组织管理,尤其是现代企业管理,同样十分重要。"速胜"的第一要素是决策的速度。市场风云变幻,商机无限,但转瞬即逝,现代企业必须把握时机,快速决策,迅捷行动,才能赢得时间,赢得胜利。成功并不一定属于竞争中实力强大的一方,而属于善于把握时机的一方。速度意味着所花时间最短,所耗资源最少,所获效益最高,在一定的条件下,速度就是生命,速度就是战斗力,速度就是胜利。"速胜"的第二要素是力量的"集中"。任何组织,尤其是企业,不可能在市场竞争中各方面都处于绝对的优势地位,只有瞄准某一特定领域,"集中"投入各种力量(人力、财力、技术力、创新力等),才能创造相对优势而取得"速胜"。现代组织的管理者在决策及贯彻决策的过程中,必须发扬当机立断、雷厉风行的作风把握速度,并善于"集中"力量在有限的领域聚焦突破,才能应对变幻莫测的市场竞争,无往而不胜。

兰彻斯特法则所推行的"集中"原理与《孙子兵法》所主张的"速胜"理念也可谓深层暗合。"集中"原理是一切竞争性领域中获得"速胜"的秘密，尤其适用于战场和商场。太阳光在透镜的聚焦下能产生超高的温度，这也是"集中"的力量的显现。被誉为"西方兵圣"的德国军事理论家克劳塞维茨十分强调"集中"的重要："同时使用一切力量是违背战争的性质的。……必须在决定性的地点把尽可能多的军队投入战斗。……战略上最重要而又最简单的准则是集中兵力。"拿破仑也把"集中"视为用兵的原则："军队必须集结，而且必须把最大可能的兵力集中在战场之上。""集中"的核心理念就是针对对手的弱点集中强大的战力以取得速胜。兰彻斯特法则运用营销的语言得出了同样一个浅显但又至关重要的道理。"集中"原理强调策略的"不对称性"，尤其适合处于劣势的中小企业。具体而言，就是缩小竞争范围，采取小范围、近距离作战。只有这样才能集中力量，各个击破，积小胜为大胜，乃至最后取得全面胜利。

在营销领域，中小企业应该集中重点突破的领域有：(1)区域市场。市场是一个抽象的概念，实际上它是由一个个地理意义上的区域市场所构成。每个区域市场之间由于地理、交通、历史文化、习俗、行政管制等因素而变得差异极大。找到适合本企业特点的差异性区域市场，就找到了集中重点突破的市场领域。娃哈哈公司的非常可乐就是采取"农村包围城市"的策略，短短几年时间就占据了国内广大的农村市场，甚至部分大城市。(2)顾客需求。可按照顾客的职业、年龄、文化、购买力等特征，进行市场细分和目标市场定位。锁定核心顾客群体，进行有针对性的营销推广。此外，还可以在技术研发、产品设计、形象包装、广告宣传、供需链合作等环节，选择集中突破点。

综上所述，不战而胜、战之能胜、力求速胜，是兵家思想"必胜"的战略目标的三层意义，对于现代组织管理者制定和实施组织目标，具有很高的借鉴和应用价值。

【复习思考与讨论题】

1."不战而屈人之兵，善之善者也"是什么意思？这句话表达了兵家代表人物的什么理念？

2.要实现"不战而胜"这一理想境界必须具备怎样的条件？现代组织应从"不战而胜"这一理念中汲取怎样的管理智慧？中小企业如何实现突破、突围进而突起，做到不战而胜？

3.军队怎样才能做到"战之能胜"？现代组织应如何确保在激烈的竞争中立于不败之地？

4.为什么说兰彻斯特法则所倡导的"第一位主义"与《孙子兵法》的"战之能胜"的理念有着殊途同归之理？

5.为什么孙武主张用兵作战要力求速胜，宁可"拙速"不可"巧久"？速胜的两大要素是什么？

6. 兰彻斯特法则所推行的"集中"原理在营销领域有何体现？
7. 请用现代白话或英语解释本小节的主要概念。

（二）利全：合利而动　因利制权

【主要概念】合于利而动；必以全争于天下；兵不顿而利可全；因利而制权。

【原作论述】

① 合于利而动，不合于利而止。　　　　　　　　　　　《孙子兵法·火攻篇》

② 故善用兵者，屈人之兵而非战也，拔人之城而非攻也，毁人之国而非久也，必以全争于天下，故兵不顿而利可全，此谋攻之法也。　　　《孙子兵法·谋攻篇》

③ 计利以听，乃为之势，以佐其外。势者，因利而制权也。　《孙子兵法·计篇》

④ 九地之变，屈伸之利，人情之理，不可不察。　　　《孙子兵法·九地篇》

⑤ 故将通于九变之利者，知用兵矣；将不通于九变之利者，虽知地形，不能得地之利矣；治兵不知九变之术，虽知五利，不能得人之用矣。　　《孙子兵法·九变篇》

【白话释义】

① 符合（己方）利益就行动，不符合（己方）利益就停止。

② 因此，善于用兵的人，不战而使敌人屈服，不攻而占领敌人的城池，不靠久战而消灭敌国，要用保全之策争夺天下。这样，己方兵力不受折损，却可以获得全胜，这就是以谋略攻敌的方法。

③ 计策被采纳后，就要设法造势，以辅助计划的实施。所谓"势"，就是抓住有利时机，采取（恰当的）应变行动。

④ 九种战地的不同处置，攻防进退的利害得失，官兵上下的心理状态，这些都是（将帅）不能不认真考察研究的问题。

⑤ 所以，将帅能通晓九种变通战术好处的，就懂得用兵了；将帅不通晓九种变通战术好处的，虽然知道地形情况，也不能得地利。指挥军队而不掌握随机应变的战术，虽然知道"五利"，也不可能有效地指挥军队。

【英语译文】

① Actions should be taken if they are in your interests and stopped if they are not.

② Thus, a skilled commander subdues the enemy without a battle, captures towns without head-on attack and conquers a state without protracted war. He aims at taking all intact strategically and seeks complete gains without wearing out his own troops. This is the art of undertaking offensives by stratagem.

③ The plans having been adopted, a situation must be created to conduce to their implementation. "Situation" here means taking flexible actions by using favorable conditions.

④ The different handling of the nine types of battlefield, the gains or losses of taking the offensive or defensive, the mental state of the officers and soldiers — all these deserve serious consideration.

⑤ Therefore, a commander who is conversant with the advantages of flexible tactics knows how to command his troops. One who is not so cannot make use of the favorable terrain even though he is acquainted with it. The commander who does not apply flexible tactics to variable situations is unable to direct his troops effectively even though he knows the "five advantages" mentioned above.

【解读与应用】

孙武云:"必以全争于天下,故兵不顿而利可全,此谋攻之法也。"孙武所说的"利可全",可以理解为"可以保全利益",也可理解为"可以创造全面的有利条件"。《孙子兵法》短短六千言,竟有51次提到"利"字,可见"利"对于用兵作战之重要。兵家的"必胜"和"利全"战略目标是宏观的,起全面指导作用的,但"利全"才是最终目标。如前所述,"必胜"和"利全"是战略目标中互相补充、互为因果、相辅相成的两个方面,而以"利全"作为用兵作战的最初出发点和最终归宿,军队的一切谋略和战事都是为了"利全"而进行。达不到"利全"的目标,即便"全胜",军队也失去了作战的意义。"利全"也应该是现代组织的最终战略目标,是组织开展一切活动的出发点和归宿。现代组织要赢得和保全的"利",有国家、民族、社会的大"利",也有组织自身和员工以及其他利益相关者的小"利"。

《孙子兵法》的"利全"战略目标有两层意义:"合利而动"和"因利制权"。下面我们逐层探讨。

(1) 合利而动:决策的根本法则

孙武云:"合于利而动,不合于利而止。"所谓"合利",即符合己方利益。孙武认为,合利而动是决策的根本法则,是军队采取一切行动的依据,"合利"则行动,不"合利"则停止。孙武所说的"利"有三层意义。其一,国家利益。孙武"利国保民"的思想贯穿全篇:他认为将帅是"生民之司命,国家安危之主"(民众命运的掌握者,国家安危的主宰者),维护国家利益是至高原则;他指出,将帅只有"唯民是保,而利合于主"才算得上"国之宝也"。他还在《作战篇》中说,"夫兵久而国利者,未之有也",唯恐旷日持久的战争于国家不利。其二,己方军队的利益,或者说是己方用兵作战的有利条件。其三,孙武所说的"利",也包括敌方普通士兵和民众的利益。他在《谋攻篇》中反复强调"故善用兵者,屈人之兵而非战也,拔人之城而非攻也,毁人之国而非久也",并主张"上兵伐谋,其次伐交,其次伐兵,其下攻城",都是立足于尽量减少敌我双方的伤亡,尽量不在伐兵毁城的情况下获胜。

"合利而动",也就是我们今天所说的"利益驱动"(interest-driven),是任何竞争活动的法则,也是一切现代组织的行动依据和原则。关于"利"字,我们曾在儒家思想部分的"为政的安民目标"小节和法家思想部分的"理论基础与实践依据"小节都有过探讨,本小节着重从战略的角度,探讨利益驱动原则。所谓利益驱动,是指利益主体对自身利益的追求而表现出的行为倾向与趋势,并成为达到其目标的行为动力。利益驱动是人的一种最基本动力源泉,是人类既普遍又深刻的一条行为规律,高度地趋利避害是人类作为高等动物与其他动物的本质区别。每个国家都有自己的国家利益底线,超越这个底线,盟国就可能变成敌国,所谓"只有永恒的利益,没有永恒的朋友",已成为处理国际关系的一条潜规则。现代组织也运用"利益驱动"法则分析形势,处理矛盾,调整关系,确定战略方针;但在运用过程中要掌握"局部利益服从全局利益,战术利益服从战略利益,眼前利益服从长远利益"的原则。现代组织也要考虑竞争对手的利益,创造既竞争、又合作的双赢局面。英语里有一条谚语"live and let live",意为对别人宽容,通常被译为"我活着,也得让别人活"。这句话被广泛应用到市场竞争中,演化为"profit and let profit",意为"我盈利,也得让别人盈利",才能获得更大利益。美国管理学家史蒂芬·柯维在《高效能人士的七个习惯》中提倡"抛弃零和博弈(zero-sum game)的观念,能庆贺他人的成功,而不是为之感到受威胁"。所谓"零和博弈",就是必然一输一赢,加起来等于零的竞争结果,不符合双赢的理念。

现代组织的正常运行所涉及的利益主体,不仅是组织本身,还有各种相关的利益主体,如投资者、员工、客户、供应商、竞争者、政府、社会大众及环境等。因而,现代组织管理者在应用兵家思想"合利而动"的战略目标时,不仅要明确本组织的利益所在,还必须研究各种相关利益主体的利益诉求。现代组织只有在取得本组织与各种相关利益主体的利益平衡时,才能真正实现"合利而动"的总体战略目标,而这种利益平衡的取得,在很大程度上取决于现代组织管理者履行各项责任的管理道德(business ethics)。

西方商业伦理学中的一个术语"利益相关方关系管理"(stakeholder relations management),简称 SRM,研究的正是这种管理道德。我们试用下面的表格十分简要地列出各利益相关方的主要利益诉求与现代组织(尤其是现代企业)管理者必须履行的相应责任和道德标准:

利益相关方的利益诉求与企业履行社会责任的道德标准

利益相关方	相关方的利益诉求	履行社会责任的道德标准
投资方	利益最大化	诚信、公正、勤奋、智慧
员工	福利待遇、安全、良好的人际关系、受人尊敬、发挥个人才能	诚信、仁爱、公正、严格

续 表

利益相关方	相关方的利益诉求	履行社会责任的道德标准
客户	产品质优价廉、服务良好	诚信、公正、勤奋
供应方	及时付款	诚信、公正
竞争者	公平竞争、不侵犯知识产权	诚信、公正
政府	守法、不偷税漏税	诚信、公正、严格
社会大众	救灾、慈善、其他公益活动	诚信、仁爱、公正
环境	保护环境、节约能源、不过度开发	诚信、严格、公正

上面的表格可提示现代组织(尤其是现代企业)管理者注意如下几点:①利益相关方的诉求各不相同,管理者必须全面关注,不可忽视任何一方;②利益相关方的各种诉求实际上就是管理者应代表组织履行的社会责任;③对于各种利益相关方而言,管理者履行社会责任的最重要的道德标准是诚信和公正,辅之以仁爱、智慧、严格和勤奋;④投资方利益最大化的诉求与其他利益相关方的诉求会产生矛盾,管理者必须寻求一个最佳平衡点,兼顾各方利益。

(2) 因利制权:应变的战术原理

"合利而动"是将帅在战略决策层面应遵循的根本原则;"因利制权"则是将帅在战略决策后须把握的应变战术原理。"合利而动"原则主宰"因利制权"原理;"因利制权"原理服务于"合利而动"原则。孙武云:"计利以听,乃为之势,以佐其外。势者,因利而制权也。""权",即权变、应变,就是根据客观情势,因人制宜、因时制宜、因地制宜、因势制宜,抓住有利时机、创造有利条件的灵活多变的行动。孙武认为,有利的计策被采纳后,就要设法造势,以辅助军事行动。所谓"势",就是抓住有利时机,采取(恰当的)应变行动。这是《孙子兵法》中用笔最多的部分,孙子在《谋攻篇》《形篇》《军争篇》《九变篇》《地形篇》中都用了很大篇幅来论述如何在不同的情境下抓住有利时机,创造用兵作战的有利条件,以确保己方军队的利益,诸如有关"以迂为直,以患为利""军争为利,军争为危""以诈立,以利动""通于九变之利""屈伸之利,不可不察""非利不动,非得不用"等方面的精辟分析俯拾皆是,本书后面部分还会论及。

中华文化,包括兵家、道家、法家、儒家等各种思想流派所提倡的观念及行为方式,都高度重视以动态、灵活、应变的方式处理各类事务的理念,在百姓日常的言语中有着大量的体现这一理念的词语,除了上述的因人制宜、因时制宜、因地制宜、因势制宜以外,还有审时度势、因势利导、因势而谋、应势而动、顺势而为、临机应变、回船转舵、相机行事、趁风扬帆、通权达变、灵活机动、量体裁衣,等等。可以说,这一理念已经融入中国人的骨髓,流淌在一代代人的血液中,而兵家的"因利制权"四个字则高度概括地把这一理念提炼升华,归纳为军队及其他组织的权变管理原理,具有普遍的指导意义。

20世纪70年代,权变理论在美国兴起,受到广泛的重视。研究这一理论的管理学家有菲德勒、卢桑斯、豪斯、弗雷德、斯密特、弗隆和耶顿等人,而以菲德勒的"权变领导理论"影响最大。传统的管理理论大多在追求普遍适用的、最合理的模式与原则,而这些管理理论在企业面临瞬息万变的内外环境时显得捉襟见肘,尤其是在解决处于危机状态的管理问题时更显得无能为力,权变理论应时应势而生,完成了从"形态管理"到"动态管理"的转化,与两千多年前中国古代的兵家思想遥相呼应。权变理论认为,每个组织的内在要素和外在环境条件都各不相同,因而在管理活动中不存在适用于任何情景的原则和方法,而要根据组织所处的环境和内部条件的发展变化随机应变。成功管理的关键在于对组织内外状况的充分了解和有效的应变策略。

现代权变理论与孙武的"因利制权"论述颇有契合之处,在权变理论指导下的权变管理,就是根据组织的内外部条件变化而随机应变的管理模式或方法。这一理论的核心就是研究现代组织的系统内部和各子系统之间的相互关系,以及组织和它所处的环境之间的联系,强调在管理中要针对不同的具体条件寻求不同的、最合适的管理方式。管理的要素——人、财、物、时间和信息等,都处在一定的时间和空间之中,并随着时空的运动而发展、变化。因此有效的管理是一种随机制宜、因情况而调整的动态管理,而不是一成不变的静态管理。市场行情千变万化,组织的内外环境不断改变,投资者、员工、客户和竞争对手性格各异,现代组织的管理者必须不断更新观念,避免僵化的思想方法,打破思维常规,以高度的洞察力把握时机,才能实行有效的权变管理。

权变理论的核心概念是"变化"中的管理,否定固定不变的管理模式。这一理论使管理不仅是一门科学,而且成为一门操作性很强的技术,体现出艺术的成分。一名高明的管理者应是一个机灵善变的人,能根据环境的不同而及时变换自己的管理方式。权变理论告诉管理者应不断地调整自己,使自己不失时机地适应外界的变化,或把自己放到一个适合自己的环境中。作为一种行为理论,权变理论认为组织形式,或领导风格、决策方式,依赖于组织内部或外部的约束因素。就组织本身的生命周期而言,在不同的生命周期,应采取不同的管理方式。例如,在组织的初建和发展期,制度不够健全,管理强调效率和快速反应,相对集权更佳;在组织的成熟期,制度比较健全,管理强调安全和稳健,必要的分权必不可少。就管理者与员工的关系而言,员工对管理者的信任与忠诚的程度不同,管理的方式也应随之变化。如双方关系良好,管理行为应趋于员工导向型,以"放手"为主;如双方关系一般,管理行为则应趋于工作导向型,以"指令"为主。就组织的外部约束因素而言,投资环境、市场行情、客户需求、竞争者的策略等发生变化,管理者的管理方式也应发生相应的变化。

现代组织的管理者必须掌握弹性原则和反馈原则,以确保权变管理的有效性。所谓弹性原则,即在制订计划与对策的过程中,必须留有充分的余地,保有必要的机动灵活性,或紧或松、或刚或柔、或堵或泄、或解或化,有时要立竿见影,有时或许要适当搁一下,以保证在情况突变时仍能较好地适应环境,实现目标。所谓反馈原则,即充分发挥信息的作用,运用管理系统运行信息的反馈,灵敏、正确、及时地进行调整与控制,以保证管理目标的实现。

【复习思考与讨论题】

1. 孙武所说的"利可全"的含义是什么?"必胜"和"利全"这两大战略目标有什么关系?

2. 孙武所说的"利"有哪三层意义?

3. 为什么兵家把"合利而动"视为决策的根本法则?如何正确理解我们今天所说的"利益驱动"?

4. 现代组织管理者应如何兼顾各种利益相关方的利益诉求?现代组织管理者履行社会责任的最重要的道德标准是什么?

5. "因利制权"是什么意思?你能说出多少含有"权变"意义的汉语词语?

6. 现代权变管理理论的核心概念是什么?请举几个实例说明。

7. 现代组织的管理者必须掌握哪两项原则以确保权变管理的有效性?

8. 请用现代白话或英语解释本小节的主要概念。

四、德法兼治理念

孙武曰:"善用兵者,修道而保法,故能为胜败之政。"他认为,领兵将帅只有"修道"(修明政治,以德治军)和"保法"(坚持法制,以法治军)二者兼治,才能主宰战争胜负的结果。2 500多年前,孙子所提出的"德治"与"法治"相结合的治军原则,不仅仍然适用于现代化军队的治理,适用于现代国家和社会的治理,而且对于各类现代组织的各个层次的管理,都具有重要的借鉴意义。

本章拟把"修道"(德治)和"保法"(法治)分为两个小节加以探讨,但孙武的有些论述同时提及二者,这些论述则全部放在第一小节"修道(德治)"中列出。

(一)修道(德治):上下同欲 仁爱素行

【主要概念】上下同欲者胜;视卒如爱子;令素行者与众相得。

【原作论述】

① 善用兵者,修道而保法,故能为胜败之政。   《孙子兵法·形篇》

② 故经之以五事，校之以计，而索其情：一曰道，二曰天，三曰地，四曰将，五曰法。

《孙子兵法·计篇》

③ ……主孰有道？将孰有能？天地孰得？法令孰行？兵众孰强？士卒孰练？赏罚孰明？吾以此知胜负矣。

《孙子兵法·计篇》

④ 道者，令民与上同意也，故可以与之死，可以与之生，而不畏危；

《孙子兵法·计篇》

⑤ 上下同欲者胜。

《孙子兵法·谋攻篇》

⑥ 视卒如婴儿，故可以与之赴深溪；视卒如爱子，故可与之俱死。

《孙子兵法·地形篇》

⑦ 故令之以文，齐之以武，是谓必取。令素行以教其民，则民服；令不素行以教其民，则民不服。令素行者，与众相得也。

《孙子兵法·行军篇》

⑧ 夫道者，所以反本复始；义者，所以行事立功；……若行不合道，举不合义，而处大居贵，患必及之。

《吴子·图国》

【白话释义】

① 善于用兵的人，提振军德，并坚持法制，就能主宰战争胜负的结果。

② 所以，要从五个方面分析研究，比较敌对双方的各种条件，以求预测战争的胜负：一是道，二是天，三是地，四是将，五是法。

③ ……哪一方国君德行更高？哪一方将帅更有才能？哪一方占据天时地利优势？哪一方法令更能切实执行？哪一方军队实力强盛？哪一方士卒训练有素？哪一方赏罚严明？根据这些，我就可以判明谁胜谁败了。

④ 道，使将士与国君意志统一，故而能在战争中出生入死，不怕危险。

⑤ 全军上下一心的，能取胜。

⑥ 对待士卒像对待婴儿一样，就可以与他们共患难；对待士卒如同对待自己的爱子，就可以与他们同生死。

⑦ 所以，用仁德治理军队，以军法统一行动，就必能取得部下的拥戴和敬畏。平素严格贯彻命令，管教士卒，士卒就能养成服从的习惯；平素从不严格贯彻命令，管教士卒，士卒就会养成不服从的习惯。凡平时上令下行的军队，其将帅与士卒之间相处融洽。

⑧ "道"是用来恢复人们善良的天性的，"义"是用来建功立业的；……如果行为不合于"道"，举动不合于"义"，而掌握大权，身居要职，必定祸患无穷。

【英语译文】

① One skilled in war cultivates morality and adheres to the rules in his army, and by doing so he can ensure the expected outcome of war.

② Therefore, analysis must be made in respect of the five essential factors and comparisons be drawn between the various conditions of the warring parties so that the result of war can be predicted. The five factors are morality, timing, terrain, the commander and the rules.

③ ... I can predict which of the warring parties will win by examining the following aspects: which ruler upholds morality, which commander has greater ability, which party enjoys advantages of timing and terrain, which party enforces rules and orders more rigorously, which army is more powerful, which party has better-trained officers and men, and which party is strict and fair in administering rewards and punishments.

④ Morality enables the soldiers to be of one mind with the ruler and to fight bravely without fear of death or danger.

⑤ An army whose officers and men are of one mind will win.

⑥ Regard your soldiers as your infants, and they will follow you through danger and hardship; look upon them as your own beloved sons, and they will stand by you even unto death.

⑦ Soldiers are certain to display their allegiance if they are treated with humanity and unified with firm discipline. They will be obedient if they are trained regularly with consistent orders, and will not be obedient if they are not so trained. The regular enforcement of consistent orders results in a satisfactory relationship between the commander and his men.

⑧ Morality restores people's innate goodness. Righteousness helps to make achievements. ... Those who hold important positions but do not guide their conduct by moral principles are sure to invite trouble.

【解读与应用】

在《孙子兵法》的第一篇《计篇》中,孙武提出了"经之以五事",即从五个方面来分析研究敌我形势。他把"道"列为"五事"之首:"一曰道,二曰天,三曰地,四曰将,五曰法。"孙武还提出"校之以计,而索其情",即通过比较敌我双方的具体情况来探讨胜负的可能性。孙武举出的七"计"(即七种情况)中,又把"道"列于首位:"主孰有道?将孰有能?天地孰得?法令孰行?兵众孰强?士卒孰练?赏罚孰明?"由此可见,孙武非常重视"道"在治国、治军等重大政治活动中的作用和意义。

在春秋战国诸子百家的论述中,"道"是出现频率很高的一个字眼,但各家对"道"的含义的阐释有所不同,但也有重叠相通之处。道家所说的"道"主要是哲学概念,指宇宙万物的本原;儒家所说的"道"主要是伦理概念,指至大无外、至小无内的至高道德。"道"也可指具体的方法、途径、策略、道路,如治学之道、为人之道、处世之道等,是各家相通之处。孙武所说的"道"大致与儒家之说雷同,主要指道德,即思想原则和行为规范,但也兼有方法、策略(治军之道)的含意。孙子说,"道者,令民与上同意也,故可以与之死,可以与之生,而不畏危。"孙武认为,所谓"道",就是要让人民(包括将士)和君主心志相通、目标一致,能够与君主同生共死,而不畏艰险。在这里,孙武阐明了一个很重要的道理:良好的道德风貌,包括理想、信念、价值观念等,能使人们产生自觉行动的内驱力,这一内驱力可以强大到足以使人为了某一目标而甘愿出生入死的程度。孙武在有关治国、治军的"五事"和"七计"中始终把"道"放在首位,原因正在于此。

(1)修道目标:上下同欲

孙武把"修道"看作是主宰战争胜负的第一要素,所谓"修道"的意思,就是通过道德表率与道德教化赢得人心,使民众(包括将士)能自觉地以统一的思想原则和行为规范行事,做到政令畅通、上下同心合力,以取得战争的胜利。孙武在《谋攻篇》里所说的"上下同欲者胜",表达的也是同一个意思。可见,孙武认为,修道的目标是上下同欲;唯有上下同欲,才能取得胜利;否则,上下步调不一,必败无疑。孙武不仅强调了"修道"的重要性,而且隐含着目标管理的概念。如本书第二章所述,领兵作战的战略总目标是"必胜"和"利全",实现战略总目标的手段(也即二级目标)是"上下同欲",而实现"上下同欲"二级目标的主要手段是"修道"。

被誉为现代管理学之父的美国管理大师彼得·德鲁克于1954年在其名著《管理实践》中最先提出了"目标管理"(MBO)的概念,其后他又提出"目标管理和自我控制"的主张。德鲁克认为:先有目标才能确定工作,管理者应该通过目标对下级进行管理;当组织最高层管理者确定了组织总目标后,必须对其进行有效分解,转变成各个部门以及各个人的分目标;只有当个人及部门的分目标与组织的总目标相一致时,才能有效地完成组织的使命。德鲁克的这一管理理念与孙子的治军理念非常吻合,所谓"个人及部门的分目标与组织的总目标相一致",实际上也就是孙子所说的"上下同欲"。

第一章的"儒家的德治原则"小节曾经提到德鲁克所主张的"正义而非强权的治理"(the rule of right over might),这种治理相当于孙子所说的"修道"(修明政治,以德治军),其治理结果是员工的"自律"(self-discipline),具体地说,就是"被治理者将主动承担组织目标的实现,培养自律精神,创造最佳业绩"。这种"最佳业绩",在战场上则体现为孙子所说的(将士)"可以与之死,可以与之生,而不畏危",为了实现"必胜"和"利全"的战略目标而甘洒热血。

现代组织应借鉴孙子重"修道"的治军理念及德鲁克"正义而非强权"的目标管理理念,在确定组织的总目标以后,通过"德治"激发员工积极参与的自律精神,达到个人及部门的分目标与组织的总目标相一致的境界,即"上下同欲"的境界,以确保战略总目标的最终实现。要达到"上下同欲"的境界,"修道"是必由之路,正义而非强权的"德治"是最重要的手段。"德治"的力量在于能使员工产生自觉行为,而这种力量是任何其他力量所不能比拟的。

(2) 修道方式:仁爱素行

为什么"修道"能使将士"可以与之死,可以与之生,而不畏危"? 那是出于"修道"的向心力、亲和力和感召力。那么,应该如何"修道"呢?"修"字作为动词用,可表示研习、阐明、实行等意思。要"修道",将帅首先必须身先士卒,从自己做起,边研习,边实行,以自己的德行濡染士兵的心灵。概括地说,孙武给出了两个答案,其一是仁爱,其二是素行。所谓仁爱,是指对士卒的宽仁慈爱;所谓素行,是指平时始终如一地行事(如执行命令等)。

孙武曰:"视卒如婴儿,故可以与之赴深谿;视卒如爱子,故可与之俱死。"(《孙子兵法·地形篇》)孙武认为,领兵作战的将帅必须对士卒宽仁慈爱,把他们视为婴儿或自己的孩子,才能凝聚人心,士卒才会与将帅"赴深谿"(共患难)和"俱死"(同生死)。吴起也指出,"夫道者,所以反本复始",以道治军,就能唤起将士善良正义的天性,军队才会有强大的战斗力。

吴起说,"若行不合道,举不合义,而处大居贵,患必及之",他认为如果行为不合于"道",举动不合于"义",而掌握大权,身居要职,必定祸患无穷。有一则历史故事可印证吴起论述的正确,说明仁爱对于身居要位的人的重要性。春秋末年晋国有一个掌实权的智氏家族,其头领智宣子年老时想找一个继承人,他看中了一个能力超强的儿子智瑶,但受到家族长老智果的反对。智果反对的理由是:"瑶之贤于人者五,其不逮者一也。"意思是说智瑶有胜过他人的五大优点,但却有一条致命的弱点。五大优点是"美鬓长大则贤,射御足则力贤,伎艺毕给则贤,巧文辩惠则贤,强毅果敢则贤",意即外貌帅气、长于骑射、才艺双全、能写善辩,而且坚毅果敢,五大优点可谓十分耀眼突出。缺点是"如是而甚不仁",即缺乏仁爱之心。智果认为,"若果立瑶也,智宗必灭",如果智瑶真的被立为继承人,必然招致灭族之祸。智果的理由是"夫以其五贤陵人而以不仁之,其谁能待之?"如果没有仁爱之心,并凭着自己的五大优势去欺负别人,谁能承受得了呢? 超强能力恰恰会转化成一种巨大的破坏力。后来智瑶上位,果然应了智果的预言,导致智氏家族的覆亡。(司马光《资治通鉴》第一卷)这个历史故事告诉我们,对于身居要位的人,仁爱的德行比才华更重要,如果没有仁爱之心,才华越高,败事的危险越大,难怪司马光说"才胜德谓之小人",把才高德寡的人归入不可任用的"小人"之列。

另有一则现代故事从正面证明了兵家仁爱管理理念的正确。2020年春,中国爆发了新冠肺炎疫情,举国抗击疫情的动人故事很多,其中一位跨国公司总裁的举动引人注目。美国多特瑞公司(上海总部)是一家兴旺发达、盈利状况良好的企业,公司总裁麦欧文(美籍)称得上是一位成功的管理者。但他对成功有着自己的定义,在他看来,成功不仅要看自己获得多少,更要看有没有帮助别人。在他仁爱治企的理念主导下,公司在疫情爆发的第一时间就向上海市慈善基金会捐款40万元,捐物折价60万元。全公司的员工在麦欧文的仁爱之心的濡染下,平时也都积极参加赈灾、扶贫、帮助患病儿童等公益活动,公司累计捐款总额超过3 200万元人民币。履行社会责任已成为公司可持续发展的重点和全体员工的共同理念。麦欧文的仁爱之心不仅赢得了公司员工的赞赏和支持,而且使公司获得了良好的口碑和强劲的发展机会。通过连续两年参加上海进博会,中国已成为这家美国公司最重要的海外市场,麦欧文的管理工作受到了美国总部的高度肯定。(2020年2月15日《解放日报》)

总之,仁爱的"修道"方式对现代管理有着重要的借鉴意义。有效的人际交流和人际关系的协调,是现代管理的一项主要工作,而通过仁爱的教化,启发人的道德自觉,使人性不断得到升华,从而达到道德自律,就能求得人际关系的和谐。现代组织的管理者必须注重管理美德,对员工怀有仁爱之心,关心员工福利,并能满足各个员工不同方面、不同层次的心理需求,使员工感觉到个人的目标与组织的目标是一致的。管理者的仁爱之心会产生巨大的向心力、亲和力和感召力,使所有组织成员同心同德、患难与共,实现组织的战略目标。管理者以"道"治理,就能激发员工善良正义的天性。管理者的仁爱,将唤起员工的仁爱,这不仅是员工道德自律的思想基础,而且也应成为现代组织实现组织目标的有效价值选择。有了这样的价值选择,现代组织必然树立为社会大众服务的宗旨,必定在产品质量和服务质量上下功夫,也就必然在组织内部实行严格、高效、和谐、有序的管理,这样的现代组织必定兴旺发达。

孙武曰:"令素行以教其民,则民服;令不素行以教其民,则民不服。令素行者,与众相得也。"这里的"民"主要指士卒;"素"的意思是平素、平时、向来、一贯;"素行"意为平时一贯地执行。孙武认为,"民服"或"民不服",取决于将帅是否能始终如一地贯彻执行军中大事,是否能做到言必信,行必果。如能做到,就能"与众相得",建立起和谐融洽的官兵关系,上下一心去夺取战斗的顺利。

兵家素行的"修道"方式对于现代组织管理有两条启示:其一,重视日常规范管理,养成始终如一的良好习惯;其二,注重诚信管理,营造诚信运营环境,促进组织健康发展。

组织的性质不同,日常管理的内容和重点也不同,但有一些带共性的日常行政管理可视情况参照实行。日常行政管理主要包括五个方面:规章制度管理、办公事务管理、人力资源管理、财务会计管理、对外联络管理等。具体管理的事务有考勤考核、日常办公、各类会议、人员接待、文书资料、对外联络、上通下达、设备维修、安全卫生、生活福利、财务报销、车辆使用,等等。日常管理重在"素行",日复一日、始终如一地执行制度、履行责任,通过时间的打磨,确保部门之间、员工之间的合作形成一种默契、一种习惯,使整个组织成为一个高效运作的整体。

所谓诚信管理,有两层意思。其一是现代组织内部管理重视诚信,管理者品德信用良好,言行一致,表里一致,对员工一视同仁,始终如一地贯彻执行组织内部的规章制度,并以此培养员工的诚信意识和职业道德。其二是现代组织对外部环境(包括投资者、客户、和社会大众)讲求信誉,重视产品和服务质量,遵循国际标准及国内相关法规,对于企业来说就是诚信经营。这两层"诚信"应以前者为基础,只有组织内部上下都讲诚信,才可能对外坚持诚信经营,获得良好信誉。

【复习思考与讨论题】

1."修道"的含义是什么?为什么孙武认为"修道"是治军的第一要素?
2.孙武所说的哪句话相当于德鲁克所说的"培养自律精神,创造最佳业绩"?
3.俗话说"金无足赤人无完人",为什么智瑶的一个缺点就足以抵消他的五大突出的优点?这对于现代组织管理者有什么启示?
4."令素行者,与众相得也"是什么意思?为什么"素行"有这么大的影响力?
5.现代组织的日常管理有哪些主要内容?日常管理应注重什么?
6.诚信管理有哪两层意义?
7.请用现代白话或英语解释本小节的主要概念。

(二) 保法(法治):曲制　官道　主用

【主要概念】曲制;官道;主用;分数;形名。

【原作论述】

① 法者,曲制、官道、主用也。　　　　　　　　　　　　　　《孙子兵法·计篇》
② ……约束不明,申令不熟,将之罪也;既已明而不如法者,吏士之罪也。
　　　　　　　　　　　　　　　　　　　　　　　　《史记·孙子吴起列传》
③ 故杀敌者,怒也;取敌之利者,货也。故车战,得车十乘已上,赏其先得者,而更其旌旗,车杂而乘之,卒善而养之,是谓胜敌而益强。　《孙子兵法·作战篇》
④ 施无法之赏,悬无政之令,犯三军之众,若使一人。　　《孙子兵法·九地篇》
⑤ ……凡治众如治寡,分数是也;斗众如斗寡,形名是也。　《孙子兵法·势篇》

【白话释义】

① 法,是军队组织编制、将吏的统辖管理和职责区分、军用物资的供应等管理制度。
② ……对军队的规章不清楚,对军令的申说不明白,这是将帅的过失;对规章和军令已经明白却不遵行,这是吏士的罪过了。
③ 要使士卒奋勇杀敌,就要激起他们对敌仇恨;要使将士勇于夺取敌人资财,就要用财物奖励。因此在车战中,凡缴获战车十辆以上的,要奖赏最先夺得战车的士卒,

并且更换战车上的旌旗,将其混合编入己方车阵之中,对俘虏的士兵要优待和供养他们,这就是所谓战胜敌人而使自己日益强大。

④ 施行超出惯例的奖赏,颁布打破常规的号令,指挥全军部众如同使唤一个人一样。

⑤ ……治理千军万马如同治理小部队一样简单,那是严密的组织编制所致;指挥大军作战如同指挥小部队作战一样容易,那是编排有序、号令明确所致。

【英语译文】

① "Rules" are to be understood as the principles which govern the organization of the army, the grading of the officers, the maintenance of the supply routes, and the control of military expenditure.

② ... It is the commander's fault not to establish explicit rules or to issue definite orders. It is the misconduct of the officers and soldiers not to carry out rules or orders though they are explicitly made.

③ To make the soldiers brave in vanquishing the enemy, they must be roused to anger; to capture more spoils from the enemy, they must have their rewards. Therefore in chariot fighting, when ten or more chariots are taken, those who take the first should be rewarded. The enemy's flags should be replaced with our own, and the captured chariots mingled with our own. The prisoners of war should be kindly treated and kept.This is called defeating the enemy to increase one's own strength.

④ Offer rewards regardless of customary practice, issue orders regardless of prior instances, and you will be able to handle a whole army as though it were a single man.

⑤ ... The control of a large force is the same as that of a small one. It is merely a matter of organization.The domination of a great army is the same as that of a petty one. It is a matter of formation and signals.

【解读与应用】

唐代政治家杜牧在注释孙武"修道而保法"的治军原则时说,"道者,仁义也;法者,法制也。善用兵者,先修理仁义,保守法制,自为不可胜之政,伺敌有可败之隙,则攻能胜之。"杜牧的注释颇有道理。孙子的治军原则强调道法并举,刚柔相济。"修道"是柔性原则,激发士卒良好的自觉行为;"保法"是刚性原则,依法产生强制行为;二者互相结合,互为补充,才能使军队在纷繁复杂的战势中立于不败之地。关于德法兼治原则,我们在儒家思想部分也曾有探讨,可参见第一章的"儒家的德治原则"小节。

现代组织的管理同样必须处理好德治与法治的关系,德治是根本,使员工由内向外地培养自律意识,自觉实现组织目标;法治是保障,依靠规章制度由外向内地确保员工不产生偏离组织目标的行为。人性中有从善的愿望,可以靠德治来激发;人性中也有趋恶的倾向,必须靠法治来抑制。德治是管理的第一原则,但也并非万能,德而无法,柔而不刚,治理就会产生流弊,德治必须以法治作为其保障和支撑。

法治为一切社会组织的管理活动提供了合法性基础,只有在法治的环境中,在法治的土壤里,才能形成现代组织的长治和善治。法治是各管理主体一切行为和活动的基本准则,没有这些准则,现代组织将处于混乱无序状态,法治使组织管理活动具有权威性、预期性和可操作性。

(1)保法要义:制度健全

所谓"保法",就是健全和严格法制,使军队的统领、军令的执行、军务的治理等都有硬性的制度保障。关于"法"的内涵,孙武解说道:"法者,曲制、官道、主用也。"北宋政治家梅尧臣对孙武这段话的注释为:"曲制,部曲队伍,分画必有制也。官道,裨校首长,统率必有道也。主用,主军之资粮百物,必有用度也。"用今天的话来说,"法"就是指军队的各项制度,如组织的编制、将吏的管理、军需的掌管等。具体说来,"曲制"就是有关部队编制的军事制度;"官道"就是有关将领任免和职责的官吏制度;"主用"就是有关军费、粮秣、车马、器械管理的财务制度。孙子强调,保法的要义在于制度健全,主张把编制、官吏和财物开支等统统纳入法的轨道,使军队的各项治理有法可循,为严格执法提供不可置疑的依据。

孙武还说:"凡治众如治寡,分数是也;斗众如斗寡,形名是也。"(《孙子兵法·势篇》)他认为只要制度健全、组织严密、号令畅通,指挥庞大的军队就如同治理小班人马一样容易。这句话很简洁,却深含管理的大学问,我们不妨从"分数"和"形名"说起。"分数"是编制组织的架构,"形名"是发布号令的指挥系统。古代军队的"数",以五人为一个最小战斗单位,叫"伍"。今天我们把参军称为"入伍",就是从这儿来的。二十伍(一百人)叫"卒",相当于现在一个连;五个"卒"(五百人)叫"旅";一个"军"(一万二千五百人)二十五个旅。"分数"就是把军队组织系统的架构编制出来,如何"分"事关重大。"形名"是用于指挥的号令。曹操注解说"旌旗曰形,金鼓曰名",顾名思义,"形"是视觉号令,如旗帜、烽火、狼烟等;"名"是听觉号令,如姓名、鼓声、口令、暗号等。"分数"和"形名"构成了军队严密的组织架构和高效的指挥系统,凭借这两条,自然能做到"治众如治寡"和"斗众如斗寡"了。千百年来,合理的组织架构与有效的指挥系统,是政府管理和各级各类组织管理的永久话题,是法治的重要内容。

法治就是规则之治,现代组织的管理需要制度化和精细化("分数"),也需要规范化、信息化("形名")。全面、明确、严格而又合理的规章制度为现代组织的管理提供最有力也最有效的后盾和支撑。规章制度在现代组织管理中的作用具体表现在:其一,为管理者合法的管理行为提供强制执行力,使之更为高效,更有权威;其二,对管理者的管理行为进行制约,对渎职、贪腐等违法管理行为予以制止,将权力关进制度的笼子里;其三,强制性地规范员工的行为,纠正偏离组织目标的不良行为;其四,更加有力地维护员工的合法权益,使争议或纠纷的解决有章可循,有法可依。

(2) 保法手段:赏罚必信

孙武的"保法"主张包含立法和执法两层意思,立法即上文所说的"曲制、官道、主用"等各项制度的建立,执法即军中各项制度的贯彻执行。孙武在《计篇》所列出的决定战争胜负的七"计"中就有"法令孰行"和"赏罚孰明"两个重要变量,可见其对执行法令和赏罚严明的高度重视。根据司马迁在《史记·律法》中的记载,孙武在吴国整军经武,"申明军约,赏罚必信",表明孙武以赏罚必信作为执法的主要手段。孙武曰:"约束不明,申令不熟,将之罪也;既已明而不如法者,吏士之罪也。"孙武所说的"约束""申令",即司马迁所说的"军约",都是军法的意思。孙武认为,执法严明、"赏罚必信"的前提是"申明军约",即军法必须"三令五申",反复说明,使将领和士卒对军中的各项制度都很清楚明白,知法犯法才应严惩不贷。孙武赏罚必信的主张,还表现为执法的公正和公平,对平民和权贵、士卒和将领皆一视同仁。在银雀山汉墓竹简《见吴王》中就有关于孙武"赏善始贱,罚〈恶始贵〉"的记载,他主张奖赏善行应从普通民众(包括士卒)做起;惩罚恶行应从权贵(包括将领)做起,绝不徇私枉法,偏袒任何人。

孙武关于赏罚的另外两个独到见解是:特殊情况可施特别重赏;一般情况不宜滥赏滥罚。孙武曰:"施无法之赏,悬无政之令。犯三军之众,若使一人。"意思是说,施行超出法定的奖赏,颁发打破常规的号令,(那么)指挥全军将士就会如同使唤一个人一样。根据张文儒(1998)在《孙子兵法》序言中所说,拿破仑特别欣赏《孙子兵法》(法译本)中的这句话,并在领兵作战中信赏信罚,破格提升许多有胆有识之士,夺得不少战役的胜利。孙武曰:"数赏者,窘也;数罚者,困也;先暴而后畏其众者,不精之至也;……"(《孙子兵法·行军篇》)这句话是孙武为判断敌军将领的作为而说,意思是不断犒赏士卒的,是(敌军将领)技穷力竭的表现;不断惩罚部属的,是(敌军将领)处境困难的表现;先粗暴然后又害怕部下的,是最无能的将领。由此可见孙武反对滥赏滥罚,将之视为败将所为,滥赏滥罚对于领兵作战有害无益。既提倡"施无法之赏"(特殊情况可施特别重赏),又反对"数赏……数罚"(通常情况不可滥赏滥罚),彰显了兵家治军的辩证艺术。

关于赏罚理念,我们在法家思想部分的第五章"赏罚理念"中曾有比较详细的探讨,但探讨的角度不同,孙武的理念有其独到之处。孙武"赏罚必信"的主张在现代管理中的应用表现为建立和贯彻行之有效的奖惩制度。奖惩制度是现代组织必不可少的激励和制约机制,成功的现代组织管理者必然是这种机制运用自如的掌控者。奖励是正向的、积极的,惩罚是负向的、警戒的;奖励的作用在于强化员工符合组织期望的行为,惩罚的作用在于制止员工偏离组织期望的行为;奖励能增强组织的凝聚力,惩罚能提升组织的执行力;奖惩结合就会在组织内部形成战斗力,在组织外部提高竞争力。

孙武关于赏罚的独到见解对现代管理还有如下启示:

(1) 奖惩制度的执行要贯彻公开、公平、公正的原则,不可徇私、不可唯亲、不可舞弊。奖惩制度一经制定,要通过各种方式,利用各种场合予以公布和宣传。经"三令五申",使所有员工耳熟能详之后,必须一丝不苟地严格执行。员工有功,与管理者同赏;管理者违章,与员工同罚。只有"赏罚必信",才能提高管理层的威信和管理效率。

(2) 在组织处于生死存亡的危急时刻,在科技攻关、市场开发等涉及组织发展的重要关头,可"施无法之赏,悬无政之令",设立超乎常规的特别奖励。古话说"重赏之下必有勇夫",特别奖励会激发超常的驱动力,产生非同一般的效果。

(3) 奖励要有差等,要考虑到员工的不同需求;惩罚要慎之又慎,切忌过度;滥奖滥惩不仅无效,而且有害。奖励没有差等,就失去了激励的作用,人人有份的"大锅饭"式奖励形同虚设。不同员工有不同的心理需求,有的看重物质奖励,如奖金、奖品、涨薪、提高福利标准等,有的注重精神奖励,如表扬、评优、晋升、委以重任等,管理者可酌情区别对待,以满足各种不同需求,更有效地激发员工的积极性。惩罚是一种硬性制约,其带来的心理反应是恐惧和威慑,适度使用可以对人的行为起到良好的规范警戒作用,但过度使用会产生逆反心理,挫伤员工的积极性,奖惩制度必须以奖励为主,惩罚为辅,才能收到理想的效果。

【复习思考与讨论题】

1. 按照孙武"法者,曲制、官道、主用也"的论述,"法"的含义是什么?
2. "法治"在德法兼治的管理模式中起到什么作用?
3. "分数"和"形名"是什么意思?为什么说凭借这两条就能做到"治众如治寡"和"斗众如斗寡"了?
4. 规章制度在现代组织管理中的作用具体表现在哪些方面?
5. 孙武所说的"保法"有哪两层意思?
6. 请解释"施无法之赏,悬无政之令。犯三军之众,若使一人"和"数赏者,窘也;数罚者,困也"这两句话。二者有何内在联系?
7. 孙武关于赏罚的独到见解对现代管理有哪些有益的启示?
8. 请用现代白话或英语解释本小节的主要概念。

五、奇正治理理念

奇正,是一个从战场上的兵力部署和兵力运用中抽象出来的概念,是由古代兵家代表人物孙武关于进退、攻防、分合、彼己、虚实、动静等对立关系相互转化的思想推衍而成,含有朴素的军事辩证法的因素。孙子曰:"战势不过奇正,奇正之变,不可胜穷也。"孙子认为,所谓战势,就是奇正用兵而已,而奇正的变化却无穷无尽。南宋学者张预在其所注《孙子兵法》中也说:"战陈之势,止于奇正一事而已。及其变而用之,则万途千辙,乌可穷尽也。"奇正,这一古时兵法术语,是孙子总结千变万化的战势、战法的高度浓缩语,堪称孙武谋略思想与用兵艺术的结晶。

孙武的奇正理念贯穿于《孙子兵法》全书,体现了他的辩证法思想在军事上的充分而合理的运用,在"计篇""军争篇""形篇""虚实篇""势篇""九变篇"等多篇中都有比较集中的论述。辩证法思想的对立统一观与发展变化观,被娴熟地运用于谋略、治军和具体的战事实践,形成了孙武所倡导的谋略原则和用兵艺术。奇正,可被视为《孙子兵法》对于辩证法思想的一种特殊表述方式。将帅要在兵势的变化中随时调整自己的战略战术,必须运用辩证的思维方式和辩证的用兵艺术,才能确保"必胜"和"利全"战略目标的实现。

孙武的奇正理念所蕴含的辩证法思想对于现代管理有着极其重要的借鉴意义,现代组织的管理者在外部竞争或内部管理、把握现实或规划未来、正常运作或开拓创新等各方面都要用孙武的两点论和发展观思考问题、解决问题,形成娴熟的奇正管理艺术。本章将分三个小节来探讨兵家思想中的奇正管理理念,前两个小节的标题中用"奇正"和"虚实"表达孙武的对立统一观;第三小节用"无常"表达孙武的发展变化观。

(一) 奇正:以正合 以奇胜

【主要概念】凡战者,以正合,以奇胜;奇正之变,不可胜穷。

【原作论述】

① 是故智者之虑,必杂于利害。杂于利,而务可信也;杂于害,而患可解也。

《孙子兵法·九变篇》

② 三军之众,可使必受敌而无败者,奇正是也;……凡战者,以正合,以奇胜。……战势不过奇正,奇正之变,不可胜穷也。奇正相生,如循环之无端,孰能穷之?

《孙子兵法·势篇》

③ 不可胜者,守也;可胜者,攻也。守则不足,攻则有余。善守者藏于九地之下,善攻者动于九天之上,故能自保而全胜也。

《孙子兵法·形篇》

【白话释义】

① 所以,睿智的将帅考虑问题,必然会权衡利害两个方面。(在有利条件下)考虑到不利的一面,战事就可顺利进行;(在不利条件下)考虑到有利的因素,祸患便可排除。

② 统率三军可使其四面受敌而不致败北,那是由于奇正之法运用得巧妙;……

大凡用兵作战,总是以正兵对敌,以奇兵取胜。……所谓战势,就是奇正用兵而已,而奇正的变化却无穷无尽。奇正互相转化,犹如圆环旋转无始无终,谁能找到它的终端呢?

③ 敌人一时不能被战胜,就守而待之;敌人能够被战胜,则攻而取之。防守是因为我方兵力不足,进攻是因为我方兵力超过对方。善于防守的军队如同深藏于地下;善于进攻的军队就像从天而降。这样,才能保全自己而获得全胜。

【英语译文】

① Hence a wise commander necessarily considers both favorable and unfavorable factors. Consideration of favorable factors results in the reliability of his plans and consideration of unfavorable factors removes possible adversities.

② The army's power of sustaining the enemy's attack without any defeat comes from the operations of the extraordinary and the normal forces ... Generally in battle, use the normal force to engage and the extraordinary force to win ... In battle, there are only the normal and extraordinary forces, but their combinations are limitless. For these two forces are mutually reproductive. It is like moving in an endless cycle. Who can exhaust the possibilities of their combination?

③ Act on the defensive when you cannot defeat the enemy, and launch an offensive when you can. The defensive tactics is adopted when your strength is insufficient, and the offensive employed when your strength is abundant. The commander skilled in the defensive hides his army as if it were under the deepest earth, and the one skilled in the offensive enables his army to dart forth as if from the highest sky. Thus the commander skilled in both tactics is capable of protecting his own army and winning complete victory.

【解读与应用】

"奇正",是《孙子兵法》中众多对立概念中的一对,是孙子辩证思想和用兵艺术的集中体现,是其兵法战术推衍的出发点,一切攻守、进退、动静、分合的战术都源于奇正原理。

(1)奇正是战术推衍之源

孙武说,"战势不过奇正",认为一切战势的变化都是奇正用兵的结果。他指出"三军之众,可使必受敌而无败者,奇正是也",强调奇正的运用是克敌制胜的基本指导原则和可靠保证。所谓"正"和"奇",是对立的统一,是用兵艺术不可或缺的两个方面,"正"指通常的战术和正规的战法,"奇"指超出常规的奇特战法。具体说来,正面战是"正",侧翼战是"奇";明战是"正",突袭是"奇";实战是"正",佯攻是"奇";直线进军是"正",迂回包抄是"奇";常规战是"正",游击战是"奇";进攻时前进为"正"、假退为

"奇";防御时坚守为"正"、意外出击为"奇",如此等等。总之,用兵的常法就是"正",任何变异打法就是"奇"(见下表)。

"奇正"战术变化的具体表现

正 Ordinary Tactics	奇 Extraordinary Tactics
正面战 direct confrontation	侧翼战 flank battle
明战 declared attack	突袭 surprise attack
实攻 real assault	佯攻 feign assault
直道进军 straight march	迂回包抄 circuitous outflank
正规战 regular warfare	游击战 guerrilla warfare
正常前进 normal advance	佯退 feign retreat
坚守阵地 holding ground	意外出击 making a sally

关于"奇""正"二者的关系和功能,孙武认为"凡战者,以正合,以奇胜",通常用兵作战,都是用"正"兵交锋,用"奇"兵取胜。他还指出:"奇正之变,不可胜穷也。奇正相生,如循环之无端,孰能穷之?"奇正的变化无穷无尽,奇正互相转化,犹如圆环旋转无始无终,谁能找到它的终端呢? "奇""正"二者并非一成不变,而是随着战局的变化而变化,尤其是出奇之处,变化多得"无穷如天地,不竭如江河"。孙武的"奇正"思想在中外战史上演绎出无数惊心动魄、出神入化的战例。

公元前506年由吴王阖闾亲自挂帅、由孙武和伍子胥直接指挥的柏举之战堪称"以正合,以奇胜"的典型战例。当年吴国乃小国,而楚国是大国,结果吴国的三万军队深入楚境,在柏举(今湖北省麻城市境内)击败楚军20万主力,继而占领楚都而大获全胜。吴军全胜的原因正是灵活机动、因势用兵,巧妙地运用"奇正"的战术变化。"奇"的战术表现为:①放弃沿淮水西进直抵汉水的打法,而是忽南忽北迂回奔袭,出其不意地深入楚国腹地;②吴军本来擅长水战,而孙武偏偏下令弃船登陆,以水军陆战的特殊战术奇袭楚军,使楚军意想不到而措手不及;③不断以"佯攻—后退"的战术诱敌疲敌,以逸待劳。"正"的战术表现为：①在敌疲我逸、敌虚我实的情势下与楚军正面交锋；②在楚军分散、吴军集中的情势下寻机决战；③在楚军溃败，士气低落、军心混乱的情势下深远追击，直捣楚都。孙武的辩证用兵艺术使3万吴军在"奇正"的战术变化中如同神兵天降，打得20万楚兵晕头转向溃不成军，在世界军事史上留下了浓墨重彩的一笔。

（2）奇正原理的现代应用

"奇正"原理在现代管理中同样适用，不少现代组织所执行的"强基固本，以奇制胜"方针就是"奇正"原理的体现。在现代军事、科技、商贸、文化教育等领域的竞争中，"强基固本"是"正"，"以奇制胜"是"奇"；增强实力是"正"，巧用机遇是"奇"；正常运作是"正"，开拓创新是"奇"；坚持原则性是"正"，运用灵活性是"奇"；刚性管理是"正"，柔性管理是"奇"；扩大现有市场是"正"，开辟新的市场是"奇"；改良现有产品是"正"，开发新的产品是"奇"。（见下表）

"奇正"战术在现代管理中的应用

正 Ordinary Tactics	奇 Extraordinary Tactics
正常运作 normal operation	开拓创新 exploration and innovation
增强实力 enhancing strength	巧用机遇 grabbing opportunities
坚持原则性 adhering to principles	运用灵活性 applying flexibility
刚性管理 rigid management	柔性管理 flexible management
强基固本 strengthening foundation	以奇制胜 winning by surprise
扩大现有市场 expanding the existing market	开辟新的市场 opening up a new market
改良现有产品 improving the present product	开发新的产品 developing a brand-new product

现代组织管理者要善于把握"奇正"两极既对立又统一的辩证关系，全面、动态地认识事物，以"不可胜穷"的"奇正"两手创造性地解决管理中的各种问题。以企业竞争为例，成功的企业一面以传统的产品、技术及营销方式在原有的市场与对手进行常规竞争，这是"以正合"；而一面秘密地组织研究人员，开发新技术、新产品及新的营销方

式,并开拓新市场,在对手猝不及防的情况下一举成功,这是"以奇胜"。前者"以正合"可以凭借企业的实力、产品质量和有效的管理机制等优势取胜;后者则可在企业处于劣势地位时以创新击败对手;奇正互补,缺一不可,而后者以奇制胜,在市场竞争中也许更具杀伤力。创新的产品、创新的售后服务、创新的广告宣传、创新的营销方式、创新的物流渠道……任何一项赢得人心、赢得市场的出奇创新都可能使优势企业更优,使劣势企业变优,甚至使濒临破产的企业起死回生。

我们把刚性管理与柔性管理也列入"奇正"战术的现代应用,是基于二者的如下区别:①二者的前提条件不同。刚性管理的前提条件是组织的基本架构、规章制度、日常运作需要等所赋予管理者的职责和权力,管理者的作用主要在于明确的指令、监督与控制;柔性管理的前提条件是组织的共同价值观和心理文化氛围,以及员工对组织的行为规范与规章制度的认同和内化,管理者的作用主要在于启发、引导和支持。②二者的目标不同。刚性管理的目标是确保组织的正常运行、常规工作的开展,以及员工的基本需求的满足;柔性管理的目标是激发员工的自律、自尊、自强精神,鼓励员工参与问题的决策并承担责任,提供发挥个人潜力和创造性的机会。刚性管理是基础,柔性管理是升华;刚性管理保障组织的有序运营,柔性管理促进组织的开拓创新;二者的"奇正"变化和有机结合是高效管理的源泉。

【复习思考与讨论题】

1. 黑格尔的辩证法概念与苏格拉底的辩证法概念有何不同?孙武的辩证法思想主要体现在哪两个方面?

2. "奇正"是什么意思?"奇正"的战术变化有哪些具体表现?

3. 在柏举战役中,孙武是如何指挥吴军,运用"奇正"战术歼灭兵力几倍于己的楚军的?

4. "奇正"战术在现代管理中的应用可表现在哪些方面?请举实例说明现代组织如何"以正合,以奇胜"?

5. 为什么说刚性管理是"正",柔性管理是"奇"?二者有何区别和联系?

6. 请用现代白话或英语解释本小节的主要概念。

(二) 虚实迂直:避实击虚　后发先至

【主要概念】我专而敌分;我众而敌寡;兵之形,避实而击虚;以迂为直,以患为利。

【原作论述】

① 故善战者,致人而不致于人。……故形人而我无形,则我专而敌分。我专为一,敌分为十,是以十攻其一也,则我众而敌寡。

《孙子兵法·虚实篇》

② 故备前则后寡，备后则前寡，备左则右寡，备右则左寡，无所不备，则无所不寡。寡者，备人者也；众者，使人备己者也。

《孙子兵法·虚实篇》

③ 夫兵形象水，水之行，避高而趋下，兵之形，避实而击虚。水因地而制流，兵因敌而制胜。

《孙子兵法·虚实篇》

④ 军争之难者，以迂为直，以患为利。故迂其途，而诱之以利，后人发，先人至，此知迂直之计者也。

《孙子兵法·军争篇》

【白话释义】

① 因而，善于用兵作战的人，总是调动敌人而不为敌人所调动。……所以，让敌方军形暴露，而我方军形则深藏不露，这样，我方兵力可集中，而敌方兵力则分散，我方就可以十倍的兵力去攻击敌人，从而形成我众敌寡的有利态势。

② 因而，注意防备前面，后面的兵力就薄弱；注意防备后面，前面的兵力就薄弱；注意防备左翼，右翼的兵力就薄弱；注意防备右翼，左翼的兵力就薄弱；处处防备，就处处兵力薄弱。敌人兵力不足，是由于处处防备（我方）的结果；我方兵力充裕，是由于迫使敌人分兵防我的结果。

③ 用兵的规律就像水流动的规律，水避开高地而向低处流，用兵应避开敌人坚实之处而攻击其虚弱之处。水依据地形而流动，用兵要根据敌情而取胜。

④ 争夺军事要地，难在如何变迁远为近直，化不利为有利。所以，故意迂回绕道，并用小利引诱迟滞敌人，这样，就能比敌人后出动而先到达必争的要地，这就是懂得变迁远为近直的计谋了。

【英语译文】

① The commander skilled in war sets the enemy moving and keeps the movement of his own army unknown to the enemy. ... By detecting the enemy's dispositions but keeping my own in the dark, I can concentrate my forces while the enemy has to divide his. Thus if my concentrated forces united as one body attack a divided fraction of the enemy's, I have numerical superiority over him.

② The enemy will weaken his rear if he strengthens his front and weaken his front if he strengthens his rear. Likewise, he will weaken his right flank if he strengthens his left and weaken his left flank if he strengthens his right. If he guards against attacks by sending troops everywhere, he will be weak everywhere. Numerical inferiority on the part of the enemy arises from having to guard against possible attacks; our army's own numerical superiority is gained by compelling the enemy to be on his guard.

③ An army may be compared to water. Just as water avoids the heights and flows to the lowlands, an army should avoid the enemy's strength and strike its weakness. And as water shapes its flow in accordance with the terrain, so an army manages its victory in accordance with the enemy's condition.

④ The difficulty of maneuvering consists in turning the circuitous into the straight, and the unfavorable into the favorable. Thus, having taken a circuitous route and enticed the enemy out of the way, you will be able to arrive at the battlefield before the enemy though you set out after him. This is understood as the artifice of deviation.

【解读与应用】

如上一小节所述,"奇正"是孙子辩证思想和用兵艺术的集中体现,是其兵法战术推衍的出发点,一切变化的战术都源于奇正原理,"虚实"也是如此。"虚实"实际上是"奇正"战术在兵力较量上的一种表现形式,实力的正面交锋是"正",避实击虚或以实击虚则是"奇"。"虚实"本可归入"奇正"一节,但由于孙武特别重视对"虚实"的研究,甚至用整章篇幅在《孙子兵法·虚实篇》中加以阐述,所以我们也分节加以探讨。同样,"迂直"之计实际上也是孙子"奇正"战术的推衍,为避免分节过多,"迂直"之计拟归入本小节研习。

(1) 虚实的要义

"虚实",是中国古代重要的兵学术语,在《孙子兵法·势篇》中首先被运用:"兵之所加,如以碫投卵者,虚实是也。"孙武认为,在与敌军交战时,要做到如同用石头砸鸡蛋一样容易,关键就在于处理好"虚实"的关系(以实击虚)。整章篇幅所阐述的正是关于如何处理好"虚实"关系的问题。唐太宗评论说:"观诸兵书,无出孙武。孙武十三篇,无出虚实。夫用兵识虚实之势,则无不胜焉。"唐太宗的这几句话点明了孙武的"虚实"战术在军事上的重要地位。

"虚实"的要义是什么?"虚实"主要指军事力量的强弱大小和态势的优劣,一般而言,无者为虚,有者为实;空者为虚,坚者为实。军情上,弱、乱、饥、劳、寡、不虞为虚;强、治、饱、逸、众、有备为实。曹操对《虚实篇》的题解是:"能虚实彼己也。"宋代赵本学的解释是:"约而言之,不过教人变敌之实为虚,变己之虚为实。"孙子本人指出:"夫兵形象水,水之行,避高而趋下;兵之形,避实而击虚。"因而,"虚实"的要义可归纳为:促使虚与实朝着有利于己方的转化,最终以己方之实攻击敌方之虚而取胜。

如何促使虚与实朝着有利于己方的转化?根据《孙子兵法·虚实篇》,可采取三个步骤:探虚实、变虚实、用虚实。探虚实是促使转化的情报基础,变虚实是转化的灵活手段,用虚实是实现转化的最终目标。

① "探虚实",即探明敌情。孙武"探虚实"的高明之处在于"形人而我无形。"(《孙子兵法·虚实篇》)这句话中第一个"形"是动词,"形人"意为对敌方的"形"(敌方虚实)要主动侦察,使其暴露;第二个"形"是名词,"我无形"意为我方的"形"(我方虚

实)必须隐藏。根据《孙子兵法·虚实篇》所述,"探虚实"可采取"策之"(分析敌情)、"作之"(挑动敌方活动)、"形之"(用假象引诱敌方)和"角之"(进行试探性进攻)等手段,获取敌方的真实信息。孙武的"形人"(探虚实)有两个层次:其一是"知彼",即了解敌情,暴露敌形,讲的是目的;其二是"动敌",即通过各种迷惑、引诱、挑逗等方法,调动敌方,使敌方按照我方的意图行事,从而暴露敌方的兵力部署和作战企图,讲的是手段。至于我"形"(即我方虚实),则应深藏不露而"至于无形",使敌方无法探明我方虚实。"无形,则深间不能窥,智者不能谋"(《孙子兵法·虚实篇》)。我方的"无形"应达到的程度是:即使隐藏再深的间谍也不能探明我方虚实,即便智谋再高的敌手也想不出对付我方的计策。这就是孙武要求"探虚实"所应达到的"神乎神乎"的境界。

②"变虚实"有两种手段,使敌方总体或部分由实变虚。其一,通过"敌逸能劳之,饱能饥之,安能动之"(使安逸的敌军劳顿,使粮食充足的敌军断粮,使按兵不动的敌军不得不行动)等手段削弱敌方军队的战斗力,使敌方总体由实变虚;其二,通过"我专而敌分"(我方集中兵力,而迫使敌方分散兵力)的手段,造成"我众而敌寡"的局面,使敌方分兵而变虚,我方集兵而变实。如孙武所说,"故备前则后寡,备后则前寡,备左则右寡,备右则左寡,无所不备,则无所不寡。寡者,备人者也;众者,使人备己者也",敌方注意防备前面,后面的兵力就薄弱;注意防备后面,前面的兵力就薄弱;注意防备左翼,右翼的兵力就薄弱;注意防备右翼,左翼的兵力就薄弱;处处防备,就处处兵力薄弱。敌人兵力不足,是由于处处防备(我方)的结果;我方兵力充裕,是由于迫使敌人分兵防我的结果。

③"用虚实"有三种方式,其一是出其不意,避实击虚,做到"攻其所不守……守其所不攻",敌方疏于防守的地方,我方突然进攻,而敌方肯定进攻的地方,我方则全力防守;其二是集中优势兵力,以实击虚,在我众敌寡的时机,以"以碬投卵"(用石头砸鸡蛋)的绝对压倒优势战胜敌方;其三是通过"攻其所必救"(攻击敌方要害)和"乖其所之"(使敌方改变进攻方向)的手段掌握攻守主动权,在运动中促使虚实态势的变化,伺机歼敌。

(2) SWOT分析法与蓝海战略

现代经济管理中SWOT分析法的理念和效果与《孙子兵法》中虚实分析的理念和效果,有着颇多吻合之处。SWOT四个字母分别代表:strengths(优势)、weaknesses(劣势)、opportunities(机遇)、threats(威胁)。其中"优势"和"机遇"与《孙子兵法》中的"实"相对应,"劣势"和"风险"与《孙子兵法》中的"虚"相对应。《孙子兵法》的虚实策略与SWOT分析法都讲究对"态势"的分析,前者的分析对象是战场"态势",后者的分析对象是商场(或市场)"态势",二者都注重把己方与对方(敌方或竞争者)的"态势"作对比分析,然后以对比分析和综合评估的结论为基础,调整己方的资源及策略,来实现己方军队(或企业)的目标。SWOT分析法的理念与方法简要介绍如下。

SWOT分析法最早由旧金山大学的管理学教授海因茨·韦里克于20世纪60年代提出,是一种能够较客观而准确地分析和研究一个组织现实情况的方法。该分析法通过对被分析对象的优势、劣势、机会和威胁等加以综合评估,通过内部资源、外部环境有机结合来清晰地确定被分析对象的资源优势和缺陷,了解对象所面临的机会和挑战,从而在战略与战术两个层面加以调整,使得组织管理者能够合理地决策。战略应是一家组织"能够做的"(即组织的强项和弱项)和"可能做的"(即环境的机会和威胁)二者之间的有机组合。SWOT分析法具有显著的结构化和系统性的特征,其重要贡献就在于用系统的思想将组织内部和外部这些似乎独立的因素相互匹配起来进行综合分析,使得组织计划的制定更加科学全面。要成功地应用SWOT分析法,必须遵循以下的规则:①必须对组织的优势与劣势有客观的认识;②必须保证材料的真实性;③必须与竞争对手进行比较;④必须区分组织的现状与前景;⑤必须考虑全面;⑥必须避免复杂化与过度分析。由于SWOT分析法比较客观、全面、系统,结论可信度高,可以使组织管理者能准确地把握自身与竞争者的"态势",合理利用资源,保持原有优势或变劣势为优势,在竞争中始终处于有利地位,击败竞争者,成功地实现组织目标。用孙武的话来说:"进而不可御者,击其虚也。"

在上一章的"必胜"小节中,我们提到了蓝海战略,但没有进行分析,现作一简要的补充论述。由欧洲工商管理学院的钱·金和勒妮·莫博涅提出的蓝海战略实际上也体现了《孙子兵法》的虚实策略思想。钱·金和莫博涅于2005年2月在他们合著的《蓝海战略》一书中首先提出这一概念,对企业在超越产业竞争、开创全新市场的实践中产生了重大影响。2010年10月的哈佛《商业评论》把蓝海战略评为影响中国企业的十大理念之首。

如果我们把整个市场想象成海洋,"红海"代表现存的产业或已知的市场空间,由于存在血腥竞争而成为"红海",是现代组织可以规避的"实";"蓝海"则代表现今还不存在的产业或未知的市场空间,是现代组织可以攻克的"虚"。"蓝海战略"其实就是《孙子兵法》中避实击虚战略的一种现代表述。"蓝海"的发展道路要求企业把视线从市场的供给一方转移到市场的需求一方,实现从关注竞争对手的所作所为转向为用户提供价值的飞跃,以用户的需求为核心开拓全新的市场,达到孙武所说的"攻其所不守……守其所不攻"的目标。"蓝海战略"所推崇的用户价值,是一种创新价值,不再局限于技术、价格、品质,还应包括设计、情感体验、文化内涵、生活方式等。管理学界也有人质疑"蓝海战略"理论的创新性,认为它不过是美国著名管理学家迈克尔·波特的"差异化竞争"和"市场细分"理论的形象化说法而已。我们认为,不管"蓝海战略"理论是创新,还是"旧瓶装新酒",它作为《孙子兵法》"虚实"理论的一种现代应用,值得简要介绍。《蓝海战略》一书中总结出"战略布局图""四步动作框架"等具体的寻找蓝海的方法,并提出着眼于互补性产品和服务、着眼于情感性导向、着眼于未来等颇有新意的观点,还是值得现代组织管理者借鉴。

(3)迂直之计:曲折取胜之路

孙武曰:"军争之难者,以迂为直,以患为利。故迂其途,而诱之以利,后人发,先人至,此知迂直之计者也。"孙武认为,争夺军事要地,难在如何变迂远为近直,化不利为有利。所以,故意迂回绕道,并用小利引诱迟滞敌人,这样,就能比敌人后出动而先到达必争的要地,这就是懂得变迂远为近直的计谋了。"迂直"之计实际上也是孙武"奇正"战术的推衍,"直"为"正","迂"为"奇"。所谓"直",是通往战争胜利的捷径,在空间上距离最近,在时间上花时最短,在军力上投入最少,这固然是取胜的理想模式,但却不是必然模式。所谓"迂",是赢得胜利的曲折路径,在空间上舍近求远,在时间上不求速战速胜,在军力上有时投入较多,虽非理想模式,但在一定条件下,尤其是在敌强我弱的情况下,却是一条必由之路和必胜途径。按实际战势需要,有时必须故意迂回绕道,并用小利引诱迟滞敌方,这样可变迂远为近直,化不利为有利,就能后发而先至,出奇制胜。"直",倚仗实力;"迂",依靠智慧。我国历史上有很多以"迂直"之计取胜的战例。如战国时期的长平之战,秦国将领白起采取了诱敌入伏、分割包围而后予以聚歼的迂回作战方针,最终造成了"以石击卵"的强大态势,全歼赵国40余万兵力。三国后期,司马昭派钟会和邓艾两路大军伐蜀,钟会大路行军,而邓艾却出奇兵在崇山峻岭中迂回千里偷渡阴平,如神兵天降突袭成都,迫使后主投降,一举灭掉了蜀国。毛泽东是中国革命战争史上善于运用"迂直"之计的高手,农村包围城市、二万五千里长征、游击战等,走的都是大"迂"路而非快"直"道。

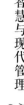

(4)迂直之计在现代管理中的应用

现代管理者理解和应用"迂直"之计,表现为能妥善处理直接与间接、速胜与持久、发展与整顿、机遇与危机、顺境与逆境、短期措施与长期规划等各种关系。现代管理,尤其是经营之道,是一条曲直兼有的路,既有机遇和成功,又有危机和失败。现代管理者只有善解"迂直"之理,才能具备战略眼光,提高自己的意志力,从而做到长远地看待问题,正确地预见未来,清醒地对待成绩,勇敢地面对困难,遇到顺境不陶醉,身处逆境不动摇。"迂直"之计在时间上的现代应用,是以持久代替速胜,在条件不具备、时机不成熟时,要从长计议,在持久中保存实力,在持久中等待时机。"迂直"之计在空间上的现代应用,是以退为进,甚至"退一步,进两步",例如,在整顿中求提升,在技术改造中求高速度,在治理环境中求可持续发展,在激烈的市场竞争中绕道而行,开辟新市场。在许多情况下,某些行为表面是迂回、费事,其实是近直、快捷;看起来是后退,实质是赢得更快速的前进。"迂直"之计在手段上的现代应用,是"欲擒故纵、欲扬故抑、欲取故予"的经营智慧。比如,"与人分利,予己得利""薄利招客,暴利逐客""占了顾客便宜,坑了整个生意"等商业谚语,都从正面或反面,反映了以迂为直的辩证哲理。

【复习思考与讨论题】

1. 为什么说"虚实"实际上是"奇正"的一种表现形式?
2. "虚实"的要义是什么? 如何促使虚与实朝着有利于己方的方向转化?
3. "探虚实"有哪两个层次? "形人而我无形"是什么意思?
4. "变虚实"有哪两种手段?
5. "用虚实"的三种方式是什么?
6. SWOT分析法与《孙子兵法》的虚实战术有何共通之处?
7. 为什么说蓝海战略也体现了《孙子兵法》的虚实策略思想? 蓝海战略有什么值得借鉴之处?
8. 如何理解用兵中的"迂"和"直"? 为什么说迂直之计是曲折取胜之路? 请举实例说明。
9. 现代组织管理者如何在时间、空间、手段上应用迂直之计?
10. 请用现代白话或英语解释本小节的主要概念。

(三) 无常:兵无常势　水无常形

【主要概念】水因地而制流,兵因敌而制胜;避其锐气,击其惰归。

【原作论述】

① 天者,阴阳、寒暑、时制也;地者,远近、险易、广狭、死生也。　　《孙子兵法·计篇》

② 水因地而制流,兵因敌而制胜。故兵无常势,水无常形,能因敌变化而取胜者,谓之神。

《孙子兵法·虚实篇》

③ 故五行无常胜,四时无常位,日有短长,月有死生。　　《孙子兵法·虚实篇》

④ 是故朝气锐,昼气惰,暮气归。故善用兵者,避其锐气,击其惰归。

《孙子兵法·军争篇》

【白话释义】

① 所谓"天",是指昼夜、晴雨、寒暑等时节气候的变化。所谓"地",是指地形高洼、距离远近、路途险易、战场广狭等涉及处境安危的条件。

② 水因地势高下而制约其流向,用兵则根据敌情而决定取胜的作战部署。所以,作战没有固定不变的模式,就像水流没有固定的形态一样;能依据敌情变化而取胜的,就称得上用兵如神了。

③ 所以,(用兵就像自然现象一样),"五行"相生相克,四季依次交替,白天有短有长,月亮有缺有圆,永远处于变化之中。

④ 军队初战时(朝),士气旺盛,锐不可当;经过一段时间以后(昼),士气逐渐怠惰;到了后期(暮),士气衰竭,将士思归。所以,善于用兵作战的人,往往避开敌方初战

的锐气,而在其士气怠惰、衰竭之时予以打击。

【英语译文】

① (Of the five governing factors of war) *Tian* refers to night and day, cold and heat, rain and shine, i.e. the change of time and weather. *Di* signifies highland and depression, distance and vicinity, smooth roads and rugged paths, open ground and narrow passes, i.e. conditions concerning security and danger.

② Water shapes its flow according to the nature of the ground; an army wins victory according to the situation of his enemy. Therefore, just as water keeps no constant shape, there are no constant conditions in warfare. A commander who can win victory by modifying his tactics according to the changing situations of his enemy can be said to be miraculously skilled in war.

③ None of the five elements (water, earth, wood, metal, fire) is always overriding; none of the four seasons is ever-lasting. The daytime can be short and long and the moon waxes and wanes.

④ The morale of the soldiers is the highest at the outset of a battle. It droops after certain time and at the later period, the thought of return prevails. Hence those skilled in war avoid an army when its morale is high, but attack it when its soldiers are sluggish and homesick.

【解读与应用】

本章开头"综述"部分指出,孙武的奇正理念体现了辩证法思想的对立统一观和发展变化观两个方面。上面"奇正"与"虚实"两小节所探讨的是孙武的对立统一观,本小节将探讨孙武的发展变化观。孙武以"无常"二字表示宇宙间没有恒常不变的事物,阐明时空万物(包括五行、四时、日月等)都在发展变化。他把宇宙的这一普遍法则用于兵法的理论研究,使他的论述闪耀着智慧的光芒,不仅被历代的军事家和政治家奉为圭臬,而且对各行各业的管理有着巨大的指导意义。

(1) 兵势及宇宙万物皆无常

孙子云:"水因地而制流,兵因敌而制胜。故兵无常势,水无常形,能因敌变化而取胜者,谓之神。"孙子以"水无常形"作比喻,说明用兵作战没有固定不变的模式,必须根据敌情变化而决定取胜的作战部署。孙子"无常"观,即发展变化的观点,不仅表现在用兵作战上,而且也表现在对宇宙万物的观察上。孙子指出:"故五行无常胜,四时无常位,日有短长,月有死生。"他认为,"五行"相生相克,四季依次交替,白天有短有长,月亮有缺有圆,永远处于变化之中。在孙子"无常"观的指导下,古今中外的军事史上出现过无数运用千变万化的战术而大获全胜的战例。公元前341年,齐魏交战,齐国军师孙膑运用减灶之计引诱敌方,结果全歼魏军。公元115年,东汉名将虞诩运用增灶之计麻痹敌方,结果一举平定羌族叛军。相隔四百五十多年的两大战役,同是以灶为计,但却不拘一格,前者减灶示弱诱敌,后者增灶示强断追,充分体现了"兵无常势"的战争法则。孙膑和虞诩可谓学会了《孙子兵法》的真谛,他们都掌握了"无常"的用兵原则,具体打法因敌情变化而随时调整、各不相同,结果是殊途同归合于"制胜"。

(2)以"无常"心理应对"无常"的管理实践

孙子关于"无常"的哲理对于现代管理至关重要。现代管理者只有具备了发展、变化的眼光,才能使现代组织对外灵活地应对环境的变化,在风云变幻的市场竞争中立于不败之地,对内高效地处理纷繁复杂的各种问题,团结员工实现组织目标。实际上,"无常"的观念在国人的心目中早已根深蒂固,关于"无常"的成语可信手拈来,如"物换星移""阴晴圆缺""白云苍狗""沧海桑田""时过境迁"等。然而,这些成语所反映的仅仅是客观事物的"无常"现象,而管理者应做到的,是不仅要认识到客观事物的"无常",而且要以主观的"无常"心理去应对"无常"的管理实践。也就是说,现代管理者要用动态变化的观点看待和处理管理中的各种问题,具体表现为以下三点:其一,不能割断事物(如市场需求等)发展变化的历史过程,观察事物不但要了解它的过去,还要观察它的现状,预测它的未来;其二,要弄清事物(如分支机构等)在其发展过程中所处的阶段和地位,要照应全过程,立足今天,面向未来;其三,要有创新精神,以灵活多变的方式促进新事物(如产品或服务的开发等)的成长,提出新问题,明确新任务。

(3)"三气":避锐击惰的取胜之理

孙武的"三气"之理,因其符合自然规律以及人体的心理变化特征和生理代谢规律而具有科学性,用于兵法则成为避锐击惰的取胜之理。孙武云:"是故朝气锐,昼气惰,暮气归。故善用兵者,避其锐气,击其惰归。"孙武把大自然的"三气",即"朝气""昼气"和"暮气",用来比拟将士在不同时间、不同作战阶段的不同士气。他认为,军队初战时,士气旺盛,锐不可当,犹如"朝气";经过一段时间以后,士气逐渐怠惰,如同"昼气";到了后期,士气衰竭,将士思归,则如"暮气"。所以,善于用兵作战的人,往往避开敌方初战的锐气,而在其士气怠惰、衰竭之时予以打击。春秋时期鲁国军事家曹刿在评论公元前684年的齐鲁长勺之战时也说:"夫战,勇气也,一鼓作气,再而衰,三而竭。彼竭我盈,故克之。"曹刿的"盈""衰""竭"勇气三段论和孙子的"朝""昼""暮"的"三气"论有异曲同工之妙,都是以发展变化的观点看待将士的士气,以灵活多变的战术部署作战计划,确保己方将士保持朝气、锐气和勇气,去迎战敌方将士的怠惰、衰竭之气,从而取得战争的胜利。在中外军事史上,以近待远、以逸待劳、以饱待饥、以治待乱、以静待哗而取胜的无数战例,大都因为将帅明白"三气"之理,以己之锐,克敌衰竭的缘故。

(4)常葆"朝气"与回避"朝气"的辩证统一

孙武的"三气"之理,不仅符合自然规律以及人体的心理特征和生理代谢规律,而且符合人类一切活动的曲线发展演变规律,对于现代管理有着众多启示。现代组织的成长发展不可能是拥有无限"朝气"的直线发展模式,而必然是在挑战和挫折中克服"昼气"和"暮气"的曲线发展模式。现代管理者的高明之处在于寻求缩短"昼气"和"暮气"的周期,保持和延长"朝气"的周期,从而能确保现代组织的可持续发展。这就要求现代管理者实施动态管理(Dynamic Management),在管理过程中,不断通过外部环境的预测和内部数据分析,对管理策略与手段进行适时调整,对计划进行修改和补充,以快速适应外部环境和内部情势的不断变化。

现代组织管理者可从两方面应用孙武的"三气"之理:对内常葆"朝气",对外回避"朝气"。所谓对内常葆"朝气",就是要在顺境和逆境中都能保持组织发展的生气和活力。现代组织在逆境中所产生的"昼气"和"暮气"等显性问题容易引起人们的注意,但在"朝气"蓬勃的顺境中能否及时发现和分析隐性问题以求常葆"朝气",是实施动态管理的关键。这些隐性问题如不能及时发现并得到解决,将会给组织带来重大损失和资源浪费。建立问题预警系统,如财务问题预警、人才问题预警、市场问题预警、顾客问题预警等,是实施动态管理的一个重要手段。要对各系统监控的指标设立警界值,根据岗位职责由责任人员定期报告监测情况,通过对预警指标的监控,及时发现和分析"昼气"和"暮气"等隐性问题,可把问题扼杀在苗头阶段,为常葆"朝气"铺平道路。所谓对外回避"朝气",表现为现代组织在对外的市场竞争中,要善于了解竞争对手的强项和优势,并能及时发现竞争对手的"昼气"和"暮气",从而避开其"朝气",抓住时机"避其锐气,击其惰归"而一举成功。

【复习思考与讨论题】

1. 孙武的哪句话反映了他关于宇宙万物发展变化的辩证观点?
2. 为什么应用孙武的"无常"观用兵作战可以取胜?请举一两个实例说明。
3. 孙武的"无常"观对现代组织管理有何启示?"动态管理"主要表现在哪些方面?
4. 孙武的"三气"之理指的是哪"三气"?为什么说"三气"之理是符合自然规律的?
5. 常葆"朝气"与回避"朝气"是什么意思?现代组织应如何在顺境中常葆"朝气"?
6. 请用现代白话或英语解释本小节的主要概念。

六、借助策略与风险/危机应对理念

早在2 500多年前的春秋时代,孙武便提出了在用兵打仗中运用借助策略的必要性,指出"智将务食于敌",明智的将帅都力求从敌方取食,也就是说,运用借助策略是将帅不可或缺的一种智慧。200多年后战国时代的荀子从另一个角度呼应了孙武的观念:"假舆马者,非利足也,而致千里。假舟楫者,非能水也,而绝江河。君子生非异也,善假于物也。"荀子认为,假借车马的人,即使不善走路,也能到达千里之遥;假借船桨的人,即便不会游泳,也能横渡大江大河。孙武说的是假借敌方的粮草用于打仗,荀子说的是假借车马、船桨等工具以实现行路目标。二者论述的语境虽不同,但其本质内涵是一致的,即要取得某项事业的成功,借助外力的作用不可忽视。现代组织的管理也是如此,越来越离不开对外力的借助,人才、技术、资金、环境、社会、政府、媒体、通讯、交通、信息、客户等无不是管理者借助的对象。在诸多可供借助的外力中,人才、技术和资金也许是现代组织的关键助力。

风险与机遇并存,危机与平安同在,表现于任何事物的发展过程,在战争中更是以极端、激烈的形式表现出来。险象环生、危机四伏几乎是常态,千钧一发、危在旦夕的情况也不少见,因而,冷静而又迅速地应对风险与危机,是将帅必须具备的能力。21世纪高科技突飞猛进,一体化经济快速发展,但这些并没有为现代组织减少风险与危机的压力,在有些领域风险与压力比以往更有甚者。正如危机管理专家米特罗夫(Mitroff)指出:"危机已经成为一种自然现象,它不再是今日社会异常的、罕见的、任意的或者外围的特征,危机根植于今日社会的经纬之中。""居安思危""防患未然""未雨绸缪"等成语依然是现代组织管理者信奉并践行的经典名言,孙武提出的"围则御,不得已则斗,过则从"等策略是现代组织管理者在应对风险与危机时值得借鉴的明智策略。

(一) 借助外力:并气积力 务食于敌

【主要概念】役不再籍,粮不三载;因粮于敌;谨养而勿劳,并气积力。

【原作论述】

① 善用兵者,役不再籍,粮不三载。取用于国,因粮于敌,故军食可足也。

《孙子兵法·作战篇》

② 故智将务食于敌,食敌一钟,当吾二十钟;萁秆一石,当吾二十石。

《孙子兵法·作战篇》

③ 掠于饶野,三军足食;谨养而勿劳,并气积力;运兵计谋,为不可测。

《孙子兵法·九地篇》

【白话释义】

① 善于用兵打仗的人,兵员不反复征集,粮秣也不多次运送。兵器装备从国内取得,粮秣从敌方求得补给,这样,军队的粮秣供应就充足了。

② 所以,明智的将帅都力求从敌方取食。食敌一钟粮食,就相当从本国运输二十钟;消耗敌人一石草料,就相当从本国运输二十石。

③ 在富饶地区夺取粮秣,使全军得到充足的给养;注意保养士卒体力,勿使疲劳,提高士气,积蓄力量;部署兵力,巧设计谋,使敌人无法揣测我军意图。

【英语译文】

① Those skilled in war do not require repeated conscription or food supplies. By counting on the enemy for provisions, the army will have sufficient food for its use.

② Hence a wise general makes sure that his army feeds on the enemy. One carriage-load of the enemy's provisions and fodder is equivalent to twenty of his own transported from home.

③ Make forays into the enemy's fertile territory in order to supply your army with plentiful food. Heed the well-being of your men and do not wear them out. Stimulate their morale and preserve their strength. Make inscrutable plans for the deployment of the army.

【解读与应用】

(1) 孙武"食于敌"策略的出发点

自古以来,人类的生存与发展离不开借助外力,人类文明不断升华的历史,就是人类所借助的外力不断升级的历史。从借助石器、铜器到铁器,人类跨越了三大文明发展阶段;从借助蒸汽、电器到信息,人类又从近代文明进入了现代文明。2 600多年前,孙武提出"食于敌"的军事思想,是把人类长期借助外力的实践运用于军事谋略的智慧结晶。孙武的"食于敌"策略有三个出发点。其一是出于维护国家和人民的利益。孙武指出:"善用兵者,役不再籍,粮不三载。取用于国,因粮于敌,故军食可足也。"借助敌方的粮草,可以减轻国家和人民的负担,不必反复征兵("役不再籍"),也无须多次长途运粮("粮不三载"),从而可避免因战争而"国用不足"的困境。其二是出于统筹谋划,提高资源利用的效率。孙武说:"故智将务食于敌,食敌一钟,当吾二十钟;萁秆一石,当吾二十石。"在敌方就地取粮,避免了长途运粮的大量损耗和兵力的巨大消耗,大大提高了补给和用兵的效率。食敌一钟粮食,就相当从本国运输二十钟;消耗敌人一石草料,就相当从本国运输二十石。其三是出于养精蓄锐,提高将士的战斗力。孙子强调:"掠于饶野,三军足食。谨养而勿劳,并气积力,运兵计谋,为不可测。"通过在敌方富饶地区夺取粮秣,使全军得到充足的给养,以便保养士卒体力,提高士气,积蓄力量,战胜敌人。

简而言之,孙武"食于敌"策略的出发点可归纳为:维护国家和人民利益,提高资源利用率,增强将士战斗力。

(2) 借力发力是成功的助力

"好风凭借力,送我上青云",说的是放风筝。风筝借助风力可直上云霄,没有风力则难免东倒西歪栽落于地。"狐假虎威"的故事家喻户晓,虽然这一成语被赋予贬义,但狐狸临危不惧,借助强者的威势来反制强者,使强者臣服于弱者,这不能不说是狐狸超常的借助智慧。孙武的"食于敌"策略,是借力发力的智慧策略,可广泛应用于各类事物而成为成功的助力,甚至可以发挥"四两拨千斤"的巨大威力。请看下面几则故事:

草船借箭是我国古典名著《三国演义》中赤壁之战的一个故事。吴军统帅周瑜故意提出要求,限诸葛亮十天之内造十万支箭。机智的诸葛亮一眼识破这是一条害人之计,却淡定地表示只需要三天。按常规,三天打造十万支箭绝无可能,即便有钱、有人、有材料和时间也来不及。诸葛亮利用自己的天文地理知识算定三日之内会有大雾出现,诸葛亮再利用曹操多疑的性格,调了几条草船诱敌,轻松地从曹军那里"借"到了十万余支箭,立下奇功。

英国大英图书馆,是世界上著名的图书馆,里面的藏书非常丰富。相传图书馆因年久失修,在异地建成了一个新馆,但搬书成了大问题,搬运费要几百万英镑,图书馆根本没有这笔资金。有一位馆员向馆长出了一个点子,结果只花了几千英镑就解决了问题。图书馆在报上登了一则广告:"从即日起,每个市民可以免费从大英图书馆借阅图书,但要注意把图书还到新馆去……"结果,许多市民蜂拥而至,很快就把图书馆的书一借而光。到了还书日,图书馆借助于读者的群力轻易地搬了一次家。

企业家靠借力发力而取得成功的实例更多,香港船王包玉刚靠借钱买船发家的故事便是一例。包玉刚开始创业的时候,向朋友借钱先买了一条旧船,然后用这条旧船去银行抵押贷款,用贷来的款再买第二条船。然后再用第二条船作抵押,去买第三条船……以此类推,滚动发展,产业逐步壮大。这种抵押贷款的办法,是借助于银行的资金发展企业的方式。俗话说,"他山之石可以攻玉",其他诸如借助于他人的技术、经验、思路等,再加上一点创新变异而大获成功的故事举不胜举,借力发力确实算得上一条成功的秘诀。

(3)跨国经营与"当地主义"

孙武"食于敌"策略中的"敌"字的词义可以泛化为各种外力来源,不仅可指敌方、对手、竞争者,也可指合作者、投资者、客户、社会环境等各种相关方。当今时代尽管有单边主义、保护主义、狭隘民族主义等逆流,但总体趋势是经济全球化、贸易自由化、信息网络化,社会分工越来越细,社会组织互相依存的程度越来越高,对借助外力的需求也就越来越大。如果不借助外力,现代组织几乎无法生存。就企业而言,生产所需的技术、资金、人才、原材料等离不开外力,生产以后的产品销售、市场信息、货物运输、保险报关等也离不开外力,企业要做大做强非借助外力不可。可口可乐公司第二任总裁伍德鲁夫的"当地主义"策略(Woodruff Local Doctrine)堪称跨国公司借助外力的成功范例,与孙武的"食于敌"策略有着异曲同工之妙。可口可乐问世后的第一年,日平均销售量只有9杯,而到了二十世纪末,日销售量达10亿瓶(罐)以上,年销售额高达560亿美元,占世界软饮料市场的45%。这貌似天方夜谭般的神话,却是千真万确的事实,这一神话的实现,与伍德鲁夫"当地主义"策略的成功运用不无关系。所谓"当地主义",即利用当地的人力、物力,去开拓可口可乐的海外市场。具体实施方案是:①在当地设立公司,所有员工及负责人均为当地人;②由当地人自己筹措资金,总公司原则上不出钱;③除由总公司供应制作可口可乐的浓缩原汁外,一切设备、材料、运输工具和销售等,都由当地人自制自办;④销售方针、生产技术、员工训练均由总公司统一负责办理。我国的大型企业要拓展企业规模,瞄准海外市场,不妨也采用"当地主义"这一借助策略进行跨国经营,借助当地的人才、资金、厂房、设备、原材料、运输工具、销售渠道等,以壮大自身的实力。

成功的"本地主义"可以成为跨国公司与本地产业双向借助的双赢策略,以韦尔奇为总裁的美国通用电气公司(GE)在中国的发展便是一例。一方面,通用电气公司借助了中国当地丰富而又廉价的人力和物力资源而得以迅速扩大规模,获取巨额利润;另一方面,中国本地企业得益于GE的产业链本地化策略,借助了GE在航空等高科技领域的先进技术和管理经验,为中国航空业的技术积累和突破打下了坚实的基础。

(4) 人才与技术是关键助力

人才是现代组织的"核心竞争力"(Core Competence),任何一个具有强大生命力的现代组织,都是建立在一个不断造就各类人才团队的基础之上的,前赴后继的优秀人才保证了现代组织可持续发展的旺盛生命力。无论在发展的哪个阶段,没有这样的人才支撑,任何现代组织很难做大做强,即使有成功也是昙花一现。自从美国管理学家普拉哈和哈默尔在《哈佛商业评论》(HBR)上发表《企业核心竞争力》(1990)一文之后,"核心竞争力"这一概念获得全球性普遍认可。如何吸引并留住人才,成为现代组织运用借助策略的首选因素。

科学技术是第一生产力。对人类生活产生巨大影响的三次工业革命,就分别以蒸汽、电力和信息技术作为先导。尽管科学最终是无国界的,是属于全人类共享的智慧结晶,但在某一领域的某一发展阶段,率先发现、发明并保有的科技成果,成为某一国家或某一社会组织(尤其是企业)率先强大的主要原动力。而在科技方面不求进取的某些社会组织则由于新技术的出现和市场需求的变化而被无情淘汰。因而,现代组织在运用借助策略时,应优先考虑不失时机地引进、借鉴或合法地模仿先进的科学技术。

资金是组织(尤其是企业)运行的基本条件,是组织存活的"粮食",被称为组织的"生命线",企业经营生产与后续发展规模的壮大都需要庞大资金的支持。融资是一个企业的资金筹集的行为与过程,实际上就是一种借助行为。企业根据自身的生产经营及资金拥有的状况,以及未来发展的需要,通过科学的预测和决策,通过一定的渠道筹集资金十分必要。融资的方式有银行贷款、股票、债券、租赁、典当,等等,组织(尤其是企业)管理者必须运用团队的智慧,采用最合理、有效的方式融资。

借力发力,要注意"借"得巧。所谓"借"得巧,一要选择代价小的"借",二要选择作用大的"借"。当前,借用先进的科学技术,借用智囊团(即人才)的"金点子",借用滚滚而来的财源,是提高现代组织竞争力的最有力、最有效、速度最快的手段。俗话说,"授人以鱼不如授人以渔",借也一样。借鱼可以饱餐一顿,但借渔(捕鱼之术)则可以使自己拥有取之不尽的鲜鱼。

(5)"借助—创新—超越"三部曲

在对诸多外力的借助中,对竞争对手的借助,则是现代组织管理者管理智慧的一项突出表现。对竞争对手的分析、学习和借鉴,是极为明智的做法。对竞争对手的分析包括识别竞争对手的策略,判断竞争对手的目标,评估竞争对手的优势和劣势,寻求可向竞争对手学习的路径等。这样做,可用对手的优势克服自身的不足之处,少走很多弯路,加快发展速度,在借助、模仿的过程中迅速走强。在到达与对手势均力敌、并驾齐驱的阶段,则着重分析对手的劣势、弱点和管理缺陷,通过自身的创新和优化一举超越对手、击败对手。"借助—创新—超越"三部曲,可谓孙子"因粮于敌"和"运兵计谋,为不可测"策略的精髓所在和现代体现。但任何企业不可能永远保持领先地位,在超越他人之后,有可能被他人借助、创新而反超越。IT行业的你追我赶、轮番坐大、螺旋式发展的趋势正是"借助—创新—超越"三部曲不断演绎的结果。

【复习思考与讨论题】

1. 孙武"食于敌"策略的出发点是什么?
2. 为什么说借力发力是事业成功的助力?请举一两个实例说明。
3. 为什么说伍德鲁夫的"当地主义"策略与孙武的"食于敌"策略有着异曲同工之妙?"当地主义"是如何具体实施的?
4. "当地主义"可以成为互相借助的双赢策略吗?请举例说明。
5. 现代组织可以"借"的助力有哪些?你是否同意人才与技术是关键助力?
6. 请举例说明对竞争对手的借助往往是"借助—创新—超越"三部曲的反复演绎。
7. 请用现代白话或英语解释本小节的主要概念。

(二) 应对风险/危机:围则御　不得已则斗　过则从

【主要概念】围地则谋,死地则战;投之亡地然后存,陷之死地而后生;携手若使一人,不得已也。

【原作论述】

① 围地,吾将塞其阙;死地,吾将示之以不活。故兵之情:围则御,不得已则斗,过

则从。

《孙子兵法·九地篇》

② 所由入者隘,所从归者迂,彼寡可以击吾之众者,为围地;疾战则存,不疾战则亡者,为死地。……围地则谋,死地则战。

《孙子兵法·九地篇》

③ 投之无所往,死且不北;死焉不得,士人尽力。兵士甚陷则不惧,无所往则固,深入则拘,不得已则斗。

《孙子兵法·九地篇》

④ 夫吴人与越人相恶也,当其同舟而济,遇风,其相救也如左右手。

《孙子兵法·九地篇》

⑤ 投之亡地然后存,陷之死地然后生。夫众陷于害,然后能为胜败。

《孙子兵法·九地篇》

⑥ 是故,其兵不修而戒,不求而得,不约而亲,不令而信……故善用兵者,携手若使一人,不得已也。

《孙子兵法·九地篇》

【白话释义】

① 陷入围地,就要堵塞缺口;到了死地,就要显示死战的决心。所以,兵士的心理状态是:陷入包围就会竭力抵抗,形势逼迫就会拼死战斗,身处绝境就会听从指挥。

② 进入的道路狭隘,退出的道路迂远,敌人以少数兵力就能击败我众多兵力的地区,叫做围地;奋力速战则能生存,不奋力速战就会被消灭的地区,叫做死地……身处围地应巧设奇谋;陷入死地则须拼死奋战。

③ 部队被置于无路可走的境地,则宁死也不会败退;士卒连死都不怕,就会尽力作战。士卒深陷危地,则无所畏惧;无路可走,则军心稳固;深入敌国,则紧密团结;迫不得已,就会拼死战斗。

④ 吴国人与越国人虽然互相仇视,可是,当他们同船渡河时,如遇大风,也能互相救援,犹如一个人的左右手一样。

⑤ 把士卒投入危地以求存,使之陷入死地而后生。士卒陷于危险境地,才能力争胜利。

⑥ 所以,这样的军队无须整治就能自行戒备,不提要求就能各尽其责,无须约束就能亲和一致,不待命令就能自觉信从……善于用兵打仗的人,能使全军将士团结得像一个人一样,这是客观情势迫使的结果。

【英语译文】

① In besieged ground, I would obstruct any way of retreat. In desperate ground, I would warn my soldiers of impending death. It is the soldiers' nature to resist when besieged, to keep fighting when having no alternative, and to obey orders implicitly when facing a crisis.

② Ground with narrow rugged access and tortuous path for retreat, where a small troop can strike a large one, is called besieged ground. Ground where the army cannot survive unless it fights frenziedly is called desperate ground... Contrive a stratagem in besieged ground and fight valiantly in desperate ground.

③ If your soldiers are positioned where there is no way out, they would rather die than take flight. In face of death, they will exert their utmost. Soldiers will fear nothing when in desperate straits. They will stand firm if there is no possibility of escape. Deep in the enemy land, they will be closely united. Having no alternative, they will fight it out.

④ The men of the two states, Wu and Yue are generally hostile to each other. Yet if they are crossing a river in the same boat pitching in the wind, they will pull together just like the two hands.

⑤ Put your army in a fatal battleground and it will survive; throw it in deadly straits and it will live on. For it is precisely when an army falls into such a dire situation that it can snatch victory.

⑥ Therefore, the soldiers will be vigilant without being trained; dutiful without being demanded; devoted without being constrained; obedient without being ordered ... Thus the skilled commander directs his army as if it were united as one man and this is effected by the extreme situation.

【解读与应用】
(1) 孙武关于战地风险与危机的分析

本小节的标题"围则御,不得已则斗,过则从",是孙武在《九地篇》中关于将帅在军队处于不利的战地形势时应对策略的不完全概括,它描述了兵士的心理状态:陷入包围就会竭力抵抗,形势逼迫就会拼死战斗,身处绝境就会听从指挥。这是孙武列举的战地形势中对己方最为不利的一种,说明兵士在身处极端危急的情境中会更加团结一致,誓死奋战,军队反而将增强战斗力,渡过危机。《孙子兵法·九地篇》堪称论述全面、分析中肯、见解独到的风险/危机管理篇。开篇伊始,孙武就把战地形势列为九种:"有散地,有轻地,有争地,有交地,有衢地,有重地,有圮地,有围地,有死地。"紧接着,孙武对于九种战地形势做了具体描绘,并对己方在九种战地形势中的利弊得失进行客观分析,尤其对后四种对己方相对不利的战地形势做了较为深入的风险评估,如"入人之地深,背城邑多者,为重地。(行)山林、险阻、沮泽,凡难行之道者,为圮地。所由入者隘,所从归者迂,彼寡可以击吾之众者,为围地。疾战则存,不疾战则亡者,为死地"。孙子认为,深入敌境,背后城邑已经很多的,叫重地;山高水险、林木茂密、水网纵横,凡难以通行的,叫圮地;进军之路狭隘,回归之路迂远,敌人可以少击众的,叫围地;迅猛作战就可以存活,不迅猛作战就可能败亡的,叫死地。在客观分析和全面风险评估的基础上,孙武针对九种战地形势分别制定了应对策略:"是故散地则无战,轻地则无止,争地则无攻,交地则无绝,衢地则合交,重地则掠,圮地则行,围地则谋,死地则战。"也就是说,在散地,不宜与敌作战;进轻地,不宜停留不前;处争地,不要唐突出击;遇交地,不要贸然断敌通道;逢衢地,则注意结交相关诸侯;深入重地,则需掠以继食;碰上圮地,要迅速通过;陷入围地,要运用计谋以摆脱困境;若置之死地,那就只能奋勇作战以死里求生了。

(2) 面临危机的心理反应

战争是风险与危机的频发时期,几乎每时每刻都可能有潜在风险或发生危机。应对风险与危机,不仅是两军力量和勇气的交锋,也是两军将帅智慧的博弈。《孙子兵法》的高明之处在于在用兵作战时不仅力求避免风险、渡过危机,而且把危机本身视为一种特殊机遇,主动利用危机来化解风险、克敌制胜。孙武多次说,"投之于险""投之亡地""陷之死地""投之无所往",就是主动制造一种危机态势,使将士感觉到自己身处绝境,面临严重的生存危机。孙武认为,将士面临严重危机,会产生两种有利于扭转局势的心理反应。其一,危机可能激发出将士超常的勇气和决心,所谓"投之无所往,死且不北;死焉不得,士人尽力";"甚陷则不惧,无所往则固,深入则拘,不得已则斗";"投之无所往者,诸、刿之勇也"(将士卒投向无路可走的绝境,他们就会像专诸和曹刿那样勇敢)等说的就是这种可能性。其二,危机能促成将士空前的团结,所谓"围则御,过则从","深则专,浅则散"(深入敌境,部众就团结一心;浅入敌境,军心易散),"携手若使一人,不得已也"等阐述就在说明危机促团结的道理。孙武认为,"投之亡地然后存,陷之死地然后生",正是将士在面临严重危机时所产生的这两种特殊心理反应有助于军队化险为夷,绝处逢生,进而上下一心,战胜敌人。

(3) 风险与危机管理是现代管理的重要课题

孙武关于处理战地风险与危机的辩证思维很有见地。在日常生活中,人们在面对风险与危机时确实也会产生两种有利于解决问题的心理倾向,从而化风险为机遇,转危机为平安。"急中生智""临难无慑""急起直追""困兽犹斗""死不旋踵"等成语说明风险与危机确有可能激发出人们非同一般的智力、意志和勇气。"风雨同舟""患难与共""和衷共济"等成语,以及我国国歌中的"中华民族到了最危险的时候……我们万众一心"等歌词,阐释了风险与危机确能促成相关人员团结一致的道理。现代社会高科技的出现是一把双刃剑,一方面高科技化为高生产力,促进了经济的飞速发展;另一方面,伴随高科技而来的是各种前所未有的风险与危机,生态失衡、能源枯竭、环境污染、网络攻击、核战威胁等风险与危机的触角渗入社会生活的方方面面,几乎没有一个现代组织可以置身其外。优胜劣汰的市场竞争规则,也对现代组织造成威胁。因而,风险与危机管理是现代组织管理者无法回避的重要管理课题。

(4) 风险与危机的区别与联系

风险与危机是两个既有区别又有联系的概念:风险是潜在的,而危机是实际存在的;风险可以通过正确的决策和行动得以避免,危机则可以通过妥善的应对和管理而安全渡过;决策不当或行动延误,风险可能会转化为危机,积极应对和因势利导,危机也可能会化解风险。风险管理是一项有目的的常规管理活动;危机管理是重大威胁出现以后的应急管理活动。

风险管理通常包含两个方面。一是评估潜在的威胁,如政府政策与法规的调整、市场供求关系的变化、同类产品的升级与创新等都可能对现代组织(尤其是企业)产生附带威胁;二是采取避免潜在威胁的最佳措施。

危机管理具有三大特征:威胁的突发性、局势的严重性和决策的紧迫性。在诸多的应对策略中,凝聚人心、集结人力显然是头等重要的策略。因而学习并运用孙子关于处理危机的辩证思维,不失为一项紧急而又明智的举措。管理者应该毫无避讳地告知员工,组织已"陷于死地",已被客观威胁"投之无所往"的绝境,面临严重的生存危机。在组织与个人共存亡的情势下,管理者、技术人员和广大员工将可能空前团结一致,迸发出超乎寻常的创造灵感、攻坚意志和渡过危机的勇气。

(5)风险与危机管理的典型案例及其启示

2019年底至2020年初中国对新冠病毒肺炎(COVID-19)疫情的全国性防控,堪称风险与危机管理的典型案例。在这一场疫情阻击战中,风险与危机始终交织在一起,且迅速转化,局势高度复杂和紧急,这是对各级政府及各类组织机构的管理能力的一场严峻的考验。这场公共卫生事件有以下两个阶段,从中可看出各级政府及各类组织机构在应对、处理这一重大事件中的教训和突出亮点。

第一阶段:华南海鲜市场病例初发——武汉市及湖北全省疫情爆发。

2019年12月27日,湖北省中西医结合医院向武汉市江汉区疾控中心报告不明原因肺炎病例。12月31日凌晨,国家卫生健康委做出安排部署,派出工作组、专家组赶赴武汉市,开展现场调查。1月4日,中国疾控中心负责人与美国疾控中心负责人通电话,介绍疫情有关情况,双方同意就信息沟通和技术协作保持密切联系。1月5日,武汉市卫生健康委在官方网站发布通报,共发现59例不明原因的病毒性肺炎病例。中国向世界卫生组织通报疫情信息。1月7日,中共中央总书记习近平在主持召开中共中央政治局常务委员会会议时,对做好不明原因肺炎疫情防控工作提出要求。1月7日,中国疾控中心成功分离新型冠状病毒毒株。1月11日起,中国每日向世界卫生组织等通报疫情信息。1月13日,国务院总理李克强在主持召开国务院全体会议时,对做好疫情防控提出要求。1月18日至19日,国家卫生健康委组织国家医疗与防控高级别专家组赶赴武汉市实地考察疫情防控工作。19日深夜,高级别专家组经认真研判,明确新冠病毒出现人传人现象。各级媒体正式发布有关病毒的信息并确认病毒具有"人传人"性质的日期是1月20日,发布时疫情实际上已经相当严重。这是一场前所未知、突如其来、来势汹汹的疫情天灾,尽管各级政府及卫生机构高度重视并迅速行动,但由于没有任何先例可循,在这20多天的调查、汇报和研判时间中,武汉市及湖北全省疫情已经井喷式地爆发,出现成千上万的病例,一场"不明原因"的风险转化成直接威胁到广大民众生命安全的危机。

这一阶段的特点是潜在风险转化为局部危机,虽然各级相关管理者行动积极,信息透明,但面对突发的情况依然存在反应不快、行动迟滞的一面。值得吸取的教训包括管理效能和组织机构两个方面。管理效能方面的教训有:①管理者(卫生管理部门及地方政府)风险意识还不强,对潜在风险的反应还不算敏捷;②个别管理者责任担当意识缺失,发现风险后不敢当机立断处置,而是等待上级指示,以致错过规避风险的时机;③信息传递还不够迅速,导致风险扩大。组织机构方面的教训包括:①技术专家(疾控中心)与行政部门(卫健委)的职权分工尚须改进,以利于迅速应对重大卫生事件;②申报—批复—公布的过程尚须优化,以提高效率;③建立更加合理的应急管理体系,以便高效地处理急难险重事件。

第二阶段:武汉市及湖北全省疫情爆发——全国性抗击疫情。

武汉市及湖北全省疫情爆发(局部危机)以后,立即出现了更大的风险,即疫情可能在全国肆虐,从而酿成全国性危机。在这风险/危机转化的第二个关键节点上,中央果断介入。由国家主席亲自领导部署,中央政府采取了最坚决、最果断、最彻底的措施,开展了一场人类历史上罕见的全民抗击疫情的行动,有效地控制了疫情的蔓延,最大限度减少了对外输出,不仅保护了中国人民和世界人民的健康和生命安全,也维护了世界公共卫生安全,赢得了世卫组织、联合国等国际组织以及很多国家的充分肯定和高度赞赏。

在中国中央政府的积极应对和因势利导下,中国不仅渡过了局部危机,而且化解了潜在的风险,避免了全面危机,创造了风险/危机管理的成功范例。这一阶段的治理有很多亮点,很多措施与《孙子兵法》的制胜理念极其吻合,不失为一个旷世的成功"战例",可供各国政府及各类组织机构的管理人员借鉴:

① 上下同欲,坚定信心。孙武云:"上下同欲者胜。"(《孙子兵法·谋攻篇》)他还指出:"道者,令民与上同意也,故可以与之死,可以与之生,而不畏危。"(《孙子兵法·计篇》)中国政府最高决策层亲自指挥、亲自部署、统揽全局、果断决策,为中国人民抗击疫情坚定了信心、凝聚了力量、指明了方向,做到"上下同欲"。最高决策层全面加强统一领导,强调把人民生命安全和身体健康放在第一位,提出"坚定信心、同舟共济"的总要求,"令民与上同意",从而全民"不畏危",坚决打赢疫情防控总体战和阻击战。

② 伐谋伐交,精准施策。孙武曰:"故上兵伐谋,其次伐交,其次伐兵,其下攻城。"(《孙子兵法·谋攻篇》)面对这场危及全国乃至世界人民生命安全的大流行病,中国政府出神入化地灵活运用了"伐谋""伐交""伐兵""攻城"四种应对策略。"伐谋"被放在第一位,体现为尊重科学、信任专家,提出"科学防治、精准施策"的要求,毅然采取一切

紧急、非常规而合理的措施。"伐交"几乎与"伐谋"同时发生,中国本着依法、公开、透明、负责任态度,第一时间向国际社会通报疫情信息,毫无保留同各方分享防控和救治经验。中国启动了中华人民共和国成立以来规模最大的全球人道主义行动,向150多个国家以及众多国际组织提供抗疫援助,向有需要的34个国家派出36个医疗专家组,向各国提供了2 000多亿只口罩、20亿件防护服、8亿份检测试剂盒,支持全球抗击疫情,在道义上获得国际社会的普遍赞扬。面对未知病毒的突然袭击,中国坚持人民至上、生命至上的原则,不惜一切代价投入"伐兵""攻城"的战斗,在防控和救治两个战场协同作战,采取最全面、最严格、最彻底的防控措施,前所未有地采取大规模隔离措施,前所未有地调集全国资源开展大规模医疗救治,不遗漏一个感染者,不放弃每一位病患,实现"应收尽收、应治尽治、应检尽检、应隔尽隔",坚定地维护人民的生命安全和身体健康。

③ 我专"敌"分,集中力量。孙武云:"我专为一,敌分为十,是以十攻其一也,则我众而敌寡。"《孙子兵法·虚实篇》中央政府迅速调整疫区省、市的管理人员,断然采纳专家建议,采取封城、全面封闭管理等措施,切断重点区域的疫情向外扩散的渠道。明确指出武汉和湖北是疫情防控的重中之重,是打赢疫情防控阻击战的决胜之地,武汉胜则湖北胜,湖北胜则全国胜,要打好武汉保卫战、湖北保卫战;强调要按照集中患者、集中专家、集中资源、集中救治"四集中"原则,坚决抓好"外防输入、内防扩散"两大环节,全力做好救治工作。由于我专"敌"分、我众"敌"寡,有效地切断了传染源,最大程度地控制了疫情波及范围。

④ 奇正速胜,声势浩大。孙武曰:"凡战者,以正合,以奇胜。"(《孙子兵法·势篇》)他还指出:"故兵贵胜,不贵久。"(《孙子兵法·作战篇》)在中国抗疫阻击战中,《孙子兵法》的奇正策略与速胜理念被运用到炉火纯青的程度。中华人民共和国成立以来规模最大的医疗支援行动,以令世人惊叹的速度展开。全国共调集346支国家医疗队、4.26万名医务人员、900多名公共卫生人员驰援湖北。10天左右建成两座共计2 600个床位的传染病专门医院,并同时在湖北建成了15座共上万个床位的方舱医院。1月27日至3月19日,全国向湖北地区运送防疫物资和生活物资92.88万吨,电煤、燃油等生产物资148.7万吨。各路"奇兵"如同天降、"神速"会聚湖北,一场湖北疫情歼灭战在举全国之力的浩大声势中获胜。世界卫生组织评价说:"中方行动速度之快、规模之大,世所罕见,展现出中国速度、中国规模、中国效率。"

⑤ 令行禁止,高效运行。孙武曰:"不得已则斗……携手若使一人。"(《孙子兵法·九地篇》)中国全民动员,令行禁止,各级各类组织机构密切配合,迅速启动全国联防联控机制并高效运行,14亿人民自觉居家隔离,"携手若使一人",为在短时间内有效阻断新冠肺炎疫情在中国传播和对外扩散提供了可能。中国政府还注意掌握全局,处理好防疫与经济发展的平衡工作,有序地、不失时机地组织复工复产,使全球产业链

尽快重新运转,不仅为战胜疫情提供强有力的经济发展保障,而且着眼于规避经济下行的新的风险,中国成为2020年在全球疫情肆虐中实现经济增长的唯一大国。

总之,这第二阶段显示了中国各级政府及各类组织机构应对风险、危机的巨大组织力、动员力和执行力,实属举世罕见,为世界树立了新标杆(世卫组织领导人之语),为现代组织的风险、危机管理提供了有益的经验。

尽管第二阶段有很多亮点,但仍有一些短板和漏洞值得反思和改进。

① 公共卫生总体规划和顶层设计仍须改进,行政部门与专业机构的分工协作机制不够健全,联通环节欠缺,导致部分决策迟滞。

② 应急响应机制尚不够健全,数据共享及转化应用渠道还不够通畅,还不足以在第一时间规避重大风险。

③ 有些地方和部门出现严重妨碍疫情防控的违法犯罪行为,必须加强配套制度建设,构建系统完备、科学规范、运行有效的防控风险法律体系。

孙武所说的"投之以险""投之亡地""陷之死地""投之无所往"等情势固然能激发人们渡过危机的超常勇气和团结精神,但这毕竟是"不得已"的作为,最佳的局面依然应该是通过有效的风险/危机管理,达到他所说的"不战而屈人之兵,善之善者也"的境界。尽管各级政府和各类组织应对和治理危机的动员力和执行力很强,但如能早日化解风险,则将大大降低治理危机的成本。

关于风险与危机管理,道家思想部分也有较多探讨,可参见第三章"运动转化"小节的解读内容。

【复习思考与讨论题】

1. "围则御,不得已则斗,过则从"这句话是什么意思?《孙子兵法》中哪一篇堪称论述全面的古代军队风险/危机管理篇?为什么?

2. 将士面临严重危机,会产生哪两种有利于扭转局势的心理反应?在现代生活中也有这样的情况吗?

3. 为什么说风险与危机管理是现代组织管理者无法回避的重要管理课题?

4. "风险"与"危机"这两个概念有何区别和联系?

5. 风险管理包含哪两个方面?危机管理具有什么特征?

6. 2019年底至2020年初对新冠病毒肺炎疫情的全国性防控分哪两个阶段?有什么亮点、失误、经验和教训?

7. 请用现代白话或英语解释本小节的主要概念。

后 记

写完书稿,掩卷回眸,不禁思绪万千,想到了很多很多。

这是一本关于"中华智慧"的书。我们首先想到的是"中华智慧"的伟大和自己的渺小。著名哲学家张岱年先生曾用"深湛智慧"一语来形容"中华智慧",感觉再恰当不过了。深湛,意为精深、精湛、深厚。深湛的中华智慧,有着无穷无尽可发掘的宝藏。张岱年先生将中华"深湛智慧"分为"人生之道""自然之道""致知之道"等三类,"人生之道"是关于如何做人的智慧;"自然之道"是关于如何看待客观世界的智慧;"致知之道"是关于认识方法的智慧。这三种智慧可大体对应人生观、宇宙观和认识论,"中华智慧"皆含摄于这三种哲学之中。"中华智慧"不是人云亦云的市井常识,也不是循规蹈矩的老生常谈,而是关于世道人生、天地宇宙的独到见解。如果说"中华智慧"是浩渺无边的汪洋大海,那么我们只是从中掬起了小小的一滴水。书中所引的原作论述,在纵横两个方面都极其有限。在横的方面,我们只选取了儒、道、法、兵四家思想流派的论述,而春秋战国时期的墨、名、纵横、阴阳、杂、农等各家皆未选用,后期的佛教也未涉及;即便在仅选的儒、道、法、兵四家思想流派的著作中,我们也只是选取了最重要的代表人物孔子、老子、韩非子、孙子的部分论述,配以孟子、庄子、慎到、孙膑等的少数引言。在纵的方面,我们主要选取了春秋战国时期四家思想流派的代表人物的论述,对于其他历史时期哲学家们的真知灼见则很少引用。德国哲学家叔本华在《意欲与人生之间的痛苦》中说:"智慧是一种强度的量,而不是广延的量。这就说明为什么在智慧方面,一个人可以满怀信心地以一当千。"我们掬起的这小小的"一滴水",尽管量不多,但其"强度"也许可产生"以一当千"的力量,为各级各类现代组织管理者提供不少有益的启示。

这是一本关于管理智慧的书。管理是一种控制和协调人、财、物、技术、信息等的流动以实现组织目标的行为,是一项范围极其广泛的活动过程,关系到人事、资金、法律、道德、技术、市场、物流、社会、环境等方方面面,几乎涉及人生、自然和社会的一切领域。因而,学习中华管理智慧,实际上也在一定程度上汲取了中华文化关于人与人(社会科学)、人与物(自然科学)、人与自身(哲学)关系的非凡智慧。我们在撰写本书的过程中,自己无数次地被数千年前哲人的智慧所吸引、所震撼!我们迫切地希望,这本书也能使中华管理智慧惠及广大的管理学专业的学生和社会各界从事管理的人士。英国文学家雪莱在《告爱尔兰人民书》中指出:"精明和智慧是非常不同的两件事。精明的人是精细考虑他自己利益的人,智慧的人是精细考虑他人利益的人。"我们真诚地希望,各级各类现代组织管理者以及未来的管理者,通过本书的学习,能成为智慧的人而非精明的人,精细考虑组织的利益、员工(包括自己)的利益、组织相关者的利益、社会大众的利益、国家的利益和地球的利益。

如"前言"所说,本书的一大特色是,有关管理理念的阐述始终紧扣经典原作,而不是由作者根据自己的需要过度发挥,这将有利于读者加深对经典的理解和欣赏,也有助于读者在实践中应用。为了做到这一点,我们在引用"原作论述"后,连续以"白话释义"和"英语译文"两种形式横向展开,以便古汉语基础比较薄弱而英语有一定阅读能力的读者更好地理解"原作论述"的字面意义(即本义),并通过"解读与应用",在加深读者对本义的理解的基础上,进一步发掘"原作论述"的引申义、比喻义、象征义等深层次的意义。我们设置"英语译文"栏目的另一个目的是便于有兴趣的读者学习、熟悉并掌握原作的英语表达法,并能在日后自己参加的各种不同的国际交流活动中,直接用英语引用经典论述,向世人展示并传播中华智慧。由于原作论述的英语译文比较多,完全记住有一定难度,所以我们希望英语基础较好的读者能按要求用英语复述各小节列出的"主要概念",这将提升自己在国际交往中用英语引经据典,弘扬中华文化的自信心。

关于本书的英语译文,我们采取"博采众长,自主另译"的做法。我们参阅了翻译中国经典名著的多名国内外翻译家的译文,包括辜鸿铭、林戊荪、许渊冲、任继愈、刘殿爵、亚瑟·韦利、理雅各、罗杰·艾姆斯和阿尔奇·巴莫等人的译文,认真学习并仔细比较了各位翻译家对原作的理解和表达方式。经过一番去粗取精、去伪存真、去劣保优的判断和分析后,我们脱离各家译文,重新自行翻译。这样的译文自然会有不少借鉴的成分,但更多的是独创,我们所追求的是尽可能准确地再现原作论述的意义。译无定法,译无止境,欢迎对翻译感兴趣的读者继续提出改进意见。

我们又想到,在关于"中华智慧与现代管理"这一课题的研究、演讲、书稿撰写过程中获得了各界人士的关心和帮助,一连串的名字闪入脑际,其中包括(以姓氏的汉语拼音首字母为序)中国侨商联合会常务副会长陈家泉先生、澳大利亚昆士兰大学陈平教授、《外语与翻译》执行主编中南大学范武邱教授、中国宝武集团办公室冯爱华主任、上海市老教授协会办公室冯幼乾主任、中国资深翻译家复旦大学何刚强教授、复旦大学出版社总经理李华教授、上海外语教育出版社营销中心副主任兼华中大区总经理李海峰先生、国际经济学领域著名期刊《国际经济学评论》副主编暨南大学李杰教授、同济大学李梅教授、上海市科技翻译学会副秘书长凌定胜先生和阮俊斌先生、上海外语教育出版社湖北中心主任马骏先生、上海社会科学院梅俊杰研究员、中国英汉语比较研究会名誉会长华东师范大学终身教授潘文国先生、商务印书馆(上海)有限公司前总编辑钱厚生编审、复旦大学出版社总经理助理仇文平先生、上海大学尚新教授和冯奇教授、东华大学沈百尧教授、上海海事大学党委书记宋宝儒先生、复旦大学经济学首席教授苏东水先生、上海外国语大学工商管理学院院长苏宗伟教授、上海外语教育出版社社长兼总编辑孙玉博士、北京外国语大学高级翻译学院谭慧敏副教授、复旦大学出版社外语分社唐敏社长、复旦大学陶友兰教授、新加坡澳亚航运有限公司中国区商务经理王福伟先生、上海海事大学王菊泉教授、上海市科技翻译学会副会长翁国强先生、南通大学吴兴东教授、《诗梦文学》主编杨凡城先生、中国科学院研究员杨黄恬教授、复旦大学杨永康教授、上海外国语大学于朝晖教授、上海外国语大学高级翻译学院院长张爱玲教授、英国杜伦大学郑冰寒教授、高等教育出版社首席编辑周俊华编审、扬州大学周领顺教授、上海建桥集团公司正副董事长周星增先生和黄清云先生、复旦大学出版社院校合作部黄见老师等。上述各路专家、学者、教授,以及其他各界人士,有的给予我们热情鼓励,有的推荐、安排或主持讲学,有的组稿、编辑、刊登先期的相关文章,有的提出与书稿内容有关的建议,有的字斟句酌地审阅书稿,有的帮助联络、解决各种杂事。更值得一提的是,九十高龄的东方管理学创始人苏东水教授和资深翻译家何刚强教授,忙中偷闲亲自挥笔为本书作序。我们深知,没有以上各位的鼓励、关心、支持和帮助,本书绝无可能如期付梓,在此我们一并表示诚挚的谢意。

图书在版编目(CIP)数据

中华智慧与现代管理/左飚,张月仲著. —上海:复旦大学出版社,2021.11(2025.7重印)
ISBN 978-7-309-15703-1

Ⅰ.①中… Ⅱ.①左…②张… Ⅲ.①管理学-思想史-研究-中国-古代 Ⅳ.①C93-092

中国版本图书馆 CIP 数据核字(2021)第 096778 号

中华智慧与现代管理
左　飚　张月仲　著
责任编辑/谢露茜

复旦大学出版社有限公司出版发行
上海市国权路 579 号　邮编:200433
网址:fupnet@fudanpress.com　http://www.fudanpress.com
门市零售:86-21-65102580　团体订购:86-21-65104505
出版部电话:86-21-65642845
上海四维数字图文有限公司

开本 787 毫米×1092 毫米　1/16　印张 17.25　字数 347 千字
2021 年 11 月第 1 版
2025 年 7 月第 1 版第 5 次印刷
印数 10 401—12 500

ISBN 978-7-309-15703-1/C·414
定价:48.00 元

如有印装质量问题,请向复旦大学出版社有限公司出版部调换。
版权所有　侵权必究